湖南省文物考古研究院 编

湖南考古辑刊

Journal of Hunan Archaeology

第16集

科学出版社
·北京

内 容 简 介

《湖南考古辑刊》是湖南省文物考古研究院编著的以湖南地区考古学发掘与研究成果为主，兼顾国内外考古学研究的一套集资料性与学术性于一体的系列学术文集。

本书为丛书的第16集，收录9篇考古发掘（调查）报告（简报）和16篇研究论文。报告内容涵盖大荆湖周边遗址、屈家岭遗址东周墓葬、洪家坟山西汉墓地、舂陵侯城遗址、大海塘三国墓葬、洋塘山六朝墓、郴州隋唐墓葬、横窑山北宋窑址、唐家坳窑址等考古新资料。研究论文涉及新石器时代中晚期陶器格局探讨、西周楚钟研究、瓷器研究、考古学文化研究、浏阳故城地望变迁研究、西汉武陵郡及属县考证研究、里耶秦简研究以及考古科技等方面的研究和探讨。

本书可供考古学、历史学等学科研究者，以及高等院校相关专业师生阅读、参考。

图书在版编目（CIP）数据

湖南考古辑刊. 第16集 / 湖南省文物考古研究院编. —北京：科学出版社，2022.12
ISBN 978-7-03-074546-0

Ⅰ. ①湖⋯ Ⅱ. ①湖⋯ Ⅲ. ①考古–湖南–丛刊 Ⅳ. ①K872.64-55

中国版本图书馆CIP数据核字（2022）第253852号

责任编辑：王光明 / 责任校对：邹慧卿
责任印制：肖 兴 / 封面设计：张 放

科 学 出 版 社 出版
北京东黄城根北街16号
邮政编码：100717
http://www.sciencep.com

中国科学院印刷厂 印刷
科学出版社发行 各地新华书店经销

*

2022年12月第 一 版　开本：787×1092　1/16
2022年12月第一次印刷　印张：24 3/4　插页：23
字数：655 000
定价：198.00元
（如有印装质量问题，我社负责调换）

《湖南考古辑刊》编辑委员会

主　　办　湖南省文物考古研究院
编　　委　（以姓氏笔画为序）
　　　　　　尹检顺　吴顺东　张春龙　姜　猛
　　　　　　贺　刚　袁家荣　顾海滨　柴焕波
　　　　　　高成林　郭伟民　符　炫
主　　编　姜　猛
副 主 编　吴顺东
编　　辑　乔卓俊
英文翻译　乔卓俊

目　　录

考古新发现

湖南华容大荆湖周边遗址调查报告
　　湖南省文物考古研究院　岳阳市文物考古研究所　华容县博物馆
　　科技考古与文物保护利用湖南省重点实验室 ································ 1

湖北荆门屈家岭遗址东周墓葬发掘简报
　　湖北省文物考古研究院　荆门市博物馆 ································ 34

湖南宁乡横市镇洪家坟山西汉墓地发掘简报
　　长沙市文物考古研究所　宁乡市文物局 ································ 53

湖南宁远春陵侯城遗址考古调查勘探简报
　　湖南省文物考古研究院　宁远县文物保护中心
　　科技考古与文物保护利用湖南省重点实验室 ································ 82

湖南益阳大海塘三国墓葬发掘简报
　　湖南省文物考古研究院　益阳市文物考古研究所　赫山区文物管理所
　　科技考古与文物保护利用湖南省重点实验室 ································ 97

湖南衡东大浦洋塘山六朝墓发掘简报
　　湖南省文物考古研究院　衡阳市文化旅游广电体育局
　　衡东县文化遗产事务中心　科技考古与文物保护利用湖南省重点实验室 ·········· 110

湖南郴州隋唐墓葬考古发掘报告
　　郴州市博物馆 ································ 123

湖南永州黄阳司横窑山北宋窑址发掘简报
　　湖南省文物考古研究院　永州市博物馆
　　科技考古与文物保护利用湖南省重点实验室 ································ 156

湖南醴陵唐家坳窑址李家坳区发掘简报
　　湖南省文物考古研究院　株洲博物馆　醴陵窑管理所
　　科技考古与文物保护利用湖南省重点实验室····················175

探索与研究

我国新石器时代中晚期"北彩南白"的陶器扩张格局
　　刘文强····················194

西周楚钟
　　黄　莹····················211

浏阳故城新探
　　张大可····················224

长沙窑瓷器在唐代扬州罗城内的分布成因与初步认识
　　刘松林　刘　骄····················237

宋元时期芒口瓷器覆烧具研究
　　杨宁波····················249

考古学文化时空界定的动态分析
　　曲新楠　王良智····················262

日本学界中国考古研究的他者视野——以日本科学研究费补助金数据库为中心的考察
　　刘　岩　王晓梅····················272

西汉武陵郡及属县考
　　谭远辉····················289

科技考古

高庙遗址出土水稻遗存的研究
　　顾海滨　贺　刚····················303

锡涂陶初探
　　赵志强····················314

"破镜重圆"——战国四山纹铜镜保护修复

　　丁　洁 ………………………………………………………………………329

湖南汨罗两座唐宋时期墓葬棺椁的树种鉴定研究

　　张晓英　李　智　曹婧婧 ……………………………………………………338

离子色谱法在不可移动石质文物的可溶盐病害调查研究中的应用——以余家牌坊为例

　　李梅英 ……………………………………………………………………347

湖南新田史氏宗祠壁画颜料分析研究

　　邱　玥　廖　昊 …………………………………………………………356

紫外荧光照相在考古发掘现场遗存信息提取中的应用

　　杨　町　赵志强　廖　昊　袁　伟　邱　玥　肖　亚 ……………………363

金石锥指

里耶秦简所见"廝"及"廝舍"初探

　　杨先云 ……………………………………………………………………372

CONTENTS

New Archaeological Discoveries

The Survey Report of Sites around Dajing Lake in Huarong County, Hunan
 Hunan Provincial Institute of Cultural Relics and Archaeology; Yueyang Municipal Institute of Cultural Relics and Archaeology; Huarong County Museum; Hunan Key Laboratory of Archaeometry and Conservation Science ·· 32

The Excavations Reports of the Ancient Tombs of the Eastern Zhou Dynasty in the Qujialing of Jingmen City, Hubei
 Hubei Provincial Institute of Cultural Relics and Archaeology; Jingmen Municipal Museum ·············· 51

The Brief Report on Excavation of Western Han Dynasty Tombs of Hongjiafenshan in Hengshi Town, Ningxiang County, Hunan
 Changsha Municipal Institute of Cultural Relics and Archaeology; Ningxiang Municipal Administration of Cultural Relics ··· 81

The Brief Report on Archaeological Investigation and Exploration of the Site of Chongling Marquis State's Capital in Ningyuan, Hunan
 Hunan Provincial Institute of Cultural Relics and Archaeology; Ningyuan County Cultural Relics Protection Center; Hunan Key Laboratory of Archaeometry and Conservation Science ····················· 95

The Brief Report on Excavation of the Dahaitang Tombs of the Three Kingdoms in Yiyang City, Hunan
 Hunan Provincial Institute of Cultural Relics and Archaeology; Yiyang Municipal Institute of Cultural Relics and Archaeology; Cultural Relics Administration of Heshan District; Hunan Key Laboratory of Archaeometry and Conservation Science ··· 109

The Brief Report on Excavation of the Six Dynasties Period Tombs in Yangtangshan, Dapu Town, Hengdong County, Hunan
 Hunan Provincial Institute of Cultural Relics and Archaeology; Hengyang Municipal Bureau of Culture, Tourism, Radio, Television, and Sports; Hengdong County Cultural Heritage Affairs Center; Hunan Key Laboratory of Archaeometry and Conservation Science ·· 122

The Report on Excavation of Tombs of the Sui-Tang Period in Chenzhou City, Hunan
 Chenzhou Museum ·· 155

The Brief Report on Excavation of the Northern Song Dynasty Kiln Site at Hengyaoshan of Huangyangsi in Yongzhou City, Hunan

  Hunan Provincial Institute of Cultural Relics and Archaeology; Yongzhou Museum; Hunan Key Laboratory of Archaeometry and Conservation Science ·· 174

The Brief Report on Excavation of the Tangjiaao Kilns in Lijiaao District in Liling City, Hunan

  Hunan Provincial Institute of Cultural Relics and Archaeology; Zhuzhou Museum; Cultural Relics Administration of Liling Kiln; Hunan Key Laboratory of Archaeometry and Conservation Science ····· 192

Exploration and Research

A Preliminary Study on the Pattern of Pottery in the Middle and Late Neolithic Period in China: "North-Painted Pottery and South-White Pottery"

  Liu Wenqiang ·· 209

The Bronze Bell of the Western Zhou Dynasty

  Huang Ying ·· 223

New Exploration of Liuyang Ancient City

  Zhang Dake ·· 236

The Reasons of Distribution and Preliminary Understanding of Changsha Kiln Porcelain in Luocheng of Yangzhou in Tang Dynasty

  Liu Songlin Liu Jiao ··· 247

A Research on Up-side-down Furniture of Firing Mans Mouth Porcelain during Song and Yuan Dynasty

  Yang Ningbo ··· 261

Dynamic Analysis of Temporal and Spatial Definition of Archaeological Culture

  Qu Xinnan Wang Liangzhi ·· 271

The Other's Vision of Chinese Archaeological Research in Japanese Academic Circles: An Investigation on the Database of Japan's Grants-in-Aid for Scientific Research

  Liu Yan Wang Xiaomei ·· 287

A Study of Wuling Prefecture and Its Affiliated Counties in the Western Han Dynasty

  Tan Yuanhui ·· 301

Scientific and Technological Archaeology

Study on Rice Remains Unearthed from the Gaomiao Site
　　Gu Haibing　He Gang ··· 313

The Research of Tin-plated Pottery
　　Zhao Zhiqiang ·· 328

"Broken Mirror Reunion"—Conservation and Restoration of Bronze Mirrors with Four Mountain Patterns in the Warring States Period
　　Ding Jie ·· 337

Identification of the Tree Species of Two Tomb Coffins in the Tang and Song Dynasties in Miluo, Hunan
　　Zhang Xiaoying　Li Zhi　Caojingjing ·· 346

Application of Ion Chromatography in the Investigation of the Soluble Salt Disease of Immovable Stone Artifacts—A Case Study of the Yu Family Memorial Archway
　　Li Meiying ··· 355

Analysis of the Pigments on Murals of the Shi's Ancestral Hall in Xintian County of Hunan
　　Qiu Yue　Liao Hao ··· 362

The Application of UVF Photography in Information Extraction of Archaeology Site
　　Yang Ding　Zhao Zhiqiang　Liao Hao　Yuan Wei　Qiu Yue　Xiao Ya ················ 371

A Preliminary Study on "Si" (廝) and "Sishe" (廝舍) in Liye Qin Slips
　　Yang Xianyun ·· 381

考古新发现

湖南华容大荆湖周边遗址调查报告

湖南省文物考古研究院
岳阳市文物考古研究所
华容县博物馆
科技考古与文物保护利用湖南省重点实验室

［摘　要］ 2018年和2019年，湖南省文物考古研究所等单位对华容县大荆湖周边进行了全面的文物调查，复查文物点32处，新发现文物点2处。这些遗址点的年代均为石家河文化时期，少数沿用至商周时期。以七星墩古城规模最大，其余遗址点面积均较小，可以确认石家河文化时期大荆湖周边存在一个以七星墩城址为中心的聚落群。这些发现为探讨该地区社会复杂化和文明进程提供了重要的资料。

［关键词］ 大荆湖；七星墩；调查报告

大荆湖位于华容县东北部，隶属东山镇。面积约7.3平方千米。最高蓄水位34米，常年为31~32米，水深约3米。明万历《华容县志》即有关于此湖的记载："而诸溪涧水会之，历大荆湖、团湖诸水，入于江。"清乾隆《华容县志》载："大荆湖在县东北一百里，合□湖诸水入江。"清光绪《华容县志》载："邑东九十里，水旧绕洪水港出洞庭，大荆洲坍后，水由砖桥陈家沟出江，阔数十里。"

2011年岳阳市文物考古研究所对大荆湖西南隅的七星墩遗址开展试掘工作[1]，同时对大荆湖周边进行了一次较详细的考古调查，共发现32处史前遗址。2018年七星墩遗址考古纳入"考古中国·长江中游文明进程研究"项目，湖南省文物考古研究所（2022年7月，更名为湖南省文物考古研究院）等单位连续三年对其发掘，取得重要收获[2]。为探讨七星墩遗址同周边遗址的宏观聚落关系，再次对大荆湖周边遗址进行复查。

2018年4月和2019年12月分两个时段，集中对大荆湖周边开展了田野文物调查。调查方法为地面踏查和断面清理相结合。除了对已发现的文物点进行复查外，实际上对大荆湖周边进行了全面调查，新发现2处文物点——黄马咀遗址和潘家咀遗址。综合第三次全国文物普查和2011年调查结果，大荆湖周边共分布34处文物点（图一）。

一、遗址概况

这些遗址点环绕大荆湖分布，涨水季节被大荆湖水淹没，枯水季节又暴露出来，在湖水的反复冲刷下，大部分遗址保存状况较差。34处文物点根据文化层有无、采集标本和陶片情况可分为四类，如表一所示。

第一类：有文化层，有标本。共11处。现场调查时发现有文化层断面，并采集到文物标本。

第二类：无文化层，有标本。共3处。现场调查时未发现文化层断面，但采集有文物标本。

第三类：无文化层，采集少量陶片。共3处。现场调查时没有发现文化层，但是采集到少量陶片。与第二类的区别在于，第二类采集的陶片有可辨器形，有绘图标本，而第三类采集到的陶片小且碎，不能绘图，仅能统计陶质、陶色和纹饰。

第四类：未发现文化层，也没有采集到陶片。共17处。这17处地点有些是市县级文物保护单位，如张腊咀、胡家门、青龙咀、白家汊、月形湾、汤家咀和五官咀遗址，有些是第三次全国文物普查或2011年调查时发现的。这次调查之所以未采集到文化遗物，可能存在两种情况：第一种情况是受大荆湖水位影响，遗址被淹没在湖水之下；可能地下遗存埋藏较深或堆积不丰富，导致其发现具有偶然性。第二种情况以熊家庄遗址为例，2011年调查时在此地点曾发现一座瓮棺葬，2018年地面踏查未发现文化遗存，2019年对该地点进行洛阳铲钻探也没有发现文化层，2019年下半年采用探沟法试掘才发现少量遗存，该地点位于七星墩遗址的边缘区域，所以文化堆积不丰富，导致其发现具有偶然性。大荆湖周边这些遗址点或为季节性居住，或者居住时间不长，或遭受严重的后期破坏，导致文化堆积不丰富，文化遗存的发现具有偶然性。

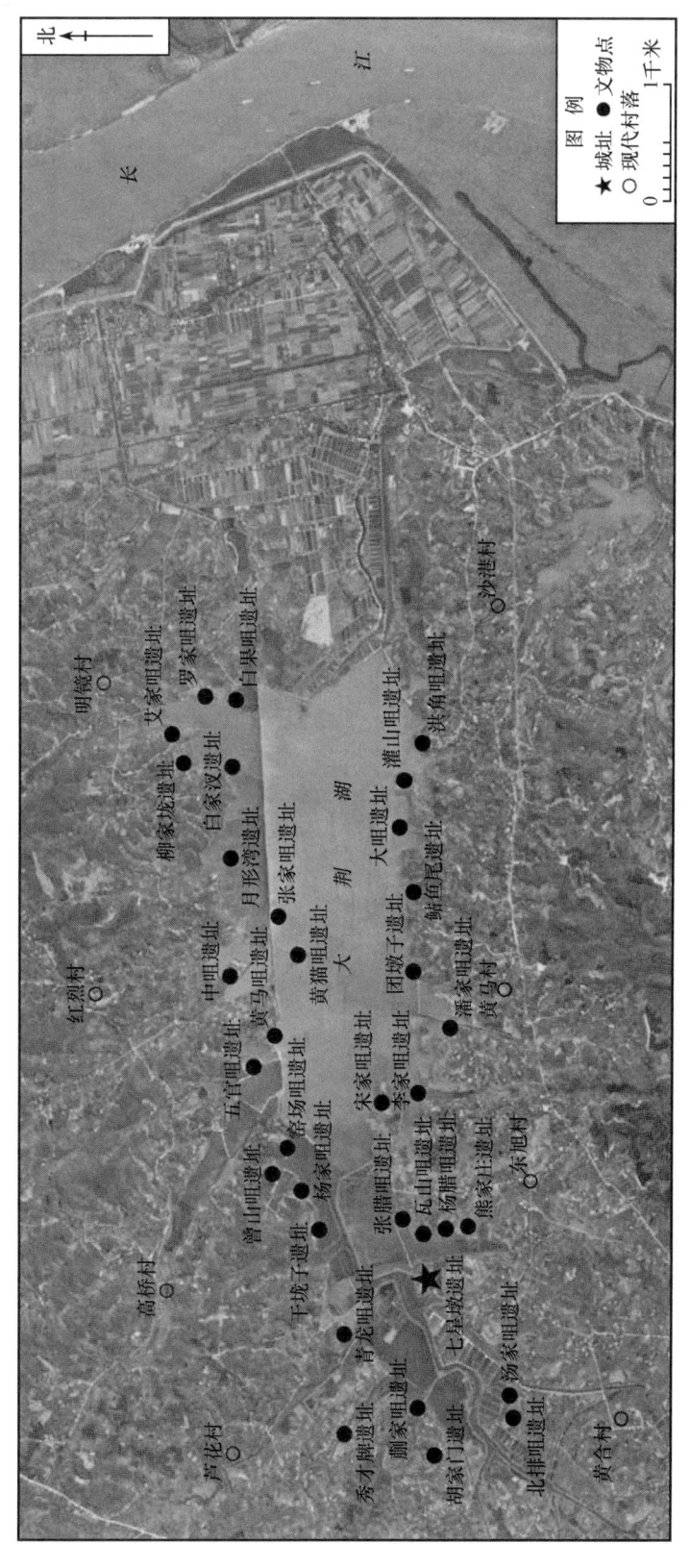

图一 大荆湖周边遗址分布图

表一　大荆湖周边遗址分类表

有文化层、有标本	无文化层、有标本	无文化层、采集少量陶片	无文化层、无陶片
七星墩遗址 瓦山咀遗址 杨腊咀遗址 熊家庄遗址 宋家咀遗址 团墩子遗址 白果咀遗址 黄马咀遗址 杨家咀遗址 干垅子遗址 灌山咀遗址	潘家咀遗址 张家咀遗址 黄猫咀遗址	李家咀遗址 大咀遗址 中咀遗址	张腊咀遗址 鲇鱼尾遗址 洪角咀遗址 罗家咀遗址 艾家咀遗址 柳家垅遗址 白家汊遗址 月形湾遗址 五官咀遗址 窑场咀遗址 曾山咀遗址 青龙咀遗址 秀才牌遗址 蒯家咀遗址 胡家门遗址 北排咀遗址 汤家咀遗址

下面主要介绍前三类遗址点的调查发现情况，七星墩遗址及其周边的瓦山咀、杨腊咀和熊家庄遗址已进行全面的勘探，且发表了详细的勘探报告[3]，本文不再介绍。

二、遗址介绍

（一）宋家咀遗址

1. 遗址概况

宋家咀遗址位于湖南省华容县东山镇东旭村八组。地理坐标东经112°50′51.64″，北纬29°39′42.12″，海拔31米。遗址坐落在大荆湖西南部的湖岸上，地势南高北低，一部分淹没于湖水之下，残存面积约800平方米。

第三次全国文物普查时未见文化层，只采集少量陶片。此次调查，在遗址东部清理一处断面和一个灰坑，采集少量陶片。从陶片特征判断该遗址年代为石家河文化时期。

2. 地层堆积

清理断面宽1.2、高0.35米，分四层（图二）。

第1层：耕土层。浅灰色砂质黏土，疏松。厚0.12～0.16米。包含少量青花瓷片。

第2层：明清文化层。灰黄色砂质黏土，疏松。距地表深0.12～0.16、厚0.07～0.12米。包含少量青花瓷片。

第3层：明清文化层。浅灰白色砂质黏土，较疏松。距地表深0.22～0.24、厚0.06～0.1米。包含瓷片和青砖。

第4层：早期文化层。灰褐色砂质黏土，致密。距地表深0.3～0.33、厚0.02～0.03米。包含少量陶片和炭屑。该层下发现1个灰坑和1个柱洞，灰坑编号H1。

第4层下为黄褐色生土。

H1 开口于第4层下，打破生土。平面呈不规则椭圆形，西壁较陡直，东壁斜缓，圜底。坑口长径0.6、短径0.35、深0.25米（图三）。填土为灰褐色砂质黏土，结构致密。含有少量陶片。

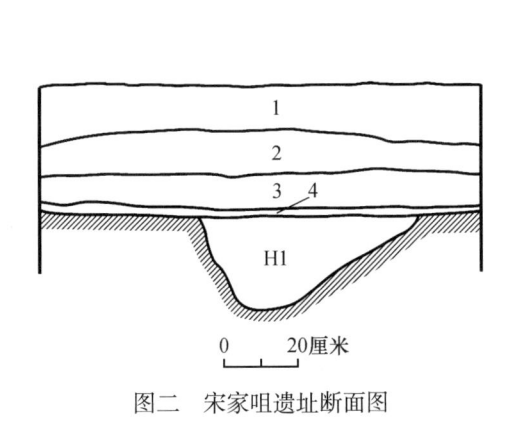

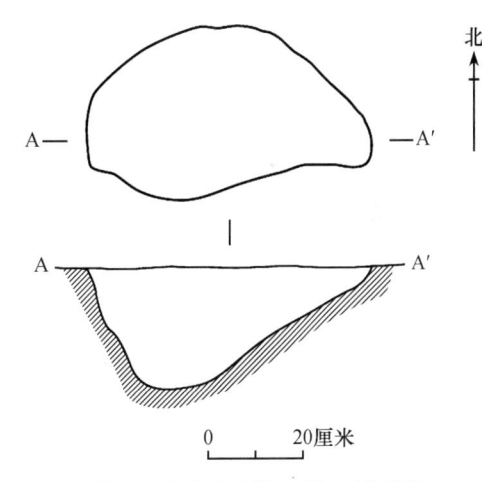

图二 宋家咀遗址断面图

图三 宋家咀遗址H1平、剖面图

3. 采集遗物

采集少量陶片，以泥质黑陶为主，其次为泥质红陶、泥质灰陶和夹砂灰陶。绝大多数为素面，少量绳纹和附加堆纹。可辨器形有缸、罐、豆和鼎足。

陶片统计情况见表二。

表二 宋家咀遗址采集陶片统计表

纹饰	H1 泥质 黑	H1 夹砂 灰	第4层 泥质 红	第4层 泥质 灰	第4层 泥质 黑	合计	百分比/%
素面	12	8	12	8	2	42	82.4
附加堆纹	3					3	5.9
绳纹	6					6	11.8
合计	21	8	12	8	2	51	
百分比/%	41.2	15.7	23.5	15.7	3.9		100

注：因四舍五入，存在约数情况。下同。

缸 1件。标本H1：1，泥质灰陶。上下均残，仅留腹部。外壁饰附加堆纹和绳纹组合。残高6.4厘米（图四，1）。

鼎足 1件。标本H1：2，夹砂灰陶。锥形足，上下均残。素面。残高8.3厘米（图四，2）。

豆柄 1件。标本④：1，泥质红胎黑陶。上下均残。素面。残高3.2厘米（图四，3）。

罐底 2件。标本④：2，泥质灰陶。上部残，平底略内凹。素面。底径6、残高1.8厘米（图四，4）。标本④：3，泥质红陶。上部残，平底。底径9.6、残高1.4厘米（图四，5）。

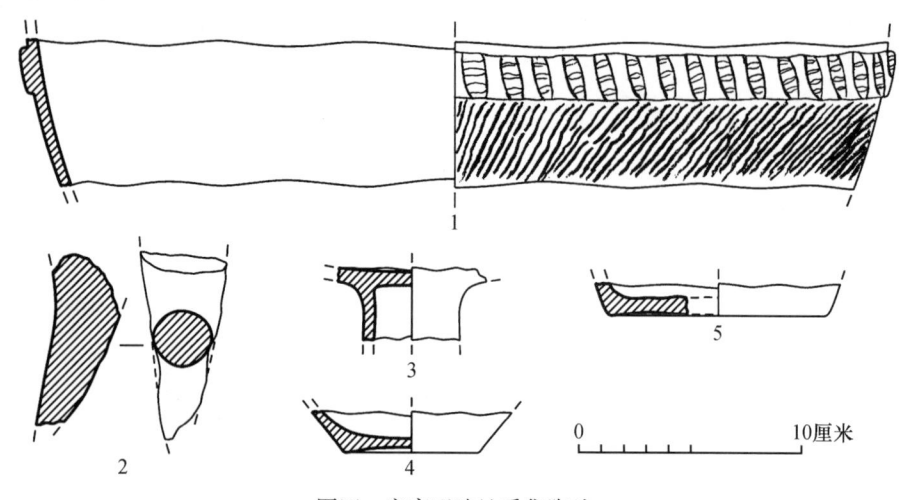

图四 宋家咀遗址采集陶片
1.缸（H1：1） 2.鼎足（H1：2） 3.豆柄（④：1） 4、5.罐底（④：2、④：3）

（二）团墩子遗址

1. 遗址概况

位于湖南省华容县东山镇黄马村五组。地理坐标东经122°51′44.88″，北纬29°39′31.36″，海拔31米。坐落在大荆湖南岸中部的丘陵阶地上，南高北低，大部分淹没在湖水之下，暴露部分面积约2000平方米（图版一，1）。

据第三次全国文物普查资料记载：文化层为灰褐色土，结构较紧密，厚0.5～0.8米。陶片以夹砂红陶和泥质灰陶居多，少量黑皮陶，纹饰有篮纹、弦纹、绳纹、凸棱纹等，可辨器形有鼎、釜、盘、鬶、豆等。

此次调查在遗址南部清理一处断面，采集少量标本。从陶片特征判断该遗址年代为石家河文化时期。

2. 地层堆积

清理断面宽4.82、高1.23米，分七层（图五）。

第1层：耕土层。灰色砂质黏土，疏松。厚0.07～0.2米。包含青花瓷片、植物根系。

第2层：明清文化层。灰褐色砂质黏土夹杂较多铁锰结核土颗粒，较致密。距地表深0.07～0.2、厚0.08～0.16米。包含少量青花瓷片。

第3层：明清文化层。灰黄色砂质黏土，较致密。距地表深0.17～0.31、厚0.11～0.17米。包含青花瓷片、影青瓷片和陶片。

第4层：早期文化层。灰色砂质黏土，致密。距地表深0.44～0.48、厚约0.2米。仅含少量陶片。

第5层：早期文化层。黄灰色砂质黏土，致密。距地表深0.28～0.45、厚0.12～0.15米。包含少量陶片和炭屑。

第6层：早期文化层。褐黄色砂质黏土，致密。距地表深0.42～0.67、厚0.19～0.36米。包含少量陶片、炭屑和烧土粒。

第7层：早期文化层。浅褐色砂质黏土，致密。距地表深0.77～0.8、厚0.29～0.45米。包含较多陶片和炭屑。

第7层下为黄褐色生土。

图五　团墩子遗址断面图

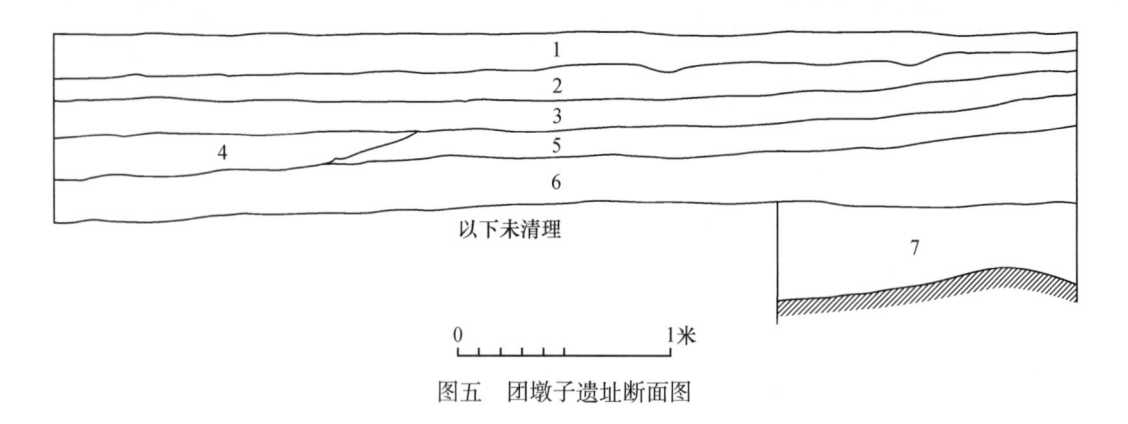

3. 采集遗物

采集遗物有陶片和石器。陶片以泥质灰陶为主，其次是泥质黑陶，另有泥质红陶、褐陶，夹砂红陶、褐陶和黑陶。素面占多数，少量凸棱、镂孔和弦纹。可辨器形有罐、豆、杯、盘、鬶、盆、缸、器座、鼎足、圈足等。采集磨制石器1件。

陶片统计情况见表三。

表三　团墩子遗址采集陶片统计表

颜色\纹饰	质地 泥质				夹砂			合计	百分比/%
	黑	灰	红	褐	褐	红	黑		
素面	10	22	4	4	4	2		46	85.2
镂孔+弦纹	2							2	3.7
凸棱						4	2	6	11.1
合计	12	22	4	4	4	6	2	54	
百分比/%	22.2	40.7	7.4	7.4	7.4	11.1	3.7		100

陶罐　2件。标本采：1，泥质灰陶。圆唇，敞口，下部残。素面。口径11、残高5厘米（图六，1）。标本采：2，泥质黑陶。圆唇，直口，平折沿，下部残。素面。口径10.2、残高2.4厘米（图六，2）。

陶豆　4件。标本采：3，泥质灰陶。尖唇，敞口，浅腹，下部残。素面。口径15.9、残高1.8厘米（图六，3）。标本采：4，泥质灰陶。外贴唇，敞口，深腹，下部残。素面。口径20.3、残高4厘米（图六，4）。标本采：5，泥质红陶。圆唇，敞口，下部残。素面。口径23.2、残高2.8厘米（图六，5）。标本采：6，泥质灰陶。尖唇，直口，下部残。素面。口径16.3、残高3.8厘米（图六，6）。

陶杯　1件。标本采：7，夹砂褐陶。上部已残，平底微内凹。素面。底径8.9、残高3.8厘米（图六，7）。

陶盘　7件。标本采：8，泥质红胎黑陶。敞口，外折沿，下部残。素面。口径30.5、残高3厘米（图六，8）。标本采：9，泥质灰陶。敞口，平折沿，下部残。素面。口径16.8、残高2.8厘米（图六，9）。标本采：10，泥质灰陶。外凸唇，敞口，下部残。素面。口径24.2、残高2.6厘米（图六，10）。标本采：11，泥质灰陶。圆唇，敞口，下部残。素面。口径21、残高3.4厘米（图六，11）。标本采：12，泥质灰陶。敞口，卷沿，下部残。素面。口径22.4、残高1.8厘米（图六，12）。标本采：13，泥质黑陶。敞口，微卷沿，下部残。素面。口径22、残高2.5厘米（图六，13）。标本采：14，泥质黑陶。敞口，口沿外有一条凸棱，下部残。素面。口径20.2、残高3.3厘米（图六，14）。

陶鬶　1件。标本采：15，泥质红陶。长颈，上下均残。素面。残高6.5厘米（图六，15）。

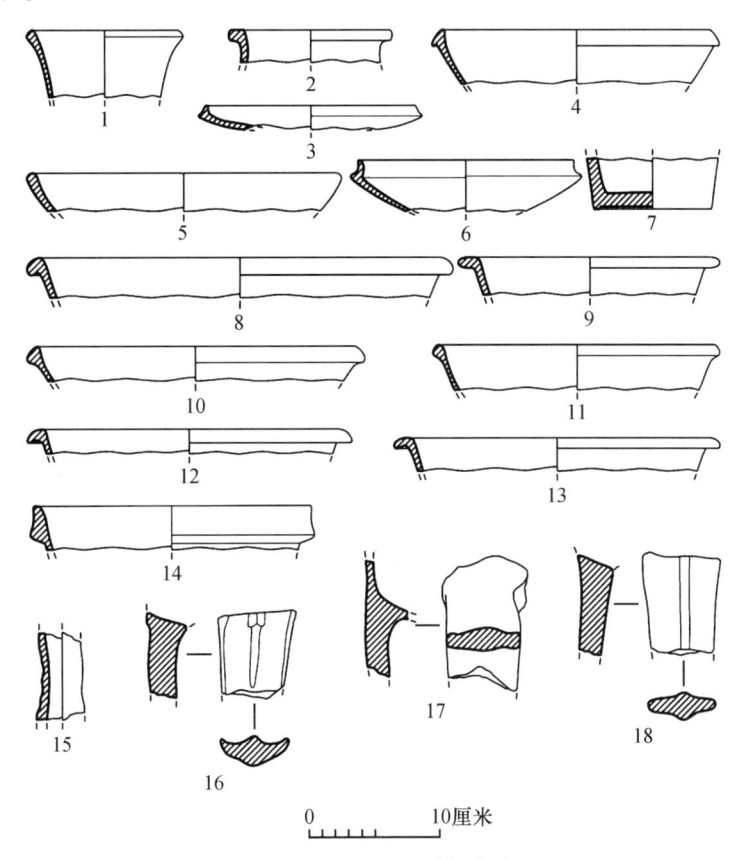

图六　团墩子遗址采集陶片
1、2.罐（采：1、采：2）　3~6.豆（采：3、采：4、采：5、采：6）　7.杯（采：7）
8~14.盘（采：8、采：9、采：10、采：11、采：12、采：13、采：14）　15.鬶（采：15）
16~18.鼎足（采：16、采：17、采：18）

陶鼎足　3件。标本采：16，夹砂红陶。宽扁形，外壁饰三道凸棱。残高6.6厘米（图六，16）。标本采：17，夹砂红胎褐陶。扁平足。素面。残高10厘米（图六，17）。标本采：18，夹砂红陶。扁平足。内外壁各饰一道凸棱。残高7.6厘米（图六，18）。

陶盆　1件。标本采：19，夹砂红陶。敞口，卷沿，下部残。素面。口径42、残高5.4厘米（图七，1）。

陶缸　1件。标本采：20，夹砂红陶。圆唇，大敞口，下部残。素面。口径47、残高5.4厘米（图七，2）。

陶器座　1件。标本采：21，夹砂黑陶。上部残，壁斜曲。外壁饰一道凸棱。底径28、残高3.8厘米（图七，3）。

陶圈足　6件。标本采：22，泥质灰陶。残高3厘米（图七，4）。标本采：23，泥质灰陶。残高2.2厘米（图七，5）。标本采：24，泥质黑陶。小矮足。足径9.9、残高2.5厘米（图七，6）。标本采：25，泥质黑陶。外壁饰一圆形镂孔。残高5厘米（图七，7）。标本采：26，泥质褐陶。足径13.3、残高3厘米（图七，8）。标本采：27，

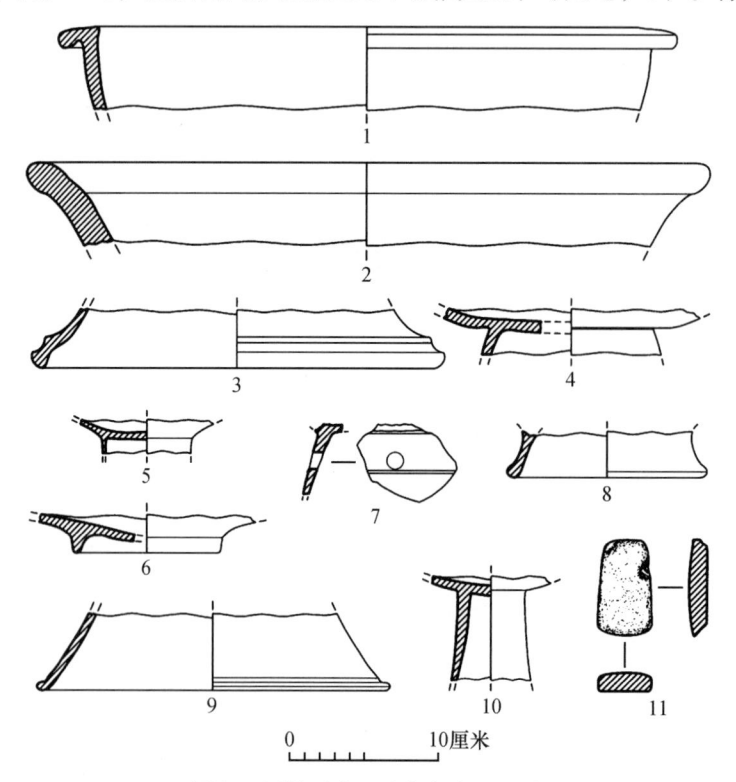

图七　团墩子遗址采集陶片和石器
1.陶盆（采：19）　2.陶缸（采：20）　3.陶器座（采：21）　4~9.陶圈足（采：22、采：23、采：24、采：25、采：26、采：27）　10.陶豆柄（采：28）　11.石斧（采：29）

泥质褐陶。下端平折起台，台部有一道凹槽。足径23.9、残高5厘米（图七，9）。

陶豆柄　1件。标本采：28，泥质灰陶。上下均残。素面。残高6.8厘米（图七，10）。

石斧　1件。标本采：29，灰色。磨制精细，有崩痕。单面刃。长6.3、宽3.6、厚1.2厘米（图七，11）。

（三）白果咀遗址

1. 遗址概况

位于湖南省华容县东山镇明镜村七组。地理坐标东经112°53′09.64″，北纬29°40′34.07″，海拔31米。遗址位于大荆湖东北部丘陵阶地上，东高西低，部分淹没于湖水之下，残存面积约2500平方米。

该遗址不见于第三次全国文物普查资料，2011年调查时发现。此次调查在遗址东部清理一处断面，采集少量陶片。从陶片特征判断，白果咀遗址包含石家河文化和商周时期的遗存。

2. 地层堆积

清理断面宽5.2、高0.85米，分三层（图八）。

第1层：耕土层。灰色砂质黏土，疏松。厚0.25～0.37米。包含近现代瓦片、青花瓷片等。

第2层：扰乱层。灰黄色砂质黏土，夹杂铁锰结核土颗粒，疏松。距地表深0.25～0.37、厚0.07～0.21米。包含少量硬陶片、青花瓷片等。

第3层：文化层。浅灰黑色砂质黏土，较致密。距地表深0.41～0.58、厚约0.36米。包含少量陶片、红烧土颗粒和炭屑。

第3层下为黄褐色生土。

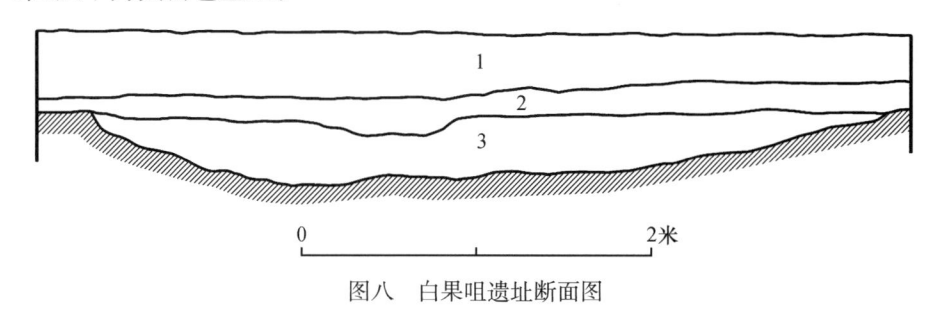

图八　白果咀遗址断面图

3. 采集遗物

采集少量陶片，以夹砂红陶为主，其次为夹砂黑陶和泥质灰陶，少量夹砂褐陶和泥质红陶。绝大多数为素面，纹饰只见篮纹。可辨器形有盆、圈足、鼎足和鬲足等。

陶片统计情况见表四。

表四　白果咀遗址采集陶片统计表

纹饰 \ 颜色 \ 质地	夹砂 红	夹砂 黑	夹砂 褐	泥质 灰	泥质 红	合计	百分比/%
素面	11	4	2	4	2	23	95.8
篮纹		1				1	4.2
合计	11	5	2	4	2	24	
百分比/%	45.8	20.8	8.3	16.7	8.3		100

盆　2件。标本采：1，夹砂黑陶。尖唇，平折沿，下部残。素面。口径24.2、残高2.4厘米（图九，1）。标本采：2，夹砂褐陶。敞口，沿略卷，下部残。素面。口径25、残高2.6厘米（图九，2）。

圈足　1件。标本采：3，泥质灰陶。下端斜弧起台。素面。足径22、残高4.8厘米（图九，3）。

鬲足　1件。标本采：4，夹砂红陶。柱状，截面近圆形，上下均残。素面。残高7.4厘米（图九，4）。

鼎足　3件。标本采：5，夹砂红陶。圆柱形，上部已残。素面。残高6.6厘米

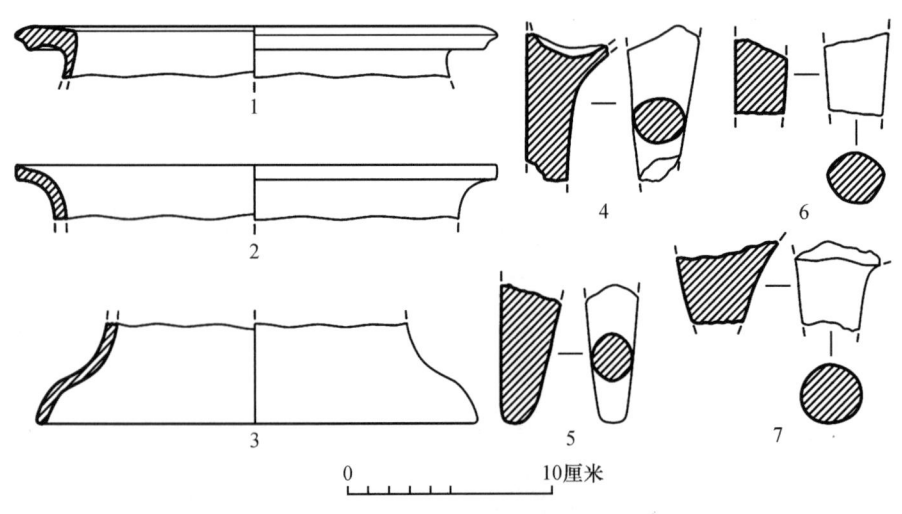

图九　白果咀遗址采集陶片

1、2. 盆（采：1、采：2）　3. 圈足（采：3）　4. 鬲足（采：4）　5～7. 鼎足（采：5、采：6、采：7）

（图九，5）。标本采：6，夹砂红陶。圆柱形。素面。残高4厘米（图九，6）。标本采：7，夹砂红陶。圆柱形。素面。残高4.3厘米（图九，7）。

（四）黄马咀遗址

1. 遗址概况

位于湖南省华容县东山镇红烈村四组。地理坐标东经112°51′30″，北纬29°40′12.1″，海拔31米。遗址位于临湖台地上，东、南、西三面被大荆湖环绕，西北部与大堤相接。残存面积约3000平方米。

该遗址属于新发现文物点，不见于第三次全国文物普查资料。此次调查在遗址北部清理一处断面、一个灰坑，采集陶片若干。从陶片特征判断该遗址包含石家河文化和商周时期两个阶段的遗存。

2. 地层堆积与遗迹

清理断面宽1.8、高0.56米，分三层（图一〇）。

第1层：耕土层。灰色砂质黏土，疏松。厚0.14～0.19米。无包含物。

第2层：扰乱层。浅黄色砂质黏土，疏松。距地表深0.14～0.19、厚0.13～0.18米。包含青花瓷片、砖块。

第3层：文化层。灰黄色砂质黏土，疏松。距地表深0.31～0.34、厚0.16～0.25米。包含少量陶片。

第3层下为黄褐色生土。

H1 平面呈圆角长方形。裸露于地表，打破生土。坑口长径约2.08、短径约1.26、深约0.21米。西壁斜缓，东壁陡直，底近平（图一一）。填土为灰黑色砂质黏土，较疏松。包含少量陶片和炭屑。

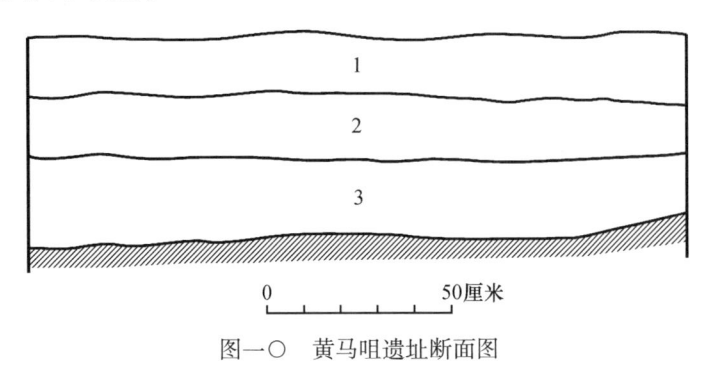

图一〇 黄马咀遗址断面图

图一一 黄马咀H1平、剖面图

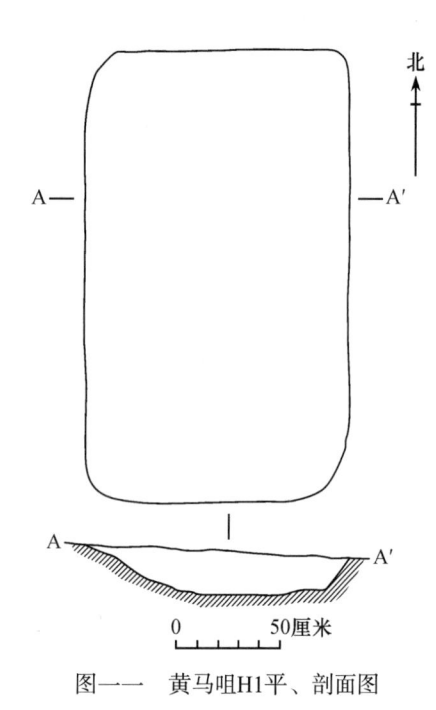

3. 采集遗物

采集少量陶片，以泥质灰陶数量最多，次为泥质红陶和泥质黑陶，夹砂灰陶数量最少。纹饰有篮纹和绳纹。可辨器形有罐、瓮、豆、碗、鬶、器盖、圈足、鼎足、鬲足等。

陶片统计情况见表五。

罐 3件。标本采：1，夹砂灰陶。方唇，敞口，高领，下部残。外壁饰绳纹。口径19.4、腹径27、残高12.4厘米（图一二，1）。标本采：2，夹砂灰陶。方唇，敞口，仰折沿，下部残。外壁饰绳纹。口径21.9、残高10厘米（图一二，2）。标本采：3，泥质灰陶。尖圆唇，微敛口，下部残。素面。口径10、残高2.8厘米（图一二，3）。

表五 黄马咀遗址采集陶片统计表

纹饰 \ 颜色 \ 质地	泥质 灰	泥质 黑	泥质 红	夹砂 灰	合计	百分比/%
素面	12		18	7	37	44.0
绳纹	2			2	4	4.8
篮纹	32	11			43	51.2
合计	46	11	18	9	84	
百分比/%	54.8	13.1	21.4	10.7		100

瓮 2件。标本采：4，泥质灰陶。残片，上下均残。外壁饰绳纹。残高6.4厘米（图一二，4）。标本采：5，泥质灰陶。尖圆唇，敛口，深斜腹，底残。外壁饰绳纹。口径11.7、残高18厘米（图一二，5）。

圈足 2件。标本采：6，泥质灰陶。上部已残，下端起台。素面。足径21.9、残高2.1厘米（图一二，6）。标本采：7，泥质灰陶。上部已残，下端起台。素面。足径17.7、残高4.1厘米（图一二，7）。

器盖 1件。标本采：8，泥质灰陶。盖面斜弧，上下均残。素面。残高3.2厘米（图一二，8）。

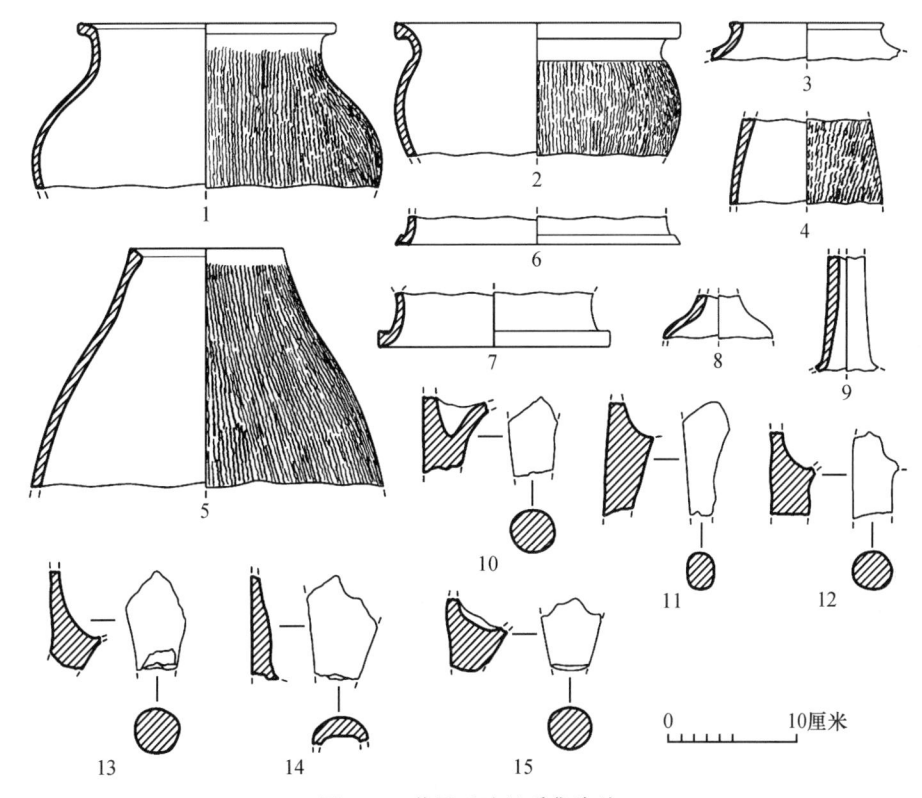

图一二　黄马咀遗址采集陶片

1~3.罐（采：1、采：2、采：3）　4、5.瓮（采：4、采：5）　6、7.圈足（采：6、采：7）　8.器盖（采：8）
9.鬶（采：9）　10.鬲足（采：10）　11~15.鼎足（采：11、采：12、采：13、采：14、采：15）

鬶　1件。标本采：9，泥质灰陶。长颈，上下均残。素面。残高8.6厘米（图一二，9）。

鬲足　1件。标本采：10，夹砂灰陶。圆柱形，上下均残。素面。残高6厘米（图一二，10）。

鼎足　5件。标本采：11，夹砂红陶。截面椭圆形，上下均残。素面。残高8.6厘米（图一二，11）。标本采：12，夹砂红陶。截面呈圆形，上下均残。素面。残高6.5厘米（图一二，12）。标本采：13，夹砂灰陶。截面近圆形，上下均残。素面。残高7.4厘米（图一二，13）。标本采：14，夹砂灰陶。截面近圆形，上下均残。素面。残高7.8厘米（图一二，14）。标本采：15，夹砂灰陶。截面近圆形。上下均残。素面。残高5.4厘米（图一二，15）。

（五）杨家咀遗址

1. 遗址概况

位于湖南省华容县东山镇高桥村七组。地理坐标东经112°50′25.21″，北纬29°39′58.94″，海拔31米。遗址位于大荆湖西北部的丘陵阶地上，地势北高南低，大部分淹没于湖水之下，残存面积约500平方米（图版一，2）。

据第三次全国文物普查资料记载：遗址的主体部分在修建鱼池时遭到较大的破坏，未发现文化层。采集较多陶片标本，以夹砂红陶和泥质灰陶为主，可辨器形有鼎、釜、豆、碗、罐等，另还采集到一件石锛。在遗址的西坡发现一座陶窑，时代为新石器时代龙山时期。

此次调查在遗址北部清理2处断面，采集少量陶片。从陶片特征判断该遗址年代为石家河文化时期。

2. 地层堆积

断面一，宽5.12、高1.44米，分三层（图一三）。

第1层：耕土层。灰色砂质黏土，疏松。厚0.68~0.72米。无包含物。

第2层：早期文化层。黄灰色砂质黏土，疏松。距地表深0.68~0.72、厚0.17~0.22米。包含少量陶片与红烧土颗粒。

第3层：早期文化层。黄色砂质黏土，疏松。距地表深0.88~0.91、厚0.47~0.54米。包含较多陶片和少量炭屑。

第3层之下为黄褐色生土。

断面二，宽1.43、高1.26米，分三层（图一四）。

第1层：耕土层。灰色砂质黏土，疏松。厚0.67~0.69米。无包含物。

第2层：早期文化层。黄灰色砂质黏土，疏松。距地表深0.67~0.69、厚约0.15米。包含少量陶片与红烧土颗粒。

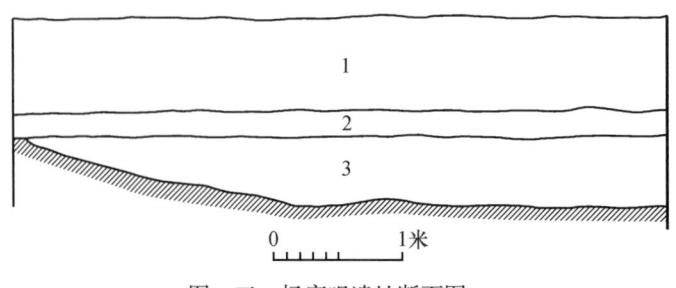

图一三　杨家咀遗址断面图一

第3层：早期文化层。黄色砂质黏土，疏松。距地表深约0.83、厚约0.18米。包含较多陶片和少量烧土粒。

第3层之下为黄褐色生土。

3. 采集遗物

采集少量陶片，均为第3层出土，以泥质灰陶为主，次为夹砂红陶，少量泥质褐陶。素面占绝大多数，纹饰只见弦纹和附加堆纹。可辨器形有豆、盘、盆和器座。

陶片统计情况见表六。

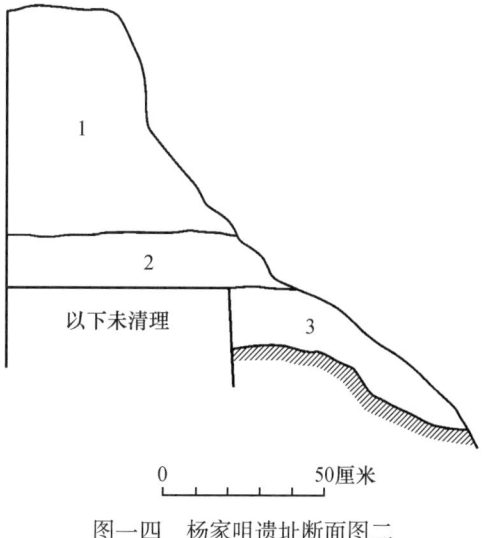

图一四 杨家咀遗址断面图二

表六 杨家咀遗址采集陶片统计表

纹饰\颜色\质地	夹砂	泥质		合计	百分比/%
	红	灰	褐		
素面	16	20	4	40	95.2
弦纹	1			1	2.4
附加堆纹	1			1	2.4
合计	18	20	4	42	
百分比/%	42.9	47.6	9.5		100

豆 1件。标本③：1，泥质灰陶。直口，圆唇，斜直腹，下部残。素面。口径23.6、残高5厘米（图一五，1）。

盘 1件。标本③：2，泥质灰陶。敞口，凸圆唇，下部残。素面。口径26、残高2.4厘米（图一五，2）。

盆 1件。标本③：3，泥质灰陶。敞口，平折沿，下部残。素面。口径42.6、残高5.8厘米（图一五，3）。

器座 1件。标本③：4，夹砂红陶。斜壁，下端起台，内壁底部内凹，上部残。外壁饰一道凸弦纹。底径34、残高7.6厘米（图一五，4）。

豆柄 2件。标本③：5，泥质褐陶。内壁可见轮制痕迹，上、下部均残。素面。残高7厘米（图一五，5）。标本③：6，泥质灰陶。上、下部均残。素面。残高2.4厘米（图一五，6）。

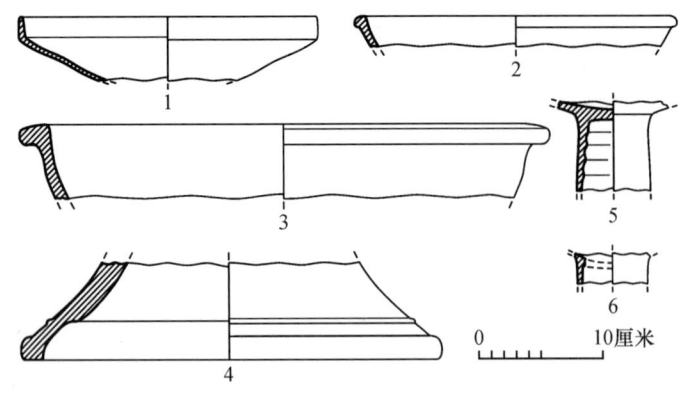

图一五　杨家咀遗址采集陶片

1. 豆（③∶1）　2. 盘（③∶2）　3. 盆（③∶3）　4. 器座（③∶4）　5、6. 豆柄（③∶5、③∶6）

（六）干垅子遗址

1. 遗址概况

位于湖南省华容县东山镇芦花村七组。地理坐标东经112°50′0.07″，北纬29°39′56.8″，海拔32米。遗址位于大荆湖西北部的丘陵阶地上，地势北高南低。因修建鱼塘，遗址破坏非常严重，残存面积约500平方米。

第三次全国文物普查时未发现文化层，仅采集少量陶片。此次调查在遗址北部清理一处断面，采集少量陶片。从陶片特征判断该遗址年代为石家河文化时期。

2. 地层堆积

清理断面宽2.21、高0.68米，分四层（图一六）。

第1层：耕土层。灰色砂质黏土，疏松。厚0.26～0.3米。无包含物。

第2层：文化层。灰褐色砂质黏土，疏松。坡状分布。距地表深0.26～0.3、厚0～0.22米。包含少量陶片。

第3层：文化层。褐黄色砂质黏土，疏松。坡状分布。距地表0.27～0.51、厚0～0.27米。包含少量陶片。

第4层：文化层。灰黑色砂质黏土，疏松。坡状分布，未清理到底。距地表深0.27～0.68、已暴露部分厚约0.24米。包含炭屑和少量陶片。

第4层下为黄褐色生土。

图一六　干垙子遗址断面图

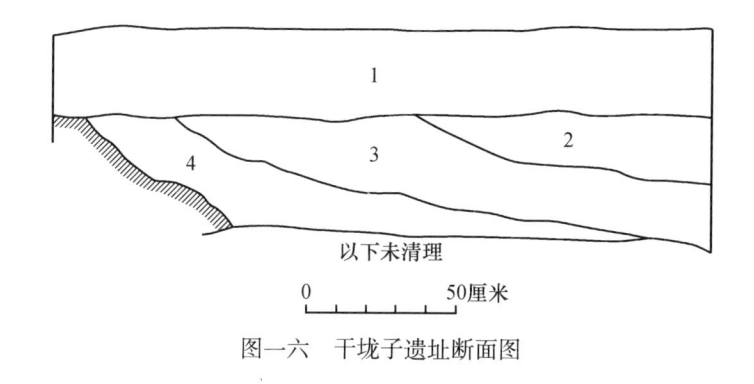

3. 采集遗物

采集少量陶片，以夹砂红陶为主，其次为泥质灰陶和泥质黑陶。绝大多数为素面，仅见绳纹。可辨器形有釜、瓮、缸、盘和圈足。

陶片统计情况见表七。

表七　干垙子遗址采集陶片统计表

质地\颜色\纹饰	地层	第2层			第3层			第4层		合计	百分比/%
		夹砂	泥质		夹砂	泥质		夹砂	泥质		
		红	灰	黑	红	黑	灰	红	灰		
素面		7	6	2	6	1	6	3	2	33	97.1
绳纹					1					1	2.9
合计		7	6	2	7	1	6	3	2	34	
百分比/%		20.6	17.6	5.9	20.6	2.9	17.6	8.8	5.9		100

瓮　1件。标本①：1，夹砂红陶。圆唇，敛口，下部残。素面。口径40、残高9.1厘米（图一七，1）。

缸　1件。标本②：2，夹砂红陶。圆唇，敞口，下部残。素面。口径43.9、残高6厘米（图一七，2）。

盆　1件。标本②：1，夹砂红陶。圆唇，敞口，下部残。外壁饰绳纹。口径27、残高3厘米（图一七，3）。

盘　1件。标本②：3，泥质灰陶。圆唇，敞口，下部残。素面。口径25.4、残高2厘米（图一七，4）。

圈足　1件。标本②：4，泥质灰陶。矮足，上部残。素面。足径15.9、残高1.6厘米（图一七，5）。

釜　1件。标本③：1，夹砂红陶。方唇，敞口，仰折沿，下部残。素面。口径18.6、残高4.6厘米（图一七，6）。

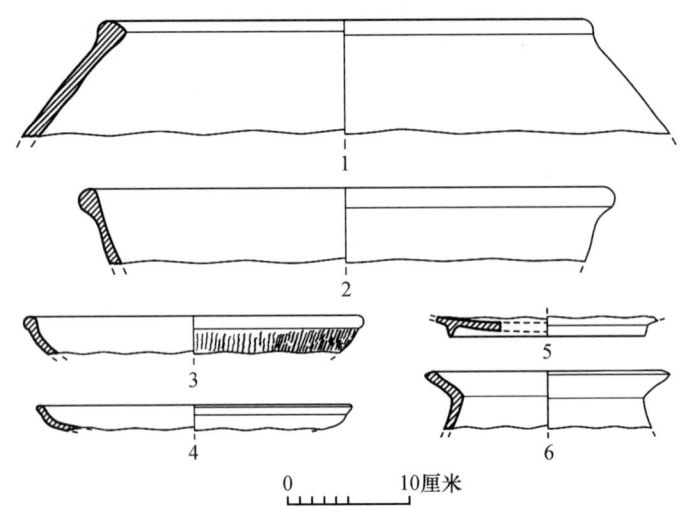

图一七 干垃子遗址采集陶片

1.瓮（①：1） 2.缸（②：2） 3.盆（②：1） 4.盘（②：3） 5.圈足（②：4） 6.釜（③：1）

（七）潘家咀遗址

1. 遗址概况

位于湖南省华容县东山镇东旭村七组。地理坐标东经112°51′07.83″，北纬29°39′27.74″，海拔31米。遗址位于大荆湖西南部丘陵阶地上，地势西高东低，部分淹没于湖水之下，残存面积约1000平方米。

该遗址属于新发现文物点，保存状况较差。未见文化层分布，仅在地表采集少量陶片和石器。从陶片特征判断该遗址年代为石家河文化时期。

2. 采集遗物

采集标本有陶片和石器。陶片大多数为夹砂红陶，小部分泥质灰陶。素面为主，纹饰仅见凸弦纹。可辨器形有钵、罐和圈足。采集石器2件。

陶片统计情况见表八。

表八 潘家咀遗址采集陶片统计表

纹饰	质地颜色	泥质 灰	夹砂 红	合计	百分比/%
素面		12	21	33	97.1
凸弦纹			1	1	2.9
合计		12	22	34	
百分比/%		35.3	64.7		100

陶钵　2件。标本采：1，泥质灰陶。圆唇，敞口，下部残。素面。口径21.7、残高2.6厘米（图一八，1）。标本采：2，泥质灰陶。尖圆唇，敞口，下部残。素面。口径21.7、残高2.8厘米（图一八，2）。

陶罐底　1件。标本采：3，夹砂红陶。上部已残，底内凹。素面。底径12、残高3.8厘米（图一八，3）。

陶圈足　1件。标本采：4，泥质灰陶。上部已残，下端略起台。素面。足径14、残高2.6厘米（图一八，4）。

石斧　2件。标本采：5，灰色。磨制，表面有疤痕。双面刃。长10.3、宽7、厚3厘米（图一八，6）。标本采：6，灰色。磨制，表面有疤痕。双面刃。长7.3、宽6.2、厚2.2厘米（图一八，5）。

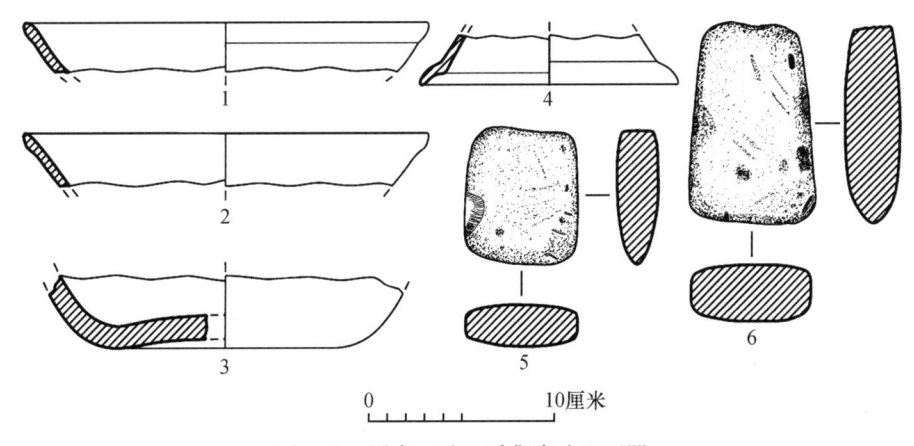

图一八　潘家咀遗址采集陶片和石器
1、2.陶钵（采：1、采：2）　3.陶罐底（采：3）　4.陶圈足（采：4）　5、6.石斧（采：6、采：5）

（八）灌山咀遗址

1. 遗址概况

位于湖南省华容县东山镇沙港村三组。地理坐标东经112°52′23.06″，北纬29°39′56.8″，海拔31米。坐落在大荆湖东南岸，北侧紧临大荆湖水面，部分被淹没，暴露部分面积约4200平方米。

据第三次全国文物普查资料记载：普查时发现有文化层和1个灰坑，文化层厚0.8~1.5米，土质疏松，土色呈灰褐色，包含较多陶片、红烧土等。陶片多为夹砂红陶、泥质灰陶和黑皮陶，主要纹饰有绳纹、篮纹、附加堆纹和弦纹，可辨器形有圈足盘、大口缸、鼎、碗、豆、罐、壶形器、钵、盆等。

此次调查，在遗址东侧局部发现有文化层，直接出露于地表。文化层为深褐色砂质黏土，较疏松，厚约0.3米，包含少量陶片和红烧土颗粒。在地表采集少量陶片。从陶片特征判断遗址年代为石家河文化时期。

2. 采集遗物

采集遗物只有少量陶片，以泥质灰陶为主，其次是夹砂红陶和泥质褐陶，另有夹砂黄陶和夹炭红陶。绝大多数为素面，少量弦纹和篮纹。可辨器形有鼎釜口沿、豆、盘、缸、碗和网坠。

陶片统计情况见表九。

表九　灌山咀遗址采集陶片统计表

颜色纹饰 \ 陶质	夹砂 红	夹砂 黄	泥质 灰	泥质 褐	夹炭 红	合计	百分比/%
素面	9		9	6	3	27	81.8
弦纹			3			3	9.1
篮纹		3				3	9.1
合计	9	3	12	6	3	33	
百分比/%	27.3	9.1	36.4	18.2	9.1		100

缸　2件。标本采：1，夹砂红陶。圆唇，敞口，下部残。素面。口径50、残高13厘米（图一九，1）。标本采：2，夹砂红陶。圆唇，敞口，下部残。素面。口径50、残高7.5厘米（图一九，2）。

鼎釜口沿　4件。标本采：3，夹炭红陶。圆唇，仰折沿微内凹，鼓腹，下部残。素面。口径25.4、残高6厘米（图一九，3）。标本采：4，夹砂黄陶。圆唇，宽仰折沿，下部残。腹外壁饰篮纹。口径22.2、残高7厘米（图一九，4）。标本采：5，夹炭红陶。尖圆唇，仰折沿，下部已残。素面。口径23.6、残高4厘米（图一九，5）。标本采：6，夹砂红陶。圆唇，仰折沿内凹，下部已残。素面。口径21.4、残高4.4厘米（图一九，6）。

盘　1件。标本采：7，泥质灰陶。圆唇，敞口，下部已残。素面。口径23.2、残高3厘米（图一九，7）。

碗　1件。标本采：8，泥质灰陶。口沿残，深弧腹，矮圈足外撇。素面。底径11.6、残高7厘米（图一九，8）。

豆　2件。标本采：9，泥质灰陶。敞口，窄折沿近平，弧腹较深，下部残。腹外饰一道凸弦纹。口径22、残高6.6厘米（图一九，9）。标本采：10，泥质灰陶。敞口，窄折沿外翻，弧腹，下部残。素面。口径22、残高2.4厘米（图一九，10）。

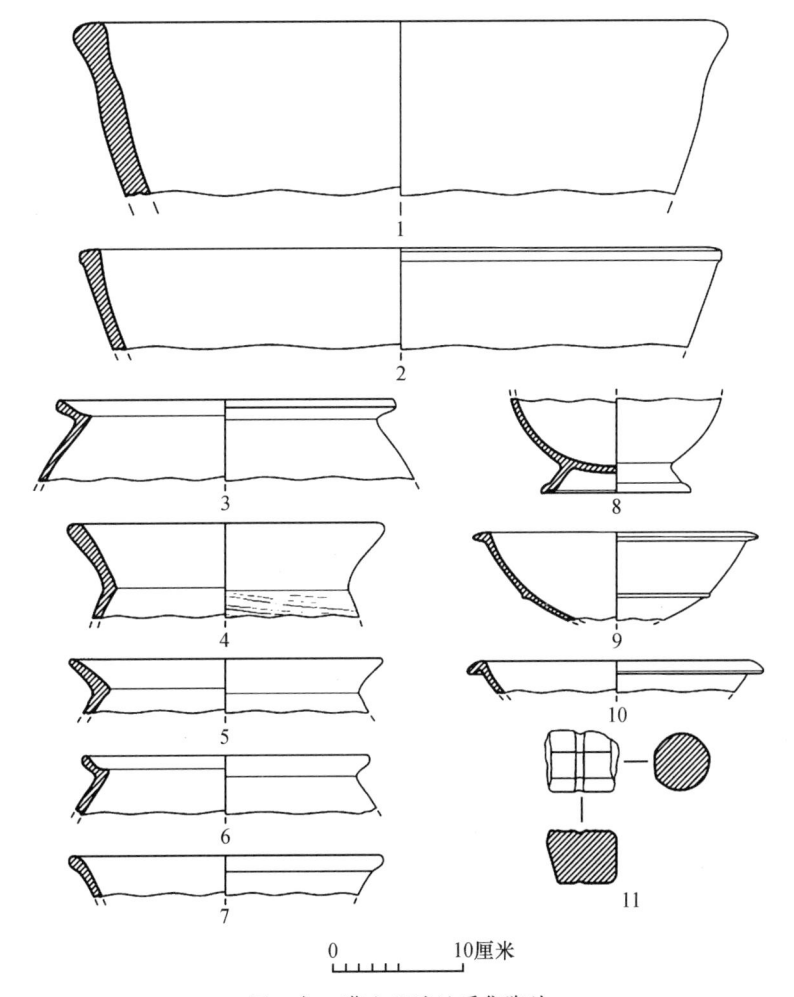

图一九　灌山咀遗址采集陶片

1、2.缸（采：1、采：2）　3~6.鼎釜口沿（采：3、采：4、采：5、采：6）　7.盘（采：7）　8.碗（采：8）
9、10.豆（采：9、采：10）　11.网坠（采：11）

网坠　1件。标本采：11，夹砂红陶。残，中部有一道凹痕用于捆绑绳索。残高4.6、残宽5.6厘米（图一九，11）。

（九）张家咀遗址

1. 遗址概况

位于湖南省华容县东山镇红烈村六组。地理坐标东经112°52′01.05″，北纬29°40′13.79″，海拔31米。遗址位于大荆湖北岸的丘陵阶地上，地势北高南低，因修建鱼塘，遗址破坏非常严重，残存面积约1500平方米。

据第三次全国文物普查资料记载："三普"时未发现文化层，在北渍大堤下采集部分陶片标本，为泥质灰陶和夹砂红陶，纹饰有弦纹，可辨器形有罐、缸、釜和豆。

此次调查未见文化层，地表散落较多陶片。从采集陶片特征判断该遗址年代为石家河文化时期。

2. 采集遗物

采集陶片以泥质灰陶为主，其次是夹砂红陶，另有泥质红陶、黑陶、褐陶，夹砂灰陶、褐陶和夹炭黑陶。素面为主，少量镂孔、弦纹和附加堆纹。可辨器形有罐、豆、碗、盆、盘、钵、瓮、缸、杯、壶、釜、圈足、鼎足和纺轮。

陶片统计情况见表一〇。

表一〇　张家咀遗址采集陶片统计表

颜色 纹饰	质地	夹砂			泥质				夹炭	合计	百分比/%
		红	灰	褐	灰	红	黑	褐	黑		
素面		14	2		32	6	4	6	4	68	80.0
镂孔					4		4			8	9.4
弦纹		2		2	3					7	8.2
附加堆纹		2								2	2.4
合计		18	2	2	39	6	8	6	4	85	
百分比/%		21.2	2.4	2.4	45.9	7.1	9.4	7.1	4.7		100

瓮　1件。标本采：1，夹砂灰陶。圆唇，敛口，下部残。素面。口径45.4、残高5.9厘米（图二〇，1）。

钵　1件。标本采：2，泥质灰陶。圆唇，敞口，折腹，平底微圜。素面。口径15.4、底径11、高5.2厘米（图二〇，2）。

罐　7件。标本采：3，泥质灰陶。圆唇外翻，敞口，仰折沿内凹，下部残。素面。口径30.1、残高6厘米（图二〇，3）。标本采：4，泥质褐陶。尖唇，敞口，仰折沿，下部已残。沿面有两道凸弦纹。口径31.8、残高7.8厘米（图二〇，4）。标本采：5，泥质灰陶。圆唇外翻，敞口，仰折沿内凹，下部残。素面。口径26.2、残高6.4厘米（图二〇，5）。标本采：6，泥质灰陶。仰折沿，直腹，下部残。素面。口径12、残高5.6厘米（图二〇，6）。标本采：7，尖唇外翻，敞口，宽折沿，下部残。素面。口径22.4、残高4厘米（图二〇，7）。标本采：8，泥质红陶。折沿内凹，高领，下部残。素面。口径15.4、残高5.8厘米（图二〇，8）。标本采：9，泥质红陶。仰折沿，沿面有一道凸弦纹，下部残。素面。口径19.8、残高3.2厘米（图二〇，9）。

罐底　2件。标本采：10，泥质灰陶。凹底，内壁及底部凹凸不平。素面。底径

8、残高2.8厘米（图二〇,10）。标本采：11，泥质灰陶。底微内凹。素面。底径7.6、残高2.3厘米（图二〇,11）。

豆 4件。标本采：12，泥质灰陶。外凸唇，敞口，下部残。素面。口径22.2、残高4.4厘米（图二〇,12）。标本采：13，泥质红陶。敛口，下部残。素面。口径21.8、残高4.2厘米（图二〇,13）。标本采：14，泥质灰陶。圆唇，敞口，下部残。素面。口径17.6、残高3.8厘米（图二〇,14）。标本采：15，泥质灰陶。敛口，下部残。素面。口径22、残高5.8厘米（图二〇,15）。

盆 1件。标本采：16，泥质灰陶。圆唇，敞口，下部残。素面。口径20.8、残高6.6厘米（图二〇,16）。

盘 2件。标本采：17，泥质灰陶。敞口，平沿，下部残。素面。口径18.4、残高2.8厘米（图二〇,17）。标本采：18，泥质褐陶。敞口，平沿，下部残。素面。口径

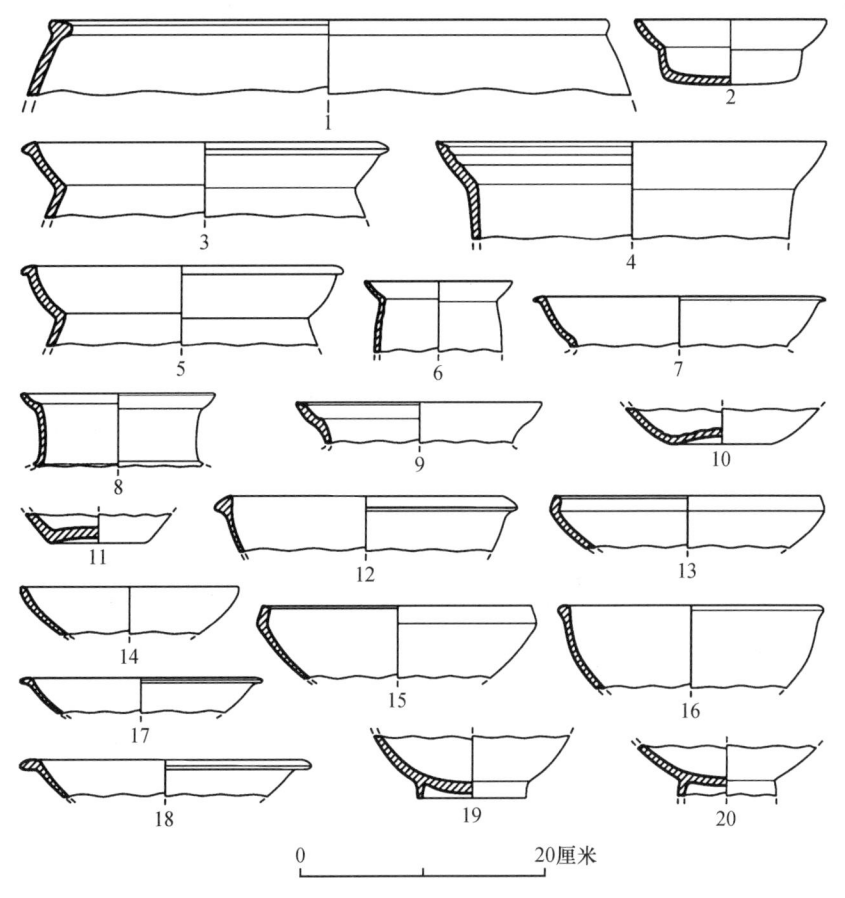

图二〇 张家咀遗址采集陶片
1.瓮（采：1） 2.钵（采：2） 3~9.罐（采：3、采：4、采：5、采：6、采：7、采：8、采：9）
10、11.罐底（采：10、采：11） 12~15.豆（采：12、采：13、采：14、采：15） 16.盆（采：16）
17、18.盘（采：17、采：18） 19、20.碗（采：19、采：20）

20.8、残高2.9厘米（图二〇，18）。

碗　2件。标本采：19，泥质灰陶。矮圈足。素面。底径9、残高5厘米（图二〇，19）。标本采：20，泥质灰陶。残留部分圈足。素面。底径8、残高4厘米（图二〇，20）。

缸　3件。标本采：21，夹砂灰陶。直口，下部残。素面。口径46、残高5.8厘米（图二一，1）。标本采：22，夹砂红陶。平唇，敞口，下部残。素面。口径37.8、残高7.6厘米（图二一，2）。标本采：23，夹砂褐陶。残留腹部，厚胎。外壁饰有两道凸弦纹。残高12.8厘米（图二一，3）。

圈足　6件。标本采：24，泥质灰陶。圈足外撇，下端呈锐折台状。素面。足径26、残高5.3厘米（图二一，4）。标本采：25，泥质灰陶。下端外撇起台。素面。足径18、残高4.6厘米（图二一，5）。标本采：26，泥质灰陶。圈足较高，下端呈弧形台状。饰圆形镂孔。足径16、残高7厘米（图二一，6）。标本采：27，泥质褐陶。下端起台。素面。足径12、残高5厘米（图二一，7）。标本采：28，泥质灰陶。下端起台。素面。足径14、残高4.6厘米（图二一，8）。标本采：29，泥质灰陶。外壁底端饰有一道凸弦纹。足径23、残高8.4厘米（图二一，9）。

釜　1件。标本采：30，夹炭黑陶。尖圆唇，仰折沿，沿面微凹，下部残。素面。口径25.6、残高5.6厘米（图二一，10）。

杯　4件。标本采：31，泥质黑陶。矮圈足，直腹，上部残。素面。腹径10、足径6.8、残高5.2厘米（图二一，11）。标本采：32，泥质灰陶。直腹，圈足。素面。残高7.8厘米（图二一，12）。标本采：33，泥质红陶。直腹，圈足，上下均残。素面。残高2厘米（图二一，13）。标本采：34，泥质黑陶。上部残，斜腹，平底。素面。底径2.9、残高3厘米（图二一，14）。

豆柄　4件。标本采：35，泥质黑陶。上下均残。饰上下对称的六个圆形镂孔。残高4.4厘米（图二一，15）。标本采：36，泥质灰陶。素面。残高8厘米（图二一，16）。标本采：37，泥质红胎黑陶。饰五个三角形镂孔。残高3.6厘米（图二一，17）。标本采：38，泥质灰陶。饰四个对称的圆形镂孔。残高5.1厘米（图二一，18）。

壶　1件。标本采：39，泥质灰陶。小口长颈，上下均残。素面。残高9.4厘米（图二一，19）。

纺轮　1件。标本采：40，泥质红陶。圆形，弧边。直径4.4、厚0.9厘米（图二一，20）。

鼎足　1件。标本采：41，夹砂褐陶。截面呈椭圆。素面。残高5.4厘米（图二一，21）。

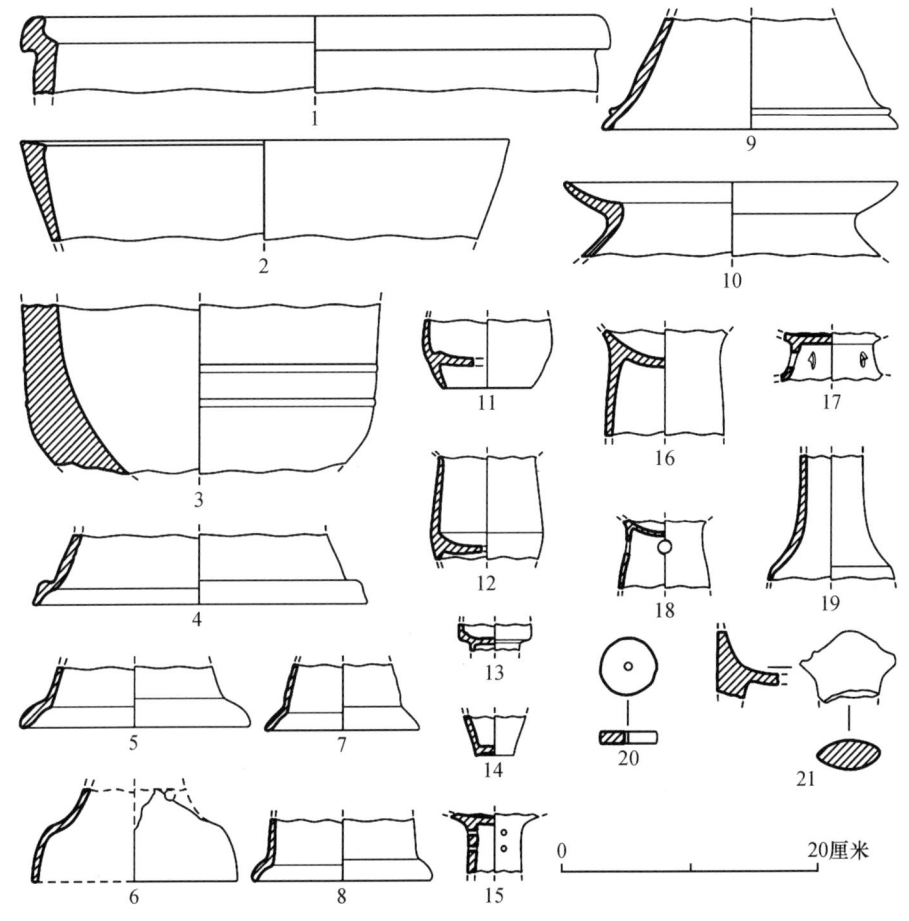

图二一　张家咀遗址采集陶片

1~3.缸（采：21、采：22、采：23）　4~9.圈足（采：24、采：25、采：26、采：27、采：28、采：29）
10.釜（采：30）　11~14.杯（采：31、采：32、采：33、采：34）　15~18.豆柄（采：35、采：36、采：37、采：38）　19.壶（采：39）　20.纺轮（采：40）　21.鼎足（采：41）

（十）黄猫咀遗址

1.遗址概况

位于湖南省华容县东山镇红烈村四组。地理坐标东经112°51′30″，北纬29°40′12.1″，海拔30米。坐落在大荆湖中部稍高的一处小岛上，四周被湖水环绕，西北部有一条小路与北溃大堤相接，仅枯水季节可见。该遗址大部分被淹没于湖水之下，残存面积约3000平方米。

第三次全国文物普查时在遗址南侧临湖断崖上发现文化层，文化层为灰褐色黏土，厚0.3~0.5米。采集少量陶片标本，以夹砂褐红陶和夹砂灰陶为主，纹饰有绳纹和篮纹，可辨器形有釜、鼎、缸和鬲。

此次调查仅在地表采集少量陶片，包含石家河文化和商周时期遗存。

2. 采集遗物

采集遗物有陶片和石器。陶片以夹砂灰陶为主，次为泥质红陶和灰陶。素面占多数，少量绳纹和按窝。可辨器形有鼎釜口沿、罐、豆柄和鼎足。采集磨制石器1件。

陶片统计情况见表一一。

表一一 黄猫咀遗址采集陶片统计表

纹饰 \ 颜色 \ 质地	泥质 灰	泥质 红	夹砂 灰	合计	百分比/%
素面	5	6	12	23	69.7
绳纹			6	6	18.2
按窝			4	4	12.1
合计	5	6	22	33	
百分比/%	15.2	18.2	66.7		100

陶鼎釜口沿　2件。标本采：1，夹砂灰陶。尖唇，沿面略凹，微卷沿，下部已残。素面。口径47、残高6厘米（图二二，1）。标本采：2，夹砂灰陶。尖唇，沿面内凹，微卷沿，下部已残。素面。口径39.6、残高2.2厘米（图二二，2）。

陶罐　1件。标本采：3，夹砂红胎灰陶。卷沿，沿面内凹，下部已残。素面。口径26、残高3.4厘米（图二二，3）。

陶豆柄　2件。标本采：4，泥质红陶。上下均残。素面。残高4.4厘米（图二二，4）。标本采：5，夹砂灰陶。上下均残。素面。残高6厘米（图二二，5）。

陶鼎足　4件。标本采：6，夹砂灰陶。上下均残。外壁饰绳纹。残高18厘米（图二二，6）。标本采：7，夹砂红胎灰陶。上下均残。足根部有一按窝。残高9.6厘米（图二二，7）。标本采：8，夹砂灰陶。截面近似椭圆形，上下均残。足根部饰按窝。残高5.6厘米（图二二，8）。标本采：9，夹砂灰陶。上下均残。足根部有一按窝。残高13厘米（图二二，9）。

石铲　1件。标本采：10，磨制精细，平面近长方形，上部残。双面刃。顶部有一个圆形穿孔。素面。残长7.4、宽4.6、厚0.8厘米（图二二，10）。

（十一）李家咀遗址

位于湖南省华容县东山镇东旭村七组。地理坐标东经112°50′46.4″，北纬29°39′37.2″，海拔31米。坐落在大荆湖西南部湖岸上，地势平缓，南高北低，北部淹没在湖水之下，暴露部分面积约2500平方米。

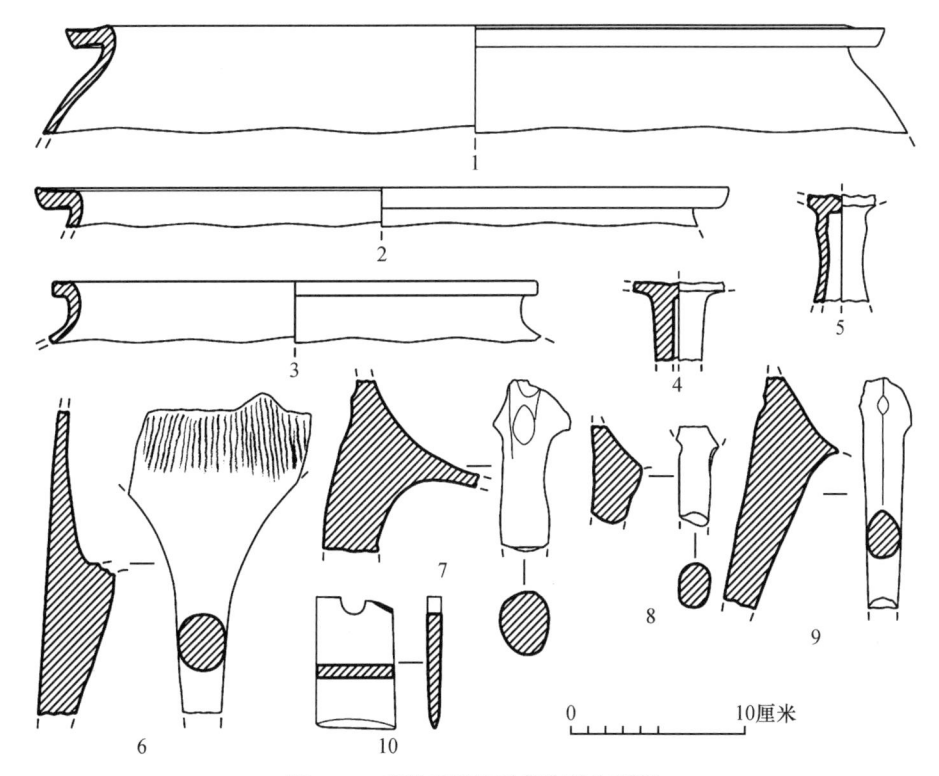

图二二　黄猫咀遗址采集陶片和石器

1、2.陶鼎釜口沿（采∶1、采∶2）　3.陶罐（采∶3）　4、5.陶豆柄（采∶4、采∶5）　6~9.陶鼎足（采∶6、采∶7、采∶8、采∶9）　10.石铲（采∶10）

据第三次全国文物普查资料记载：该遗址未发现文化层，在人工筑堤上采集部分标本，陶片以夹砂红陶为主，可辨器形有鼎、釜、罐等。

此次调查没有发现文化层，仅采集少量陶片，有泥质红陶碗或钵的残片、泥质灰陶豆或盘的残片。该遗址年代应为石家河文化时期。

（十二）大咀遗址

位于湖南省华容县东山镇沙港村三组。地理坐标东经112°52′08.7″，北纬29°39′44.8″，海拔31米。坐落在大荆湖东南部湖岸上，地势平缓，南高北低，视野开阔。大部分淹没在湖水之下，暴露部分面积约1500平方米。

据第三次全国文物普查资料记载：在遗址东面发现文化层，为深褐色黏土，结构致密，厚0.5~0.8米，含有少量红烧土和陶片。陶片有夹砂灰陶、泥质灰陶、红陶，主要纹饰有绳纹，可辨器形有鼎足、豆、罐和缸等。在遗址西面湖滩岸上发现了两处窑址，平面形状近椭圆形，直径0.5~1.8米，窑壁用红烧土砌成，壁厚0.08~0.12米。还有两处仅见红烧土团块痕迹，因被湖水长期浸泡冲洗而遭较大的破坏，仅存窑底部分,且形状不规整。另外,还采集有东周时期鬲足3个、豆柄1个,但没有发现东周时期的文化层。

此次调查仅在遗址西部发现一座陶窑和少量石家河文化时期陶片。

陶窑近圆形,保存较差,可能已接近底部,北半部淹没于湖水之下。填土为灰褐色砂质黏土,包含少量陶片和红烧土颗粒。红烧土窑壁较清楚。直径约1、壁厚约0.1米(图版二,1)。

陶片极少,有夹砂红陶缸的残片,还有少量泥质灰陶碗或钵的腹部残片。

结合历年调查结果分析,该遗址年代为石家河文化时期,可能包含商周时期遗存。

(十三)中咀遗址

位于湖南省华容县东山镇红烈村三组。地理坐标东经122°51′42.79″,北纬29°40′23.74″,海拔31米。坐落在大荆湖北岸的丘陵阶地上,北高南低,大部分淹没于湖水之下,残存面积约1800平方米。

据第三次全国文物普查资料记载:遗址文化层直接暴露在湖边,文化层为灰褐色黏土,厚0.6~1.5米,含有较多红烧土颗粒和陶片。采集的标本多为夹砂红陶、泥质灰陶和黑皮陶,纹饰有绳纹、弦纹、按印纹等,可辨器形有鼎、钵、罐、豆、釜、盘和碗。还采集到2件磨制石器。在遗址的东边湖滩上发现一座窑址(图版二,2)。

此次调查只采集少量陶片。均为夹砂陶,有红陶和灰陶。多为素面,少量饰绳纹。均为腹部残片,夹砂红陶为陶缸残片,夹砂灰陶为釜罐类残片,无绘图标本。从陶片特征判断该遗址年代为石家河文化时期。

三、结　语

大荆湖周边遗址的分布具有如下特点。

1)海拔低,都在31米左右。多数遗址的主体部分位于大荆湖湖水之下,实际海拔位置可能更低。

2)除七星墩遗址外,面积普遍较小。残存面积大多只有数千平方米,即使考虑到被淹没的部分,遗址面积也大多只有万余平方米。

3)分布密集,相邻遗址之间的距离只有数百米。实际上,一些相邻较近的遗址在湖水退去时可能是连接在一起的,如黄猫咀遗址和张家咀遗址、大咀遗址和灌山咀遗址等。

4）保存状况差，文化层普遍较薄，文化遗存不丰富。除了大荆湖湖水冲刷对遗址造成破坏的影响外，这些遗址本身很可能使用时间不长，或为季节性遗址。

5）年代相当，沿用时间不长。除大咀、白果咀、黄猫咀和黄马咀遗址包含石家河文化和商周时期两个阶段的遗存外，其余遗址的年代均为石家河文化时期。

这些遗址的发现和确认对研究当时的古地貌、聚落分布和社会复杂化进程具有重要意义。

首先，遗址海拔低，深入大荆湖湖水之下被淹没，说明当时水位低，湖水面积小。位于大荆湖北岸的黄猫咀遗址和南岸的团墩子遗址之间的直线距离只有920米，这两个遗址的主体部分都在湖水之下，实际距离应当更近，用这两个遗址的位置复原当时大荆湖宽度可能只有四五百米甚至更小。考虑到大荆湖本身是东西长、南北宽的结构，宽度变窄到一定程度或者就不能称之为湖，而只是一条与东山河相连接、汇入长江的古河道了。

其次，这些遗址沿古河道两岸呈线状分布，三五成团，集结成群，形成以七星墩古城为中心的聚落群。结合七星墩古城的结构，这个聚落群内部的分层显著。七星墩古城由内外双城构成，居住于内城的人地位最高，其次是居住于外城的人群，城外瓦山咀、杨腊咀等地点距离古城最近，直接服务于城内人群，属于第三层次，其他遗址点作为第四层级受制于古城的领导阶层，形成四级分层的社会结构。

再次，相关发现为判断这些遗址点的功能提供了一些线索。大咀、中咀和杨家咀遗址发现有陶窑，据第三次全国文物普查资料记载，胡家门和鲇鱼尾遗址也有陶窑，尤其是大咀遗址历次调查共发现四座陶窑，说明该遗址很可能是一处专门烧窑的遗址。灌山咀遗址发现一件夹砂红陶的网坠，结合遗址靠近长江、水资源丰富的特点，可说明当时人们从事捕鱼活动。这些遗址还出土大量石器，虽然我们调查采集到的石器并不多，但在当地一农户家里发现了数百件石器（图版三），据该农户介绍，这些石器都是他历年绕大荆湖采集到的，不仅如此，我们在调查过程中走访当地农户，几乎每家都收藏有几件石器。石器的种类有石斧、石锛、石铲、石凿、石镞、砺石和石球等，还有一些残块和半成品。半成品多是已经打制成形但尚未磨制的，结合较多砺石的发现，似乎表明该地存在专门磨制石器的作坊遗址。

最后，以七星墩古城为中心的聚落群的演变反映了社会复杂化的进程。考古发掘表明七星墩古城始建于屈家岭文化时期，此时大荆湖周边并没有发现其他小型遗址，说明人口较少，社会复杂化程度不高。但到了石家河文化时期，七星墩古城向外扩建了20米，在其周边出现大量小型聚落，这些聚落可能存在功能差异，各有分工，形成四级分层的社会组织结构，人口大大增加，社会复杂化程度加强，按赵辉先生关于古国的意见[4]，可以将其称为"七星墩古国"。但是这个古国的存续时间并不长，肖家屋脊文化之后七星墩古城废弃，商周时期只有几个零星的遗址点分布。古国衰落的原因，除了社会层面如战争等因素外，很可能与这些遗址点海拔位置低，且邻近长江极易遭受长江洪水的冲击有关。

附记：本报告为湖南省2019年哲学社会科学基金"湖南华容七星墩遗址2018年度考古资料整理与研究"课题成果之一。参加2018～2019年野外调查的工作人员有王良智、罗仁林、谌农和廖志鹏，文物标本绘图由胡重、代楠和廖志鹏完成，2011年的部分照片为罗伟拍摄。

执笔：王良智　胡　重

注　释

［1］岳阳市文物考古研究所：《湖南华容七星墩新石器时代遗址试掘》，《湖南考古辑刊（第10辑）》，岳麓书社，2013年。

［2］湖南省文物考古研究所：《考古中国·长江中游文明进程研究取得重大进展》，《中国文物报》2019年2月22日第6版；王良智：《湖南华容七星墩遗址发现"外圆内方"双城结构史前城址》，《中国文物报》2020年8月7日第8版；王良智：《发现长江中游年代最早的漆木碗——湖南华容七星墩遗址2020年考古收获和意义》，《中国文物报》2021年5月14日第8版。

［3］湖南省文物考古研究所：《湖南华容县七星墩遗址2018年调查、勘探和发掘简报》，《考古》2021年第2期。

［4］赵辉：《"古国时代"》，《华夏考古》2020年第6期。

The Survey Report of Sites around Dajing Lake in Huarong County, Hunan

Hunan Provincial Institute of Cultural Relics and Archaeology
Yueyang Municipal Institute of Cultural Relics and Archaeology
Huarong County Museum
Hunan Key Laboratory of Archaeometry and Conservation Science

Abstract: In 2018 and 2019, Hunan Provincial Institute of Cultural Relics and Archaeology and other units carried out a comprehensive investigation of cultural relics surrounding Dajing Lake in Huarong County, reviewing 32 cultural relics sites, and finding 2 new cultural relics sites. These sites were all in the Shijiahe Culture period, and a few had been used until the Shang and Zhou Dynasties. The ancient city of Qixingdun is the largest one, and the area of the other sites is small. It can be confirmed that there was a settlement group centered on Qixingdun Site around Dajing Lake during the Shijiahe Culture period. These findings provide important information to explore the social complexity and the progress of civilization in the region.

Keywords: Dajing Lake; Qixingdun Site; Survey Report

湖北荆门屈家岭遗址东周墓葬发掘简报

湖北省文物考古研究院
荆门市博物馆

[摘　要] 2016年、2017年，在配合屈家岭遗址考古遗址公园建设而进行的考古发掘中，发现了9座东周时期中小型土坑竖穴墓。随葬品以陶器为主，另外还有少量玉环、青铜剑等，墓葬时代相当于战国早中期。本次发掘为研究荆门屈家岭地区东周时期考古学文化提供了新的材料。

[关键词] 湖北荆门；屈家岭；东周楚墓；战国早中期

屈家岭遗址东周墓地位于湖北省荆门市屈家岭管理区屈家岭村，地处京山市、沙洋县及天门市之间，距汉江约35千米（图一）。墓地位于屈家岭遗址中心区域，该遗址以屈家岭文化而闻名。

1998年[1]和2019年[2]曾在墓地东边的殷家岭发现商周时期遗物。9座东周墓葬发现于屈家岭北部高岗的南坡上，分布比较集中（图二）。岗地曾因土地平整、房屋修

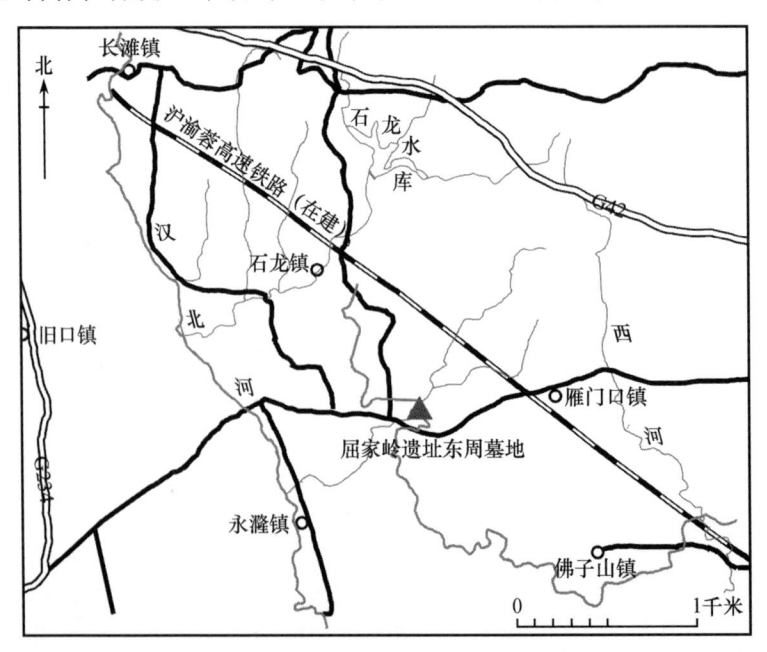

图一　屈家岭遗址东周墓地位置示意图

建等活动，表层受到不同程度的破坏。墓葬均开口于耕土层下，打破早期文化层或直接打破生土（图三）。下面将发现的9座墓葬汇报如下。

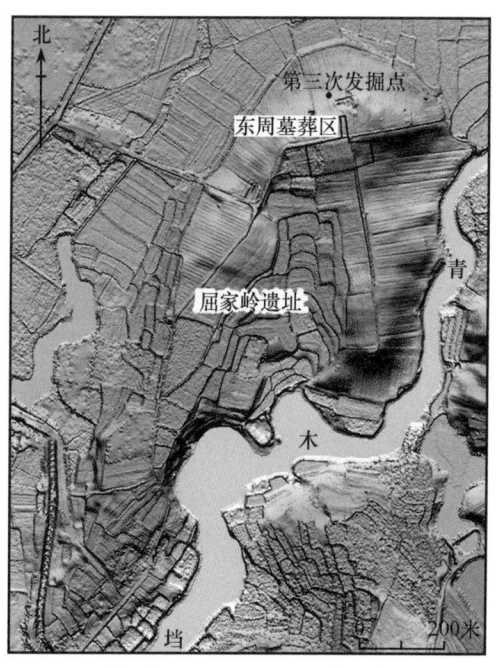

图二　屈家岭遗址东周墓地地形及发掘位置图

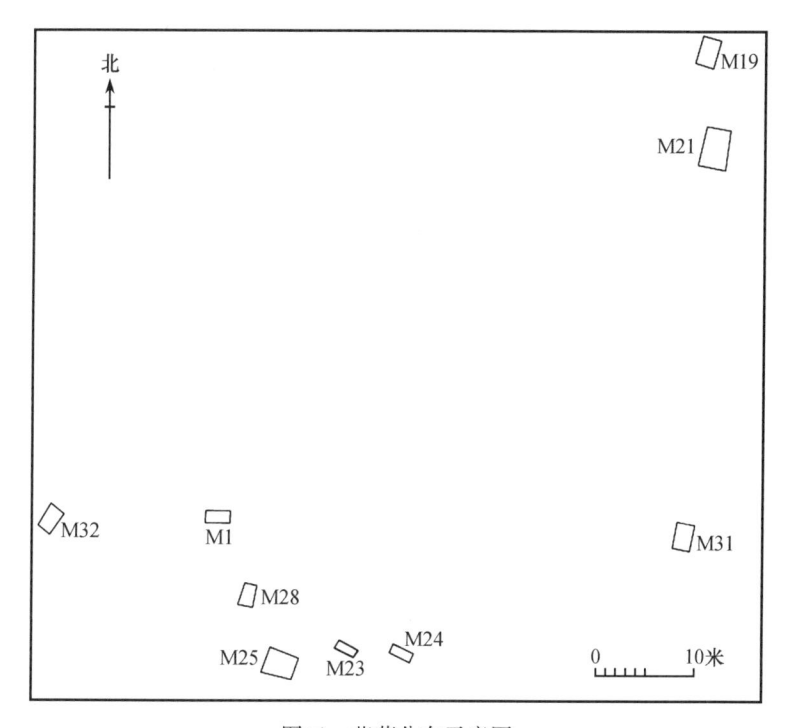

图三　墓葬分布示意图

一、墓葬及遗物

（一）M1

位于第1层下，打破第3层及生土。长方形竖穴土坑墓，方向272°。墓坑口大底小，东壁、北壁及南壁、西壁局部深0.5米，有生土二层台。东、西、北三壁上部壁面稍倾斜，在二层台之下壁面陡直；南壁倾斜至底。开口长2.5、宽1.3～1.34米，底长2.27、宽1米。生土二层台宽0～0.13米。南壁中部有长方形壁龛，面阔0.63、高0.2、进深0.12～0.15米。龛内随葬品有陶盂2件、陶罐1件。填土出土陶环1件、玉环1件（图四）。

陶盂　2件。标本M1∶1，泥质红褐胎黑皮陶。侈口，圆唇，窄折沿，束颈，鼓肩，斜弧腹内收，凹圜底。肩部饰五周凹弦纹，腹下饰交错绳纹。口径16.4、腹径17.2、底径6.5、高11.7厘米（图五，1；图版四，2）。标本M1∶2，夹粗砂灰陶。侈

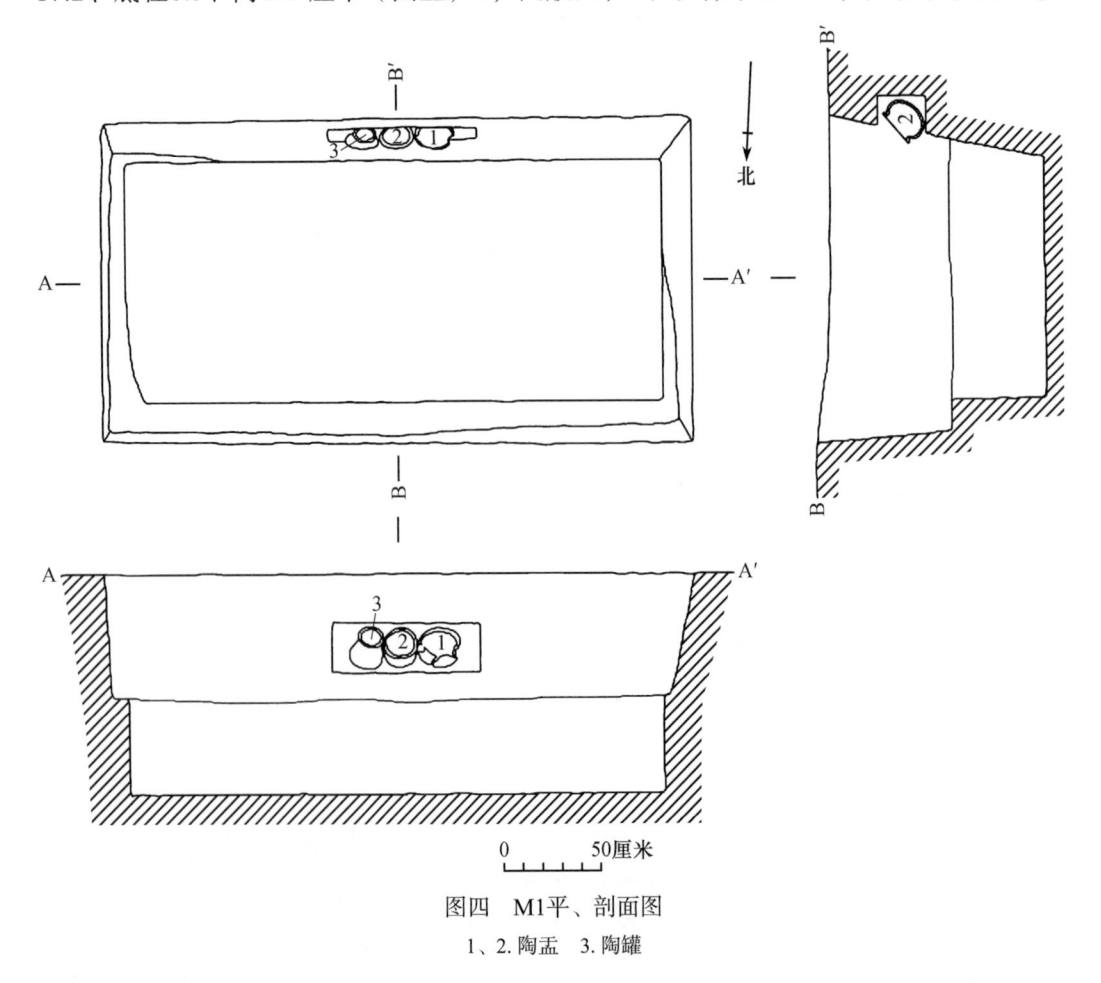

图四　M1平、剖面图
1、2.陶盂　3.陶罐

口，圆唇略上扬，窄折沿，短束颈，圆肩，鼓腹，凹圜底。上腹饰六周凹弦纹，下腹及底饰较浅的交错绳纹。口径16.7、腹径17.8、底径7.8、高12.2厘米（图五，2；图版四，3）。

陶罐　1件。标本M1:3，泥质红褐胎黑皮陶。侈口，方唇，窄折沿，直颈，溜肩，圆鼓腹，凹圜底。下腹及底饰斜向交错绳纹。口径11.1、腹径14.6、底径6.2、高16厘米（图五，3；图版四，1）。

玉环　1件。标本M1:填01，青白玉，夹极少灰黑色沁。外周圆弧，内壁竖直。素面。外径4.4、内径2、厚0.55厘米（图五，5）。

陶环　1件。M1:填02，泥质黑陶。环剖面呈长方形，外壁中部饰一周凹槽。外径6.5、内径5.2、厚0.7厘米（图五，4）。

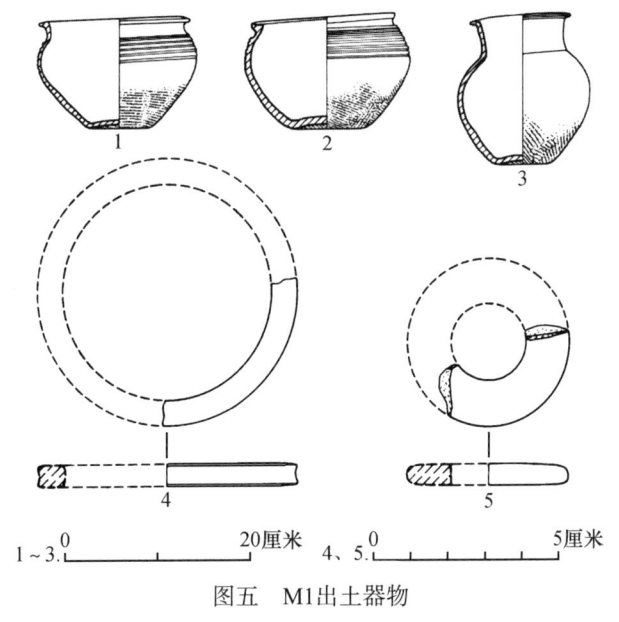

图五　M1出土器物
1、2.陶盂（M1:1、M1:2）　3.陶罐（M1:3）　4.陶环（M1:填02）　5.玉环（M1:填01）

（二）M19

位于第1层下，打破生土。长方形竖穴土坑墓，方向196°。墓坑口大底小，开口长2.9、宽1.94~2米。壁上端陡直，至0.42米有宽0.02~0.04米的生土二层台，二层台向下壁面倾斜至底。底长2.64、宽1.7米。棺痕中部残存部分人头骨和肢骨。随葬品置于椁室西南端，有陶敦2件、陶鼎2件、陶壶2件（图六）。

陶鼎　2件。形制、大小相近。标本M19:3，泥质红黄胎黑皮陶，大部分黑皮已脱落或褪色。子母口微敛，弧腹，圜底。附矩形方耳，近直立。兽蹄实足，足尖微外撇。下腹至底有不清晰斜向交错绳纹。口径13.4、腹径15.1、通高15.6~15.8厘米（图

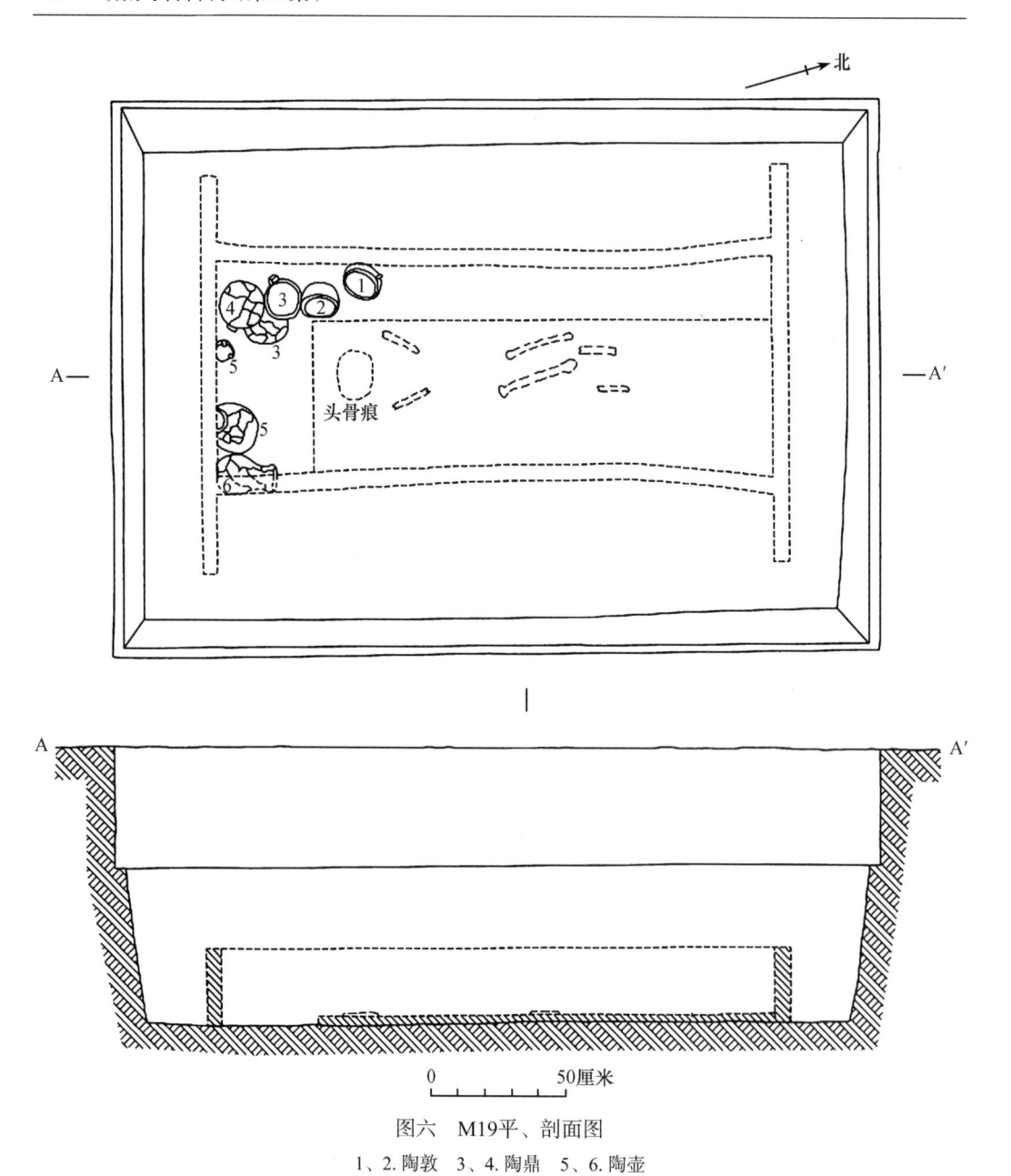

图六　M19平、剖面图
1、2.陶敦　3、4.陶鼎　5、6.陶壶

七，1；图版四，4）。标本M19：4，口径13.5、腹径14.8、通高14.8～15.2厘米（图七，2；图版四，5）。

玉璜　1件。标本M19：填01，鸡骨白，夹极少量灰绿色沁。弧形，截面近椭圆形。两端各有1个穿孔，并有多个打孔痕迹。表面有刻磨痕。长5.8、宽0.6～0.9、厚0.2～0.4厘米（图七，3；图版四，6）。

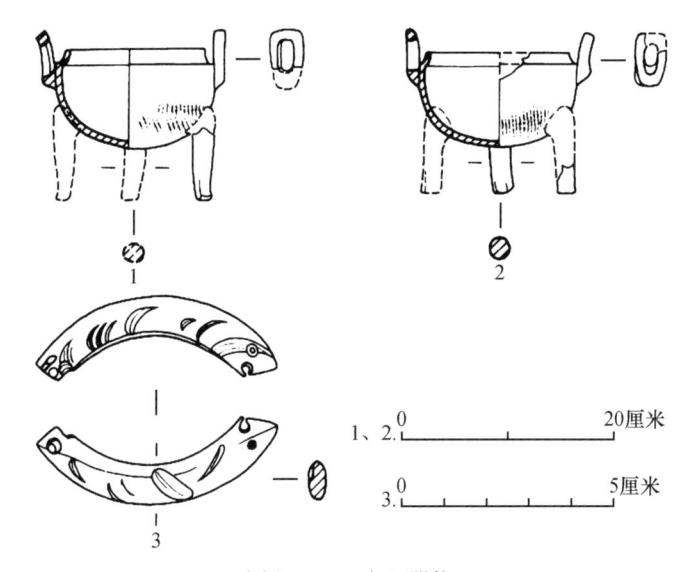

图七　M19出土器物
1、2.陶鼎（M19：3、M19：4）　3.玉璜（M19：填01）

（三）M21

位于第1层下，打破生土。长方形竖穴土坑墓，方向191°。墓坑口大底小，开口长4、宽2.6～3米。四壁倾斜。底长3.1、宽1.93～2.2米。椁痕中部残存部分人头骨和肢骨。随葬品置于椁室西侧，有铜匕首1件、陶匜2件、陶敦2件、陶壶2件、陶鼎2件（图八）。

铜匕首　1件。标本M21：1，形体与剑相似，唯短小轻薄。圆首，圆柱柄，窄格，两侧略侈出身外，身扁平无脊，尖峰，三角形刃。首直径3.2、厚0.15厘米，格长4.6、厚0.15厘米，身长约11.3、最宽4.3、厚约0.1厘米（图九，7）。

陶匜　2件。标本M21：2，夹少量粗砂，黄红胎灰黑陶，绝大部分灰黑色已脱落或褪色。平面近椭圆形，浅流口，口沿近平，弧腹较浅，圜底。口径9.6～10.5、高3.3厘米（图九，8；图版五，7）。标本M21：4，泥质红陶。平面呈椭圆形，尖状小流，直口，平沿，腹壁陡直，平底。素面。口径15、高4.9厘米（图九，9；图版五，8）。

陶敦　2件。标本M21：3，盖、身形制基本一致。泥质黑陶。敛口，口内侧起棱，鼓腹圜底。腹下部饰三扁方形马蹄足，足中部有一周凸棱。口径14.6、高13.2、通高26厘米（图九，3；图版五，3）。标本M21：5，盖、身扣合呈椭圆形，口径小于扣合后器高。泥质红陶。敛口，盖、身口沿下一圈微内凹，饰一圈抹纹，盖钮、器足作"S"形兽足。口径12.7、通高20.3厘米（图九，5；图版五，4）。

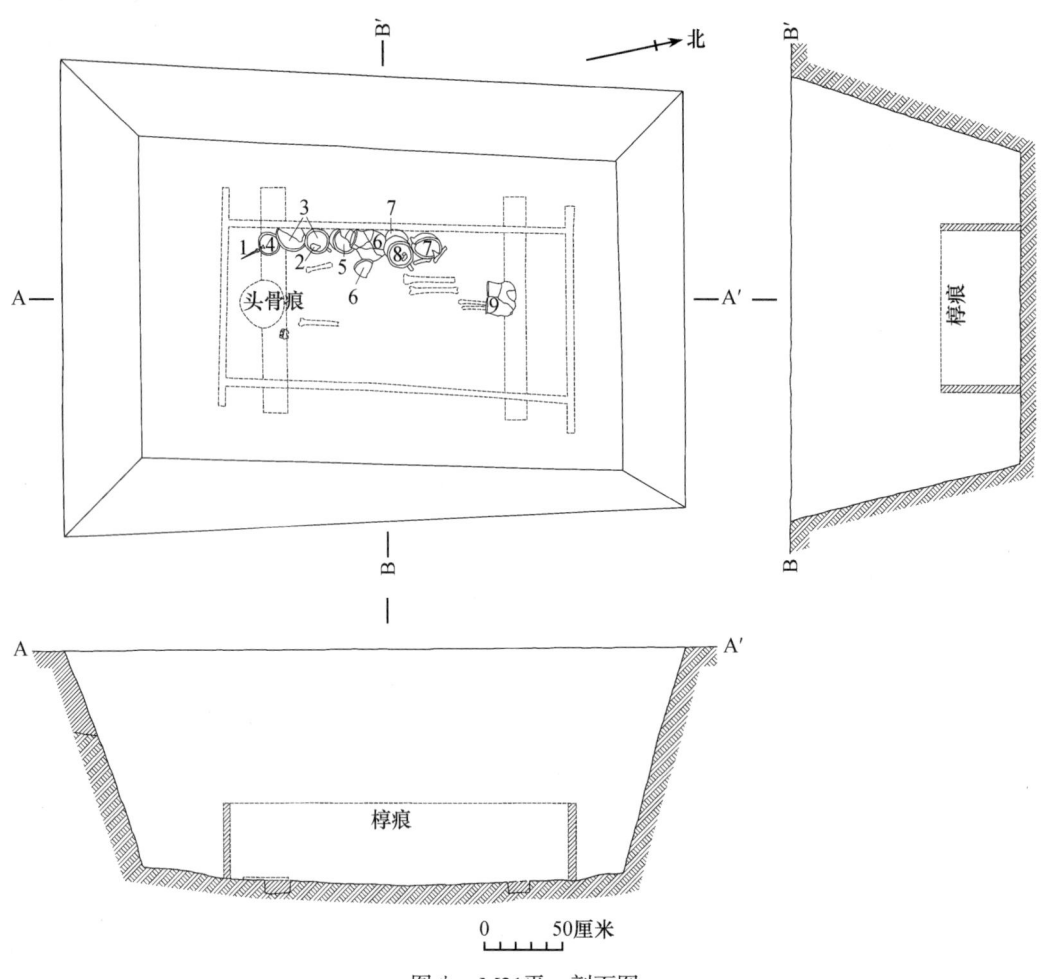

图八　M21平、剖面图
1.铜匕首　2、4.陶匜　3、5.陶敦　6、9.陶壶　7、8.陶鼎

陶鼎　2件。形制、大小相同。标本M21：7，盖、鼎两部分。泥质黑皮陶。盖为直口圆唇，盖顶呈弧形，饰有三扁形乳钉纹。鼎为子母口，束颈鼓腹，圜底。附方耳，耳中空，孔为方形。马蹄足。肩部有一周凸弦纹，足内侧有"U"字形凹槽。口径16.4、高15.4、通高21.2厘米（图九，1；图版五，1）。标本M21：8，口径16.7、高15.5、通高21.9厘米（图九，2；图版五，2）。

陶壶　2件。标本M21：6，泥质红黄胎黑灰陶，部分黑灰色已脱落褪色。子母口圆盖，敞口，尖唇，顶面凸弧，顶上有3个扁弧纽；壶子口微敛、较矮，束弧颈，凸弧腹，微凸圜底。上腹外有3个小扁弧纽。盖口径11、盖外径11.3、高3.9厘米，壶口内径9.7、口外径11.6、腹径16、底径5.6、高21.7厘米，通高25.4厘米（图九，4；图版五，5）。标本M21：9，泥质红黄胎黑灰陶，大部分黑灰色已脱落或褪色。子母口圆盖，

图九　M21出土器物

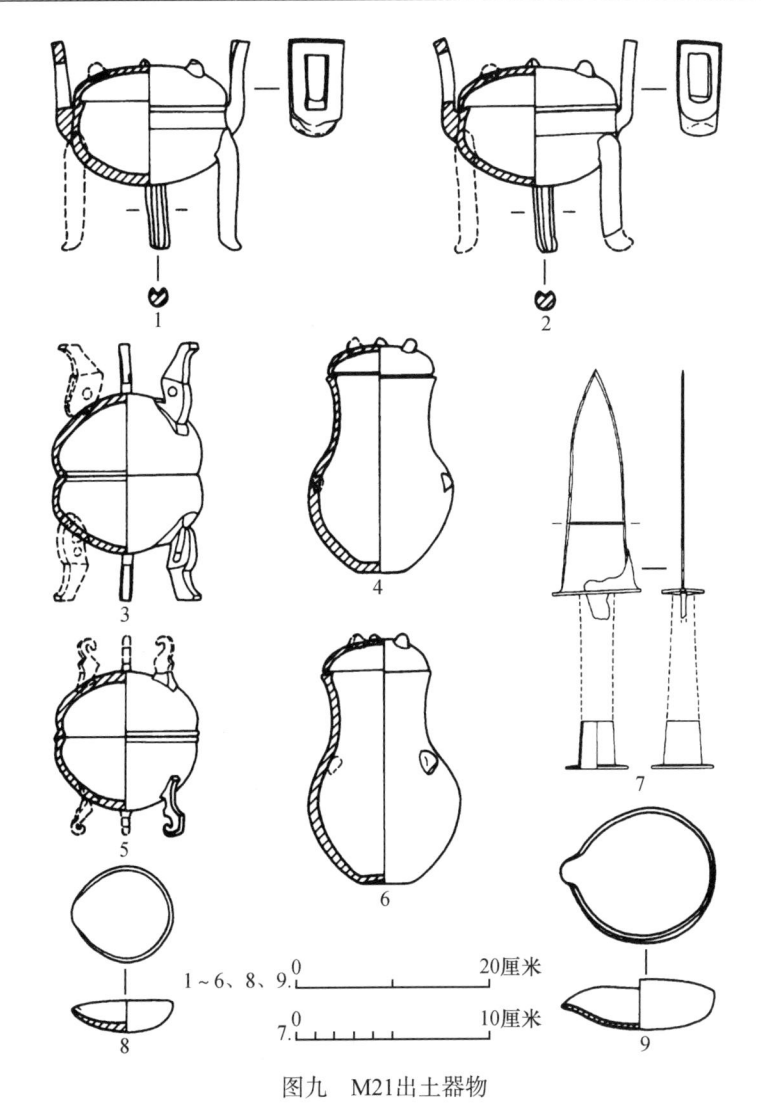

1、2. 陶鼎（M21：7、M21：8）　3、5. 陶敦（M21：3、M21：5）　4、6. 陶壶（M21：6、M21：9）
7. 铜匕首（M21：1）　8、9. 陶匜（M21：2、M21：4）

敞口，尖唇，顶面凸弧、较矮，顶上饰3个扁弧纽；壶子口较矮小，束弧颈，凸弧腹，平底。腹外饰3个小扁弧纽，底外有不规则刻划纹。盖口径10.8、盖外径11.2、高3.9厘米，壶口内径9.8、口外径11.8、腹径15.2、底径5、高20.1厘米，通高23.9厘米（图九，6；图版五，6）。

（四）M23

位于第1层下，打破第2、3层及生土。长方形竖穴土坑墓，方向118°。墓坑口大底小，开口长2.24、宽0.9~0.98米。四壁倾斜。底长2.19、宽0.88~0.9米。东北角有龛，暴露于地表，平面呈椭圆形，面阔0.75、残高0.1、进深0.32米。随葬品置于龛内，有陶豆2件、陶壶1件（图一〇）。

陶豆 2件。标本M23：1，泥质黑衣红陶，黑衣已脱落。敞口，圆唇，弧腹，浅盘，短细柄，喇叭状底座。口径12.4、座径7、高9.7～10.4厘米（图一一，1；图版六，1）。标本M23：2，泥质黑衣红陶，局部黑衣已脱落。敞口，圆唇，斜弧腹，浅盘，短细柄，喇叭状底座。口径13、底径8、高10.4～10.6厘米（图一一，2）。

陶壶 1件。标本M23：3，泥质红黄陶。敞口，方唇，平沿，长颈，鼓腹，圜底，高圈足，呈喇叭形。颈至腹中部有数周凹弦纹。口径13、腹径18.2、圈足径13.5、通高28.7厘米（图一一，3；图版六，2）。

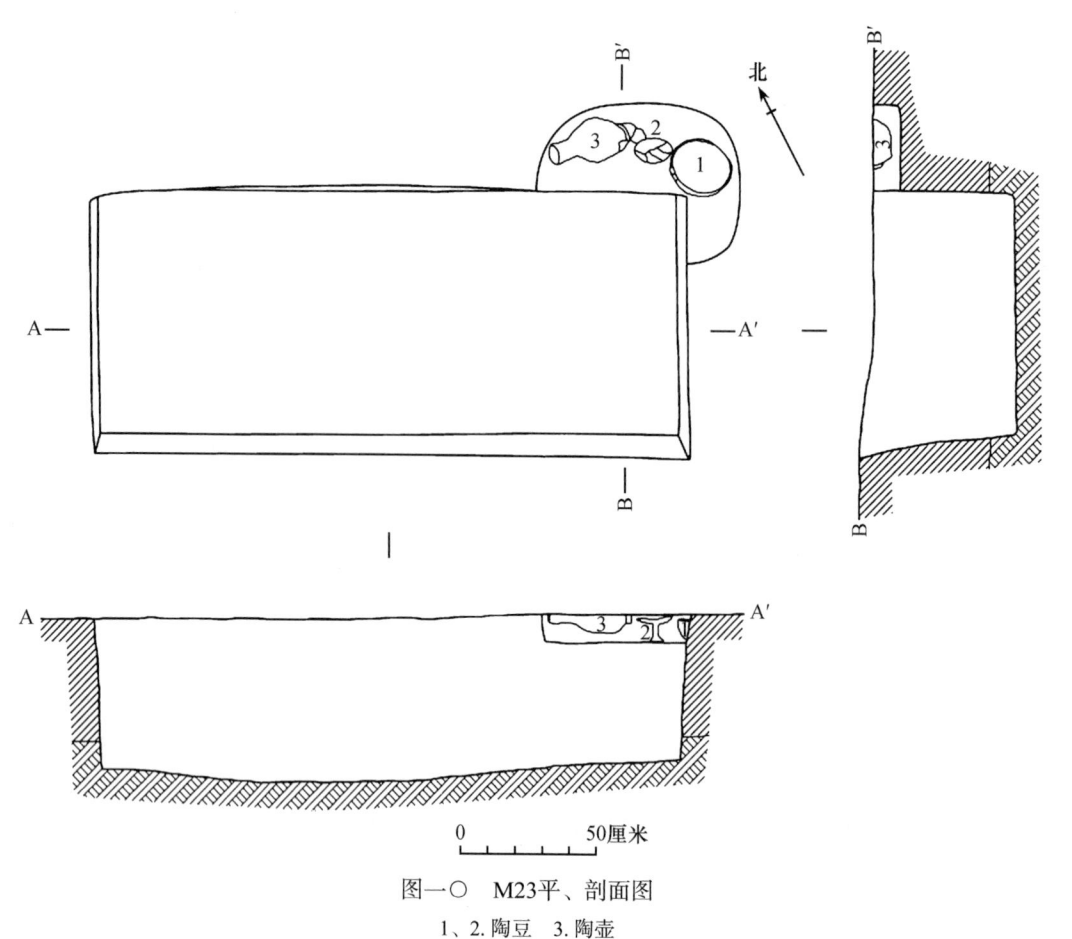

图一〇 M23平、剖面图
1、2.陶豆 3.陶壶

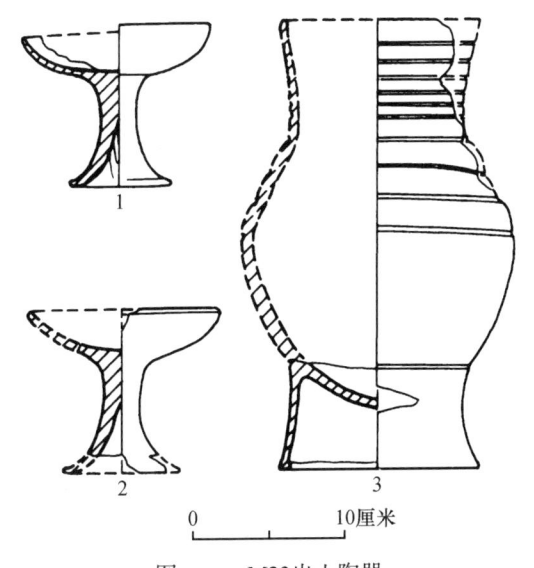

图一一 M23出土陶器

1、2. 豆（M23：1、M23：2） 3. 壶（M23：3）

（五）M24

位于第1层下，打破第2~4层及生土。长方形竖穴土坑墓，方向115°。墓坑口大底小，开口长2.36、宽1.14~1.3米。壁面倾斜至底。底长2.1、宽0.9米。北壁有长方形壁龛，暴露于地表，面阔0.54、残高0.14、进深0.26~0.29米。随葬品置于龛内，有陶罐1件、陶豆2件、陶盂1件（图一二）。

陶罐 1件。标本M24：1，泥质黑皮陶。敞口外撇，方唇，窄折沿，束颈高领，鼓腹，凹圜底。肩部以下饰绳纹。口径13.8、腹径19.2、底径6.8、高21.2厘米（图一三，3；图版六，4）。

陶豆 2件。标本M24：2，夹粗砂灰陶。子口，口沿下饰一周凹弦纹，圆腹深盘，盘腹饰三周极细凹弦纹，柄残。口径15.7~16、腹径18.4、残高8.8厘米（图一三，2）。标本M24：3，夹细砂灰陶。敞口，尖圆唇，浅弧腹，高柄较粗，喇叭口底座。素面。口径12.9、座径9、高14.6厘米（图一三，4；图版六，3）。

陶盂 1件。标本M24：4，泥质灰黑胎黑皮陶。侈口，圆唇，卷沿近平，束颈，圆鼓肩，弧腹内收，凹圜底。肩部饰四周凹弦纹，下腹至底饰绳纹。口径20.5、腹径20.8、底径8、高12.8厘米（图一三，1；图版六，5）。

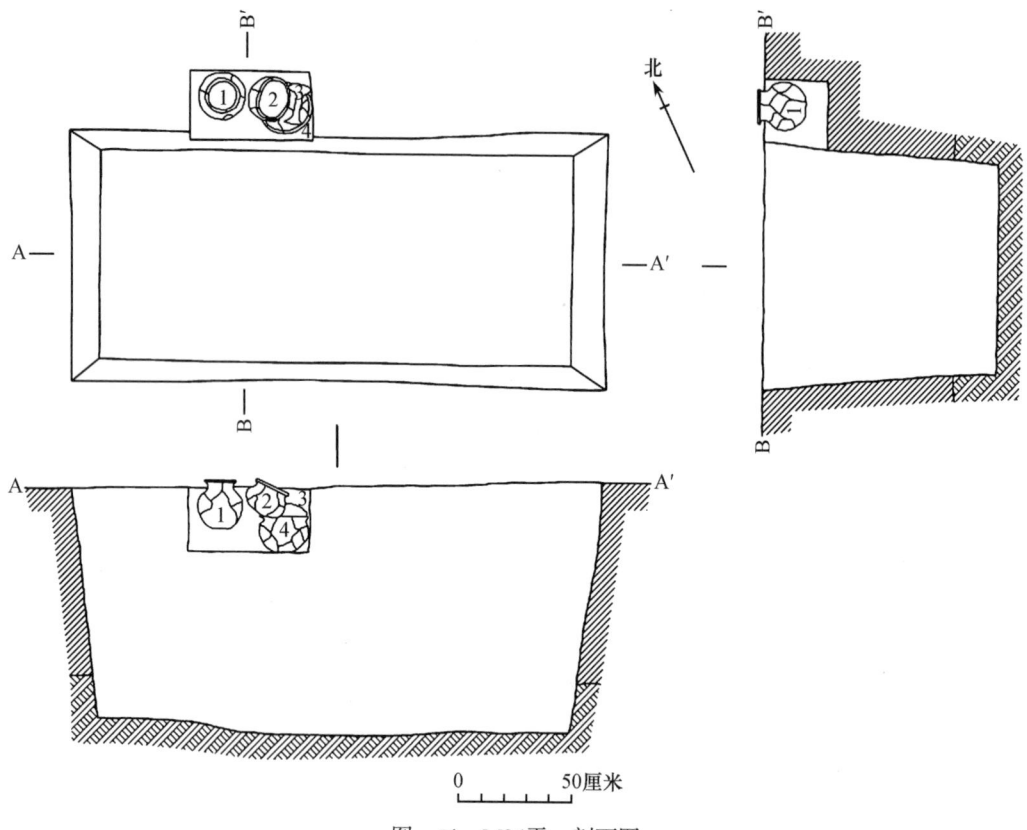

图一二　M24平、剖面图
1.陶罐　2、3.陶豆　4.陶盂

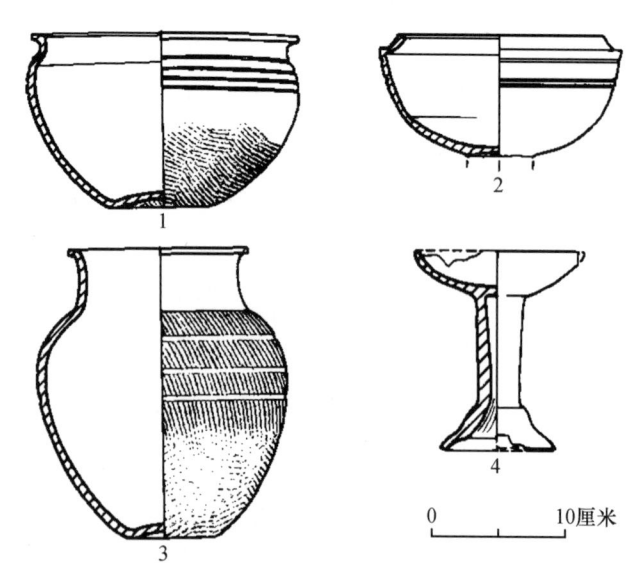

图一三　M24出土陶器
1.盂（M24∶4）　2、4.豆（M24∶2、M24∶3）　3.罐（M24∶1）

（六）M25

位于第1层下，打破第2、3层及生土。长方形竖穴土坑墓，方向290°。墓坑口大底小，开口长3.3、宽2.5～2.8米。壁面倾斜，至0.46～0.5米有宽0～0.16米的生土二层台。底长2.64～2.7、宽1.8～1.94米。随葬品置于椁室西北角，有陶罐1件（图一四）。

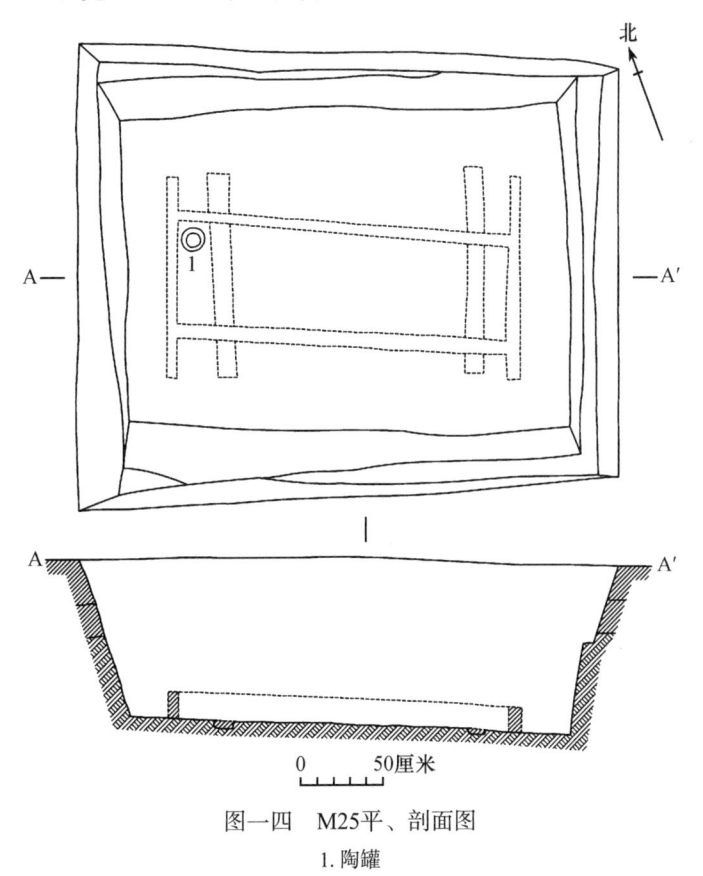

图一四 M25平、剖面图
1.陶罐

陶罐 1件。标本M25：1，泥质红胎黑皮陶。侈口，圆唇，平折沿，束颈，溜肩，圆鼓腹，凹圜底。颈、肩部饰数周凹弦纹，肩以下饰绳纹。口径10.7、腹径13.6、底径5.6、高15.6厘米（图一五；图版六，6）。

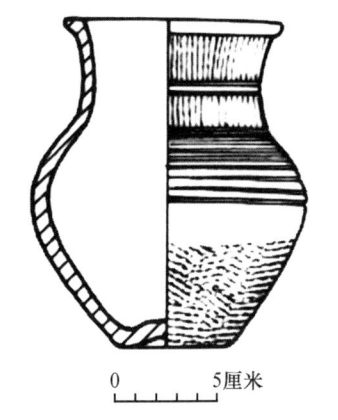

图一五 M25出土陶罐（M25：1）

（七）M28

位于第1层下，打破第2、3层及生土，西南角被M26（清代墓）打破。长方形竖穴土坑墓，方向20°。墓坑口大底小，开口长2.36、宽1.24～1.64米。壁面倾斜。底长1.78～1.9、宽0.82～1米。棺痕长1.5、宽0.3米。无随葬品（图一六）。

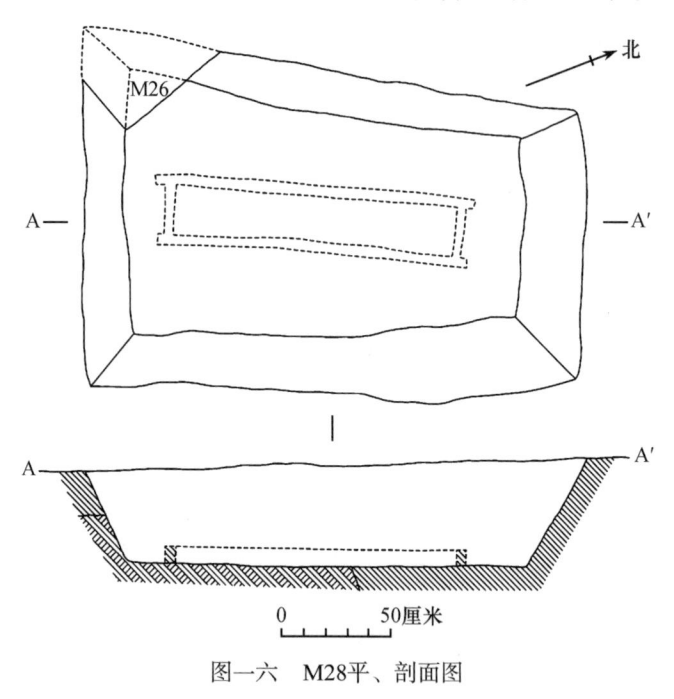

图一六　M28平、剖面图

（八）M31

位于第2层下，打破生土。长方形竖穴土坑墓，方向195°。墓坑口大底小，开口长2.7、宽1.76～1.9米。四壁倾斜至底。底长2.36～2.4、宽1.39～1.67米。随葬品置于椁室西侧和东侧，有陶敦2件、陶鼎2件、陶壶2件、陶豆2件、铜带钩1件、铜剑1件（图一七）。

陶豆　2件。标本M31：6，泥质灰陶。敞口，尖圆唇，浅盘，细高柄，喇叭形器座。素面。口径12.4、座径8、高16厘米（图一八，1）。标本M31：7，泥质灰陶。敞口，尖圆唇，浅盘，细高柄，喇叭形器座。素面。口径12.3、座径8.2、高15.4厘米（图一八，2；图版七，2）。

铜带钩　1件。标本M31：9，灰绿色。带钩整体似鸟形，钩头较窄似鸟头，颈部较长，身端较宽且凸起似鸟身，饰有不规则"〰"形卷云纹，似为羽毛。背面有一柱状纽，纽边外凸似鸟足。残长5.5、残宽2.6、高1.4厘米（图一八，3；图版七，1）。

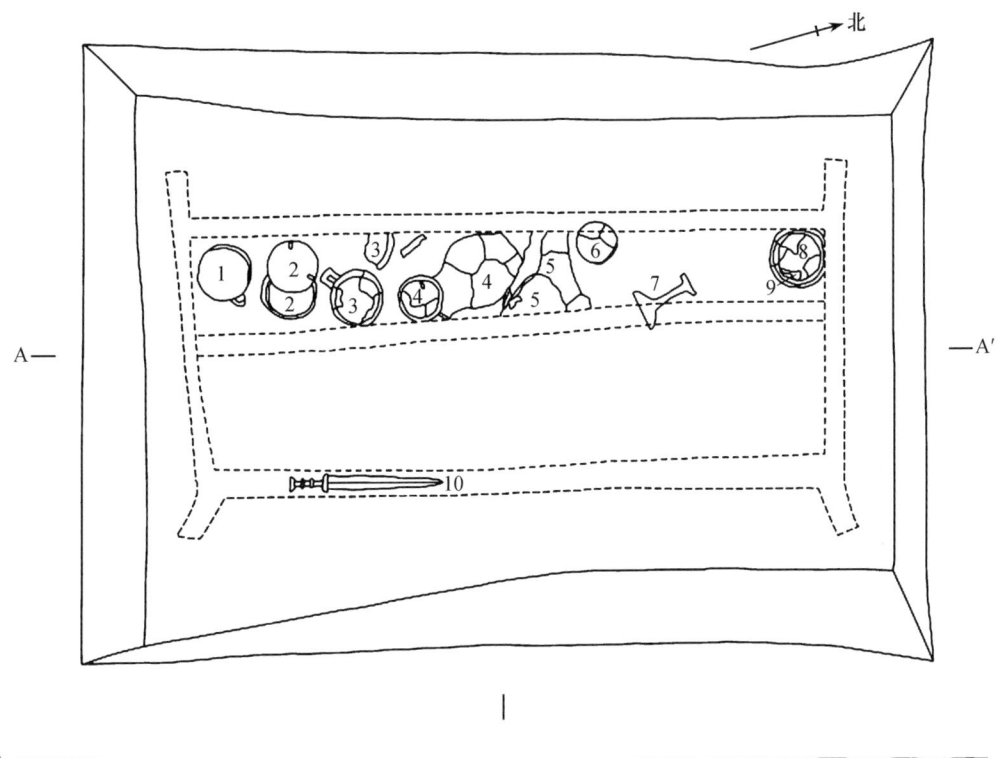

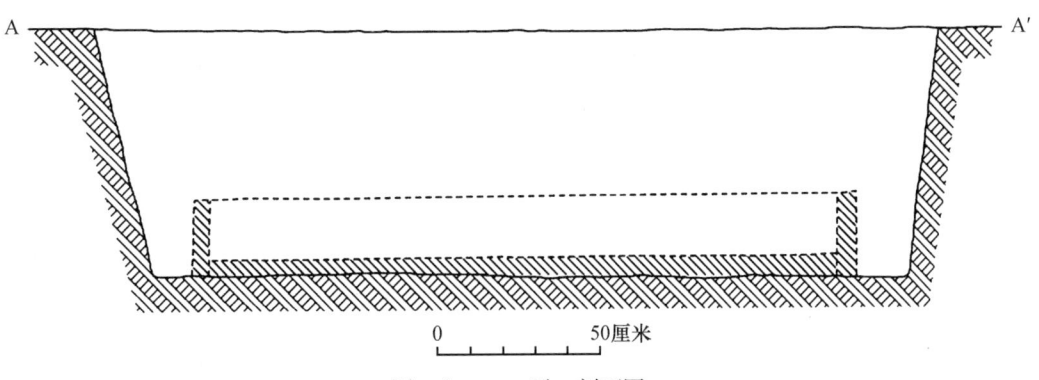

图一七　M31平、剖面图
1、2.陶敦　3、8.陶鼎　4、5.陶壶　6、7.陶豆　9.铜带钩　10.铜剑

铜剑　1件。标本M31：10，灰绿色。剑身表面附着灰白色物质，喇叭形剑首，柄作圆柱形，上有两圈箍，倒"凹"字形剑格，剑身上窄下宽，隆脊有棱，两侧边刃起脊。剑首径3.6、柄长8、格宽4.6、刃长36.8、身厚0.8、通长46.2厘米（图一八，4；图版七，5）。

（九）M32

位于第1层下，打破第2、3层及生土。长方形竖穴土坑墓，方向210°。墓坑口大底小，开口长2.08～2.41、宽1.34～1.56米。壁面倾斜至底。底长1.87、宽0.98～1.14米。

图一八 M31出土器物

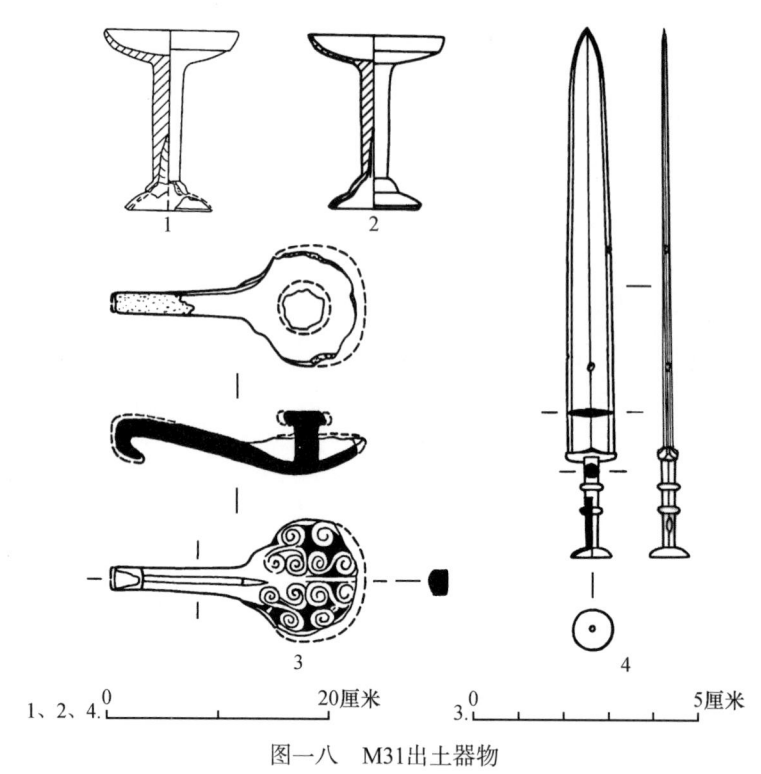

1、2.陶豆（M31：6、M31：7） 3.铜带钩（M31：9） 4.铜剑（M31：10）

棺痕中部残存部分肢骨。随葬品置于椁室西南端，有陶鼎1件、陶器盖2件、陶壶1件（图一九）。

陶鼎 1件。标本M32：1，泥质红黄胎黑皮陶，大部分黑皮已脱落或褪色。分为盖、器身。盖呈浅盘形，盖顶饰有三角形乳钉纹。器身为子口，鼓腹，圜底。附对称方形耳、耳有方空。三马蹄形足。口径15.3、腹径18.8、足高11.3、盖颈17.8、通高19.5厘米（图二〇，1；图版七，3）。

陶鼎盖 1件。标本M32：2，泥质黑皮陶。覆盘形，方唇，平顶，盖顶饰有堆塑盖环纹和三角形乳钉纹。口径16.9、高3厘米（图二〇，2）。

陶壶盖 1件。标本M32：3，泥质黑陶。器盖呈半圆形，方唇，口内侧起凸棱，盖顶微凸饰有二周凹弦纹，三纽缺失。口径16.2、残高4.6厘米（图二〇，3）。

陶壶 1件。标本M32：4，夹砂黑皮陶。分为盖、身。盖为圆尖顶形，盖顶饰三乳钉，子母口，器身为敞口，微外撇，鼓腹，附有对称双耳，小平底。口径10.9、底径6.8、通高16.7厘米（图二〇，4；图版七，4）。

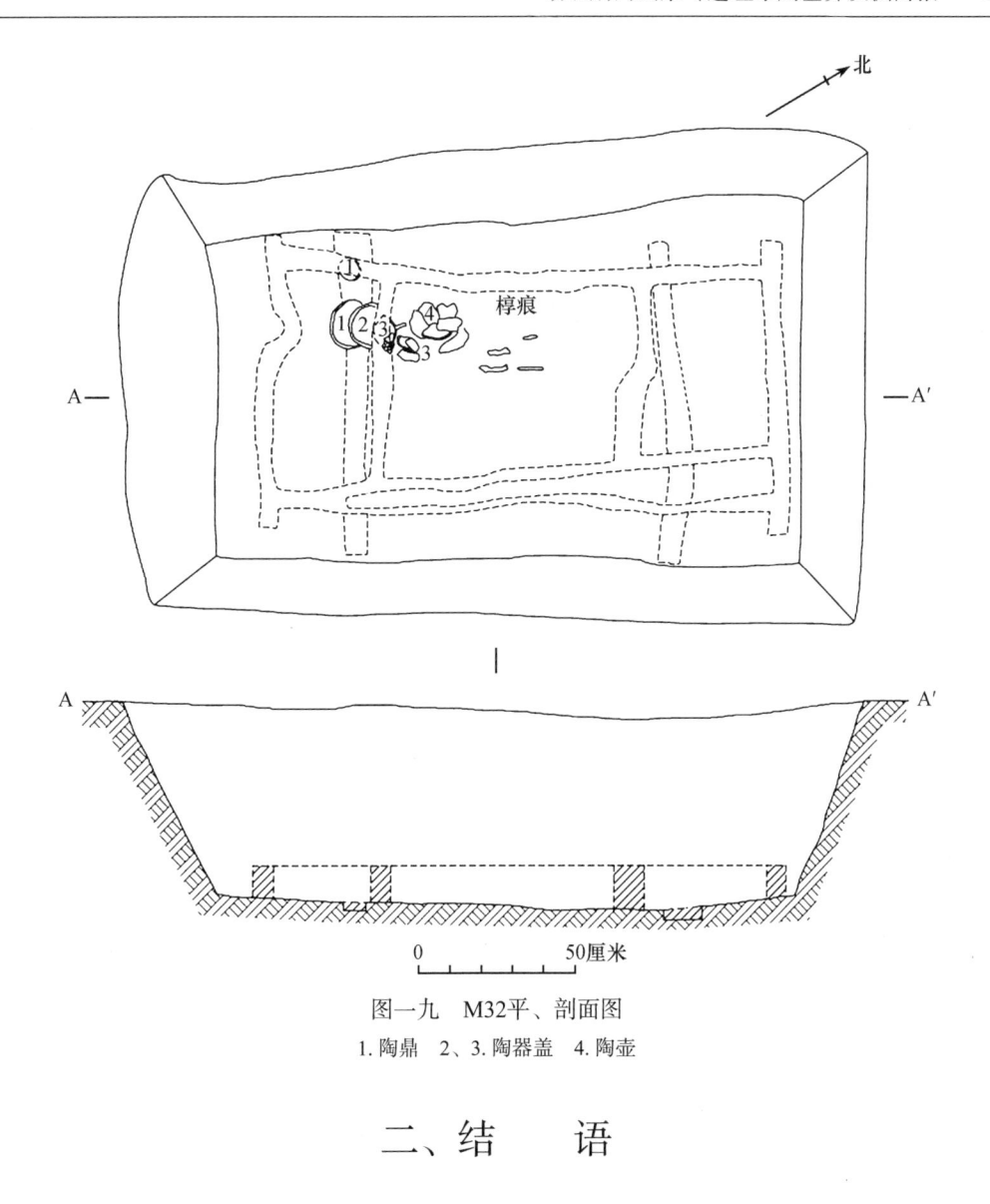

图一九 M32平、剖面图
1.陶鼎 2、3.陶器盖 4.陶壶

二、结　语

本次所发现的9座东周时期墓葬均为楚墓。M1、M23、M24、M25为东西向，其余均为南北向。M1、M24带有侧龛，随葬品中有盂、罐组合。从墓葬形制看，M1、M24与赵家湖丙类墓[3]一致，墓宽1.3米左右，且带有壁龛，随葬泥质灰黑陶日用器。从器形观察，M1出土盂圆唇，窄折沿，斜弧腹内收，肩部饰凹弦纹，下腹饰绳纹，与当阳赵家湖出土B型Ⅷ式盂[4]和B型Ⅳ式盂[5]形制相同，年代为战国早期。因此M1、M24时期与赵家湖丙类墓第五期相当，属于战国早期。

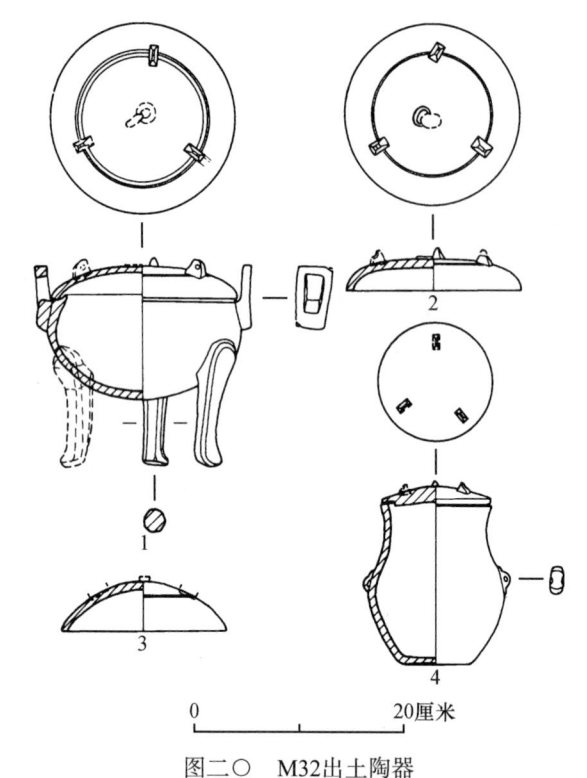

图二〇　M32出土陶器
1.鼎（M32∶1）　2.鼎盖（M32∶2）　3.壶盖（M32∶3）　4.壶（M32∶4）

M19、M21、M31、M32，口大底小，墓向在191～210°，一棺一椁，随葬品中有成对的鼎、敦、壶仿铜陶礼器组合。M31铜剑形制与江陵天星观1号墓Ⅱ式铜剑相同[6]，铜带钩与江陵雨台山楚墓M543∶1aⅤ式带钩形制相同[7]，均为战国中期，因此M31为战国中期。M21陶鼎与江陵九店B型Ⅳ式陶鼎[8]形制相近，出土陶敦与九店Ⅲ式陶敦[9]形制相近，时代为战国中期晚段。M19、M32陶鼎与M21陶鼎器形相近，因此M19、M21、M32均为战国中期。

综上所述，M1、M24年代最早为战国早期，M19、M21、M31和M32为战国中期，其余墓葬因无随葬品或随葬品不具有典型性，所以不能判断其具体年代，但从墓葬形制及整个墓地的性质考虑，可将其归入战国早中期。这9座墓葬在配合屈家岭遗址公园建设而进行的考古发掘中被发现，因发掘面积有限，该墓地的整体布局及性质有待进一步的发现与研究。本次发现为研究京山地区东周时期考古学文化提供了新的材料。

附记：该简报材料承蒙屈家岭遗址考古项目负责人、湖北省文物考古研究院罗运兵研究员慨允发表，并在资料整理中向笔者提供帮助，在此特致谢忱。考古发掘工作得到荆门市屈家岭管理区和荆门市屈家岭遗址保护中心的大力支持，特此致谢！

修复：王亚弟　续润倩
绘图：李天智
执笔：牟星玉　鲍云丰　胡春雨

注　释

［1］ 湖北省文物考古研究所、荆门市博物馆、京山县博物馆：《屈家岭遗址周围又新发现一批屈家岭文化遗址》，《江汉考古》1998年第2期，第21~25页。

［2］ 湖北省文物考古研究所、荆门市博物馆、屈家岭遗址管理处：《屈家岭遗址殷家岭遗址点2018年发掘简报》，《江汉考古》2019年第1期，第15~24页。

［3］ 湖北省宜昌地区博物馆、北京大学考古系：《当阳赵家湖楚墓》，文物出版社，1992年，第206~215页。

［4］ 湖北省宜昌地区博物馆、北京大学考古系：《当阳赵家湖楚墓》，文物出版社，1992年，第206~215页。

［5］ 湖北省宜昌地区博物馆、北京大学考古系：《当阳赵家湖楚墓》，文物出版社，1992年，第206~215页。

［6］ 湖北省荆州地区博物馆：《江陵天星观1号楚墓》，《考古学报》1982年第1期，第71~116页。

［7］ 湖北省荆州地区博物馆：《江陵雨台山楚墓》，文物出版社，1995年，第130~133页。

［8］ 湖北省文物考古研究所：《江陵九店东周墓》，科学出版社，1995年，第408~413页。

［9］ 湖北省文物考古研究所：《江陵九店东周墓》，科学出版社，1995年，第408~413页。

The Excavations Reports of the Ancient Tombs of the Eastern Zhou Dynasty in the Qujialing of Jingmen City, Hubei

Hubei Provincial Institute of Cultural Relics and Archaeology

Jingmen Municipal Museum

Abstract: In excavations which were cooperated by the constructions of the archaeological site park and the archaeology of Qujialing from 2016 to 2017. There were nine small or medium sized vertical tombs in buried pit and the burial objects were mainly pottery, besides, there were a small number of annular jades and bronze swords and so on.

The tombs date back to the early and middle time of Warring States period and this excavation provides more new materials for investigations and studies about archaeological culture of the Eastern Zhou Dynasty in Jingmen Qujialing Zone.

Keywords: Jingmen, Hubei; Qujialing; The Chu State's Tombs of the Eastern Zhou Dynasty; The Early and Middle Period of the Warring States

湖南宁乡横市镇洪家坟山西汉墓地发掘简报

长沙市文物考古研究所
宁乡市文物局

[摘 要] 洪家坟山西汉墓地位于长沙市宁乡县横市镇，2006年3~6月，为配合"宁西22万伏变电站"基本建设工程，长沙市文物考古研究所与宁乡县文物局联合对该墓地进行了抢救性考古发掘工作。共计发掘墓葬46座，其中西汉墓葬43座。根据出土随葬品将这批墓葬分为四期，其中以三期墓葬为主。出土陶、铜、滑石器共计400余件。墓主身份多为平民，不排除有下级官吏的可能性。

[关键词] 宁乡；西汉墓；平民墓

洪家坟山墓地位于长沙市宁乡县（现宁乡市）横市镇向阳村洪家坟山。地理位置坐标北纬28°16′，东经112°20′。其西北1000米处为横市镇，南侧350米为向阳村（图

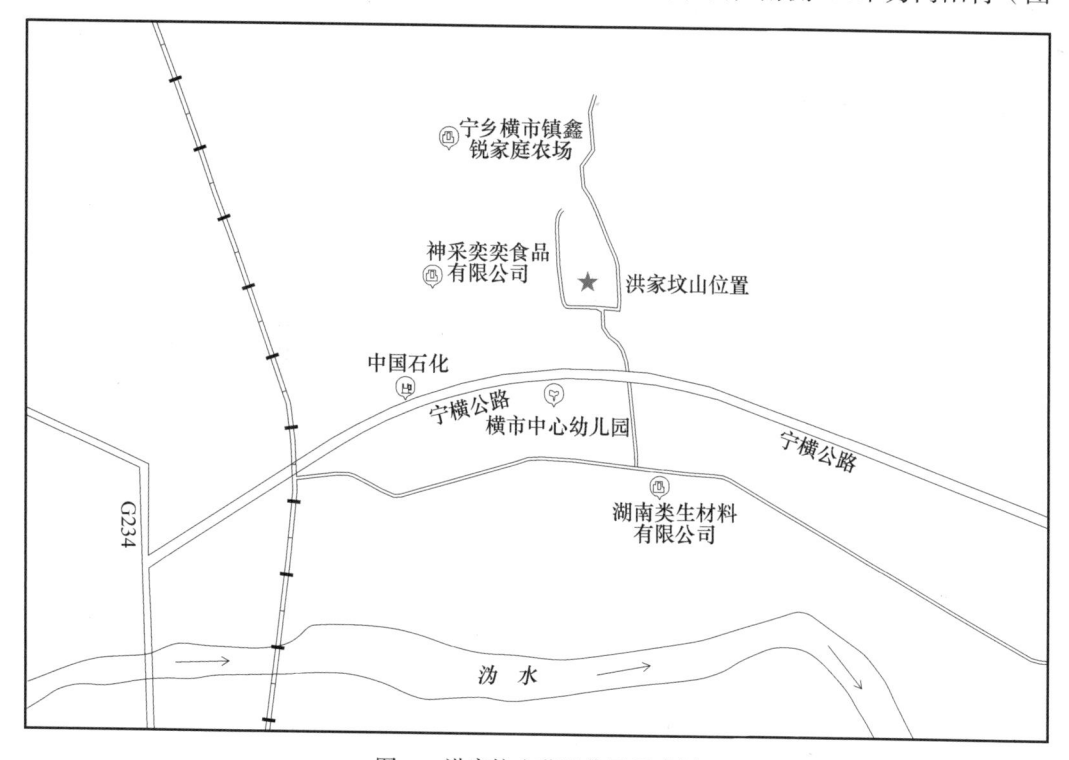

图一 洪家坟山墓地位置示意图

一）。该地地形为低山丘陵，墓地位于丘陵的西部。由于当地砖厂取土烧砖，墓地已经遭到很大的破坏，不少墓葬已经部分暴露于地表。2006年3～6月，为配合"宁西22万伏变电站"基本建设工程，长沙市文物考古研究所与宁乡县文物局联合对该墓地进行抢救性发掘。经过4个月的发掘，共发掘墓葬46座。

一、墓葬介绍

本次发掘墓葬46座，其中砖室墓3座、土坑竖穴墓43座（原编号M28、M30、M39、M40、M45、M46、M50、M52并非墓葬，故排除，但原墓葬编号不变）（图二）。3座砖室墓（M18、M19、M29）年代晚于西汉，本报告不予介绍。

土坑竖穴墓　43座。根据有无墓道可分为两类。

甲类　1座。带墓道的土坑竖穴墓。

M2　位于发掘区南部，其东南为M1。M2为"凸"字形土坑竖穴墓，墓葬填土为黄褐色花土，开口层位被破坏，打破生土。墓道残长0.7、宽1.5米，墓圹长3.8、宽2.5、深2.9米，墓圹长宽比例1.52∶1，方向180°。墓室底部有枕木沟两条。墓室东南角有石砌排水沟一条，排水沟残长0.7、宽0.3米（图三）。在墓圹出土器物陶鼎3、陶壶3、陶钫2、陶盒3、印纹硬陶罐7、陶熏炉1、陶方炉1、陶灶1、陶盆1、铜匜1、铜镜1，共计24件。其中可修复者13件，介绍如下。

陶钫　2件。覆斗形盖，盘口，束颈，方形鼓腹，腹部有兽面铺首2个，方形圈足。标本M2∶1，盖底边长10、口径11、腹部最大径20.6、足径12.4、高40.4厘米（图四，1）。标本M2∶3，口径11、腹部最大径19.1、足径12.6、高36厘米（图四，2）。

陶壶　3件，修复者1件。盘口，束颈较高，圆鼓腹，腹部有宽弦纹三道，矮圈足。标本M2∶4，口径10.4、腹部最大径25.2、足径13.6、高28.6厘米（图四，3）。

陶盆　1件。敞口，弧腹，平底内凹。标本M2∶14，口径26.2、底径13.4、高7厘米（图四，13；图版八，2）。

陶方炉　1件。长方形炉体，平折沿，斜直壁，平底，壁与底均有长方形镂孔，蹄形足。标本M2∶8，口部长23.2、宽13.6厘米，底部长20、宽11.8厘米，高8.8厘米（图四，12）。

印纹硬陶罐　7件。敞口，口沿可见轮制痕迹。溜肩，鼓腹，平底。器身多饰方格纹，部分肩部有刻划符号。标本M2∶5，口径13.6、腹部最大径24.8、底径12.8、高26厘米（图四，4）。标本M2∶6，口径14.4、腹部最大径24.8、底径14、高25.6厘米（图四，5）。标本M2∶7，口径13.3、腹部最大径22.8、底径13.2、高23.3厘米

图二 墓地总平面图

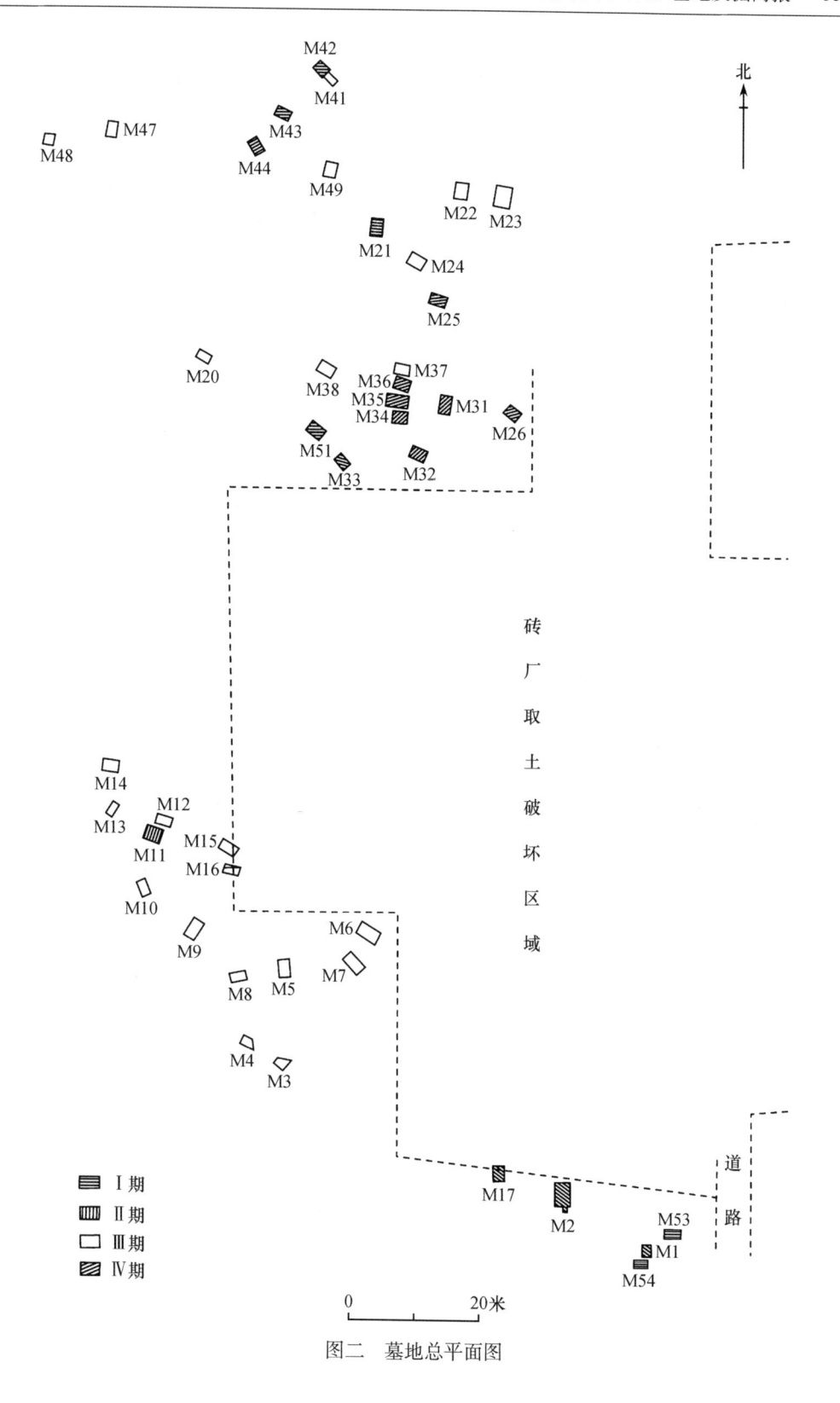

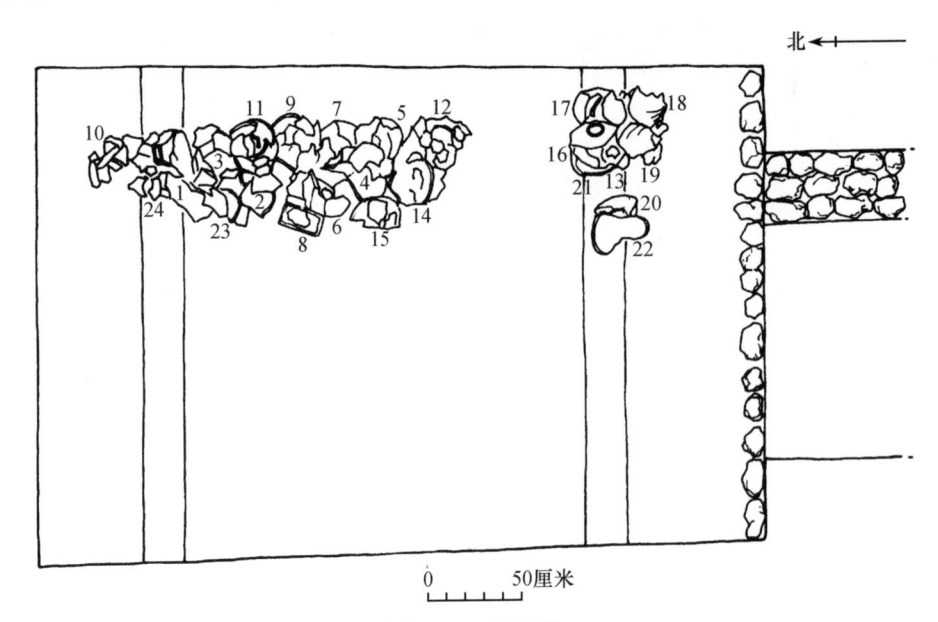

图三　M2平面图

1、3.陶钫　2、4、10.陶壶　5~7、9、11、12、15.印纹硬陶罐　8.陶方炉　13.铜镜　14.陶盆　16、17、19.陶鼎　18、20、22.陶盒　21.铜匜　23.陶灶　24.陶熏炉

（图四，6）。标本M2：9，口径13.6、腹部最大径22.4、底径12、高20.4厘米（图四，7）。标本M2：11，口径12.1、腹部最大径21.2、底径11.9、高20厘米（图四，8）。标本M2：12，口径12.8、腹部最大径20.4、底径11.7、高19.2厘米（图四，9）。标本M2：15，口径12、腹部最大径16.6、底径10.2、高16.8厘米（图四，10）。

铜镜　1件。标本M2：13，圆形，镜纽已损坏。纹饰分为三层。最外层为一道素面条带纹，宽1.8厘米；地纹为蟠螭纹，四个柿蒂纹分列四角，并以条带纹相连；中心镜纽处有素面条带纹一周。直径12、缘厚0.2厘米（图四，11；图版八，5）。

乙类　42座。长方形土坑竖穴墓。根据墓圹长宽比例的不同可分为三型。

A型　狭长形，墓圹长宽比在1.7：1以上。属于此类的墓葬共计7座（M6、M7、M13、M16、M26、M53、M54）。

M6　位于发掘区西南部，其西南为M7。M6为长方形土坑竖穴墓，墓葬填土为黄褐色花土。开口层位被破坏，打破生土。墓圹被破坏一角，长3.7、宽2.46~2.5、深2.96米，墓圹长宽比1.76：1，方向145°（图五）。出土器物陶鼎1、陶壶4、陶钫1、陶盒2、陶盆3、软陶罐2、印纹硬陶罐3、陶熏炉1、陶方炉1、陶灶1、泥金饼1组9件、铜镜1、滑石璧1，共计30件。其中可修复者14件，介绍如下。

硬陶罐　3件，修复者2件。敞口，长鼓腹，腹部最大径在腹中部，平底，腹部饰有方格纹。标本M6：3，口径13、腹部最大径19.6、底径10.8、高20.8厘米（图六，

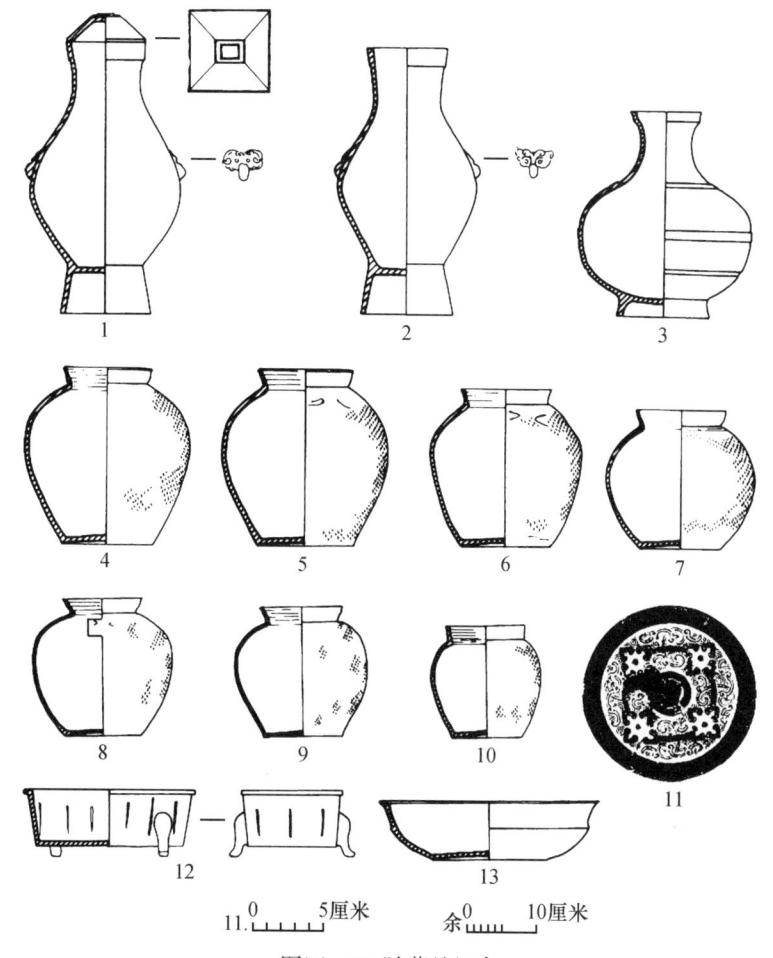

图四　M2随葬品组合

1、2.陶钫（M2：1、M2：3）　3.陶壶（M2：4）　4～10.印纹硬陶罐（M2：5、M2：6、M2：7、M2：9、M2：11、M2：12、M2：15）　11.铜镜（M2：13）　12.陶方炉（M2：8）　13.陶盆（M2：14）

1）。标本M6：7，口径12.1、腹部最大径19.7、底径11.2、高20.6厘米（图六，2）。

陶方炉　1件。标本M6：25，长方形炉体，平折沿，直壁，平底，蹄足。长21.6、宽14、残高7.4厘米（图六，5）。

陶灶　1件。标本M6：24，分釜灶，长方形，上有火眼2，侧面有一方形火门。长21.6、宽11.8、高11.8厘米，火眼直径6.4厘米（图六，4；图版九，1）。

陶熏炉　1件。标本M6：21，只剩器盖。博山炉式盖，盖体有镂孔。底径9.6、高6.9厘米（图六，7）。

泥金饼　9件。圆形饼状，饰云纹。标本M6：13，直径5.4、高2.2厘米（图六，6；图版八，3）。

铜镜　1件。标本M6：9，圆形，圆纽。直径6.5厘米。最外层为素面条带纹，中

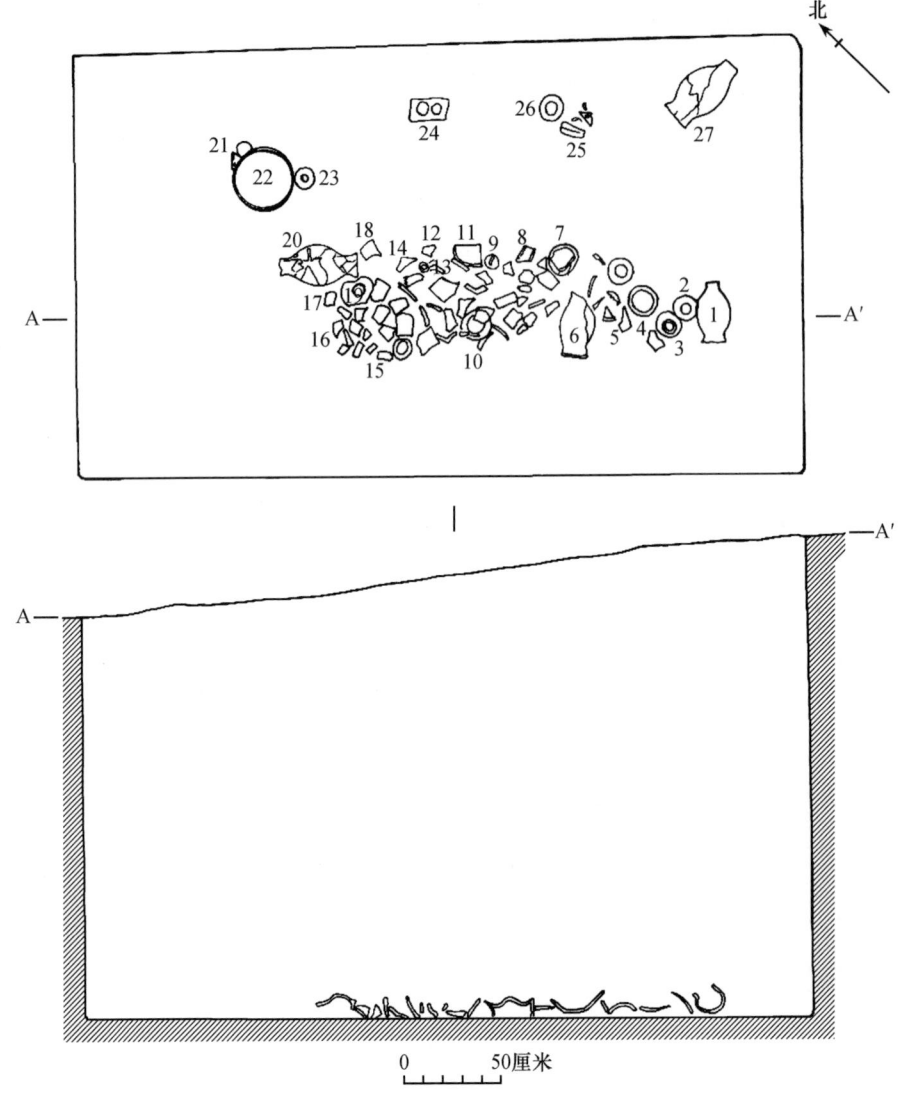

图五 M6平、剖面图

1、10、20、27.陶壶 2、3、7.印纹硬陶罐 4、19.软陶罐 5、8、12、14、18.陶片 6.陶钫 9.铜镜 11、15、16.陶盆 13.泥金饼 17、26.陶盒 21.陶熏炉 22.陶鼎 23.滑石璧 24.陶灶 25.陶方炉

层有铭文十四字："内清质以昭明，光而日月，心而不一。"铭文内侧有连弧纹一周（图六，3；图版八，6）。此镜为昭明镜，昭明镜的完整铭文为"内清质以昭明，光辉向夫日月，心忽扬而愿忠，然雍塞而不泄"。此镜铭文字数较少当与镜面较小有关。

B型　长方形，墓圹长宽比例大于1.2∶1、小于1.7∶1，部分墓葬底部有枕木沟两条。属于此类的墓葬共计30座（M1、M3~M5、M8~M10、M12、M14、M15、M17、M20~M25、M31~M36、M38、M41~M44、M47、M51）。

图六　M6随葬品组合

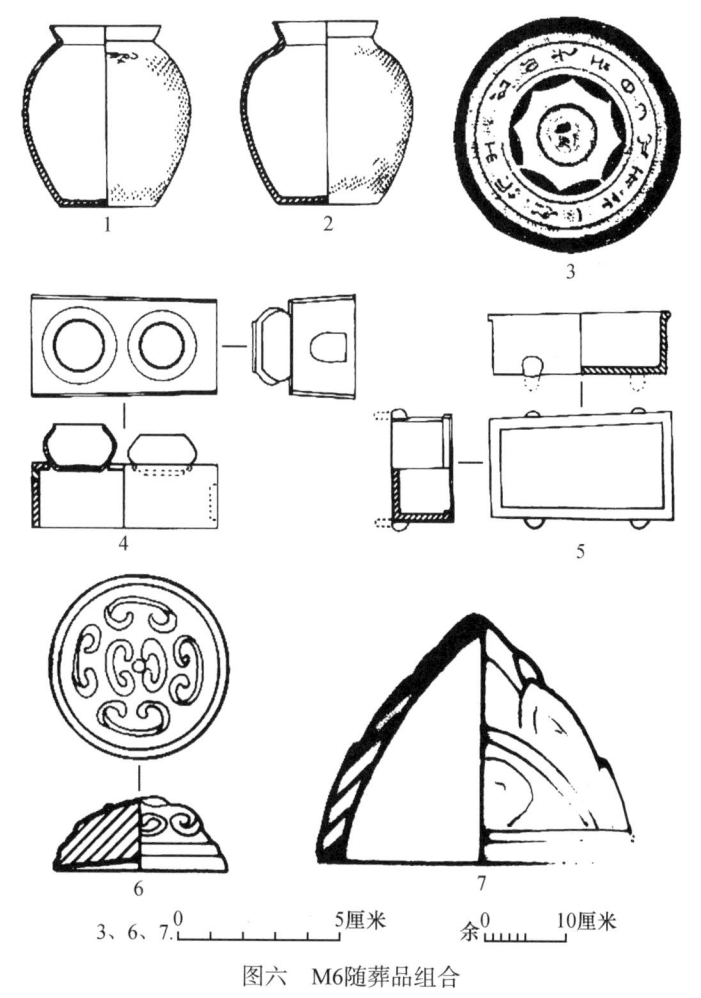

1、2. 印纹硬陶罐（M6∶3、M6∶7）　3. 铜镜（M6∶9）　4. 陶灶（M6∶24）　5. 陶方炉（M6∶25）
6. 泥金饼（M6∶13）　7. 陶熏炉盖（M6∶21）

M1　位于发掘区南部，其西北为M2。M1为长方形土坑竖穴墓，墓葬填土为黄褐色花土。开口层位被破坏，打破生土。长1.96、宽1.54、深0.4米，墓圹长宽比例1.27∶1，方向180°。墓室底部有枕木沟两条（图七）。出土器物陶鼎5、陶壶3、陶钫4、陶盒8、软陶罐11、印纹硬陶罐2、陶甑1、陶鍑1、泥金饼1，共计36件。其中可修复者20件，介绍如下。

陶鼎　5件。标本M1∶5，折腹盆形鼎。子母口，腹部有凸棱一道，平底。口径20.6、腹部最大径23.4、底径9.6、高16.6厘米（图八，1）。标本M1∶14，折腹盆形鼎。盖隆起，腹部有凸棱一道，平底，蹄足外撇。口径19.4、底径10、高14.4厘米（图八，2）。标本M1∶24，折腹盆形鼎。腹部有凸棱一道，平底，蹄足外撇。口径19、腹部最大径19.5、底径9.6、高15.3厘米（图八，3）。标本M1∶31，折腹盆形鼎。鼎耳

图七　M1平、剖面图

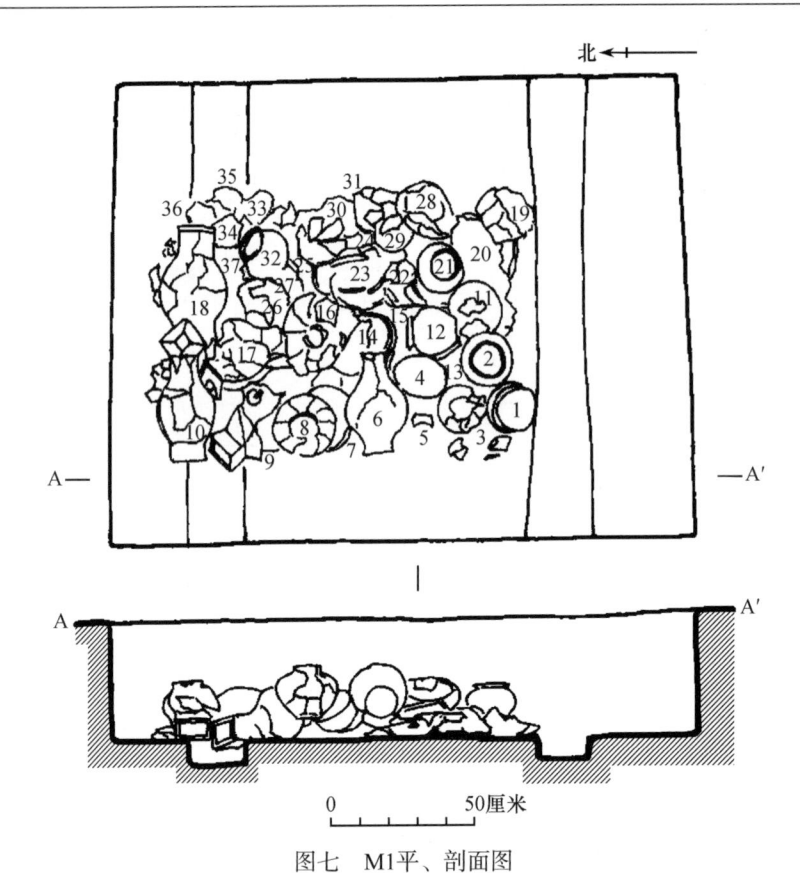

1.陶甑　2、12.印纹硬陶罐　3.陶鍪　4、7、8、13、15、17、23、25.陶盒　5、14、24、31、32.陶鼎　6、20、27.陶壶　9、10、18、30.陶钫　11、16、19、21、22、26、28、29、33、34、36.软陶罐
35.泥金饼（M1：37与M1：23拼对后为一件）

外撇，子母口，腹部有凸棱一道，平底，蹄足较粗矮。口径18.8、底径8.7、残高11.4厘米（图八，8）。标本M1：32，折腹盆形鼎。鼎耳外撇，子母口，腹部有凸棱一道，平底。口径19.8、底径12.2、残高11.3厘米（图八，4）。

陶盒　8件，修复者3件。标本M1：7，覆碗式盖，腹部曲缓，盖与腹部饰弦纹，平底。口径20.7、底径8.8、高15.1厘米（图八，5）。标本M1：15，盖隆起，腹部曲缓，平底。口径20.4、底径9、高13.9厘米（图八，6）。标本M1：23，盖隆起，敞口，腹部曲缓，平底。口径19.4、底径10.4、高13.5厘米（图八，7）。

陶甑　1件。标本M1：1，折腹，圈足外撇。足径11、残高7.5厘米（图八，10）。

陶鍪　1件。标本M1：3，直口，圆肩，腹中部有凸棱一道，下腹较曲缓，平底。口径7.4、腹部最大径18、底径8、高12.1厘米（图八，9）。

软陶罐　11件，修复者8件。标本M1：21，敞口，鼓腹，平底。口径9.6、腹部最大径14.4、底径7.6、高12.3厘米（图八，18）。标本M1：22，敞口，圆肩，鼓腹，平

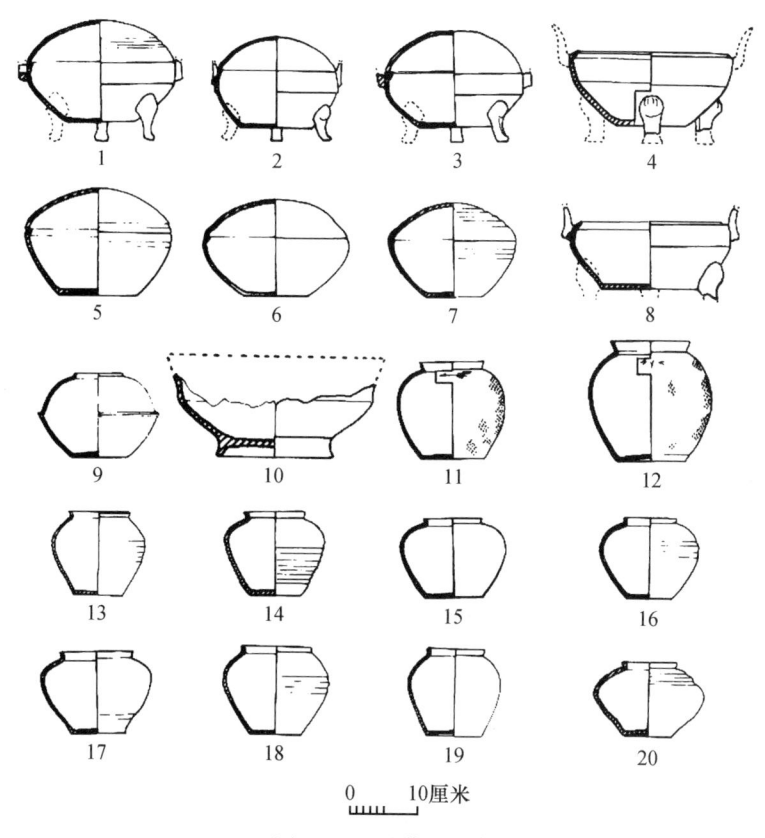

图八　M1随葬品组合

1~4、8.陶鼎（M1：5、M1：14、M1：24、M1：32、M1：31）　5~7.陶盒（M1：7、M1：15、M1：23）
9.陶鍪（M1：3）　10.陶甑（M1：1）　11、12.印纹硬陶罐（M1：2、M1：12）　13~20.软陶罐（M1：28、M1：22、M1：26、M1：33、M1：29、M1：21、M1：34、M1：36）

底。腹部饰弦纹。口径9.2、腹部最大径14.7、底径7.6、高12.2厘米（图八，14）。标本M1：26，敞口，圆肩，鼓腹，下腹曲缓内收，平底。口径8.7、腹部最大径15.6、底径8.4、高11.4厘米（图八，15）。标本M1：28，敞口，圆肩，鼓腹，最大径位于上腹部，下腹急收至底，平底。口径7.6、腹部最大径14.4、底径6.4、高11.2厘米（图八，13）。标本M1：29，敞口，圆肩，鼓腹，下腹曲缓内收，平底。口径10.6、腹部最大径16.2、底径7.7、高11.6厘米（图八，17）。标本M1：33，敞口，圆肩，平底。腹部饰有弦纹。口径10.2、腹部最大径15.6、底径7.6、高12.4厘米（图八，16）。标本M1：34，敞口，圆肩，鼓腹，下腹曲缓，平底。口径8.6、腹部最大径13.8、底径8.2、高12.3厘米（图八，19）。标本M1：36，直口，折腹，平底。肩部饰弦纹。口径8、腹部最大径16、底径6.6、高10.4厘米（图八，20）。

印纹硬陶罐　2件。敞口，圆肩，鼓腹，腹部最大径在上腹部，平底。腹部饰有方格纹。标本M1：2，口径9.5、腹部最大径15.8、底径9.4、高14.3厘米（图八，11）。

标本M1∶12，口径11.5、腹部最大径17.7、底径9.8、高17.1厘米（图八，12；图版八，1）。

C型　近似正方形，墓圹长宽比例小于1.2∶1。属于此类的墓葬共计5座（M11、M27、M37、M48、M49）。

M11　位于发掘区西南部，其南为M10。M11为长方形土坑竖穴墓，墓葬填土为黄褐色花土。开口层位被破坏，打破生土。长2.8、宽2.6、深1.2米，墓圹长宽比例1.12∶1，方向295°（图九）。出土器物陶鼎2、陶壶1、软陶罐1、软陶双沿罐1、硬陶罐2，计7件。其中可修复者5件，介绍如下。

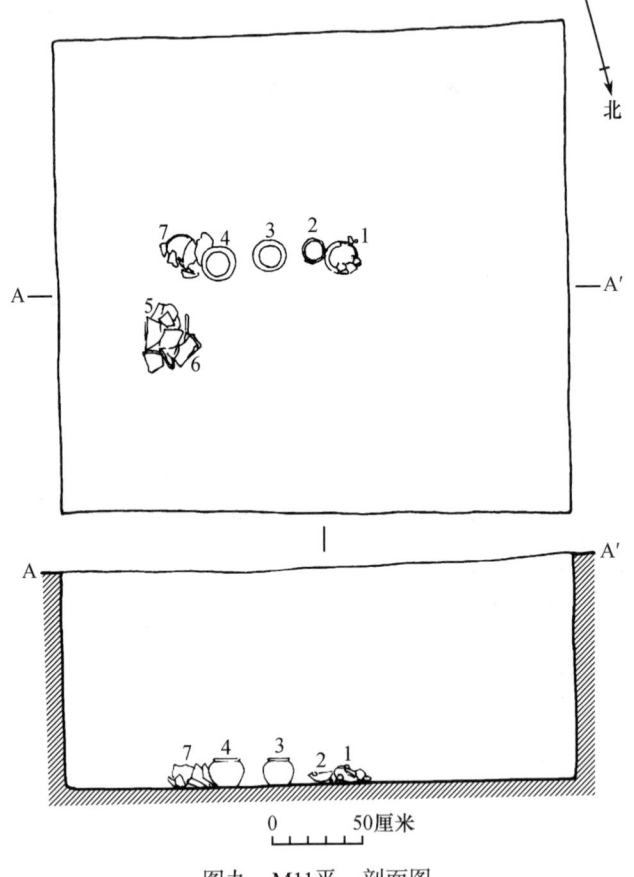

图九　M11平、剖面图
1、2.陶鼎　3、4.印纹硬陶罐　5.软陶罐　6.陶壶　7.软陶双沿罐

陶鼎　2件。标本M11∶1，盆形鼎。敞口，鼎身较浅，平底，蹄足较细长。口径16.8、底径9.6、残高10厘米（图一○，1）。标本M11∶2，盆形鼎。方直耳，子母口，鼎身较浅，平底，蹄足较细长。口径11、底径9.6、残高10.4厘米（图一○，2；图版九，6）。

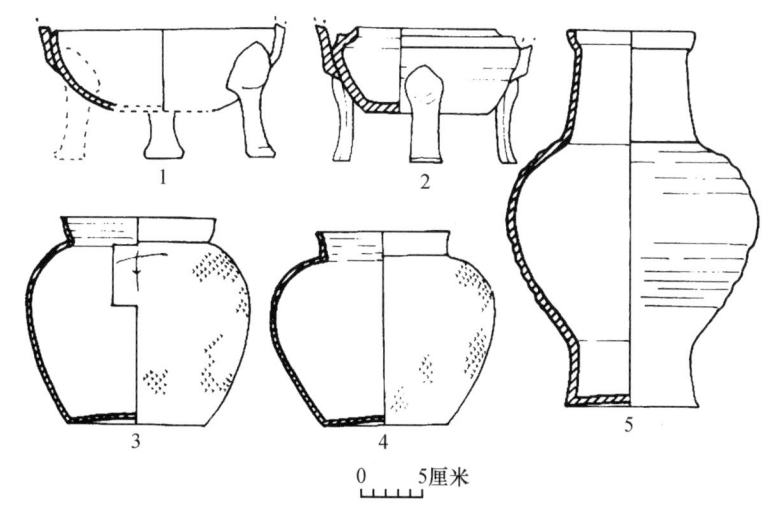

图一〇　M11随葬品组合

1、2.陶鼎（M11：1、M11：2）　3、4.印纹硬陶罐（M11：4、M11：3）　5.陶壶（M11：6）

陶壶　1件。标本M11：6，盘口，直颈，鼓腹，腹部最大径在中部，饰弦纹数道，假圈足平底。口径10、腹部最大径19.6、底径11.2、高28.2厘米（图一〇，5）。

硬陶罐　2件。标本M11：3，敞口，圆肩，鼓腹，平底略内凹。腹部饰方格纹。口径10.1、腹部最大径16.9、底径9.6、高14.7厘米（图一〇，4）。标本M11：4，敞口，圆肩，鼓腹，平底略内凹。腹部饰方格纹。口径12.3、腹部最大径14.5、底径10.8、高15.5厘米（图一〇，3）。

二、随葬器物

本次发掘共出土随葬品478件（不包括泥金饼和泥钱）。其中陶器470件，由于多为泥质软陶，保存质量较差，可修复者209件。铜器5件，可修复者2件。滑石器3件。

（一）随葬陶器

鼎　出土79件，可修复者27件。依据鼎身的区别分为二型。

A型　23件。盆形鼎。子母口，盆式鼎身，平底，蹄形足。依据器盖、鼎耳、鼎身及鼎足的变化可分三式。

Ⅰ式：6件。浅盘式器盖，盖顶部较平，子母敛口，方直耳，浅盆式鼎身，斜直腹，平底，蹄足细且高直，鼎身与鼎足的高度大致相等。标本M11：2，口径11、底径9.6、高10.4厘米（图一一，1）。

Ⅱ式：15件。器盖隆起，子母敞口，鼎耳翻折，鼎身出现一道凸棱，折腹，平底，蹄足变矮，且足尖细小，鼎身高度大于鼎足。标本M12：9，口径17.2、底径7.8、高12.2厘米（图一一，2）。

Ⅲ式：2件。器盖高隆似覆碗状，子母敞口，鼎耳翻折，折腹盆形，平底，蹄足矮粗，鼎身高度远大于鼎足。标本M31：13，口径19.8、腹部最大径20.6、底径7.8、残高17.7厘米（图一一，3）。

B型 4件。釜形鼎。子母口，釜式鼎身，圜底，蹄形足。依据器盖、鼎身、鼎足的变化分为二式。

Ⅰ式：3件。浅盘式器盖，盖顶部较平，部分器盖上有三个捉手。子母敞口，鼎耳翻折，鼎身有凸棱一道，鼓腹，腹部较曲缓，圜底，蹄足较矮，足尖较小，鼎身高度大于鼎足。标本M49：11，口径19、高14.7厘米（图一一，5；图版一二，5）。标本M7：12，口径20.1、高15.8厘米（图一一，4；图版九，3）。

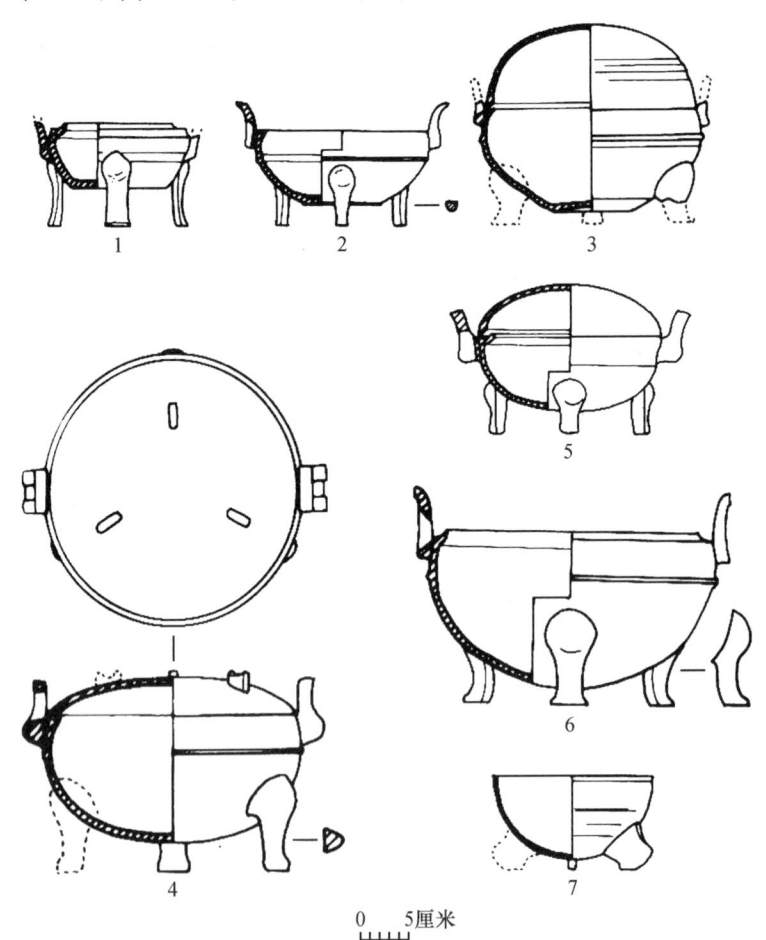

图一一 陶鼎、陶敦

1. A型Ⅰ式鼎（M11：2） 2. A型Ⅱ式鼎（M12：9） 3. A型Ⅲ式鼎（M31：13） 4、5. B型Ⅰ式鼎（M7：12、M49：11） 6. B型Ⅱ式鼎（M32：14） 7. 敦（M54：2）

Ⅱ式：1件。子母敞口，鼎耳翻折，鼓腹，下腹斜收至底，圜底，蹄足矮粗，鼎身高度远大于鼎足。标本M32：14，口径19.2、高16.2厘米（图一一，6；图版一一，4）。

敦　1件。圆鼓腹，圜底，侧装扁足。标本M54：2，口径15.4、高8.9厘米（图一一，7；图版一二，7）。

壶　出土93件，可修复者31件。依据壶腹部及圈足的区别分为三型。

A型　21件。鼓腹，喇叭形圈足。依据口部、颈部、腹部及圈足分为四式。

Ⅰ式：1件。标本M54：1，敞口，直颈，鼓腹，腹部最大径位于中腹，下腹内收至底，平底，喇叭形圈足。腹部最大径16、足径10.4、残高26.4厘米（图一二，1）。

Ⅱ式：1件。标本M11：6，盘口，直颈，鼓腹，平底，喇叭形假圈足。口径10、腹部最大径19.6、足径11.2、高28.2厘米（图一二，2）。

Ⅲ式：9件。盘口，束颈，扁鼓腹，喇叭形假圈足。标本M23：5，口径10、腹部最大径20.8、足径9.6、高26厘米（图一二，3）。

Ⅳ式：10件。盘口，短颈，鼓腹，腹部最大径上移至近肩，下腹急收至底，假圈足较直。标本M34：2，口径10.2、腹部最大径24、足径9.5、高35.2厘米（图一二，4；图版一二，3）。

B型　4件。盘口，鼓腹，肩部有对称衔环兽面铺首，矮圈足。依据腹部及圈足变化可分二式。

Ⅰ式：1件。标本M9：2，敞口，束颈，鼓腹略扁，肩部有对称衔环兽面铺首，圈足外撇。口径15.6、腹部最大径29.8、足径17、高38.6厘米（图一二，5）。

Ⅱ式：3件。盘口，短颈，圆鼓腹，肩部有对称衔环兽面铺首，矮圈足。标本M32：8，口径12.9、腹部最大径25.8、足径14.2、高37.6厘米（图一二，6；图版一一，2）。

C型　6件。盘口，直颈，鼓腹，矮圈足。标本M21：3，口径12.3、腹部最大径17.6、足径13、高26.2厘米（图一二，7；图版一〇，1）。

钫　出土26件，可修复者9件。方形敞口，直颈，鼓腹，平底，圈足。根据底与圈足起始位置的高低可分二式。

Ⅰ式：2件。钫底高于圈足的起始位置。标本M43：1，口径9.8、腹部最大径17.6、足径10.6、高38.2厘米（图一二，8）。

Ⅱ式：7件。钫底低于圈足的起始位置。标本M32：3，口径10.2、腹部最大径17.8、足径11.6、高38厘米（图一二，9；图版一一，1）。

盒　出土87件，可修复者40件。器盖与器身形制大致相同。依据器盖与腹部的变

图一二 陶壶、陶钫

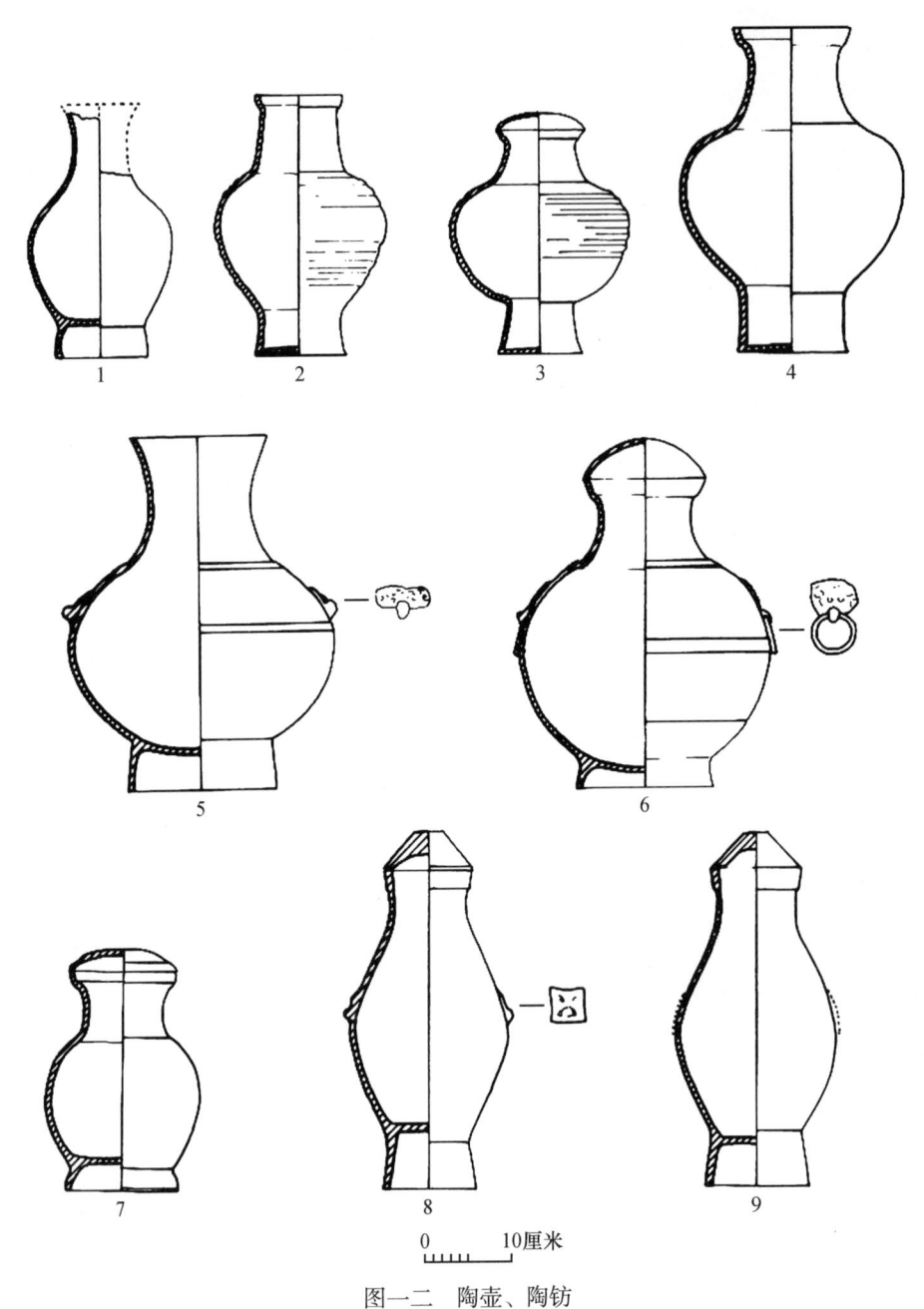

1. A型Ⅰ式壶（M54：1） 2. A型Ⅱ式壶（M11：6） 3. A型Ⅲ式壶（M23：5） 4. A型Ⅳ式壶（M34：2）
5. B型Ⅰ式壶（M9：2） 6. B型Ⅱ式壶（M32：8） 7. C型壶（M21：3） 8. Ⅰ式钫（M43：1）
9. Ⅱ式钫（M32：3）

化分为四式。

Ⅰ式：10件。浅盘式盖，盖顶部略内凹。敞口，口部略内敛，腹部微鼓，整体器形矮平。标本M10∶12，口径17.5、底径6、高11.6厘米（图一三，1；图版九，5）。

Ⅱ式：7件。盖隆起，部分盖顶出现矮圈足，敞口，深腹，腹部曲缓，平底。标本M7∶2，口径21.8、底径10.8、高14.1厘米（图一三，2）。

Ⅲ式：8件。盖隆起呈覆碗式，部分盖顶有矮圈足，深腹，下腹为折腹，平底。标本M49∶5，口径18.4、底径8.4、高13.4厘米（图一三，3）。

Ⅳ式：15件。敞口，深腹，部分为深折腹，大平底，器盖与器身同大。标本M32∶16，口径24.4、底径8.8、高15.8厘米（图一三，4；图版一一，5）。

鍪　出土9件，可修复者7件。小口，平唇，鼓腹，腹部有凸棱一道，平底。依据凸棱位置及腹部的变化可分为三式。

Ⅰ式：1件。标本M21∶21，小口，平唇，鼓腹，凸棱位于中腹部，平底。肩部有水波纹。口径6.6、腹部最大径17.6、底径7.4、高10.4厘米（图一三，7；图版一〇，3）。

Ⅱ式：4件。小口，平唇，斜直腹，凸棱位于上腹部，平底。标本M49∶12，口径6.8、腹部最大径18.2、高10.6厘米（图一三，5；图版一二，6）。

Ⅲ式：2件。小口，平唇，斜直腹，凸棱位于中腹部，平底。标本M1∶3，口径7.4、腹部最大径18、底径8、高12.1厘米（图一三，6）。

软陶罐　出土90件，可修复者38件。依据整体形态分为二型。

A型　36件。鼓腹罐。敞口，鼓腹，平底。依据肩部及腹部的变化可分为三式。

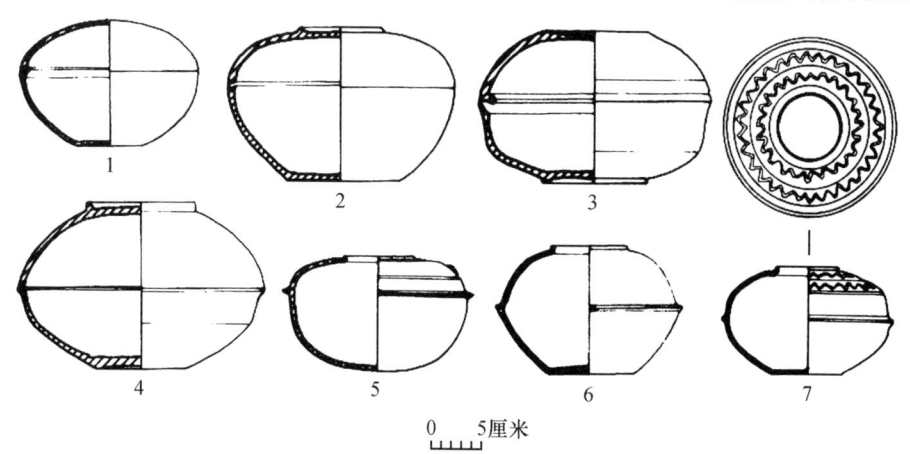

图一三　陶盒、陶鍪
1. Ⅰ式盒（M10∶12）　2. Ⅱ式盒（M7∶2）　3. Ⅲ式盒（M49∶5）　4. Ⅳ式盒（M32∶16）
5. Ⅱ式鍪（M49∶12）　6. Ⅲ式鍪（M1∶3）　7. Ⅰ式鍪（M21∶21）

Ⅰ式：3件。敞口，圆肩，鼓腹，最大径近腹中部，平底。标本M44：1，口径9、腹部最大径14.1、底径10.4、高13.2厘米（图一四，1；图版一二，4）。

Ⅱ式：4件。敞口，圆肩，鼓腹，腹部最大径在腹中部，平底。标本M44：3，口径9.4、腹部最大径14.6、底径8.5、高10.1厘米（图一四，2）。

Ⅲ式：29件。敞口，溜肩，鼓腹，腹部最大径近肩部，下腹急收至底，平底。标本M10：1，口径9、底径6.8、高11.8厘米（图一四，3；图版九，4）。

B型　2件。釜形罐。直口，广肩，折腹，小平底。依据口部及腹部的变化可分为二式。

Ⅰ式：1件。标本M21：27，直口，折腹，平底。口径10.4、腹部最大径14.8、底径5、高8.4厘米（图一四，4；图版一〇，4）。

Ⅱ式：1件。标本M1：36，敞口，折腹，腹部变深，肩部有凹弦纹数道，平底。口径8、腹部最大径16、底径6.6、高10.4厘米（图一四，5）。

硬陶罐　出土44件，可修复者36件。敞口，鼓腹，平底。依据腹部变化可分为二式。

Ⅰ式：17件。敞口，广肩，鼓腹，平底内凹，腹部最大径近肩，腹部饰方格纹。标本M1：12，口径11.5、腹部最大径17.7、底径9.8、高17.1厘米（图一四，6）。

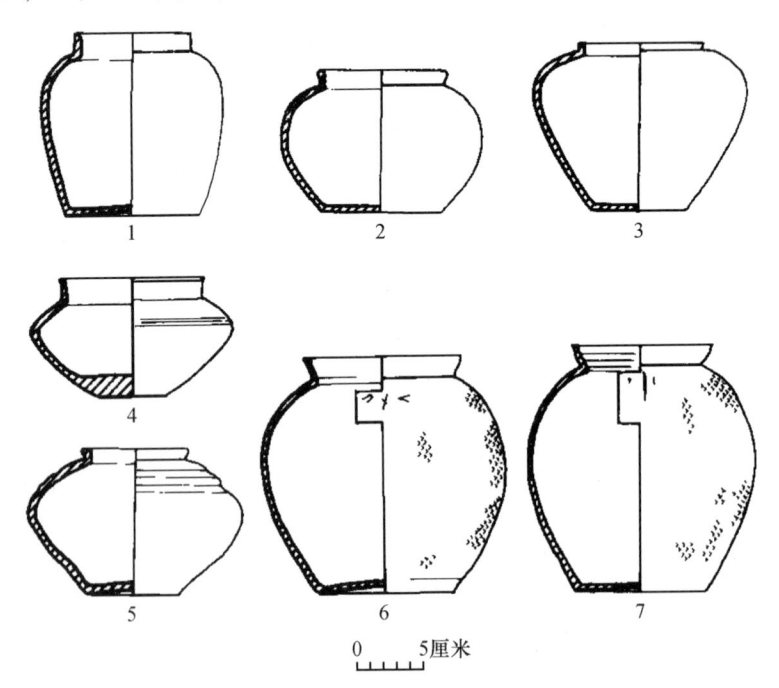

图一四　软陶罐、硬陶罐
1.A型Ⅰ式软陶罐（M44：1）　2.A型Ⅱ式软陶罐（M44：3）　3.A型Ⅲ式软陶罐（M10：1）　4.B型Ⅰ式软陶罐（M21：27）　5.B型Ⅱ式软陶罐（M1：36）　6.Ⅰ式硬陶罐（M1：12）　7.Ⅱ式硬陶罐（M32：10）

Ⅱ式：19件。敞口，圆肩，长鼓腹，腹部最大径在腹中部，平底。标本M32：10，口径10.4、腹部最大径16.6、底径9.8、高17.5厘米（图一四，7；图版一一，3）。

盆 出土7件，可修复者2件。敞口，平折沿，折腹，下腹曲缓，平底略内凹。标本M2：14，口径26.2、底径13.4、高7厘米（图一五，3）。

甑 出土12件，可修复者7件。敞口，平底，圈足。依据腹部及圈足变化可分为三式。

Ⅰ式：3件。敞口，平折沿，斜直腹，平底，圈足外撇。标本M4：4，口径18.2、足径7.6、高10.4厘米（图一五，1）。

Ⅱ式：2件。敞口，腹部曲缓，平底，小圈足。标本M36：13，口径21.8、足径9、高10厘米（图一五，2）。

Ⅲ式：2件。敞口，平折沿，折腹，平底，矮圈足。标本M32：18，口径24、底径10.8、高11.6厘米（图一五，5；图版一一，6）。

灶 出土6件，可修复者2件。分釜灶。长方形灶体，顶部有圆形灶孔2个，一侧有方圆形火眼。灶上有小釜两个。标本M6：24，长21.6、宽11.8、高11.8厘米，灶孔直径6.4厘米（图一五，6）。

井 1件。标本M25：2，平折沿，直口，斜直腹，腹部最大径近底部，平底。口径10.8、腹部最大径14.2、底径11.9、高11.9厘米（图一五，7）。

仓 1件。标本M25：1，直口，鼓腹，腹部有贴纹一道，腹部最大径在中腹，平底。口径11.8、腹部最大径14.4、底径12.4、高14厘米（图一五，4）。

鐎壶 出土3件，可修复者2件。扁鼓腹，长条形錾，鸟首形流。依据錾和底的变化分为二式。

Ⅰ式：1件。标本M7：4，扁鼓腹，长条形錾，平底，乳钉足。口径9.6、长29.7、高16.2厘米（图一五，8；图版九，2）。

Ⅱ式：1件。标本M32：19，扁鼓腹，长条形折錾，平底略圜，乳钉足。口径6、长19.8、高8.7厘米（图一五，9）。

熏炉 出土9件，可修复者3件。豆式盘，喇叭形座。依据炉盖及炉身的变化分为二式。

Ⅰ式：1件。覆盘式盖。盖顶有喇叭形捉手，盖与炉身饰三角形镂孔。炉身为直口深盘，圆饼形圈足。标本M21：20，口径14、足径8、柄径3.5、高15.8厘米（图一五，11；图版一〇，2）。

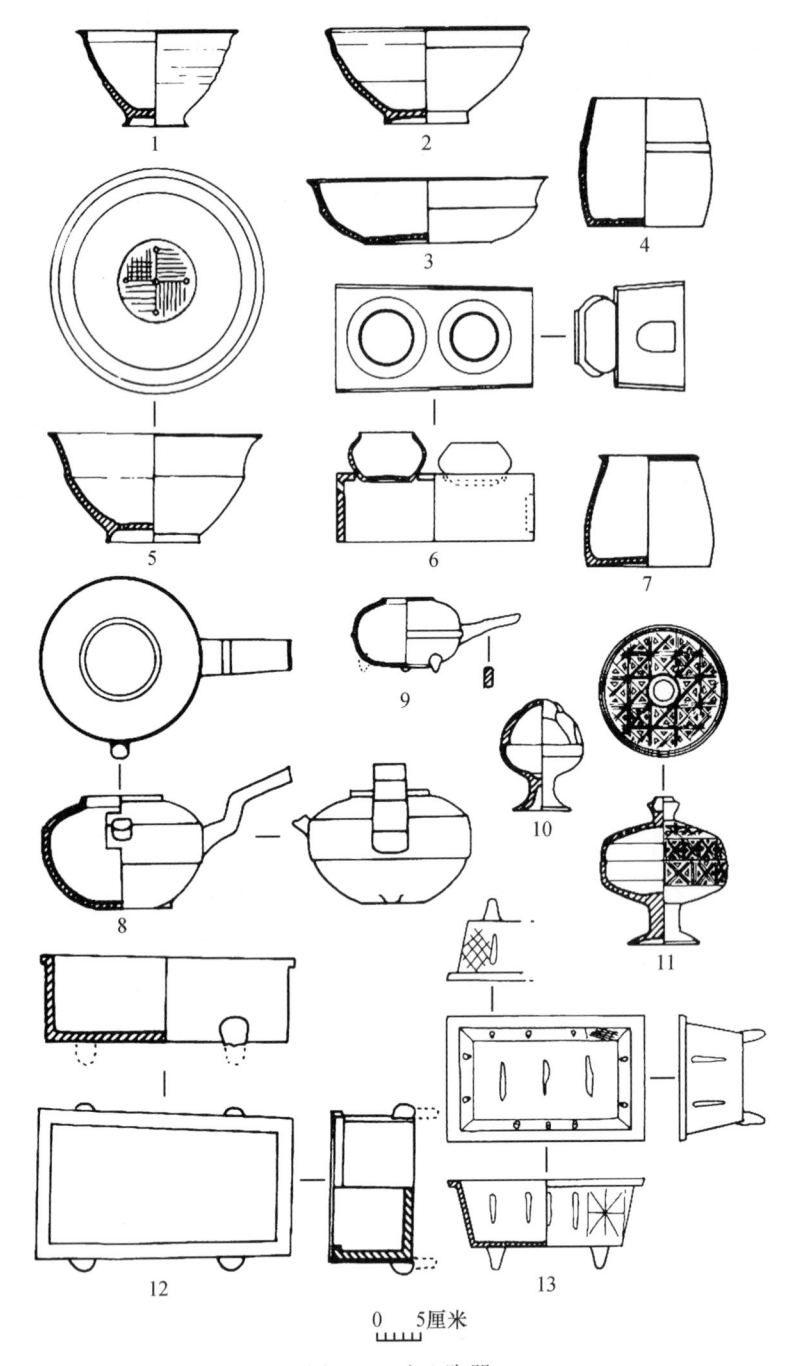

图一五　出土陶器

1. Ⅰ式甑（M4∶4）　2. Ⅱ式甑（M36∶13）　3. 盆（M2∶14）　4. 仓（M25∶1）　5. Ⅲ式甑（M32∶18）
6. 灶（M6∶24）　7. 井（M25∶2）　8. Ⅰ式鐎壶（M7∶4）　9. Ⅱ式鐎壶（M32∶19）　10. Ⅱ式熏炉
（M7∶1）　11. Ⅰ式熏炉（M21∶20）　12. Ⅰ式方炉（M6∶25）　13. Ⅱ式方炉（M32∶21）

Ⅱ式：2件。博山式盖。盖有镂孔。炉身为折腹盘，喇叭形圈足。标本M7：1，口径9.2、足径6.4、柄径2.7、高12.2厘米（图一五，10）。

方炉　3件。长方形器身。依据器身及足的变化分为二式。

Ⅰ式：2件。长方形器身，平折沿，直壁，器身及底有镂孔，蹄形足，接足部位于器身下部。标本M6：25，口部长28.2、宽16.2、高8.8厘米，底部长20、宽11.8厘米（图一五，12）。

Ⅱ式：1件。长方形器身，平折沿，斜直壁，器身及底有镂孔，柱状尖足，接足部位于器底。标本M32：21，口部长22、宽13.6、高9.6厘米，底长16.9、宽9.4厘米（图一五，13；图版一二，1）。

泥金饼　出土30余枚。饼状，上饰花纹，平底。依据花纹的不同可分为二式。

Ⅰ式：纹饰为云纹。标本M6：13，直径5.4、高2.2厘米（图一六，1）。

Ⅱ式：纹饰为圈点纹。标本M32：24，残直径5.6、高1.7厘米（图一六，2；图版一二，2）。

泥钱　出土百余枚，均为M32出土。钱文部分可辨者为五铢。标本M32：35（图一六，3）、M32：36（图一六，4）、M32：37（图一六，5），直径均为1.4、穿径0.8厘米。

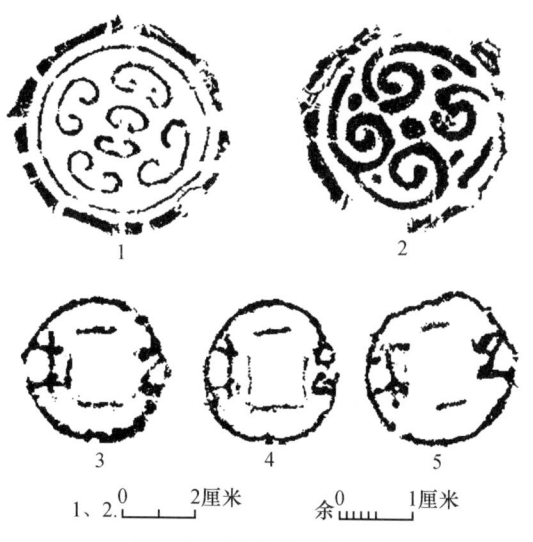

图一六　泥金饼、泥五铢

1. Ⅰ式泥金饼（M6：13）　2. Ⅱ式泥金饼（M32：24）　3~5. 泥五铢（M32：35、M32：36、M32：37）

(二）随葬铜器及滑石器

铜器　5件，可修复者2件。均为铜镜。其一为连弧纹昭明镜，其二为柿蒂纹地蟠螭纹镜。

连弧纹昭明镜　1件。标本M6：9。圆形，圆纽。直径6.5厘米。最外层为素面条带纹，中层有铭文十四字："内清质以昭明，光而日月，心而不一。"铭文内侧有连弧纹一周（图一七，1）。

柿蒂纹地蟠螭纹镜　1件。标本M2：13，圆形，镜纽已损坏。纹饰分为三层。最外层为一道素面条带纹，宽1.8厘米；地纹为蟠螭纹，其上有四个柿蒂纹分列四角，并以条带纹相连；中心镜纽处有素面条带纹一周。直径12、缘厚0.2厘米（图一七，2）。

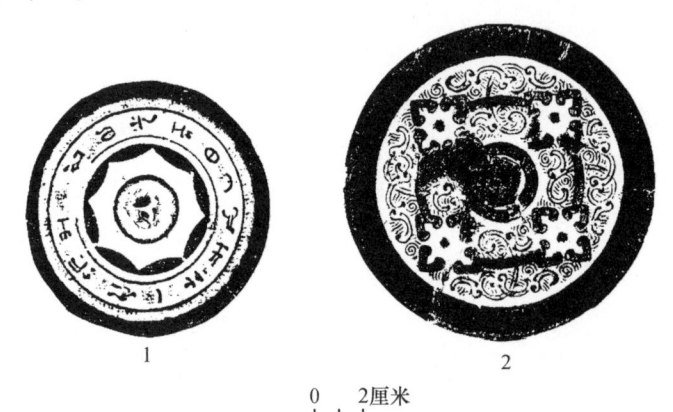

图一七　铜镜
1. 连弧纹昭明镜（M6：9）　2. 柿蒂纹地蟠螭纹镜（M2：13）

滑石器　3件，均为滑石璧。圆形，蒲纹。标本M6：23，内径2.2、外径8、厚0.7厘米（图一八，1；图版八，4）。标本M26：2，内径2.5、外径13.5、厚0.6厘米（图一八，2；图版一〇，6）。标本M23：1，内径3、外径17、厚0.7厘米（图一八，3；图版一〇，5）。

三、墓葬分期及年代

通过对随葬品的类型学研究，参考宋少华先生对长沙地区西汉中小型墓葬的分期，将该墓地分为四期。

一期：M53、M54。分布于墓地南部。随葬品组合敦，A型Ⅰ式壶。这两座墓随葬品组合为鼎、敦、壶、豆，与楚墓的随葬品组合较为接近，敦与《益阳楚墓》

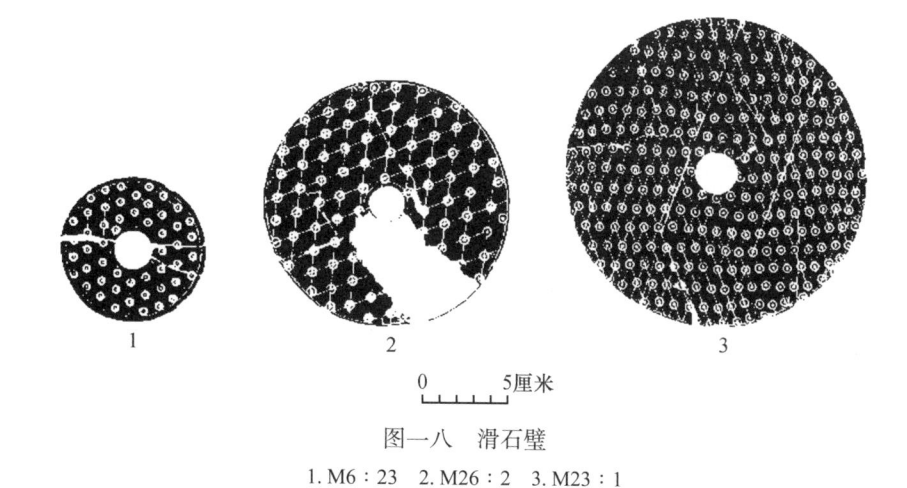

图一八　滑石璧
1. M6∶23　2. M26∶2　3. M23∶1

M302∶5相似[1]，A型Ⅰ式壶与桐梓坡汉墓中桐M64∶3相近[2]。考虑到本地遗物相较于中原或江汉地区存在一定的滞后性，故一期年代定为西汉早期，上限可能到战国末期，下限约在文、景之际。

二期：M11、M21、M44。分布于墓地西、北部，彼此分布分散。随葬品组合为A型Ⅰ式鼎、A型Ⅱ式壶、C型壶、Ⅰ式盒、Ⅱ式盒、A型Ⅰ式软陶罐、A型Ⅱ式软陶罐、B型Ⅰ式软陶罐、Ⅰ式镞、Ⅰ式硬陶罐、Ⅰ式熏炉。从随葬品组合来看与一期相比鼎、敦、壶的组合已经转变为鼎、壶、盒、罐的组合，即楚式组合转变为汉式组合。A型Ⅰ式鼎与桐M46∶3相同[3]，Ⅱ式盒与茶子山M5∶8相同[4]，B型Ⅰ式软陶罐与资兴M556∶8相同[5]，Ⅰ式熏炉同于茶子山M4∶1[6]，故二期年代定为西汉中期早段，上限约为文、景之际，下限约在武帝元狩五年（前118年）。

三期：M4~M10、M12、M14、M23、M24、M37、M38、M47、M49（M3、M13、M15、M16、M20、M22、M41、M48），分布于墓地西、北部。括号中的墓葬归入三期的理由为其随葬品标本及分布位置。随葬品组合为A型Ⅱ式鼎、B型Ⅰ式鼎、A型Ⅲ式壶、B型Ⅰ式壶、Ⅱ式盒、Ⅲ式盒、A型Ⅱ式软陶罐、A型Ⅲ式软陶罐、B型Ⅱ式软陶罐、Ⅰ式硬陶罐、Ⅰ式甑、Ⅱ式甑、Ⅱ式镞、Ⅱ式熏炉、Ⅰ式方炉、Ⅰ式鐎壶、灶、Ⅰ式泥金饼。B型Ⅰ式鼎与茶子山M12∶19相同[7]，Ⅱ式熏炉与《长沙发掘报告》M116∶227相同[8]，Ⅰ式泥金饼与长沙汤家岭西汉墓所出者一致[9]。从随葬品组合来看三期开始出现如鐎壶、方炉等生活用器及灶这类模型明器，熏炉盖由盘式向博山式转变，硬陶器的比重开始增加。相对应的史实为武帝时期统一南越国，长沙国与南越地区的交流更为频繁，故三期年代定为西汉中期晚段，上限约在武帝元狩五年，下限约为宣、元之际。

四期：M1、M2、M25、M26、M31～M36、M42、M43、M51（M17、M27），分布于墓地中北部。括号中的墓葬归入四期的理由为其位置及随葬品标本。随葬品组合为A型Ⅲ式鼎、B型Ⅱ式鼎、A型Ⅳ式壶、B型Ⅱ式壶、Ⅰ式钫、Ⅱ式钫、Ⅲ式盒、Ⅳ式盒、Ⅱ式硬陶罐、Ⅱ式甑、Ⅲ式甑、盆、Ⅲ式鍪、井、仓、Ⅱ式鐎壶、Ⅱ式方炉、Ⅱ式泥金饼。A型Ⅲ式鼎与汨罗M23∶14相同[10]，Ⅲ式盒与溆浦江口M37∶3相同[11]，Ⅱ式硬陶罐与窑圹山M3∶21相同[12]，Ⅱ式泥金饼与84长、袁、书M3∶5相同[13]。从随葬品组合来看四期生活用器增多，与灶配套的井、仓等模型明器出现，软陶罐基本不见，泥钱有半两、五铢等。未发现货泉、大泉五十或大布黄千，说明其年代下限可能早于新莽时期，故四期的年代定为西汉晚期（图一九）。

四、结　　语

洪家坟山汉代墓地是宁乡县境内第一个大规模发掘的汉代墓地，出土了大量随葬品。整个墓地的年代从战国末或西汉早期一直延续到西汉晚期，这在整个长沙地区也不多见。从墓地中各期墓葬的布局来看，一、二期墓葬数量较少，分布较为分散，三、四期墓葬均有较明显的分布范围。三期墓葬主要分布于台地西北和西南，四期墓葬主要分布于台地中部和北部。各个时期的墓葬没有打破关系，且明显存在分区，说明该墓地的墓葬选址应存在人工管理的因素。部分墓葬根据时代、方向及规格可以分为四组，M6、M7为一组，M11、M12为一组，M22、M23为一组，M34、M35、M36、M37为一组。这几组墓葬时代基本一致，早晚相差不远，方向与规格基本相同。通过这些因素我们推测该墓地的性质为公共墓地，其中部分墓葬可能为家族墓。

《长沙西郊桐梓坡汉墓》一文认为土坑竖穴墓的尺寸和形制似有年代早晚之分。但在洪家坟山墓地中墓葬的尺寸和形制并没有严格意义上的早晚之分，唯一的差异在于晚期墓（三期之后）枕木沟的方向垂直于墓圹长边，长方形与近方形墓葬的比例从早期到晚期呈逐步扩大的趋势，长方形墓葬墓圹长宽比逐渐变小。

《西汉长沙国（临湘）中小型墓葬分期概论》一文作者认为长沙地区一期汉墓中存在部分秦文化因素的器物如秦式鼎、秦式罐、蒜头壶等；而洪家坟山墓地一期仍旧为鼎、敦、壶的楚式组合，到二期转变为鼎、盒、壶的汉式组合，未发现包含秦文化因素的随葬品，说明当地在秦统一六国之后并未受到秦文化的影响，或秦文化对当地的影响很小，当地仍旧保留旧俗，在西汉早中期由楚系直接演变为汉系。

洪家坟山墓地的主要年代在西汉中晚期，较丰富的随葬品说明该地区在西汉中晚期较为发达。关于长沙国的人口，西汉早期长沙国"乃二万五千户耳"[14]。1960年

长沙杨家山一座文景之际的汉墓中出土两枚滑石印章，其中墓主头部一枚印文为"洮阳长印"，足部一枚印文为"洮阳令印"[15]，《汉书·百官公卿表》"万户以上为令"，"减万户为长"，说明文景之际洮阳县从小县升级为万户以上的大县。这与当时"流民既归，户口亦息，列侯大者至三四万户，小国自倍，富厚如之"相吻合，说明经过文景之治，长沙国的人口有较大幅度的增长。西汉晚期《汉书·地理志》平帝元始二年所记："户四万三千四百七十，口二十三万五千八百二十五。"吴氏长沙国疆域大致相当于今湖南省全部，湖北、江西、广西、广东局部，可谓地广人稀。刘氏长沙国疆域在平帝时仅13县，地域范围不及吴氏长沙国的五分之一，而人口却增长四五倍。人口的增长必然由经济的增长带动。洪家坟山墓地西汉墓葬中，随葬品较多的墓葬如M1、M2、M6、M26、M31、M32等，均为三、四期墓葬，反映出西汉中晚期该区域的经济有较大的发展。

关于洪家坟山墓地墓主的等级，因为未出印章或简牍等直接证据，仅能通过随葬品与已知墓主等级的墓葬进行比对。洪家坟山墓地仿铜陶礼器组合为鼎、盒、壶。其中鼎的数量多者如M1，有5件，少者如M4，有1件，最普遍的是2件鼎，盒、壶的数量与鼎基本对应，鼎多者盒、壶数量较多，未发现俑或官印。根据傅聚良先生《西汉长沙国千石至斗食官吏的墓葬》一文的研究，千石以下可分为三个等级，即六百石以上，六百石以下至二百石，二百石以下。这三个等级的墓葬在随葬陶礼器数量方面并没有严格的规定，随葬陶礼器尤其是陶鼎的数量多寡与等级并不完全一致。但二百石及以上等级的墓葬中通常会随葬铜礼器、玉器、车马器、俑、漆木器、官印等，或其中某几类。就印章而言六百石以上对应铜印黑绶，六百石以下至二百石对应铜印黄绶，二百石以下无印。洪家坟山墓地所有墓葬在排除被盗的可能性后均未出土印章，且大部分墓葬未随葬铜礼器，但M31随葬铜鼎1件，M2随葬铜匜1件，说明这批墓主的等级多为平民，但不排除存在斗食级别至二百石的低级官吏的可能性。

宁乡地区在战国时期属楚黔中郡，秦时属长沙郡，西汉时期属长沙国，三国时设新阳县，西晋时改新康县，隋开皇九年（589年）并新康县入益阳县，唐武德四年（621年）时复置新康县，北宋太平兴国二年（977年）设宁乡县，县治初为横市，后迁至玉潭，自宋起属潭州，明清属长沙府[16]。横市在西汉时期属长沙国益阳县[17]。现横市镇即为新阳县旧址所在，但新阳县为三国始设。洪家坟山墓地墓主的等级及随葬品的丰富程度表明在长沙国时期该区域必然存在较大的聚落甚至是城邑。这个聚落抑或是城邑的位置在何处？代表该聚落或城邑最高等级的墓葬在何处？这个聚落或城邑与益阳县是何关系，其性质为何？尚属空白，只能在日后的考古工作当中逐步发现，论证求索。

附记：参加本次发掘的有何旭红、黄朴华、何佳、张景尧，绘图为高铁、罗英典、刘望。

执笔：张大可

注　释

[1]　益阳市文物管理处、益阳市博物馆：《益阳楚墓》，文物出版社，2009年。
[2]　长沙市文物工作队：《长沙西郊桐梓坡汉墓》，《考古学报》1986年第1期。
[3]　长沙市文物工作队：《长沙西郊桐梓坡汉墓》，《考古学报》1986年第1期。
[4]　长沙市文物工作队：《长沙西郊桐梓坡汉墓》，《考古学报》1986年第1期。
[5]　湖南省博物馆、湖南省文物考古研究所：《湖南资兴西汉墓》，《考古学报》1995年第4期。
[6]　长沙市文物工作队：《长沙西郊桐梓坡汉墓》，《考古学报》1986年第1期。
[7]　长沙市文物工作队：《长沙西郊桐梓坡汉墓》，《考古学报》1986年第1期。
[8]　中国科学院考古研究所：《长沙发掘报告》，科学出版社，1957年。
[9]　湖南省博物馆：《长沙汤家岭西汉墓清理报告》，《考古》1966年第4期。
[10]　湖南省博物馆：《汨罗县东周、秦、西汉、南朝墓发掘报告》，《湖南考古辑刊（第3集）》，岳麓书社，1986年。
[11]　溆浦县文化局：《溆浦江口战国西汉墓》，《湖南考古辑刊（第3集）》，岳麓书社，1986年。
[12]　长沙市文物考古研究所：《湖南长沙窑圹山汉墓发掘简报》，《湖南考古辑刊（第9集）》，岳麓书社，2011年。
[13]　宋少华：《西汉长沙国（临湘）中小型墓葬分期概论》，《考古耕耘录——湖南中青年考古学者论文选集》，岳麓书社，1999年。
[14]　《汉书·贾谊传》。
[15]　周世荣：《长沙出土西汉印章及其有关问题研究》，《考古》1978年第4期。
[16]　宁乡县地方志编纂委员会：《宁乡县志（1986~2002）》，方志出版社，2008年。
[17]　乾隆《长沙府志》卷之四《沿革志》："东汉析益阳置新阳""秦置益阳，汉因之，三国析其地置新阳"。说明横市地区当时隶属益阳县。

附表　洪家坟山西汉墓葬登记表

编号	墓葬形制	方向/(°)	尺寸结构	墓圹长宽比例	枕木沟	随葬陶器/件	其他随葬品/件	分期
M1	乙类B型长方形竖穴土坑墓	180	长1.96、宽1.54、深0.4米	1.27∶1	2条	鼎5、壶2、钫4、盒8、软陶罐11、印纹硬陶罐2、甑1、鍪1、泥金饼1		IV
M2	甲类带墓道长方形竖穴土坑墓	180	长3.8、宽2.5、深2.9米	1.52∶1	2条	鼎3、壶3、钫3、盒2、硬陶罐7、甑1、方炉1、灶1、盆1	铜镜1、铜钯1	IV
M3	乙类B型长方形竖穴土坑墓	140	残长2.12、宽2.2、深1.3米	0.96∶1	无		无	III
M4	乙类B型长方形竖穴土坑墓	155	残长2.6、宽1.6、深0.9米	1.62∶1	2条	鼎1、壶1、盒1、软陶罐3、甑1、鍪1		III
M5	乙类B型长方形竖穴土坑墓	175	长2.9、宽2.1、深1.6米	1.38∶1	无	鼎2、壶2、盒3、软陶罐4		III
M6	乙类B型长方形竖穴土坑墓	145	长3.7、宽2.46~2.5、深2.96米	1.76∶1	无	鼎1、壶4、钫1、盒1、盆2、软陶罐2、硬陶罐3、熏炉1、方炉1、灶1、泥金饼9		III
M7	乙类A型长方形竖穴土坑墓	138	长3.58、宽1.84、深0.9米	1.94∶1	无	鼎2、壶4、盒2、软陶罐3、熏炉2、灶1、盆1、硬陶罐1、甑1、壶1	铜镜1、滑石璧1	III
M8	乙类B型长方形竖穴土坑墓	189	长2.6、宽1.6、深1.7米	1.62∶1	无	鼎3、壶2、钫2、盒2、软陶罐2、硬陶罐1		III
M9	乙类B型长方形竖穴土坑墓	150	长3.4、宽2.07、深1.12米	1.66∶1	无	鼎3、壶6、钫1、盒3、灶2、甑1、盆1、硬陶罐3、鍪1、泥金饼2		III
M10	乙类B型长方形竖穴土坑墓	157	长2.7、宽1.6、深0.8米	1.68∶1	2条	鼎2、壶2、盒3、软陶罐3、甑1		III
M11	乙类C型长方形竖穴土坑墓	295	长2.8、宽2.6、深1.2米	1.12∶1	无	鼎2、壶1、软陶罐1、软陶双沿罐1、硬陶罐2		II

续表

编号	墓葬形制	方向/(°)	尺寸结构	墓圹长宽比例	枕木沟	随葬陶器/件	其他随葬品/件	分期
M12	乙类B型长方形竖穴土坑墓	105	长2.7、宽1.8、深1.4米	1.5∶1	无	鼎4、壶4、盒6、软陶罐4		Ⅲ
M13	乙类A型长方形竖穴土坑墓	119	长2.9、宽1.32、深0.7米	2.19∶1	无	硬陶罐1		Ⅲ
M14	乙类B型长方形竖穴土坑墓	170	长2.8、宽2、深1.24米	1.4∶1	无	鼎3、壶3、盒4、软陶罐3、瓿1		Ⅲ
M15	乙类B型长方形竖穴土坑墓	150	残长2.8、宽1.8、深1.4米	1.55∶1	无	壶1、盒1、软陶罐1		Ⅲ
M16	乙类A型长方形竖穴土坑墓	100	长2.6、残宽1.22、深2.5米	2.13∶1	无			Ⅲ
M17	乙类B型长方形竖穴土坑墓	120	残长2.3、宽1.9、深1.06米	1.21∶1	无	残陶片若干		Ⅳ
M20	乙类B型长方形竖穴土坑墓	100	长2.2、宽1.36、深0.15米	1.61∶1	无			Ⅲ
M21	乙类B型长方形竖穴土坑墓	116	长2.85、宽2.05、深1.3米	1.39∶1	无	鼎4、壶7、盒8、软陶罐6、熏炉1、甑1、鍪1	残铁器1	Ⅱ
M22	乙类B型长方形竖穴土坑墓	96	长2.6、宽2.02、深0.7米	1.28∶1	无	鼎5、壶5、钫1、盒1、软陶罐7、泥金饼数枚		Ⅲ
M23	乙类B型长方形竖穴土坑墓	100	长3.4、宽2.6、深1.6米	1.31∶1	无	鼎3、壶2、软陶罐4、盒1、泥金饼数枚	滑石璧1	Ⅲ
M24	乙类B型长方形竖穴土坑墓	120	长2.7、宽2、深1.3米	1.35∶1	无			Ⅲ

续表

编号	墓葬形制	方向/(°)	尺寸结构	墓圹长宽比例	枕木沟	随葬陶器器件	其他随葬品/件	分期
M25	乙类B型长方形竖穴土坑墓	106	长2.66、宽1.92、深1.2米	1.38:1	无	鼎1、壶2、钫1、软陶罐2、硬陶罐2、盒2、熏炉1、灶1、井1、仓1		IV
M26	乙类A型长方形竖穴土坑墓	118	长2.44、宽1.2、深0.24米	2.03:1	无	壶1、软陶罐1、镂1		IV
M27	乙类C型长方形竖穴土坑墓	145	长2.74、宽2.4、深1.58米	1.14:1	无	鼎5、壶4、钫2、盒6、软陶罐5		IV
M31	乙类B型长方形竖穴土坑墓	170	长2.98、宽1.84、残0.8米	1.61:1	无	鼎2、壶4、钫2、软陶罐3、盒2、盆1	滑石璧1	IV
M32	乙类B型长方形竖穴土坑墓	112	长2.74、宽1.93、深1.06米	1.41:1	无	鼎2、壶5、钫2、盒3、硬陶罐4、熏炉2、甑1、镂壶2、泥金饼1、泥钱百余枚		IV
M33	乙类B型长方形竖穴土坑墓	140	长2.5、宽1.9、深0.65米	1.31:1	无	鼎2、壶3、盒2、软陶罐3	铜鼎1	IV
M34	乙类B型长方形竖穴土坑墓	100	长2.63、宽2.04、深0.6米	1.28:1	无	鼎1、壶2、盒1、软陶罐1		IV
M35	乙类B型长方形竖穴土坑墓	100	长3.08、宽1.97、深0.57米	1.56:1	无	鼎1、壶2、盒4、软陶罐5		IV
M36	乙类B型长方形竖穴土坑墓	100	长2.5、宽1.9、0.48米	1.31:1	无	鼎3、壶2、盒2、软陶罐3、硬陶罐2、甑1		IV
M37	乙类C型长方形竖穴土坑墓	100	长1.73、宽1.56、深0.4米	1.10:1	2条	鼎1、壶2、盒3、软陶罐3、硬陶罐1、盆1		III

续表

编号	墓葬形制	方向/(°)	尺寸结构	墓圹长宽比例	枕木沟	随葬陶器/件	其他随葬品/件	分期
M38	乙类B型长方形竖穴土坑墓	120	长2.8、宽2、深0.62米	1.4∶1	无	壶1、盒1、硬陶罐1		Ⅲ
M41	乙类B型长方形竖穴土坑墓	140	长2、宽1、深0.3米	2∶1	无			Ⅲ
M42	乙类B型长方形竖穴土坑墓	140	长2.4、宽2、深1.4米	1.2∶1	无	鼎2、壶2、钫2、盒3、软陶罐5、盆1		Ⅳ
M43	乙类B型长方形竖穴土坑墓	115	长2.75、宽1.75、深0.5米	1.57∶1	无	鼎3、壶2、盒2、硬陶罐3、软陶罐1		Ⅳ
M44	乙类B型长方形竖穴土坑墓	120	长2.74、宽1.84、深0.92米	1.48∶1	无	鼎5、壶3、盒2、软陶罐4、硬陶罐3		Ⅱ
M47	乙类B型长方形竖穴土坑墓	99	长2.5、宽1.8、深0.45米	1.38∶1	无	鼎2、壶2、盒4、软陶罐4、鍪1	铜镜1	Ⅲ
M48	乙类C型长方形竖穴土坑墓	100	长1.95、宽1.92、残深0.35米	1.01∶1	无			Ⅲ
M49	乙类C型长方形竖穴土坑墓	102	长2.65、宽2.33、深1.65米	1.13∶1	无	鼎3、壶2、钫2、盒4、软陶罐3		Ⅲ
M51	乙类B型长方形竖穴土坑墓	120	长3.1、宽2.05、残深0.55米	1.51∶1	无	鼎1、钫1、盒2、软陶罐1、硬陶罐2、鍪1		Ⅳ
M53	乙类A型长方形竖穴土坑墓	90	长2.84、宽1.55、深1.04米	1.83∶1	无	鼎2、豆1		Ⅰ
M54	乙类A型长方形竖穴土坑墓	90	长2.3、宽1.28、残深0.56米	1.79∶1	无	鼎1、敦1、壶1、豆1		Ⅰ

The Brief Report on Excavation of Western Han Dynasty Tombs of Hongjiafenshan in Hengshi Town, Ningxiang County, Hunan

Changsha Municipal Institute of Cultural Relics and Archaeology

Ningxiang Municipal Administration of Cultural Relics

Abstract: The cemetery of Western Han Dynasty in Hongjiafenshan lies in Hengshi Town, Ningxiang County, Changsha City. Between March-June 2006, to work with the infrastructure projects of Ningxi 220,000 volt substation, Changsha Municipal Institute of Cultural Relics and Archaeology and Ningxiang Municipal Administration of Cultural Relics carried out an archaeological rescue excavation in which 46 tombs were discovered. Out of these tombs, there were 43 tombs which could be dated back to Western Han Dynasty. According to unearthed funerary objects, the tombs can be divided in to 4 phases and the 3rd phase project is the main object of study. More than 400 pieces of pottery, bronze ware and talc were discovered in this project. Owners of the tombs were mainly civilians, but there was a possibility that lower officials were also the owners.

Keywords: Ningxiang; The Cemetery of Western Han Dynasty; Civil Tombs

湖南宁远舂陵侯城遗址考古调查勘探简报

湖南省文物考古研究院
宁远县文物保护中心
科技考古与文物保护利用湖南省重点实验室

[摘 要] 有关舂陵侯城的文献记载很少,虽马王堆汉墓出土《地形图》上标注有舂陵城,但对其所做考古工作不多,认识有限。通过此次系统的调查勘探,对舂陵侯城的结构、布局、年代和文化内涵等有了初步了解和认识,对舂陵侯墓也有了新的认识,为进一步研究舂陵侯城的价值、保护规划和利用提供了新的考古资料。但要全面了解舂陵侯城遗址的文化内涵、性质等,有待进一步的考古发掘。

[关键词] 舂陵侯城;舂陵侯墓;调查勘探;年代

古文献中有关舂陵侯记载不多,如《汉书》载:"长沙王发第十三子买,封于舂陵乡,属长沙郡,后属零陵郡之泠道。买卒,子戴侯熊渠嗣。熊渠卒、子仁嗣。元帝时,仁乞封避瘴毒,治迁南阳。"《后汉书》载:"景帝生长沙定王发。发生舂陵节侯买。"《水经注》载:"县本泠道县之舂陵乡,盖因舂溪为名矣。汉长沙定王分以为县,武帝元朔五年,封王中子买为舂陵侯。"而还记载:"县故城东又有一城,东西相对,各方百步。古老相传,言汉家旧城,汉称犹存,知是节侯故邑也。"1973年长沙马王堆三号墓出土《地形图》上明确标注有舂陵城,舂陵侯城得以确认。

2013年国务院公布舂陵侯城遗址为全国第七批重点文物保护单位,但关于遗址的考古工作开展较少。为更好地了解舂陵侯城的结构、布局、年代、性质和文化内涵,也为做好舂陵侯城遗址的保护规划,2019年10~11月,湖南省文物考古研究所(2022年7月,更名为湖南省文物考古研究院)联合宁远县文物局对舂陵侯城遗址进行了全面的调查勘探,现将工作简报如下。

一、遗址概况

（一）位置

春陵侯城遗址位于宁远县东北约30千米的柏家坪镇，包括春陵侯城址和春陵侯墓。其中春陵侯城址位于湖南省永州市宁远县柏家坪镇的柏家村，西南距离春水约1.2千米，东部和北部与省级永连公路相距约0.5千米。春陵侯墓位于柏家坪镇柏家井村，西南与春陵侯城址相距1.1千米，在遗址的南部谢家村发现大量的古墓葬，部分墓葬封土堆保存较完好（图一）。

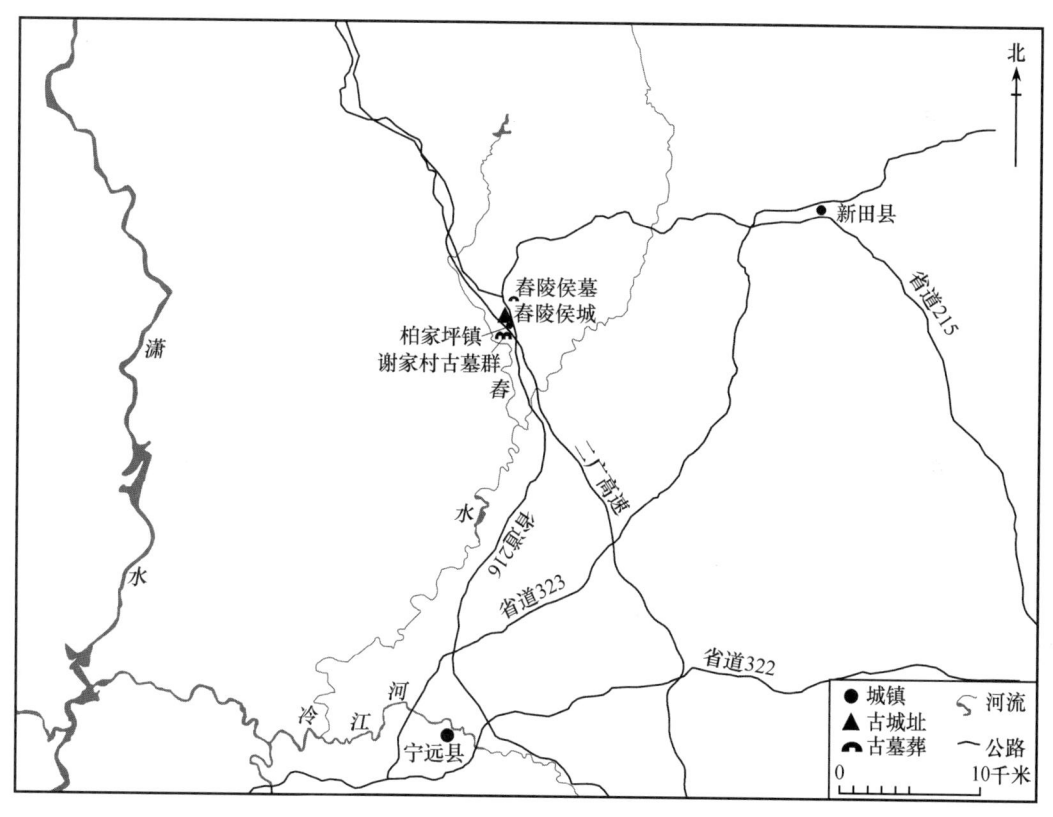

图一　春陵侯城遗址位置示意图

（二）早年状况及现状

1976年10月至1977年4月，周世荣先生曾对春陵侯城进行过实地调查，当时城址状况如下："今柏家坪确有汉代土城遗迹，呈方形，大致为东西向，城门对开。东墙193米，西墙182米，南北墙均为160米。四角高隆作楼堡状。城墙高4米，北墙中腰有向外凸出的建筑遗迹，四周围绕护城河。"[1]

现存舂陵侯城城址平面呈长方形，四周夯土城墙保存相对完好。东、西城墙长170米，南、北城墙宽135米。城墙顶现宽8～11、残高2～6米（图二）。城四角高隆，城墙夯土层次分明，现已被当地居民开辟为菜地或种植灌木。城墙外有护城河，城内及墙外护城河均开辟为水稻田。舂陵侯城遗址整体虽保存较好，但也不断受到自然和现代生产生活的破坏。

二、调查、勘探经过

此次调查以地面踏查为主。以古城址为中心，先对古城护城河以内地面进行了重点调查，然后对护城河外进行了踏查，并对舂陵侯城遗址周边的部分墓葬群进行了实地勘察。调查面积总计约60万平方米。

根据调查的结果，做好勘探规划。勘探之前先用RTK在城址东城墙中部设立原点，以北为正方位，按象限布点。勘探过程严格按照考古勘探工作规程进行，采取每隔5米布设一个探点进行钻探，总钻探面积约68000平方米，基本覆盖了古城址区域（图三）。

对护城河、城墙等重要区域采取重点勘探，采取每隔2米布设一个探点，以确定护城河、城墙等遗迹的宽度、深度和堆积状况。

三、调查、勘探收获

（一）发现遗迹

通过调查勘探，在城址内发现的遗迹有灰坑、夯土台、城门等，在城外西南还发现一条古河道（图四），并对护城河、城墙、舂陵侯墓等遗迹的形状、堆积状况有了进一步的了解。

（二）遗迹形状及堆积状况

本文中的堆积状况是指勘探过程中对遗址或遗迹的堆积状况的初步判断。

1. 城内堆积

城址整体呈长方形，经勘探可知城址内地层堆积厚薄不均，文化堆积相对较浅。深0.3～1.8米，城内堆积初步可划分为两层（图五）。以城内西北角TN13W18探孔堆积层为例。第1层为耕土层，灰褐色土，土质疏松，厚约0.3米；第2层为文化层，浅灰色

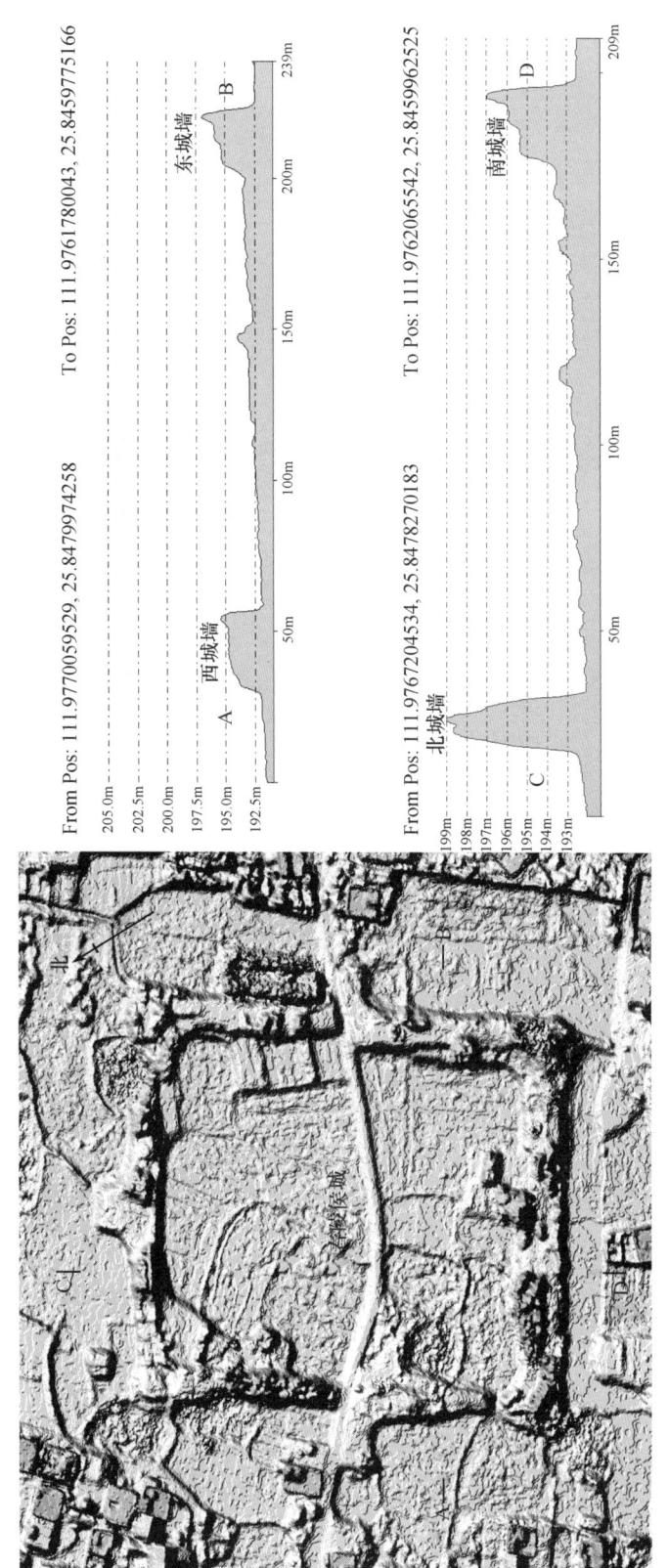

图二　春陵侯城平、剖面高程图

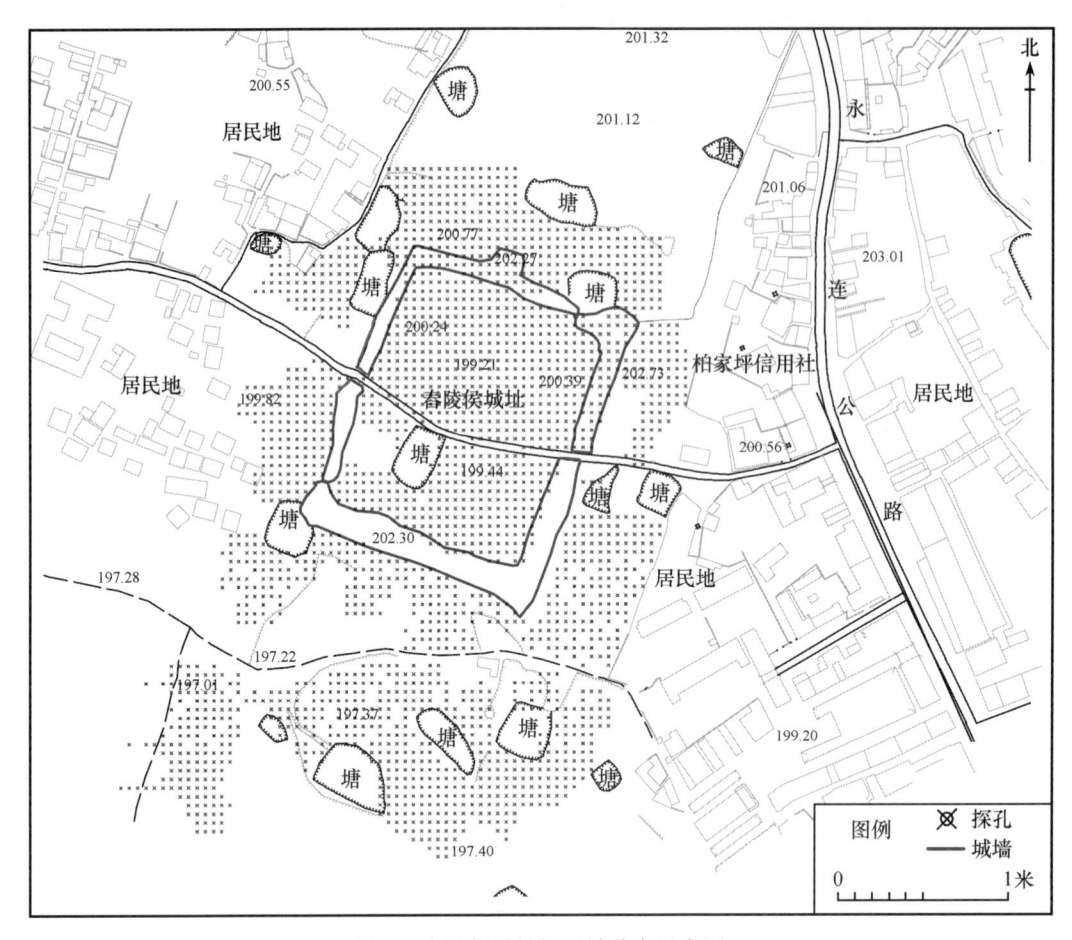

图三　舂陵侯城钻探区域分布示意图

层，土质较致密，厚约1.5米，包含少量陶片；第2层下为黄褐色土，土质致密，土质较纯净，为生土层。

2. 护城河形状及堆积

在舂陵侯城城墙外围部分有保存较好的护城河，现已成为水塘或者水沟，其余护城河在现代生产生活中已被填平开辟为水田。现存护城河宽窄不一，其中北面和西南面较宽，东面相对较窄。经勘探，城外护城河基本为"U"形，开口宽10~12、底宽8~10、深3.5~4.5米，其西南水塘处护城河较宽，最宽处15~16米，呈不规则形，可能存在进出水口。城外护城河基本为"U"形，宽窄不一。开口宽10~12、底宽8~10米。

经重点勘探发现护城河内堆积深3.5~4.5米，自上而下大体可分为3~4层。以西护城河勘探剖面为例（图六），其堆积大体自上而下可分为4层，第1层为黄灰淤土层，

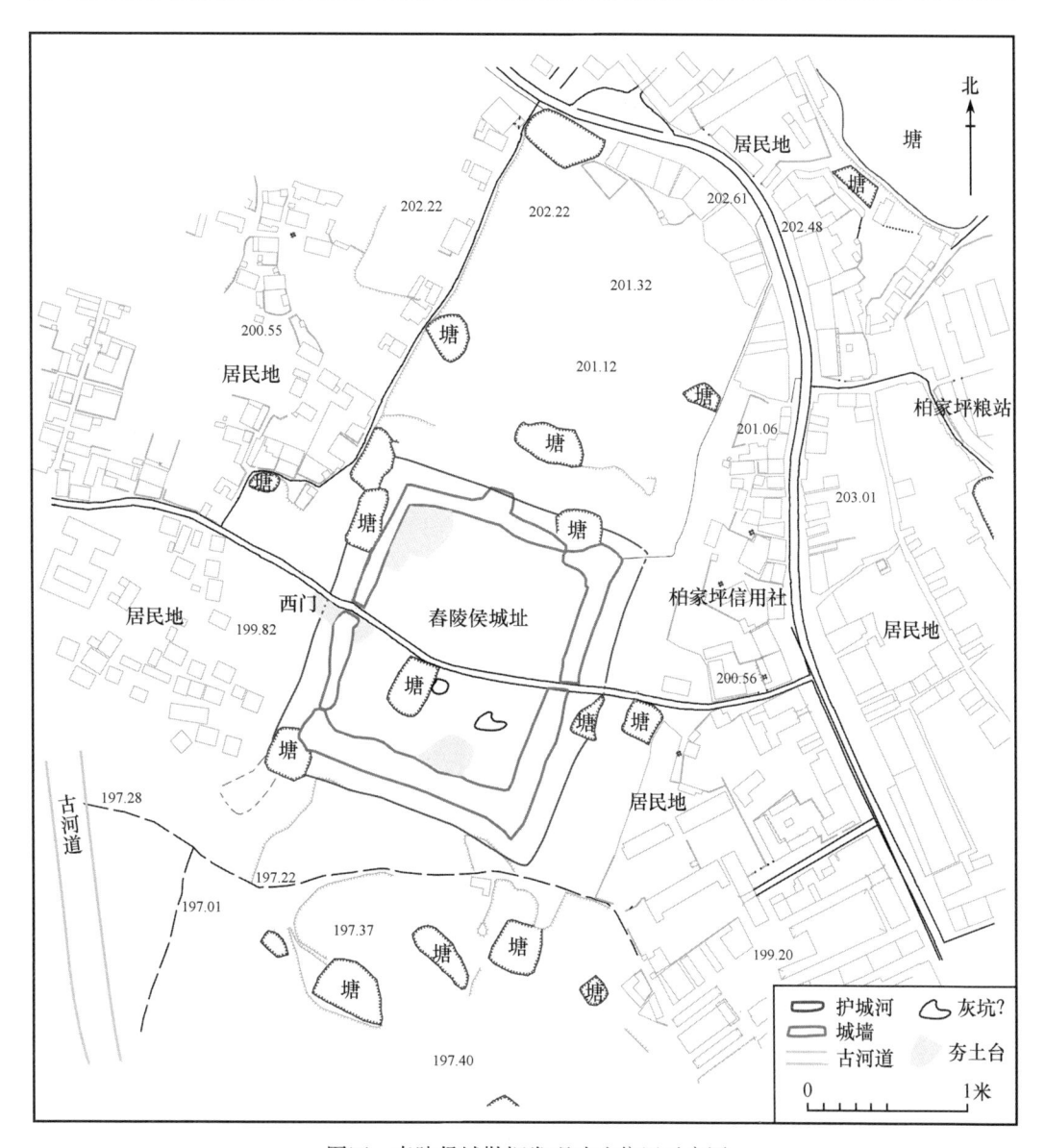

图四　舂陵侯城勘探发现遗迹位置示意图

质地较疏松，厚0.6~0.7米；第2层为灰黄淤土层，质地疏松，厚1~1.3米；第3层为深灰淤土层，质地松软，厚1.1~1.7米；第4层为深灰淤土层，质地疏松，厚0.2~0.3米。第4层下为鹅卵石层。

3. 城墙形状及堆积

舂陵侯城城墙除东西墙中部有现代道路穿过，北墙东侧因水田灌水有被破坏之外，其余部分保存较好。城墙截面呈梯形，上窄下宽，现存墙体上宽8~11、下宽

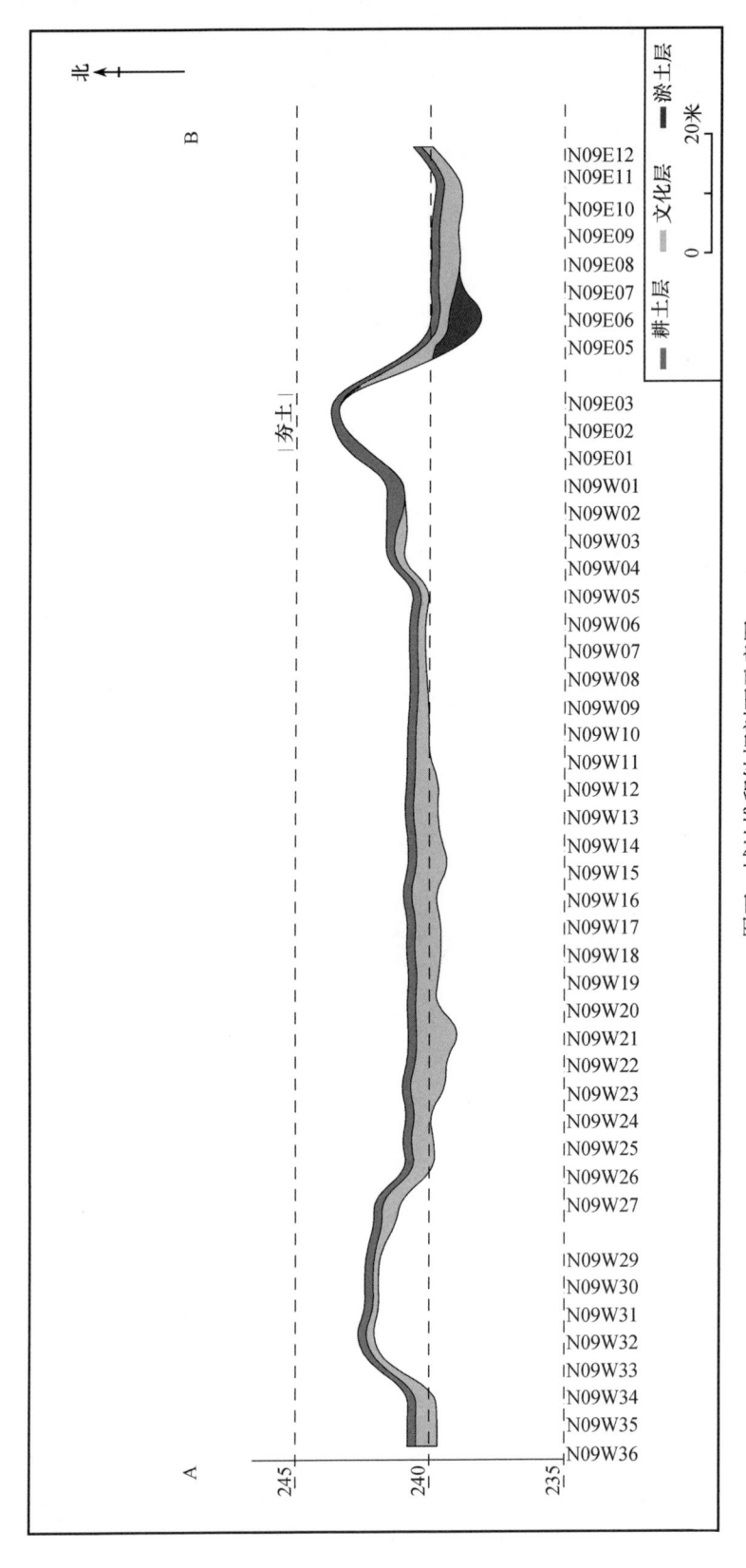

图五 城址堆积钻探剖面示意图

12~15米。北城墙有一凸出土台,近梯形,宽12~18米,伸出去长度10米,经钻探,该凸台下钻探到3.5米时见有淤泥,具体推测该凸台应该是后期形成,其作用不明。

城墙有明显的夯层,城墙下部尤其明显,夯层厚薄不一,夯层多为灰褐土、黄褐土或红褐土,夹杂少量陶片或瓦片。以南城墙中部面为例(图七;图版一三,1),城墙底部夯层厚0.11~0.21米,城墙上部夯层较厚,且包含较多细小的鹅卵石,其应是把挖护城河的土直接堆积为城墙。城墙的夯层顺序刚好与勘探城内堆积层相反。

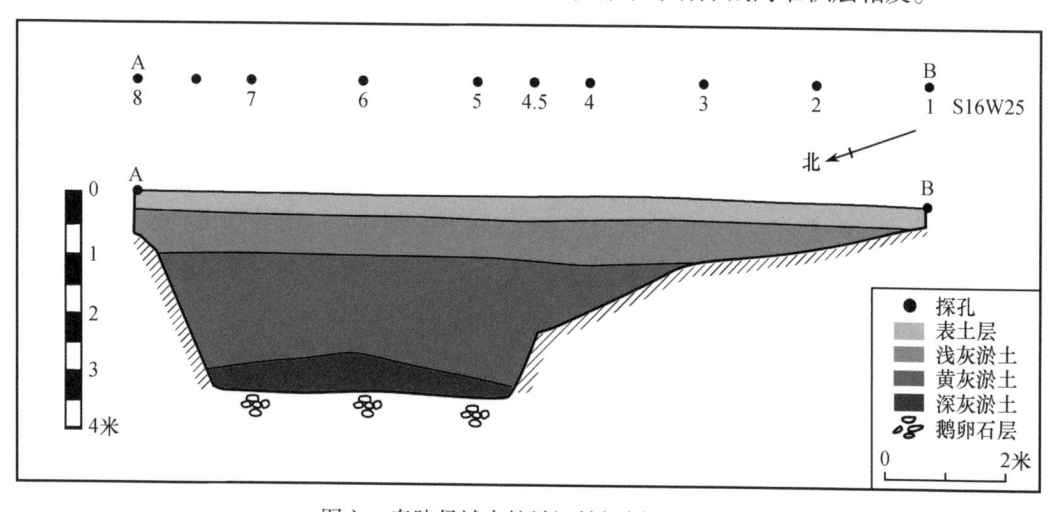

图六　春陵侯城南护城河钻探剖面示意图

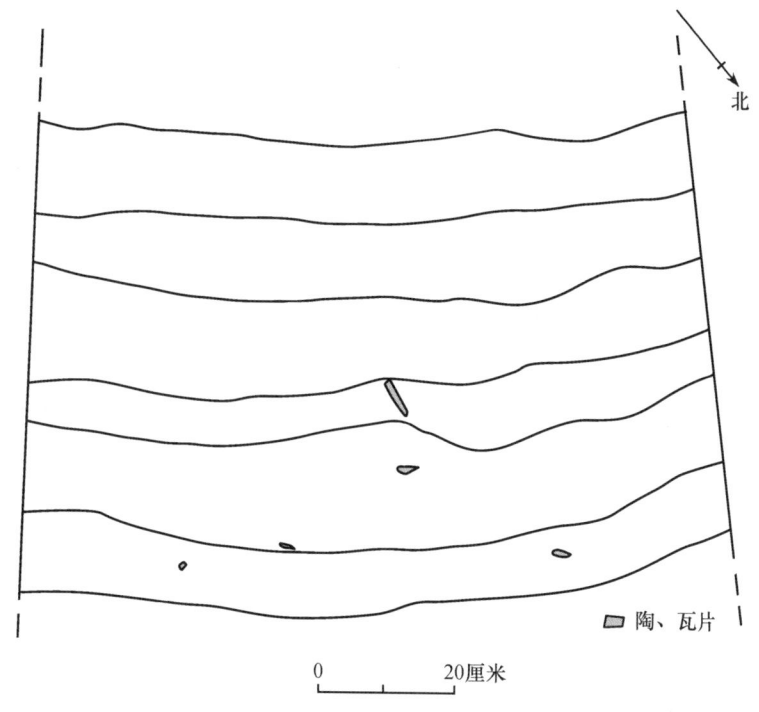

图七　南城墙内侧底部夯土层剖面线图

4. 城门

春陵侯城原来认为城址在东、西、北三面城墙有城门遗址，经钻探，可排除北、东两面城墙有城门，而西城墙中部内外两侧均有夯土台与城墙相连，故推测春陵侯城城门位于西城墙中部。

5. 其他

在城址的西北角，南城墙内中部以及西城墙中部均发现夯土台，是否为建筑夯土台还需进一步确认。在城址中部、东南部勘探出不规则坑状遗迹，性质不明。

6. 春陵侯墓

现有春陵侯墓范围内有低矮的土堆和残碑刻，碑刻上有"汉春陵侯""大清嘉庆"等字。在围墙范围内每隔2米进行钻探，在低矮土堆附近钻探有不规则的坑，深1.8~2.2米，其余位置堆积厚度基本上在0.6~0.8米。

四、采集遗物

调查勘探过程中，在城址范围内采集到较多瓦片和少量的陶片。遗物主要见于城墙外侧以及城墙夯层下，采集遗物较为集中的地点有六个（图版一三，2）。每个地点采集遗物单独编号，如第一采集地点采集遗物编号为春陵侯2019采1。

（一）纹饰

采集的不同遗物上纹饰有所不同，纹饰种类较多。其中陶片纹饰以方格纹为主，有少量的米字纹和叶脉纹（图八，1~9），方格纹分粗方格纹和细方格纹两种。采集瓦片纹饰有绳纹和布纹，其中绳纹有深浅之别（图八，10、11）。

（二）器物

采集遗物主要有陶器和瓦片，以瓦片为多，另外在宁远县博物馆还藏有在春陵侯城址附近征集的铜器。

1. 陶器

采集陶片中可辨识的器物有陶罐底部和少量的口沿。

陶罐底 标本春陵侯2019采6：2（简称采6：2，以下均相同），残。泥质灰褐

图八 采集遗物纹饰拓片

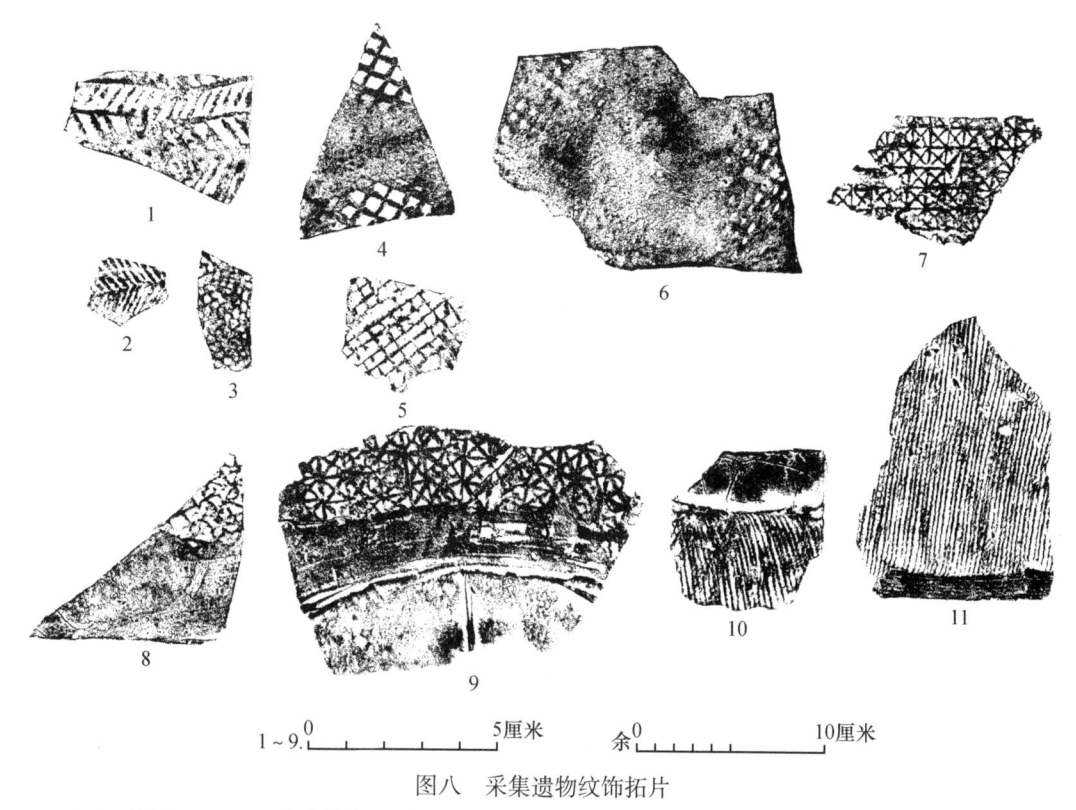

1、2.叶脉纹　3、5、6.细方格纹　4.粗方格纹　7~9.米字纹　10.筒瓦直向深绳纹　11.板瓦斜向浅绳纹

陶，质地坚硬。残存腹部为斜腹，平底微凹。腹中部饰米字纹，下部为素面。残高3.4、残宽4.9、底厚0.3、壁厚0.45厘米（图九，13）。标本采5:1，残。泥质灰褐陶（表灰内红褐）。斜直腹较厚，平底微凹，较薄。罐身上部饰米字纹，近底为素面，且有轮制划痕。底径7.5、残高2.2、腹壁厚0.6、底厚0.4厘米（图九，11；图版一四，3）。标本采4:3，残。泥质灰褐陶，器表颜色为灰色，胎为褐色。平底，薄胎。残长3、残宽4.3、壁厚0.4~0.6、底厚0.6厘米（图九，12）。

叶脉纹陶片　标本采6:1，残。夹砂灰褐陶，质地坚硬。器表有细叶脉纹。残长1.8、残宽2.3、厚0.6~0.7厘米（图九，8）。标本采6:3，残。夹砂灰褐陶，质地坚硬。器表饰粗叶脉纹。残长3.4、残宽5、厚0.6厘米（图九，6；图版一四，2）。

陶片　标本采6:4，残。泥质灰褐陶，质地坚硬。器表饰比较规整的网格纹。胎薄。残长1.6、残宽3、厚0.55厘米（图九，7）。标本采1:2，残。泥质灰陶（从陶器断面看，陶器外表灰陶，内芯为褐胎），质地坚硬。器表有细网格纹，内素面。可能为陶罐残片，胎较厚。残长6.15、残宽9.3、厚1~1.1厘米（图九，4；图版一四，1）。标本采1:3，残。泥质灰陶（从陶器断面看，陶器外表灰陶，内芯为褐胎）。器表有粗方格纹，内素面。可能为陶罐残片，胎较薄。残长4、残宽6、厚0.75厘米（图九，

图九 采集陶片及器物

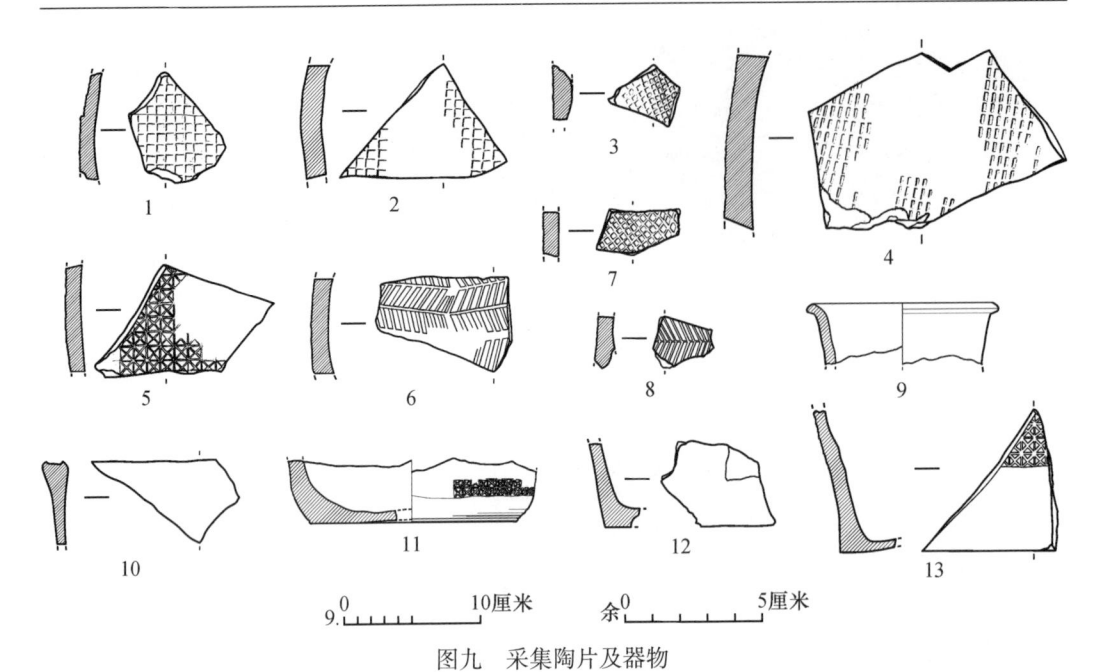

1、2、4、7.陶片（采5：2、采1：3、采1：2、采6：4） 3.方格纹陶片（采4：4） 5.米字纹陶片（采4：1） 6、8.叶脉纹陶片（采6：3、采6：1） 9.陶罐口沿（采3：1） 10.陶器口沿（采4：2） 11~13.陶罐底（采5：1、采4：3、采6：2）

2）。标本采5：2，残。泥质灰褐陶（从陶器断面看，陶器外表灰陶，内芯为褐胎）。器表饰网格纹，内素面。壁较薄。残长3.9、残宽3.6、厚0.4~0.6厘米（图九，1）。

米字纹陶片 标本采4：1，残。泥质灰褐陶，质地坚硬。器表饰比较规整的米字纹。较薄。残长3.9、残宽6.6、厚0.6厘米（图九，5）。

陶器口沿 标本采4：2，残。泥质灰陶，质地坚硬。胎薄，方唇，中微凹。素面。残高2.9、残宽5.4、厚0.3~0.9厘米（图九，10）。

方格纹陶片 标本采4：4，残。泥质灰褐（表面是灰色，中夹红胎），质地坚硬。器表饰粗网格纹，壁较薄。残长2.2、残宽2.6、厚0.6厘米（图九，3）。

陶罐口沿 标本采3：1，残。夹砂灰陶，质地较硬。陶罐口沿残断，圆唇，折沿较窄，短直颈。素面。残高2.9、残宽5.4、厚0.3~0.9厘米（图九，9；图版一四，4）。

2. 陶瓦

瓦片多板瓦和筒瓦，残断，多泥质红陶和灰陶，烧制火候较低。

板瓦残片 标本采1：1，残。泥质灰褐陶（表灰内褐），质地坚硬。瓦身外表饰直向深绳纹，内有布纹。较厚。残长13.4、残宽9、厚0.9~1厘米（图一〇，7）。

标本采2∶3，残。泥质灰褐陶（表灰内褐），质地坚硬。瓦身外表饰直向浅绳纹，内有布纹。胎较厚。残长3.9、残宽7.5、厚0.8～0.9厘米（图一〇，11）。标本采3∶3，残。泥质灰红陶（表灰内红）。瓦身外表饰直向浅粗绳纹，内素面较平。胎较薄，残长14.7、残宽14.6、厚0.7～0.8厘米（图一〇，10）。标本采5∶6，残。泥质灰红陶（表面灰色，夹红胎），器表饰浅绳纹。胎厚。残长6.6、残宽4.3、厚1.9厘米（图一〇，9）。

筒瓦残片　标本采1∶4，残。泥质灰褐陶（表灰内褐），质地坚硬。瓦舌方唇向外微翘，中略凹。瓦身外表饰直向深绳纹，内为布纹。瓦舌、瓦身基本同厚。残长8.5、残宽4.5、厚0.7～1厘米（图一〇，5）。标本采1∶5，残。夹砂红陶，质地较硬。瓦舌较短，方唇向外微翘，瓦舌与瓦身结合处有很窄的折肩。瓦舌素面，瓦身外表饰

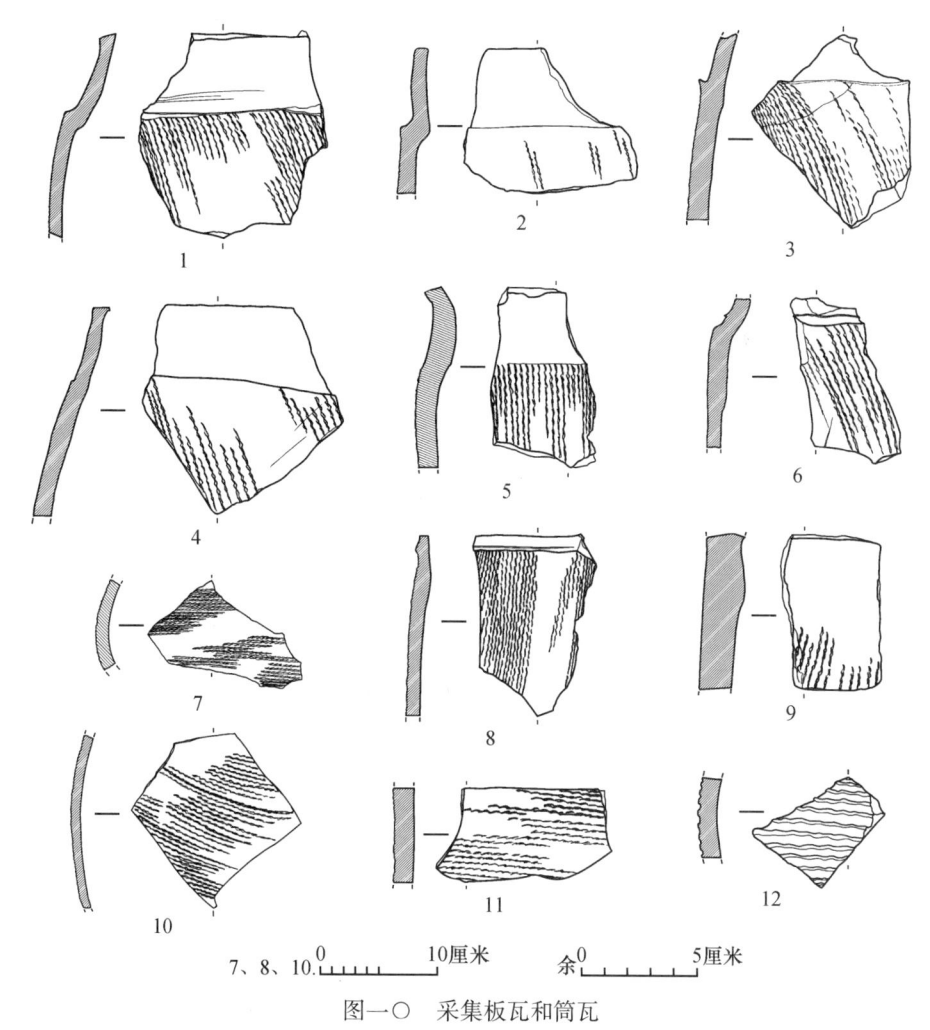

图一〇　采集板瓦和筒瓦
1～6、8、12.筒瓦残片（采2∶2、采3∶4、采1∶6、采1∶5、采1∶4、采1∶7、采2∶1、采5∶3）
7、9～11.板瓦残片（采1∶1、采5∶6、采3∶3、采2∶3）

斜向深绳纹，内有布纹。瓦舌、瓦身基本同厚。残长8.7、残宽8.6、厚0.6~0.75厘米（图一〇，4；图版一五，3）。标本采2∶1，残。泥质灰陶，质地坚硬。瓦身外表饰直向浅绳纹，内有布纹，筒瓦底端为素面。胎较厚。残长15、残宽10.6、厚0.7~1.2厘米（图一〇，8；图版一五，1）。标本采2∶2，残。泥质灰褐陶（表灰内浅褐），质地坚硬。方唇瓦舌向外微翘，中微凹。胎较薄，瓦舌、瓦身结合处内侧瓦舌高于瓦身，外侧有窄折肩，瓦身高于瓦舌（错开）。瓦舌素面，瓦身外表饰斜向浅绳纹，内有布纹。残长8.5、残宽8.1、厚0.6~0.7厘米（图一〇，1；图版一五，2）。标本采3∶4，残。泥质灰陶。纹饰磨损，瓦身外表饰斜向浅绳纹。瓦舌方唇，素面。瓦舌、瓦身结合处内侧瓦舌高于瓦身，外侧瓦身高于瓦舌（错开）。残长6.1、残宽7.4、厚0.6~1.2厘米（图一〇，2）。标本采5∶3，残。泥质灰褐陶（表灰内褐）。瓦微弧，瓦身外表饰深绳纹（似划纹），内为素面。残长4.65、残宽5.8、厚0.8~0.9厘米（图一〇，12）。标本采1∶6，残。泥质红陶。质地较硬。瓦舌残，瓦舌与瓦身结合处外有窄折肩，瓦舌与瓦身基本同厚。器身磨损严重，器表饰斜向浅绳纹（划纹），内有布纹。残长8.1、残宽6.8、厚0.7~1厘米（图一〇，3）。标本采1∶7，残。泥质灰陶，质地较硬。瓦舌残，瓦舌与瓦身结合处外有窄溜肩，内侧弧。器表饰斜向浅绳纹（划条纹），内有布纹。残长6.9、残宽4.8、厚0.6~0.85厘米（图一〇，6）。

3. 征集铜器

20世纪80年代因柏家坪镇柏家村村民修建房屋时发现青铜器，随后宁远县文物工作者赶往现场并征集了两件青铜器，分别为青铜剑和青铜矛（图版一四，5、6），初步认为两件器物应是出自墓葬。此次调查时访问柏家村村民，很多人都知晓，并指认器物出土地点位于一处高地。器物出土点位于舂陵侯城西北，西南与舂陵侯城相距约500米。

五、结　语

通过调查勘探，对舂陵侯城遗址的面积、城门、年代以及舂陵侯墓有了新的认识。

（一）遗址面积

调查过程中，在舂陵侯城址北部水田区域调查未采集到相关遗物，钻探过程中发现在耕土层下就是生土层。而在舂陵侯城址外南部高地区域地表采集有青砖、瓦片和陶片，另外通过钻探发现该区域有较薄的文化堆积层，分布面积2万余平方米。从采集遗物来看南侧文化堆积层应是舂陵侯城遗址的重要组成部分，据此推测舂陵侯城遗址分布面积近70000平方米（不包括城外谢家村以及周边其他地区墓群的面积）。

（二）城门

城址主体保存相对较完整，其中城墙和部分城外护城河清晰可见。通过调查钻探基本确认了护城河的宽度和深度，另外也对城墙夯层和城门有了新的认识，初步认为城门位于西墙中部。

（三）遗址年代

根据地表采集米字纹、叶脉纹陶片，绳纹筒瓦、板瓦以及城墙夯层内的薄绳纹筒瓦、板瓦等，初步推测遗址的年代应是两汉时期。但是城址的始建年代、使用年代和废弃年代尚不清楚，有待进一步的考古发掘。

附记：参加调查勘探的有宁远县文物管理局郑成德，田野技术人员刘先铣和崔志祥。本文器物照片由湖南省文物考古研究院杨盯拍摄制作，器物线图由郑容绘制，拓片由崔志祥、刘先铣制作完成。在此一致表示感谢。

执笔：陈　斌

注　释

[1]　周世荣：《马王堆三号汉墓地形图古城邑的调查》，《湖南考古辑刊（第2集）》，岳麓书社，1984年，第81~86页。

The Brief Report on Archaeological Investigation and Exploration of the Site of Chongling Marquis State's Capital in Ningyuan, Hunan

Hunan Provincial Institute of Cultural Relics and Archaeology

Ningyuan County Cultural Relics Protection Center

Hunan Key Laboratory of Archaeometry and Conservation Science

Abstract: There are few documents about the site of Chongling Marquis State's Capital.

Although the topographic map unearthed from the Han tomb of Mawangdui has marked the city, there is not much archaeological work done on it and the understanding is limited. Through this systematic investigation and exploration, we have a preliminary understanding of the structure, layout, times and cultural connotation of the site of Chongling Marquis State's Capital, and a new understanding of the tomb of Chongling Marquis, which provides new archaeological data for further research on the value, protection, planning and utilization of the site of Chongling Marquis State's Capital. However, further archaeological excavations are needed to fully understand the cultural connotation and proper of the site.

Keywords: The Site of Chongling Marquis State's Capital; The Tomb of Chongling Marquis; Investigation and Exploration; Times

湖南益阳大海塘三国墓葬发掘简报

湖南省文物考古研究院
益阳市文物考古研究所
赫山区文物管理所
科技考古与文物保护利用湖南省重点实验室

[摘　要]　大海塘墓群是一处位于益阳市中心的小型古墓群。2020年3~4月，湖南省文物考古研究所在配合基本建设中发掘了3座墓葬，其中1座砖室墓、1座土坑墓、1座土坑洞室墓，年代均为三国孙吴时期。土坑洞室墓在湖南较少发现，与本地所使用墓葬形制如竖穴土坑墓、砖室墓等有较大差别，应该不属于同一人群，可能为中国北方迁徙过来的外来人群。

[关键词]　大海塘墓群；三国孙吴时期；砖室墓；土坑洞室墓

　　大海塘墓群位于湖南省益阳市赫山区桃花仑西路原益阳内衣针织厂所在范围的一处山冈南坡。古墓群所在区域为资水下游沿岸丘陵与平原地带，东、北面均为资水沿岸平缓的丘陵与平原，南面为羊舞岭，西面为会龙山，资水由西向东从墓群北侧约1.3千米流过（图一）。

　　2020年3月底至4月中旬，为配合益阳云顶上品小区四期建设项目，在益阳市文物考古研究所和益阳市赫山区文化旅游广电体育局的协助下，湖南省文物考古研究所（2022年7月，更名为湖南省文物考古研究院）对项目红线区域进行了抢救性考古发掘。共发掘墓葬3座，其中砖室墓1座、土坑墓1座、土坑洞室墓1座，编号为M1~M3。其中M2被晚期沟槽破坏严重，墓内未见器物出土。现将M1和M3这两座墓葬情况报告如下。

一、M1

（一）基本情况

　　M1为砖室墓，前端（南端）甬道、墓道部分被毁，现已不存。墓室部分的券顶、

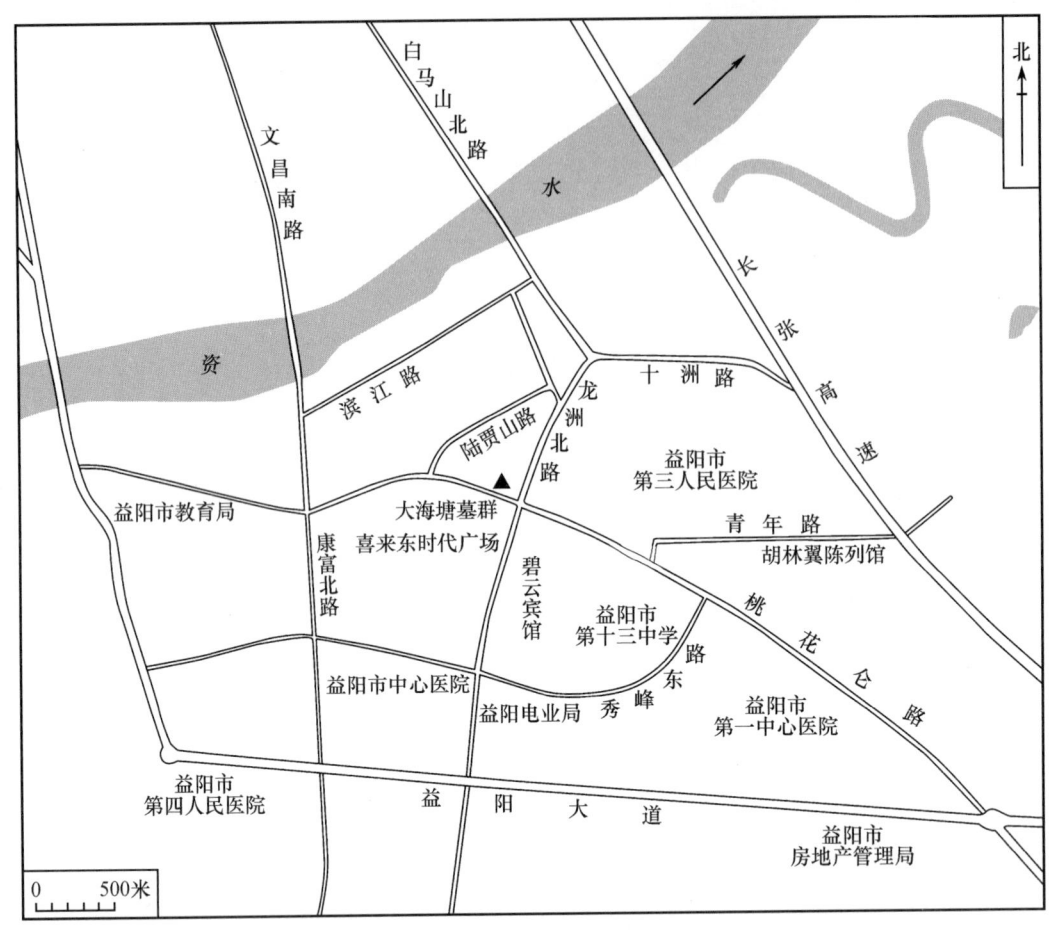

图一　大海塘墓群位置示意图

后墙和墓底铺砖被破坏严重，推测该墓应是早期被盗，墓内随葬器物很少，均位于墓室西南角。

M1坐北朝南，方向190°。现存部分平面呈长方形，砖室券顶。墓穴残长3.4、宽1.96、残深2米。砖室外部残长3.16、宽1.8米，内部长2.78、宽1.34、残高1米。墓壁采用单砖错缝平铺砌成，墓底铺砖仅存南端，为斜向纵横错缝平铺，在距墓底约0.7米处起券，券顶用砖为楔形砖（图二；图版一六，1）。墓砖规格有两种：长方形平板砖和长方形楔形砖。其中长方形平板砖长31.4～34.2、宽18.5～19.7、厚5～7厘米。楔形砖较少，长33～34、宽18、厚端厚约6、薄端厚3～4厘米。墓砖中未见铭文砖，其中部分墓砖一面满饰绳纹，长侧面纹饰基本为几何形纹，计有菱形纹、三角形纹、同心圆纹、圈点纹及其组合纹等六种，部分墓砖短侧边有同心圆纹和鱼纹两种（图三）。

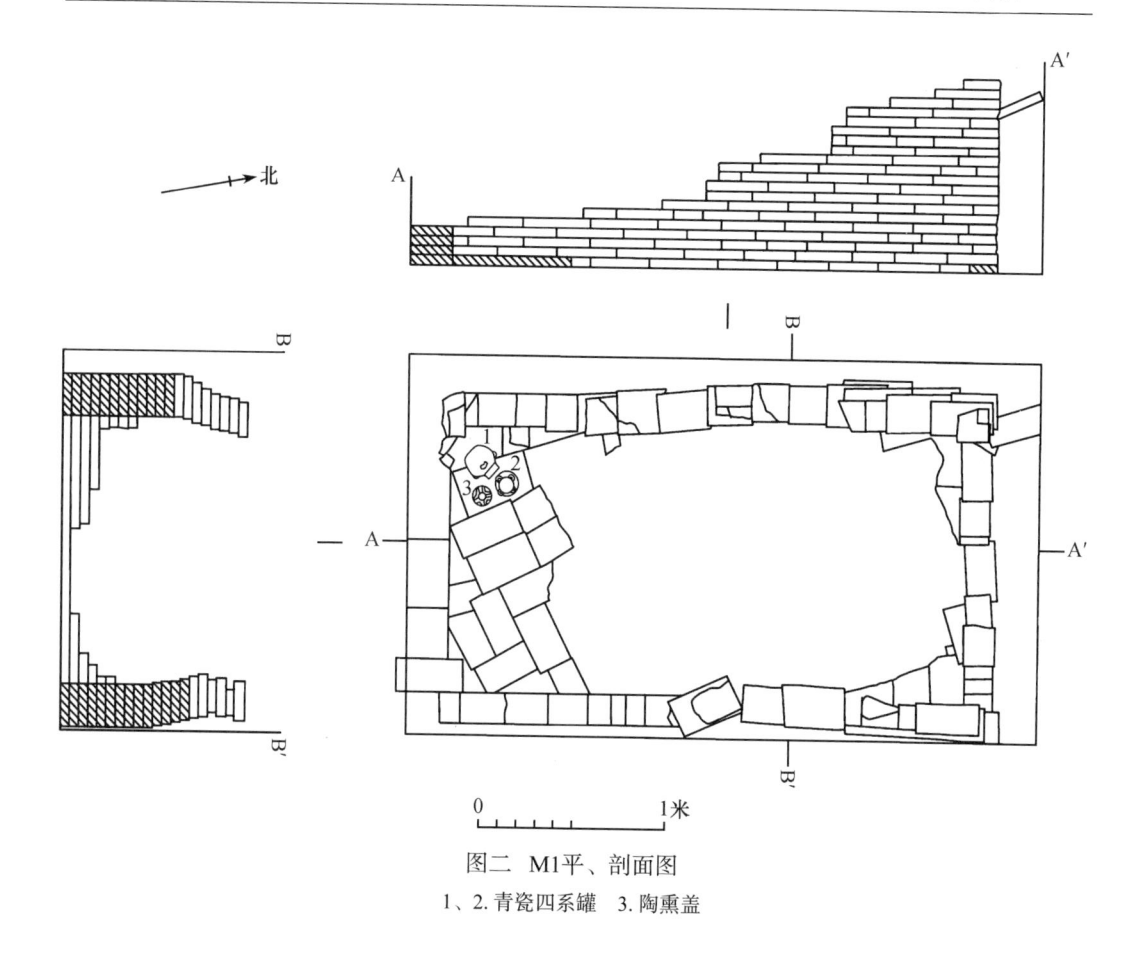

图二　M1平、剖面图
1、2.青瓷四系罐　3.陶熏盖

（二）出土器物

随葬品发现3件（图版一六，2），其中2件瓷器，1件陶器，器形有罐和器盖两种。

青瓷四系罐　2件。灰白胎。形制相差较大，其中1件偏小。标本M1∶1，圆唇，直口，溜肩，微鼓腹，平底。肩上饰凸棱纹和凹弦纹各一道，其中凹弦纹上对称横置桥形四系。凸棱纹以下饰满麻布纹。器表脱釉严重，器表仍可见少量釉片，施釉不及器底。口径9.4、腹径16.4、底径10.8、高17.2厘米（图四，1；图版一六，3）。标本M1∶2，圆唇，直口，广肩，扁圆形腹，平底。肩部以上饰两道凸棱纹，凸棱纹下方对称横置桥形四系。内外皆施釉，部分脱落，底部未施釉。口径6.6、腹径11.8、底径7.2、高6.6厘米（图四，2；图版一六，4）。

陶熏盖　1件。标本M1∶3，灰陶。圆形，器表四向对称刻有三角形与圆涡纹组合纹，组合纹之间刻有三角形内戳印圆涡纹，呈三角分布，较有特色。器表似有一层釉，大部分已脱落不见。直径6.7、厚1.6厘米（图四，3；图版一六，5）。

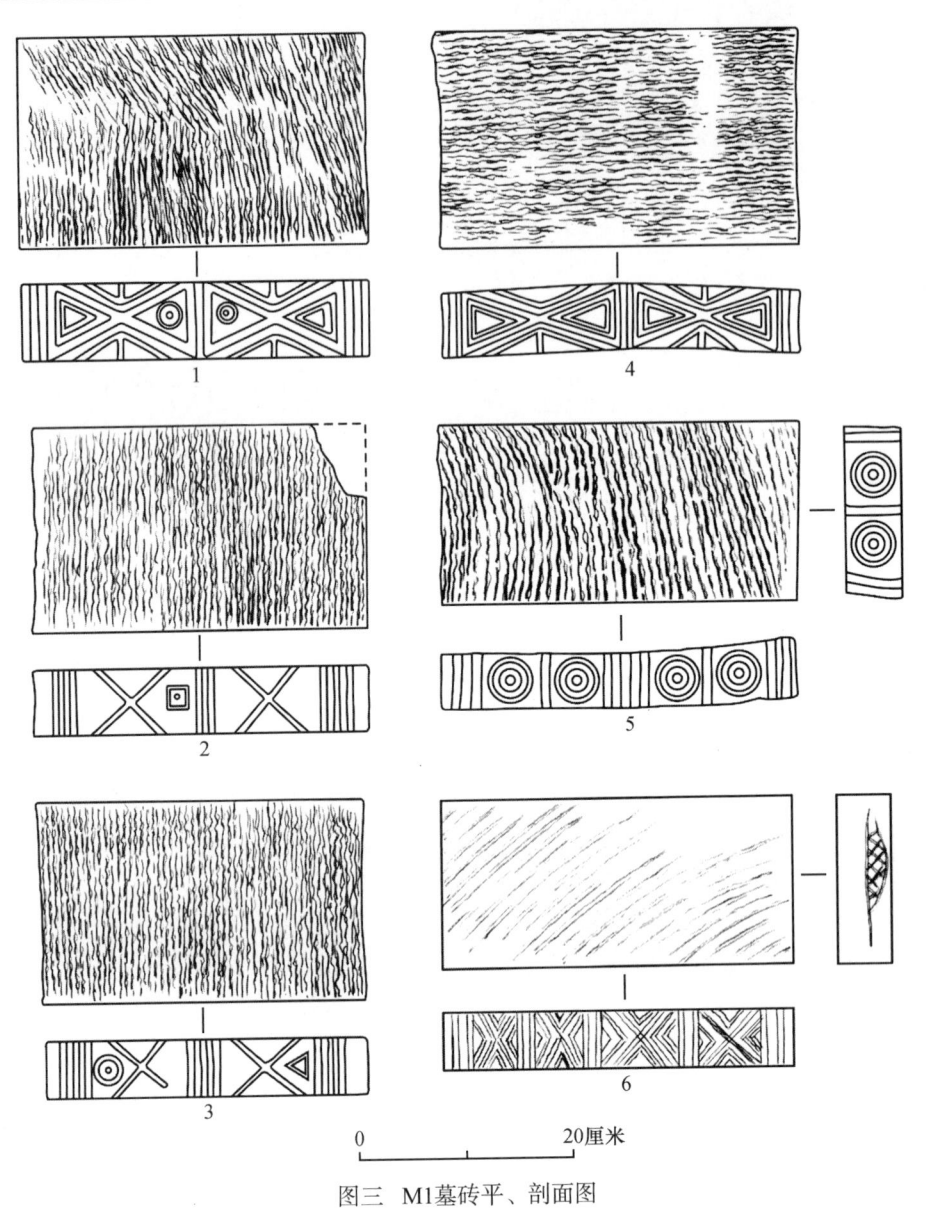

图三 M1墓砖平、剖面图
1. 三角形纹、同心圆纹 2. 交叉纹、方形凸点组合 3. 交叉纹、圈点纹、三角形纹组合 4. 三角形纹
5. 同心圆纹 6. 菱形纹、鱼纹

二、M3

（一）基本情况

M3为土坑洞室墓，坐北朝南，方向164°。位于M1砖室墓东面不到10米处。墓通长6.18米，由墓道和墓室组成。墓道（含封门砖墙）长2.58、宽1.2、深2.94米。墓道南部被

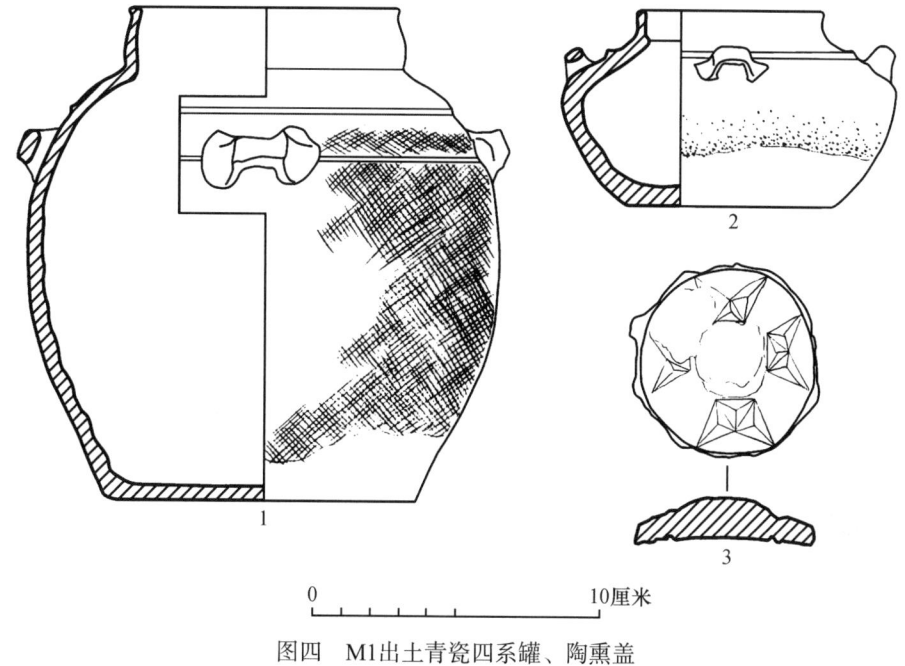

图四 M1出土青瓷四系罐、陶熏盖
1、2. 青瓷四系罐（M1:1、M1:2） 3. 陶熏盖（M1:3）

破坏，墓道底为阶梯式墓道，残存4级阶梯。墓室为洞室结构，分为前室和后室。墓室长3.6、前室宽0.95、后室宽0.8、高0.9米。前室两侧各有1个壁龛。右龛（东侧）宽0.42、高0.36、深0.32米，左龛（西侧）宽0.48、高0.36、深0.3米。后室仍保存棺木底板，长2.04、宽0.53、厚0.03米。墓室底部竖向铺有一层墓砖，均为长方形平板砖。墓室口有一道封门砖墙，宽1.12、高1.07米。封门砖墙下部为单砖错缝横向垒砌，高约0.6米，上部为楔形砖和平板砖纵向竖立，最上部横向平铺一层青砖（图五；图版一七，1、2）。

封门砖和墓底铺砖中未见铭文砖。有平板砖和楔形砖两种，平面均呈长方形，前者侧面呈长条形，后者侧面呈楔形。所见纹饰基本为绳纹和几何形纹，绳纹见于墓砖平面，几何形纹主要见于平板砖的一侧边，极少数平板砖的一挡边也有几何形纹样。楔形砖多仅在一挡边饰几何纹，只极少数侧面有几何形纹样。几何形纹主要有交叉纹、菱形纹、曲折纹、圆圈纹和同心圆纹等。砖长30.8~35、宽14.8~18.4、厚3~6.4厘米（图六、图七）。

（二）出土器物

共发现随葬品18件，有陶器5件、青瓷器7件（图版一八，1、2）、铜器2件、铁器1件和漆器2件（其中1件残损严重），另有1件半球状器物，残损严重，疑似泥金饼（图版二一，4）。

图五　M3平、剖面图

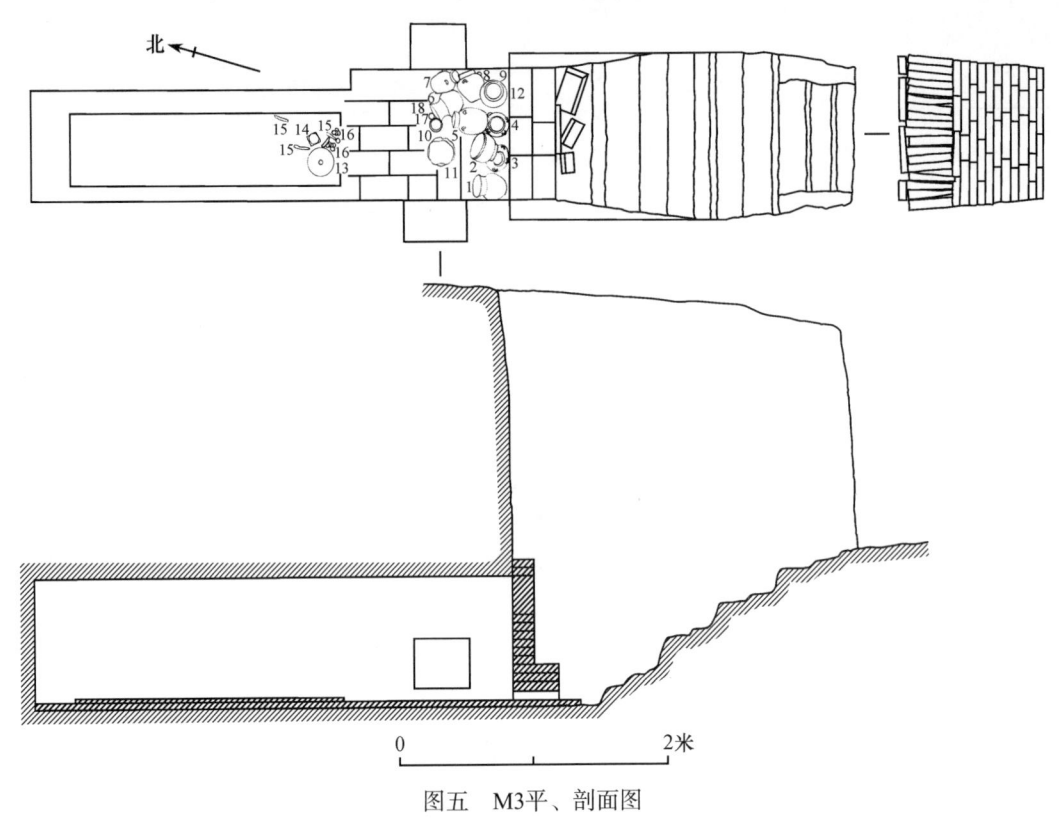

1、6、9、12.陶罐　2.青瓷碗　3~5、8.青瓷四系罐　7.硬陶四系罐　10、18.青瓷盏　11.残漆器　13.铜镜
14.漆方盒　15.铁器　16.铜钱　17.泥金饼

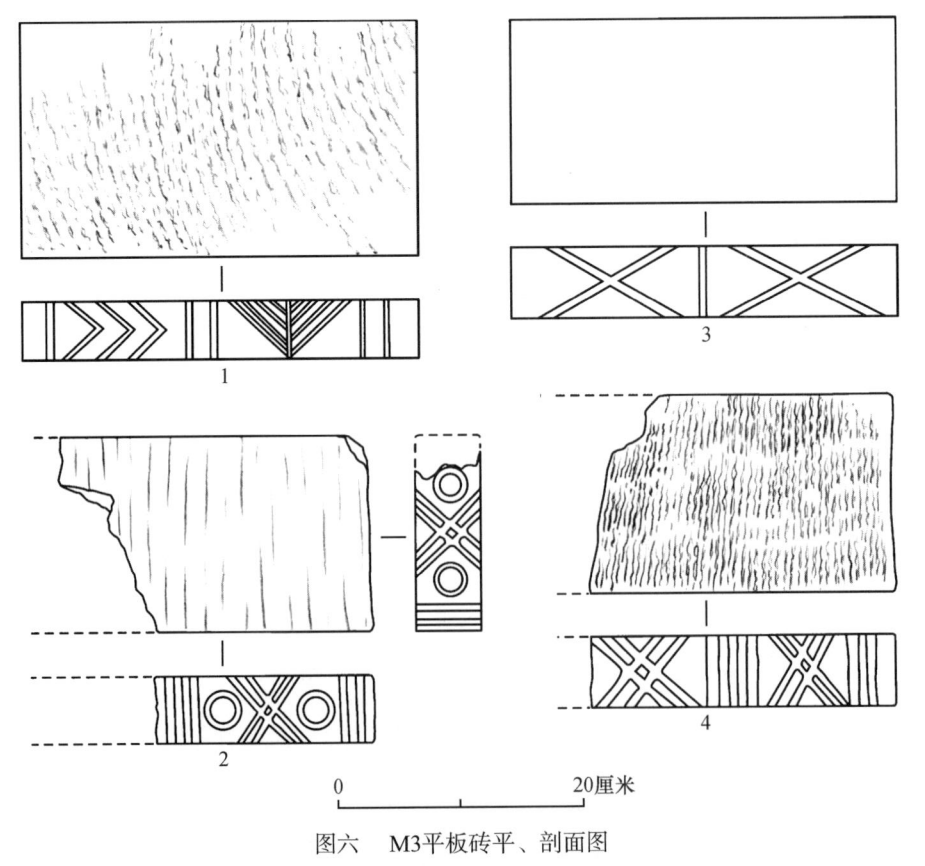

图六　M3平板砖平、剖面图

1.曲折纹　2.圆圈纹、交叉纹　3、4.交叉纹

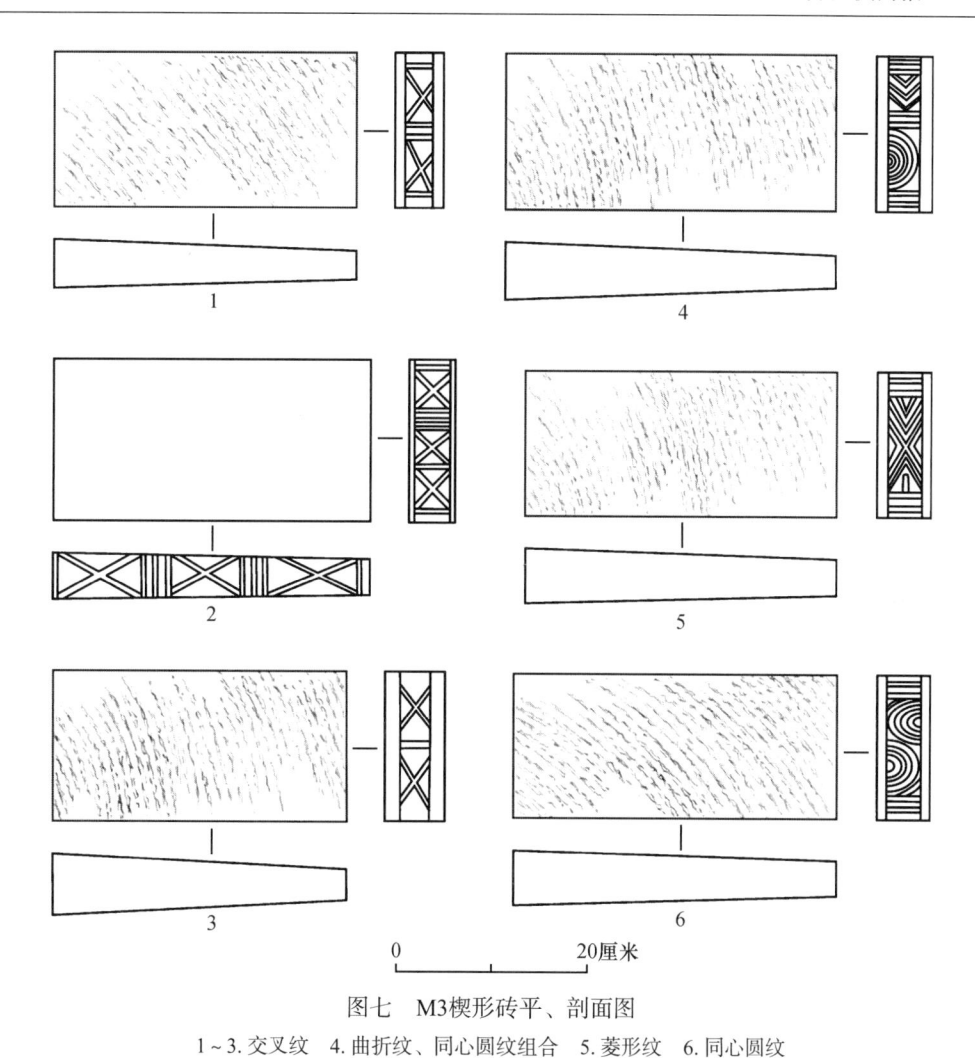

图七 M3楔形砖平、剖面图
1~3.交叉纹 4.曲折纹、同心圆纹组合 5.菱形纹 6.同心圆纹

陶罐 4件。高领罐，均为泥质陶，形制基本相同。侈口，方唇，束颈稍高，鼓腹，平底或底微内凹。唇部中间有一道不明显凹槽。器表满饰竖绳纹，颈内部饰有横向绳纹。肩部饰一周阳刻三角形纹，腹部饰三至四周抹平弦纹。标本M3∶1，内部饰满横向绳纹，腹部下方有一周不规则按窝纹。平底。口径21、腹径21.8、底径10.8、高19.8厘米（图八，1；图版一九，1）。标本M3∶6，溜肩，弧腹，底微内凹。器表起皮严重。口径21.6、腹径20.8、底径11.4、高21厘米（图八，2；图版一九，2）。标本M3∶9，口径19.2、腹径20.4、底径12、高20厘米（图八，3；图版一九，3）。标本M3∶12，肩部的三角形纹不明显。口径19.2、腹径19.8、底径11、高21.4厘米（图八，4；图版一九，4）。

硬陶四系罐 1件。标本M3∶7，硬陶，青灰胎。翻沿，直颈，溜肩，弧腹，底微内凹。肩部饰两道凹弦纹，上附对称横向四系，腹部饰两道凹弦纹。口径10.7、腹径

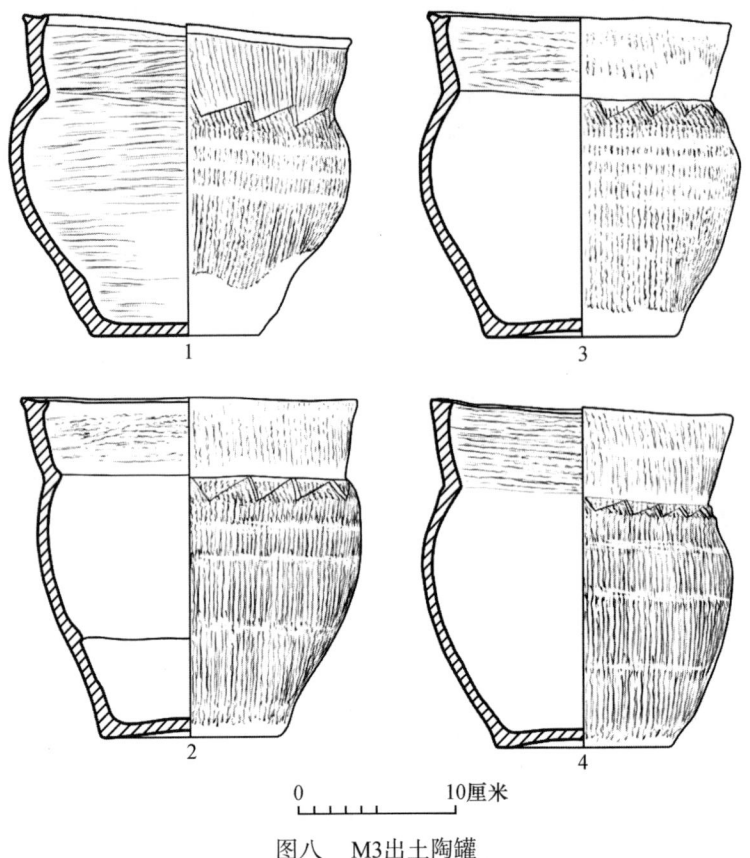

图八　M3出土陶罐
1. M3∶1　2. M3∶6　3. M3∶9　4. M3∶12

15.8、底径13.4、高17.4厘米（图九，1；图版一九，6）。

青瓷碗　1件。标本M3∶2，圆唇，弧腹，矮圈足。腹部饰两周凹弦纹。灰白胎，器物里外皆施青黄釉，部分脱落，胎釉结合不紧密。口径21.2、腹径22.4、足径11.6、高11.9厘米（图九，2；图版一九，5）。

青瓷盏　2件。圆唇，弧腹，平底。灰白胎，内外皆施釉，釉不及器底，胎釉结合不紧密。标本M3∶10，直口，腹壁内收至底。釉层基本已脱落。口径7.7、底4.8、高3.2厘米（图九，3；图版二〇，5）。标本M3∶18，斜腹内收至底，器身和内部部分釉脱落。口径7、底径4.2、高2.4厘米（图九，4；图版二〇，6）。

青瓷四系罐　4件。直口，矮颈。根据口沿、腹部特征的不同，可分为三型。

A型　1件。标本M3∶3，方唇，弧肩，扁圆腹。底微内凹。肩部对称竖置四系，腹部两侧置两竖耳。肩部饰两道凹弦纹，腹部、颈部亦各饰一道凹弦纹。灰白胎，除器底外，器表、口沿皆施釉，部分釉脱落。口径10、腹径19、底径12.7、高16.6厘米（图一〇，1；图版二〇，1）。

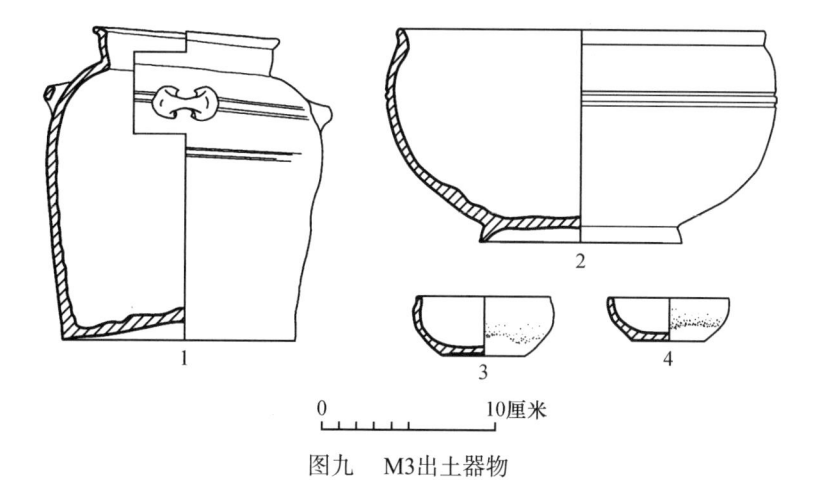

图九 M3出土器物
1. 硬陶四系罐（M3：7） 2. 青瓷碗（M3：2） 3、4. 青瓷盏（M3：10、M3：18）

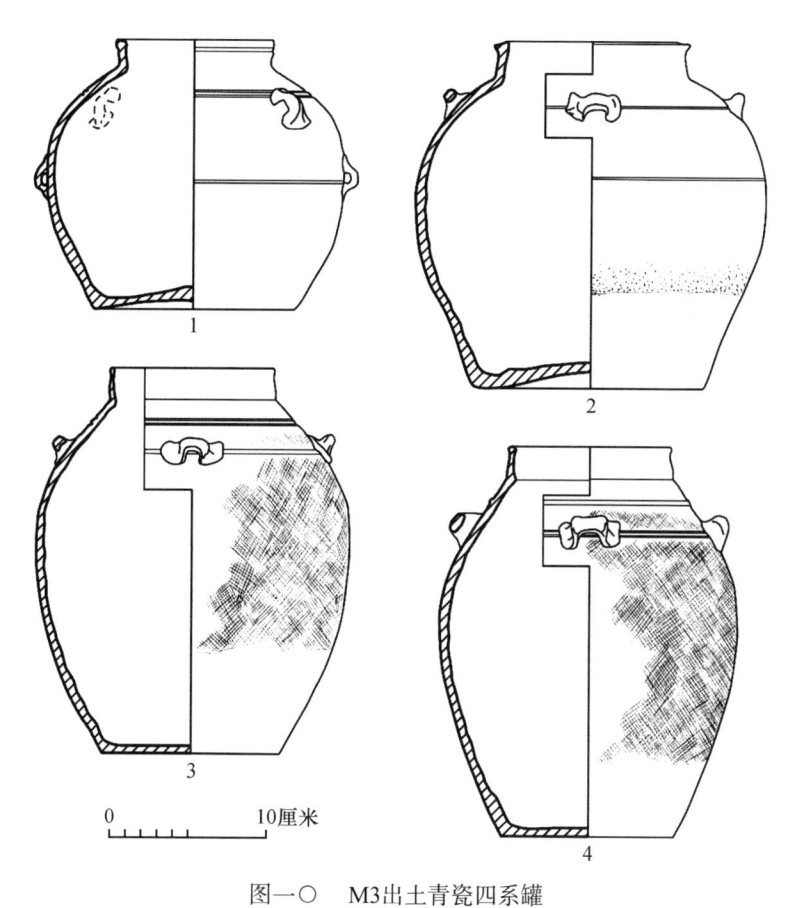

图一〇 M3出土青瓷四系罐
1. A型（M3：3） 2. B型（M3：4） 3、4. C型（M3：5、M3：8）

B型　1件。标本M3:4，溜肩，鼓腹。方唇微向外倾斜，底微内凹。肩、腹各饰一道凹弦纹，肩部凹弦纹之上对称横置四系。腹以下为灰白胎，以上为青灰胎。釉已脱落不见，胎釉结合不紧密。口径12.4、腹径22.4、底径14.6、高21.4厘米（图一〇，2；图版二〇，2）。

C型　2件。圆唇，弧腹，平底，器身略显修长。标本M3:5，器物口部微残。器身满饰麻布纹，肩部各饰一道凸棱纹和一道凹弦纹，凹弦纹之上对称横置四系。均为灰白胎，釉大部分已脱落。口径10.4、腹径20、底径11.4、高23.8厘米（图一〇，3；图版二〇，3）。标本M3:8，口径10.4、腹径20、底径11、高24厘米（图一〇，4；图版二〇，4）。

铜镜　1件。标本M3:13，圆形，圆纽，柿蒂纹纽座，素宽平缘。镜背纹饰分三区，内区饰柿蒂纹，四叶间各一字铭，合为铭文"长宜子孙"四字。中间为内向八连弧纹，连弧间有花叶纹和变形山字纹。外区饰弦纹六圈与圆圈点纹组合而成的云雷纹。各区之间饰一周短斜线纹。镜面光滑透亮，保存完整。直径22.2、缘厚0.7、纽高1.7、通高2厘米（图一一；图版二一，1~3）。

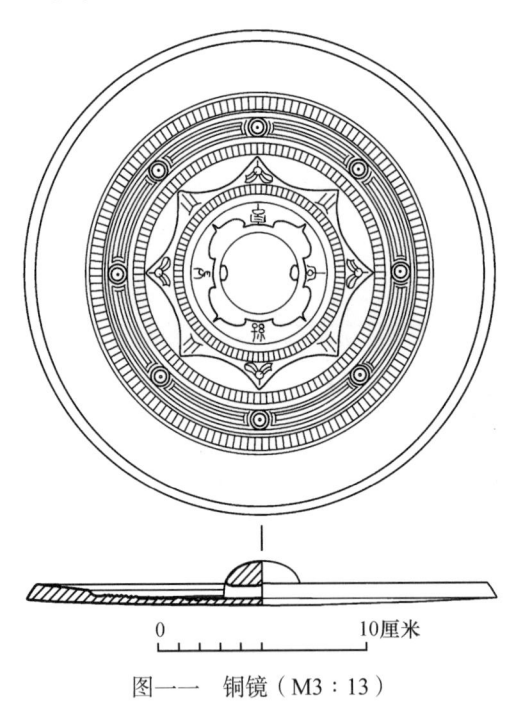

铜五铢钱　7枚。锈蚀严重，可见"五铢"字样。直径2~3、厚0.2~0.3厘米（图版二一，6）。

漆器　2件。其中1件残损严重，仅见漆皮；另有1件漆方盒。标本M3:14，糟朽严重，经实验室初步清理、修复，仍保存基本形制。边长9.5~10、壁厚0.3~0.5厘米（图版二一，5）。

铁器　1件。标本M3:15，锈蚀严重，已残断，暂不清楚其形制和用途。

图一一　铜镜（M3:13）

三、结　语

（一）墓葬年代

M1由于早期被盗，损毁严重，出土随葬品仅3件，墓砖纹饰中也未见纪年文字。这座砖室墓出土青瓷四系罐M1:2的形制与20世纪50年代长沙市郊发掘的两晋墓的

Ⅲ式四系罐M24∶4[1]较为相似，二者在口沿、系的特征上略有差别。另外，M1∶2与湘阴城关镇东吴墓[2]出土四系罐的形制相似。而该墓出土的这2件青瓷四系罐（M1∶1、M1∶2）分别与湖北鄂城吴墓[3]中的Ⅱ式和Ⅰ式四耳罐形制、纹饰最为接近。因该墓出土随葬品少且无纪年文字，结合器物形制及胎釉结合较差的情况，推断M1的年代大致为三国孙吴时期。

M3所出四件陶罐（M3∶1、M3∶6、M3∶9、M3∶12）与耒阳城关六朝唐宋墓[4]的M61三国墓出土的陶罐（M61∶5）在形制上较为相似，在纹饰风格和个体大小上有所差别。青瓷碗（M3∶2）与南京窑岗村30号孙吴墓[5]出土的青瓷碗（M3∶28）大体相同。A型青瓷四系罐（M3∶3）与湖北蕲春罗州城汉墓[6]中陈家大地东汉墓出土B型青瓷罐（陈M18∶7）非常相似，后者在个体上偏小。C型青瓷四系罐（M3∶5、M3∶8）与江西南昌东吴墓[7]出土瓷四系罐在形制上相似，又与湖北鄂城吴晋墓[8]中的84西山南麓M2出土四系罐（西M2∶6）相同。该墓出土青瓷盏（M3∶10、M3∶18）与益阳梓山湖孙吴墓[9]出土Ⅱ式盏（M9∶13）和衡阳茶山坳三国、晋墓[10]中出土瓷杯（M19∶13、M20∶2）相似。该墓出土铜镜（M3∶13）镜面光滑透亮，保存完整，与耒阳东汉墓[11]中出土Ⅵ式镜（M134∶13）、广州汉墓中出土东汉后期的云雷连弧纹镜（M5045∶6）[12]和《中国铜镜图典》中河南陕县东汉后期墓出土的长宜子孙八连弧云雷纹镜[13]较为相似。其中耒阳出土的Ⅵ式镜多出于东汉中期墓，而益阳大海塘M3出土铜镜的形制、纹饰特征与河南陕县东汉后期墓中的铜镜大体相同。结合以上分析，可知M3出土随葬品大多与周边邻近地区的孙吴时期墓葬接近，因此推测益阳大海塘M3的年代为三国孙吴时期，上限接近东汉晚期。

（二）相关讨论

益阳大海塘M1和M3之间相距不远，且墓向朝向大体一致，二者的年代上应相差不远。但两墓的墓葬形制不同，可能代表了其墓主所属人群、家族的差别。M3为土坑洞室墓，这种形制的古墓葬在益阳及湖南境内以往的考古发掘工作中较为少见。其中1956年长沙烈士公园内曾发现一座战国时期土坑洞室墓[14]，贺刚先生曾根据该墓出土遗物推测这座墓的墓主人应为关中秦人[15]。1957年7月，在益阳市陆贾山三里桥小学附近发现一座土洞墓[16]。该墓带有墓道和龛坑，墓道为长方形竖穴式，墓室为长条形土洞，墓底铺青砖一层。形制与大海塘M3相似。另外，1985年在湖南湘阴县城关镇也曾发现一座墓葬[17]，为"凸"字形土坑砖底墓，由墓道、墓门、墓室和耳室组成，墓底铺砖，墓壁未用砖砌，墓门用砖封闭。该墓应该也是土坑洞室墓，与益阳大海塘M3形制大体一致。

土坑洞室墓在北方地区较多，尤以西北地区延续时间较长。在三峡地区也曾出有一批唐宋时期土坑洞室墓。孟华平先生曾对这批资料进行过探讨，认为其可能为中国西北地区迁徙来的游牧民族的遗存[18]。这种形制的墓葬在湖南地区较少发现，基本为零散发现，与本地所使用墓葬形制如竖穴土坑墓、砖室墓等有较大差别，应该不属于同一人群，可能为中国北方迁徙过来的外来人群。

附记：本次考古发掘领队为盛伟，执行领队为沈江，参加发掘的人员有谌农、钟秋、何立春、阳承良、曾学雄、周创华、熊有志、熊晓卫、谭远辉、赵志强、李梅英、杨盯，器物由付林英、朱元妹修复，绘图由阳承良、谭远辉绘制，电脑制图由胡春梅绘制，照片由杨盯拍摄。本次考古发掘工作得到高成林副院长和谭远辉研究员的现场指导，在后期整理和简报撰写、排版中，谭远辉研究员给予了较多建议和帮助，在此特致感谢！

执笔：沈　江

注　释

[1] 湖南省博物馆：《长沙两晋南朝隋墓发掘报告》，《考古学报》1959年第3期，第75～105页。

[2] 湘阴县博物馆：《湘阴县城关镇东吴墓》，《湖南考古辑刊（第4集）》，岳麓书社，1987年，第52～57页。

[3] 鄂城县博物馆：《湖北鄂城四座吴墓发掘报告》，《考古》1982年第3期，第257～269页。

[4] 衡阳市文物工作队：《湖南耒阳城关六朝唐宋墓》，《考古学报》1996年第2期，第237～277页。

[5] 南京市博物馆、南京市雨花台区文化局：《南京窑岗村30号孙吴墓发掘简报》，《东南文化》2009年第1期，第57～63页。

[6] 黄冈市博物馆、湖北省文物考古研究所、湖北省京九铁路考古队：《罗州城与汉墓》，科学出版社，2000年，第104、105页。

[7] 唐昌朴：《江西南昌东吴墓清理简记》，《考古》1983年第10期，第903～907页。

[8] 鄂州市博物馆：《湖北鄂城吴晋墓发掘简报》，《考古》1991年第7期，第608～613页。

[9] 湖南省文物考古研究所、益阳市文物管理处：《湖南益阳梓山湖孙吴、宋墓发掘简报》，《湖南考古辑刊（第9集）》，岳麓书社，2011年，第128～154页。

[10] 衡阳市博物馆：《湖南衡阳茶山坳东汉至南朝墓的发掘》，《考古》1986年第12期，第1079～1093页。

[11] 衡阳市博物馆：《湖南耒阳市东汉墓发掘报告》，《考古学集刊（第13集）》，中国大百科全书出版社，2000年，第100～166页。

[12] 中国社会科学院考古研究所、广州市文物管理委员会、广州市博物馆：《广州汉墓（上）》，文物出版社，1981年，第444~446页。

[13] 孔祥星、刘一曼：《中国铜镜图典》，文物出版社，1992年，第366~369页。

[14] 罗敦静：《湖南长沙发现战国和六朝的洞室墓》，《考古通讯》1958年第2期。

[15] 贺刚：《论湖南秦墓、秦代墓与秦文化因素》，《湖南考古辑刊（第5集）》，岳麓书社，1989年，第165~182页。

[16] 周世荣：《湖南益阳市郊发现汉墓》，《考古》1959年第2期，第109、110页。

[17] 湘阴县博物馆：《湘阴县城关镇东吴墓》，《湖南考古辑刊（第4集）》，岳麓书社，1987年，第52~57页。

[18] 孟华平：《三峡地区土坑洞室墓初探》，《江汉考古》2004年第2期，第48~55页。

The Brief Report on Excavation of the Dahaitang Tombs of the Three Kingdoms in Yiyang City, Hunan

Hunan Provincial Institute of Cultural Relics and Archaeology
Yiyang Municipal Institute of Cultural Relics and Archaeology
Cultural Relics Administration of Heshan District
Hunan Key Laboratory of Archaeometry and Conservation Science

Abstract: Dahaitang Tombs is a small ancient tomb group which is located in the center of Yiyang. During March and April 2020, Hunan Provincial Institute of Cultural Relics and Archaeology excavated three tombs in the coordinating the basic construction. Among of three tombs there is one brick-chambered tomb and one earthen cave tomb which are at the Sun Wu period of the Three Kingdoms. Earthen cave tombs are rarely found in Hunan Province, which are quite different from the local burial forms such as vertical pit tombs and brick-chamber tombs. The earthen cave tomb and the local burial forms should not belong to the same population, the former may be the migrants from the north of China.

Keywords: Dahaitang Tombs; Sun Wu Period of the Three Kingdoms; Brick-chambered Tomb; Earthen Cave Tomb

湖南衡东大浦洋塘山六朝墓发掘简报

湖南省文物考古研究院
衡阳市文化旅游广电体育局
衡东县文化遗产事务中心
科技考古与文物保护利用湖南省重点实验室

[摘　要]　2017年2~8月，为配合基本建设，湖南省文物考古研究所联合衡阳市文物局、衡东县文物局，对衡东县大浦镇的洋塘山墓群进行了考古发掘，发现了48座古墓葬。其中的4座六朝墓，出土遗物有青瓷、铜镜、铁剪、棺钉等。采集的"酃""衡山县"墓砖年代为六朝时期，结合南朝墓M39的"长沙徐"墓砖铭文及历史文献可知，大浦镇一带不仅是酃县和衡山县交界地带，同时也是湘东郡与长沙郡的交界地带。

[关键词]　六朝墓；岳州瓷；衡山县；酃县

洋塘山墓群与窑址位于衡东县大浦镇浅塘村、蓟江村、新民村，湘江在其西侧蜿蜒而过，墓群及窑址位于湘江东岸的丘陵地带，周围有水塘分布其间（图一、图二；图版二二）。2017年2~8月，为配合衡阳大浦通用机场的建设，经国家文物局批准（考执字〔2017〕第129号），湖南省文物考古研究所（2022年7月，更名为湖南省文物考古研究院）与衡阳市文物局、衡东县文物局组成考古工作队，开始对项目范围内发现的文物点进行考古发掘，共发掘48座汉六朝时期墓葬和22座不同时期的窑址，墓葬以东汉墓为主，现将其中的4座六朝墓简报如下。

一、M34

（一）墓葬形制

M34为长方形单室砖墓，长3.2、宽1.12、残高0.62米，方向85°。墓壁单砖错缝平铺，墓底横向对缝平铺。在墓室侧壁距墓底0.42米的位置各有一个壁龛，壁龛宽0.14、深0.14、高0.1米，等于一砖的厚度，壁龛内各放一青瓷盏（图三；图版二三）。墓室

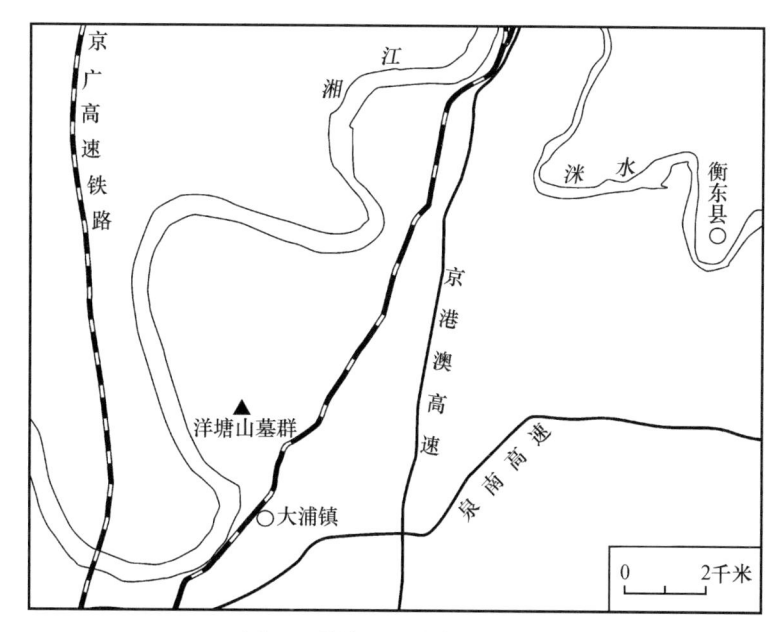

图一　洋塘山墓群位置示意图

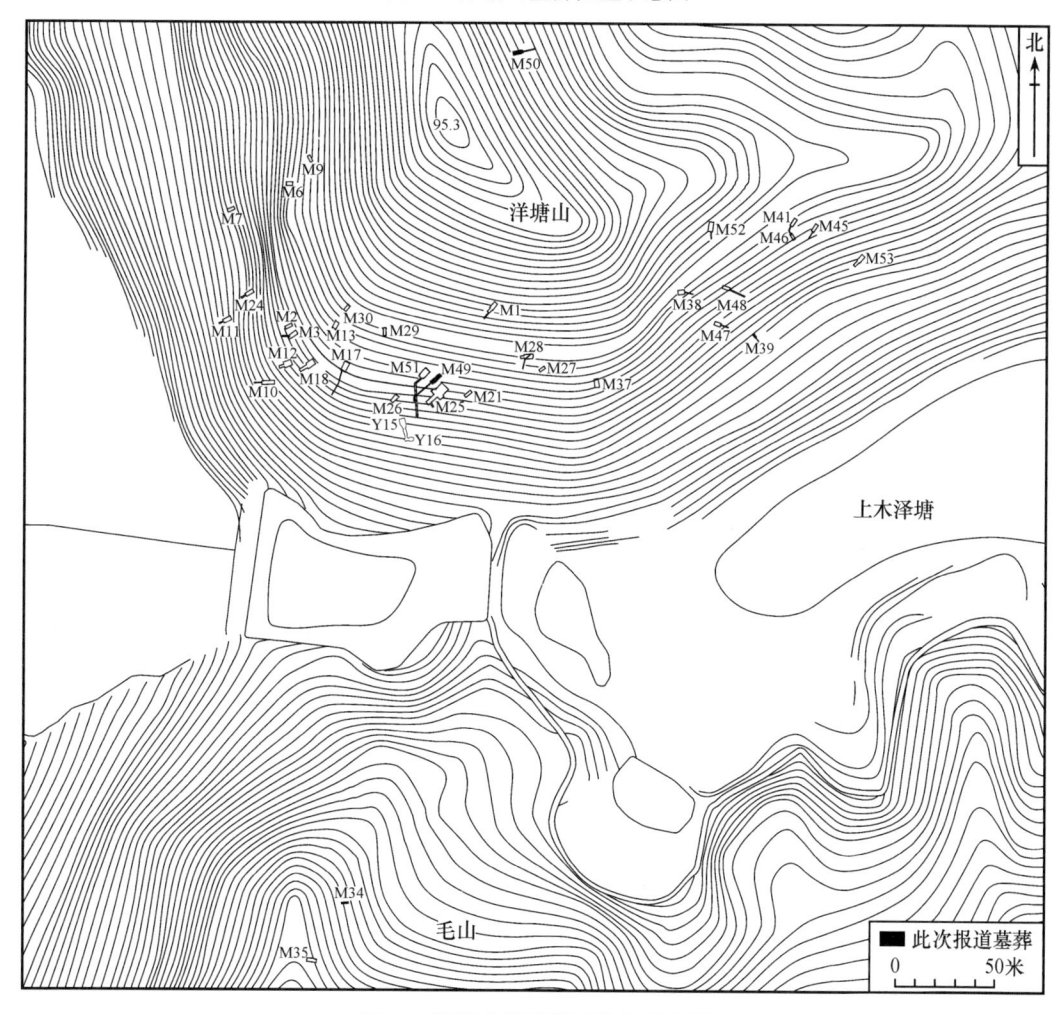

图二　洋塘山墓群平面分布示意图

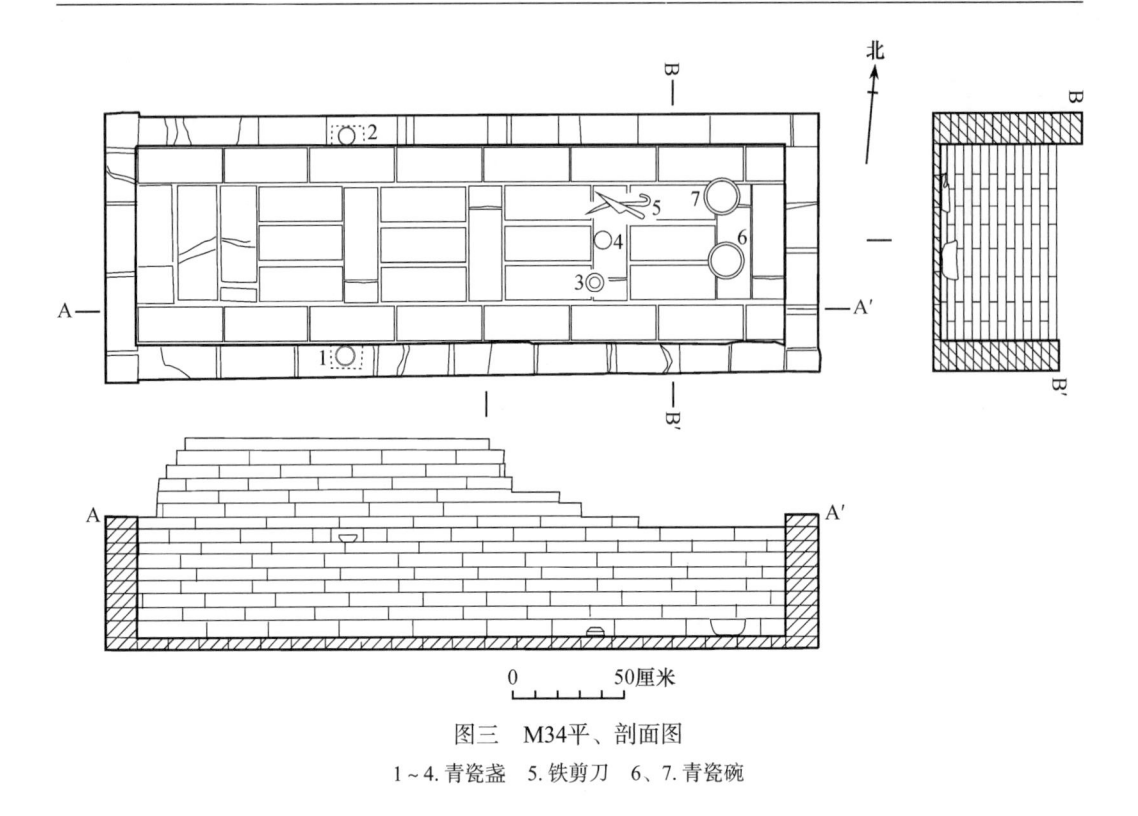

图三　M34平、剖面图
1~4.青瓷盏　5.铁剪刀　6、7.青瓷碗

四壁整体砌筑，不见封门墙和排水沟，很可能墓棺是直接从上面放入墓内，然后覆土回填。M34填土呈坡状堆积，厚0.2~0.3米，为黄褐色，土质松软，黏性较强，填土中含有碎砖块及草木树根。墓砖规格长38、宽15、厚5厘米，呈青色，是采用本地黏土烧制而成，墓砖胎质硬，火候高。墓砖侧面印叶脉纹或米字纹，部分墓砖侧面有"泰和三年七月金贵"（图一〇，1；图版二三，3）。

（二）出土器物

随葬器物共7件，其中4件青瓷器和1件铁剪刀位于墓室前端，2件青瓷盏位于侧壁的壁龛内（图版二三，2、4）。

青瓷盏　4件。标本M34：1，近直口，浅弧腹，平底，内底略凹。灰胎坚硬。青釉，剥釉严重，外壁可见施釉线。外底可见弦切纹。口径8、底径4、高2.6厘米（图四，4；图版二四，1）。标本M34：2，直口，折腹，下腹斜直收，小平底，内底略凹。素面。灰胎较坚硬。青釉，剥釉严重，外壁可见施釉线。口径8.4、底径3.4、高3.1厘米（图四，1；图版二四，2）。标本M34：3，近直口，折腹，上腹微束，下腹斜直，平底略凹。素面。灰胎较坚硬。青釉，剥釉严重，外壁可见施釉线。口径7、底径4、高3厘米（图四，2；图版二四，3）。标本M34：4，直口，折腹，下腹斜直，平

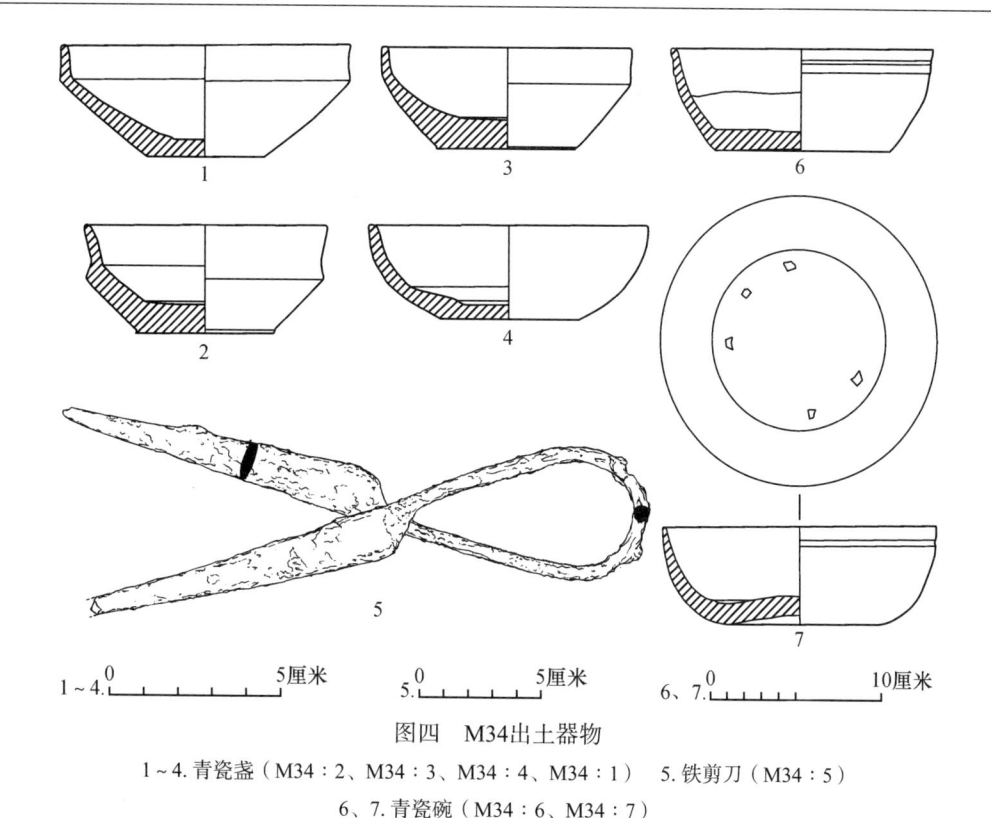

图四　M34出土器物
1~4. 青瓷盏（M34：2、M34：3、M34：4、M34：1）　5. 铁剪刀（M34：5）
6、7. 青瓷碗（M34：6、M34：7）

底。灰胎较坚硬。青釉，剥釉严重。素面。口径7.2、底径4、高2.8厘米（图四，3；图版二四，4）。

青瓷碗　2件。标本M34：6，敞口，凸圆唇，斜弧腹，平底，内底呈涡纹内凹。灰胎，胎体较厚重坚硬。青釉，表面釉层剥落，局部残存釉迹，土沁严重，可见明显的施釉线。外壁近口处有凸棱一道。口径15、底径10.2、高5.6厘米（图四，6；图版二四，5）。标本M34：7，尖唇，口部近直，弧腹，平底内凹。灰胎，较坚硬。青釉，剥釉严重，内满釉，外施釉不及底。素面。轮制，内底粘连5个支钉痕。口径16、底径9、高5.5厘米（图四，7；图版二四，6；图版二五，1、2）。

铁剪刀　1件。标本M34：5，为交股剪。长24厘米（图四，5）。

二、M49

（一）墓葬形制

M49为单室砖墓，平面呈长方形，长3.4、宽0.9、残高0.52米，方向231°。墓壁用残砖平铺，残断的一头向外，整齐的一头向内（图五；图版二六，1）。墓底用残砖横

图五 M49平、剖面图

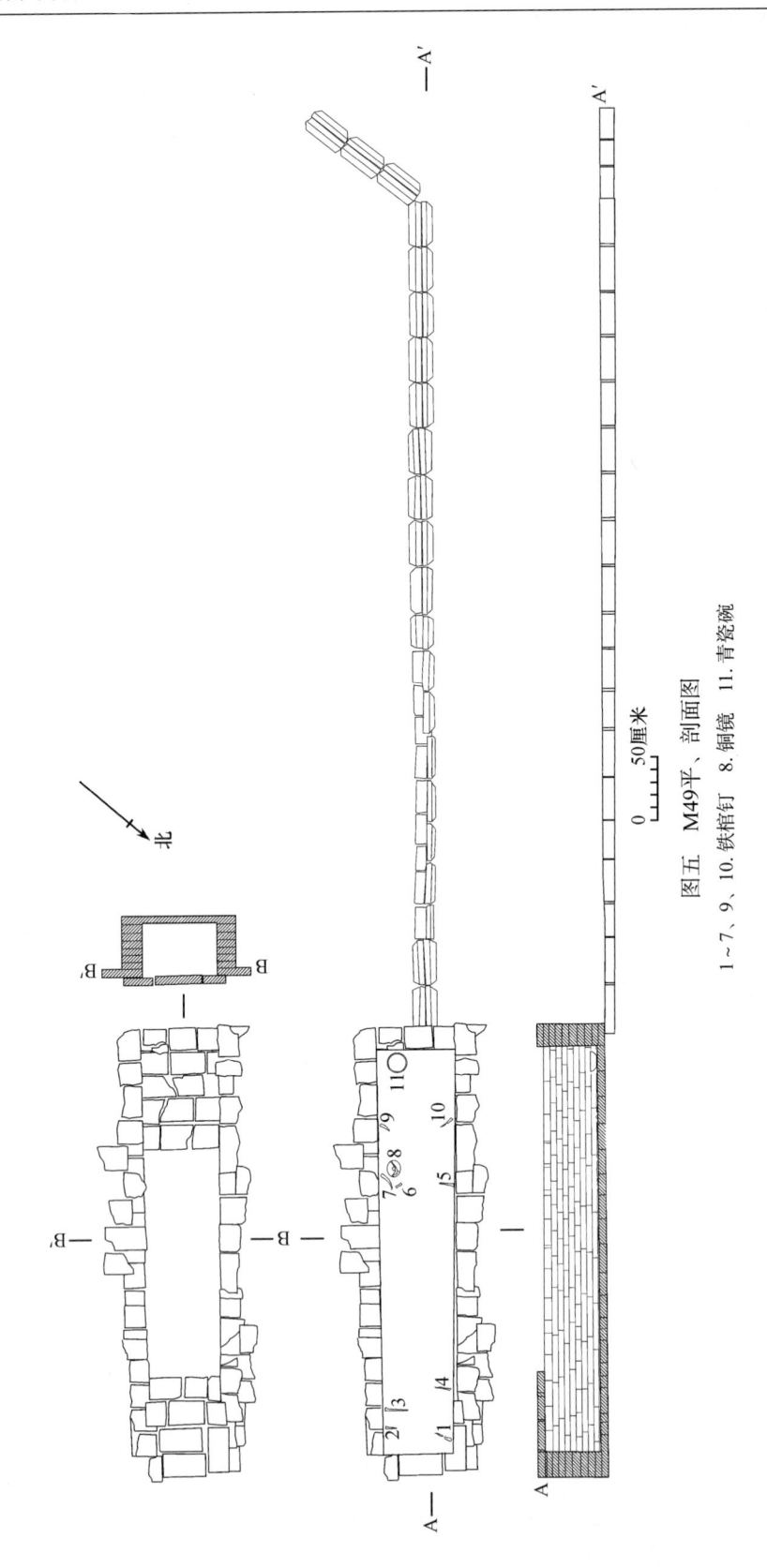

1~7、9、10. 铁棺钉 8. 铜镜 11. 青瓷碗

向铺砌。墓前有长排水沟，排水沟长7.7、宽0.43米（图版二六，2）。M49填土呈黄褐色，土质松软，填土内含有少量碎砖和植物根系，填土厚约0.5米。

（二）出土器物

共出土遗物11件，其中铁棺钉9件，散置于墓室内，从棺钉及墓顶砖的位置大致可以看出墓棺的大小约为2.5米长、0.56米宽，高度不高于0.45米。1枚铜镜位于棺内一侧。1件青瓷碗位于棺外的墓室西南角。

青瓷碗 1件。标本M49：11，敞口，浅斜弧腹，平凹底，内底略凸，外壁近口沿处有凹槽一道。灰胎质坚。青黄釉，剥釉严重，外壁见施釉线。口径15.3、底径9.5、高5厘米（图六，6；图版二五，3）。

铜镜 1件。标本M49：8，扁圆纽，圆座。主纹为神兽，其外为半圆纹一周，方纹上每纹一字，字迹不清。其外为锯齿纹一周。边为铭文一周，铭文模糊不识。直径12.2、边厚0.35厘米（图六，5）。

铁棺钉 9件。分别为标本M49：1~M49：7、M49：9、M49：10，其中标本

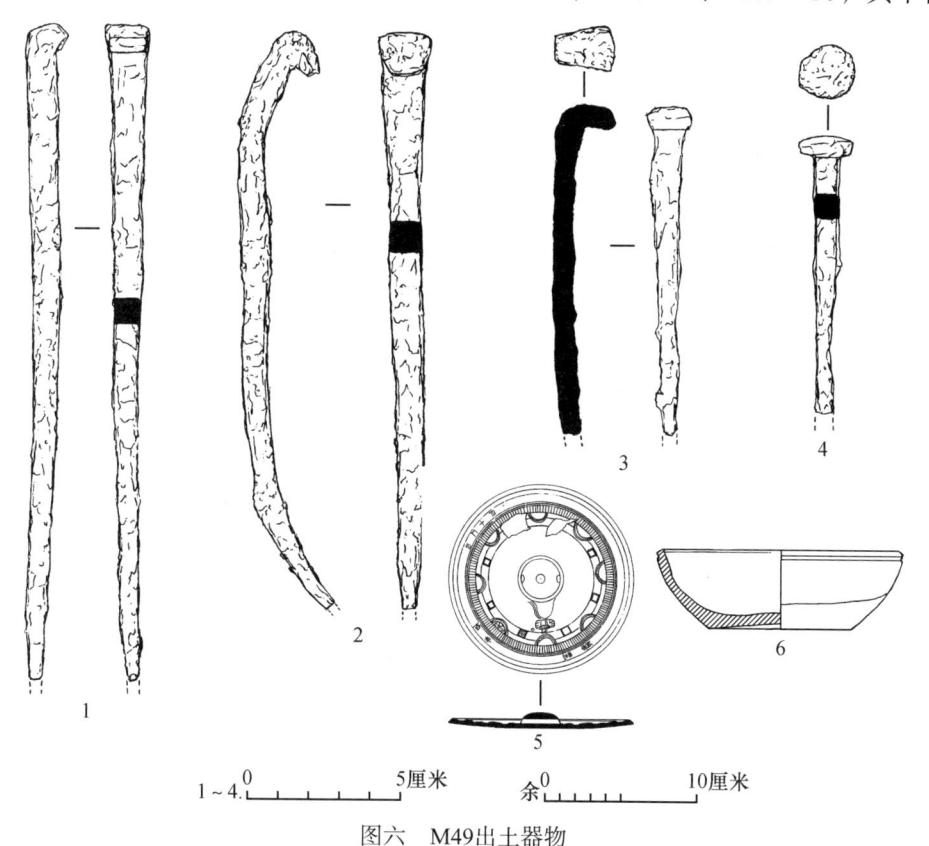

图六 M49出土器物
1~4.铁棺钉（M49：3、M49：7、M49：1、M49：9） 5.铜镜（M49：8） 6.青瓷碗（M49：11）

M49：3，残长20.7厘米，基本接近棺钉原有长度（图六，1）。标本M49：7，略残，首尾弯曲。残长18.3厘米（图六，2）。标本M49：1，尾残，首弯曲。残长10.3厘米（图六，3）。标本M49：9，尾残。残长8.7厘米（图六，4）。

三、M50

（一）墓葬形制

M50开口于表土层，开口距地表深0.4~0.6米，为单室砖墓，平面呈"凸"字形，长4、宽1.7、高0.5~0.8米，方向76°。墓壁单砖错缝平铺，墓底铺砖一层，错缝平铺。墓室前方有砖砌排水沟，长5.9米，由三砖构成"人"字形（图七；图版二七，1、2）。M50填土呈红褐色，厚0.3~0.4米，土质硬，填土中含有少量的砂石和植物根茎。墓砖为青色，采用本地黏土烧成，火候一般。葬具腐朽无存，葬式不明。

（二）出土器物

青瓷碗　2件。标本M50填土：1，近直口，尖唇，浅弧腹，饼形底。灰白胎坚硬。内外施青绿釉，釉层较薄，开片，剥釉严重。内底刻弦纹一道。外壁有叠烧痕。口径8.2、底径5.2、高3厘米（图八，1；图版二五，5）。标本M50：2，近直口，尖圆唇，上腹微束，浅折腹，饼足，近平底。灰胎坚硬。内外施青绿釉，釉层薄，开片，剥釉严重。口径8.6、底径4.4、高2.7厘米（图八，5；图版二五，4）。

青瓷盏　3件。标本M50填土：3，敞口，圆唇，浅折腹，下腹斜直，平底。灰白胎。青釉，剥釉。内底刻凹弦纹一道。口径7.4、底径4、高2.7厘米（图八，4）。标本M50填土：2，敞口，圆唇，上部微束，浅折腹，平底。灰白胎，胎质坚硬。内底刻弦纹一道。口径8.6、底径4.4、高2.6厘米（图八，2；图版二五，7）。标本M50：3，近直口，浅折腹，上部微束，平底，内底微凹。灰白胎，胎粗质坚。青釉，剥釉严重。内底刻弦纹一道。口径8.4、底径4、高2.7厘米（图八，3；图版二五，6）。

青瓷盘口壶　1件。标本M50：1，浅盘口，长直颈，扁鼓腹，平底。肩部等距贴附四横系。胎色黄，坚硬。青釉，剥釉，腹部以下有明显的施釉线。肩部刻四道弦纹。口径6、底径8.2、高11.2厘米（图八，6）。

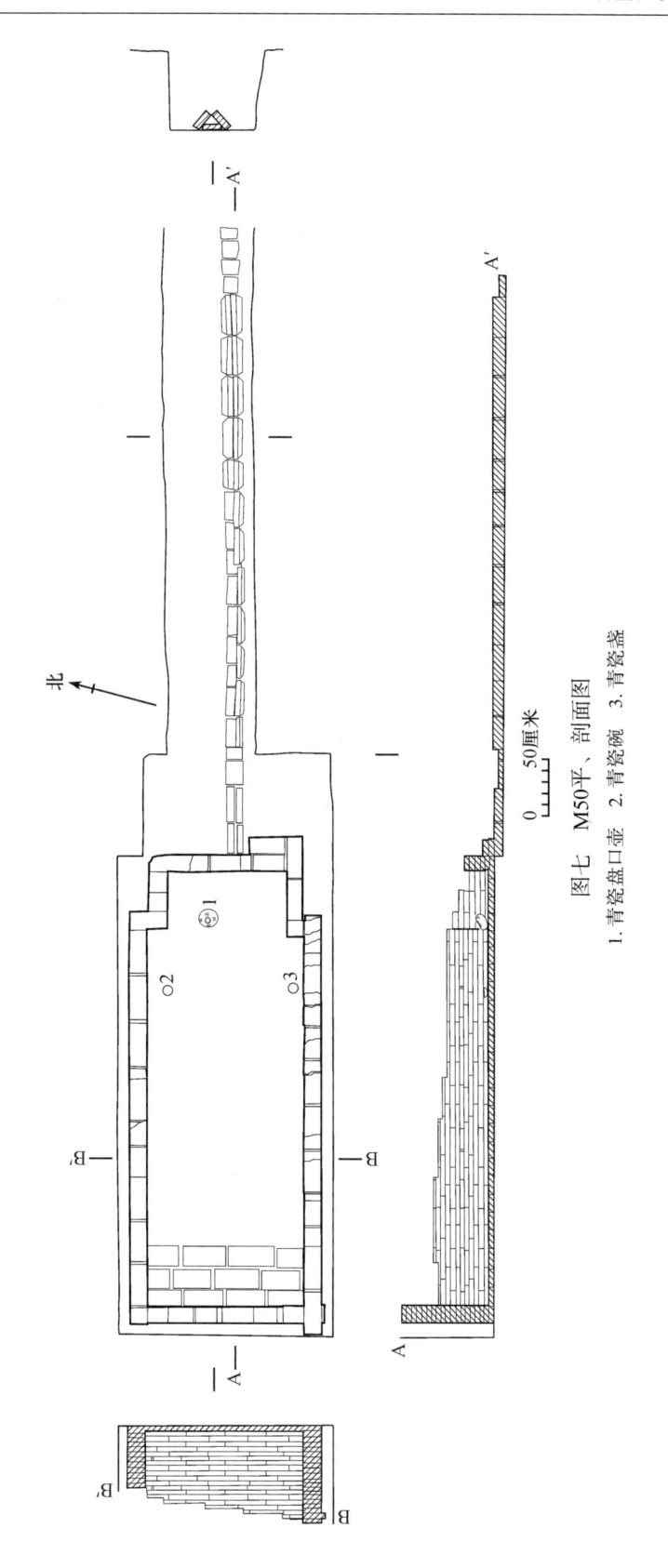

图七 M50平、剖面图
1. 青瓷盘口壶 2. 青瓷碗 3. 青瓷盏

图八　M50出土青瓷器

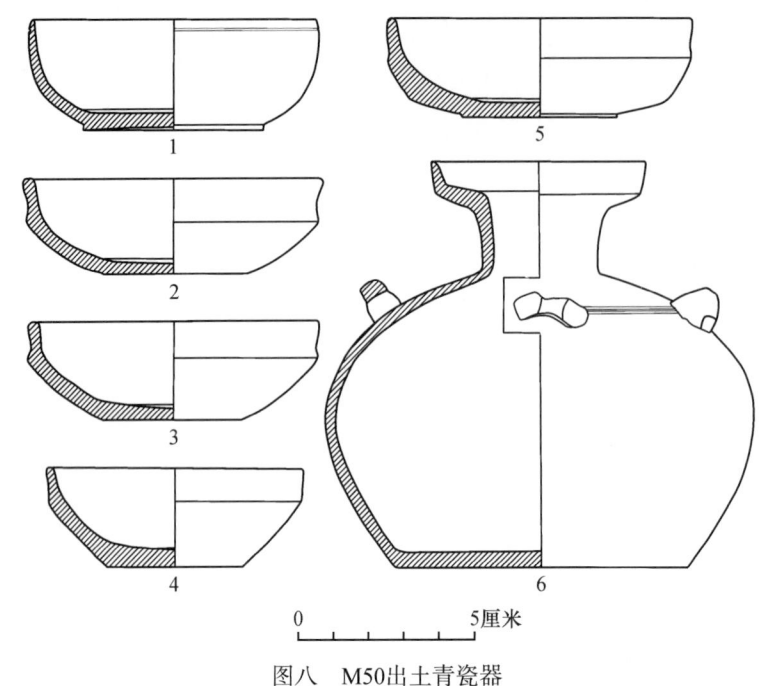

1、5. 碗（M50填土：1、M50：2）　2~4. 盏（M50填土：2、M50：3、M50填土：3）
6. 盘口壶（M50：1）

四、M39

　　M39为长方形单室砖墓，方向142°，由排水沟和墓室组成，墓室长2.18、宽1.17、残高0.7米，墓壁单砖三顺一丁，墓底残砖横向对缝平铺。未见墓道。墓室前端封门墙下接砖砌排水沟，长2.65、宽0.4米，砌筑排水沟的墓砖与墓室四壁砖有所不同（图九）。M39填土呈黄褐色，土质松软，黏性较强，填土中含有碎砖及树根。未发现随葬品。墓的建造方法是先挖墓坑，再砌筑墓室四壁，墓底铺砖，最后覆土回填。墓砖呈青灰色，含细砂粒。墓砖规格长32、宽16、高6厘米，墓砖带莲花纹和"长沙徐""王史君"铭文（图一〇，2~4）。

五、结　语

　　M49墓砖多为残砖，砖侧面有叶脉纹，与洋塘山东汉墓砖并无二致，可能是汉墓砖的二次利用，M49仅能容棺，砌筑草率，随葬品只有1件生烧的青瓷碗和1枚铜镜，墓主可能为一般平民。关于M49的年代，有几方面的证据。第一，M49叠压于东汉中期的M51[1]之上，且利用了东汉时期的墓砖，其年代要晚于M51；第二，M49内出土了

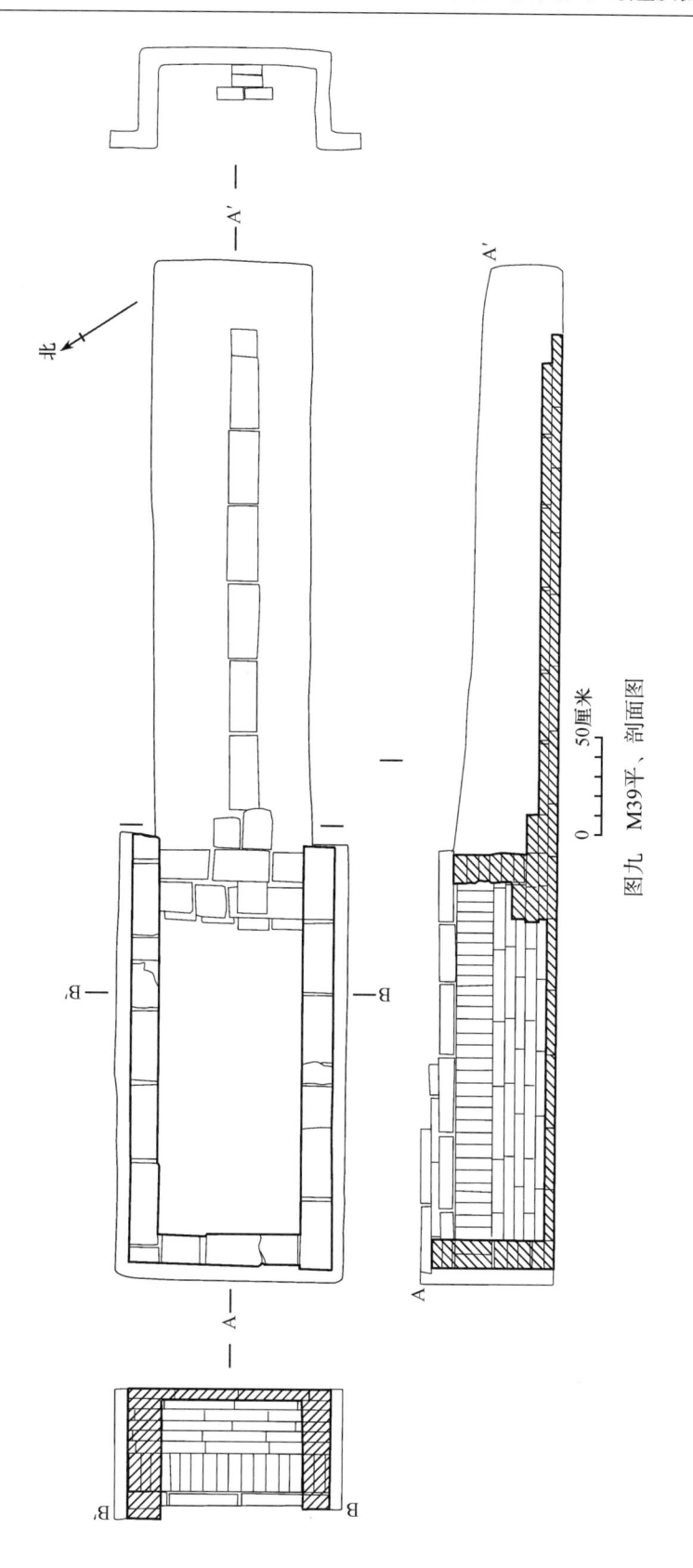

图九 M39平、剖面图

图一〇 墓砖拓片
1. M34　2~4. M39　5、6. 毛山采集

一件青瓷碗,从湖南青瓷的出现时间及湖南各地墓葬出土早期青瓷的情况看,基本到了东汉晚期,M49年代上限大致在东汉晚期;第三,M49出土的青瓷碗外壁可见施釉线在器腹部中部,内外底不见支钉叠烧痕,这与岳州窑东汉晚期至孙吴时期为了适应装烧需要而施半釉的做法相同,从装烧工艺上看年代要早于东晋墓M34和M50;第四,墓内出土的铜镜为半圆方枚神兽镜,出现于东汉中期,流行到东晋初[2]。综合以上几个方面来看,M49的年代大致在孙吴至西晋前期。

M34墓砖上有"泰和三年七月金贵"纪年砖,"泰和"即"太和",为东晋海西公司马奕年号,"太和三年"为368年。M34出土的青瓷盏采用齿状支钉叠烧,与岳州窑东晋时期的装烧方法相符合。墓壁带壁龛的情况在湖南以往东晋墓中不太常见。M50未发现纪年材料,不过出土的青瓷盏造型与M34基本相同,年代应接近,为东晋中晚期。

M39不见随葬品，墓室狭小，墓前排水沟与洋塘山东汉、东晋墓葬的排水沟略有不同，排水沟墓砖砖面带凹槽，两块砖扣合形成圆形排水通道，这样的做法在大浦南朝墓[3]中也有见到。

在毛山勘探时于地表采集到两块铭文砖，两块铭文砖出土于同一地点，其上文字为"酃……""衡山县……"（图一〇，5、6）。酃即指酃县，西汉高祖五年（公元前202年）置，《水经注》卷三八："湘水又东北过酃县西，承水从东南来注之。"卷三九："耒水又北过酃县东，北注于湘。"从中可以得知，酃县位于湘水东岸，耒水湘水交汇之处，文物普查和考古发掘工作显示，酃县故城遗址位于今天衡阳市珠晖区，可知《水经注》记载无误。两汉时期蒸水下游及耒水流域都属酃县管辖，孙吴太平二年（257年），以长沙东部为湘东郡，郡治就设在酃县；于长沙郡西部设衡阳郡，郡治设在今湘乡[4]，分衡阳郡下辖的湘南县（湘江西岸），置湘西县和衡阳县，两郡以湘水为界，湘东郡辖境相当于今湖南洣水、耒水、春陵水以及常宁县地，衡阳郡辖境包括湘江支流沩水、涟水、蒸水以及资水下游地区[5]。晋惠帝时（290~306年）改衡阳县为衡山县[6]。北魏时期《水经注》卷三八湘水条"湘水北径衡山县东"中已有衡山县之名。东晋太元二十年（395年），酃县并入临蒸县，仍属湘东郡。由此推之"酃"字铭文砖的年代约在东汉至东晋太元二十年之间。而"衡山县"铭文砖的年代在西晋惠帝以后，结合洋塘山及周围墓群年代均集中在汉至六朝，"衡山县"铭文砖的年代当在西晋惠帝至南朝时期。两块铭文砖的出土表明大浦这一区域曾先后属于酃县和衡山县管辖，是两县交界地带。M39墓砖"长沙徐"的长沙指的是长沙郡，而在孙吴太平二年之后，大浦镇已划归湘东郡，可能M39墓砖的工匠来自长沙郡的徐氏，结合历史地理研究成果可知，大浦镇一带不仅是酃县和衡山县交界地带，同时也是湘东郡与长沙郡的交界地带。

附记：参加本次发掘的工作人员有杨宁波、何再光、秦光政、蒋恒君、杨经伟、廖福龙、喻谦、谈国鸣、戴朝、谌农、郑容、易跃进、谈志鸣、蒋恒君、谌农、廖福龙、颜平波、臧国良、蔡瑞珍、胡咏婧、刘贤文、张德亮，遗迹绘图由郑容、秦光政完成，器物绘图由罗斯奇完成，器物修复由杜林慧、付林英、易万春、汪华英完成，器物摄影由杨盯完成。本文系国家社科基金青年项目"社会变革视域下的汉代官吏墓丧葬礼制研究"（项目编号：22CKG012）的阶段性成果。

执笔：杨宁波　徐佳林

注　释

［1］湖南省文物考古研究院发掘资料。
［2］湖北省博物馆、鄂州市博物馆：《鄂城汉三国六朝铜镜》，文物出版社，1986年，第15页。
［3］衡东县文物局：《湖南衡东大浦西晋南朝墓发掘简报》，《湖南考古辑刊（第8集）》，岳麓书社，2009年。
［4］《三国志》卷四十八《嗣主传·孙亮》，中华书局，2011年。
［5］陈健梅：《孙吴政区地理研究》，岳麓书社，2008年。
［6］（宋）欧阳忞：《舆地广记》卷二六"潭州衡山县"，清光绪六年金陵书局刻本，早稻田大学图书馆藏书。

The Brief Report on Excavation of the Six Dynasties Period Tombs in Yangtangshan, Dapu Town, Hengdong County, Hunan

Hunan Provincial Institute of Cultural Relics and Archaeology

Hengyang Municipal Bureau of Culture, Tourism, Radio, Television, and Sports

Hengdong County Cultural Heritage Affairs Center

Hunan Key Laboratory of Archaeometry and Conservation Science

Abstract: To cooperate with capital construction, a rescue excavation of Yangtangshan Cemetery in Dapu Town led by Hunan Provincial Institute of Cultural Relics and Archaeology was carried out from February to August 2017, and discovered 48 ancient tombs. Artifacts including celadon, bronze mirror, iron scissors, coffin nails and others were excavated from four Six Dynasties tombs. According to the tomb bricks of "Ling" and "Hengshan County" collected and "Changsha Xu" from M39 and historical documents, the area around Dapu Town was not only the border area between Ling County and Hengshan County, but also the border area between Xiangdong County and Changsha County in the past.

Keywords: Six Dynasties Tomb; Yuezhou Porcelain; Hengshan County; Ling County

湖南郴州隋唐墓葬考古发掘报告

郴州市博物馆

[摘 要] 在郴州市区内发现隋唐墓葬18座，分布在市区周边山坡上，与湘粤古道走向有关。墓葬分为土坑墓和砖室墓，其中砖室墓最多，有平面呈"凸"字形和长方形两类。"凸"字形墓葬年代为隋代时期，部分可晚到唐代初期。长方形墓葬年代为唐代时期。墓葬可分为四期，以隋代时期和唐代中期最多。随葬品形制较为简单，多为青瓷器，隋唐情况有所不同，前者几乎清一色的青瓷器，后者陶和瓷兼有。墓葬形制亦单一，以单室券顶为主，应为一般的民众所有。不同的政区管辖，文化上产生最为明显的差异：粤北出土青瓷罐和湘南随葬青瓷盘口壶，形成一条明显的文化分界线。

[关键词] 郴州；隋唐时期；墓葬

郴州地处湖南东南部，位于南岭山脉的北麓，与广东韶关、江西赣州、湖南永州接壤，是自古以来的交通要道和矿冶开发区域之一。市区所在位置历来是这个区域的政治、经济、文化中心，周边山坡上有众多各个时代的墓葬。隋唐墓葬陆续被发现，其中部分墓葬已公开发表，限于篇幅，未完全公布。1979～2019年，考古工作者在郴州市区内发现18座较为完整的隋唐墓葬。这些墓葬均是在城市基本建设下被文物部门抢救性发掘的，因此存在不同程度的损毁现象。本文拟将这些隋唐墓葬作为整体予以研究，现就墓葬报告如下。

一、墓葬分布

郴州隋唐墓葬分布零散，存在一定的规律，与隋唐郴州城位置和古道有关（图一）。墓葬位于较缓、开阔且阳光充足的山坡上，走向大致分为东西和南北两个方向。83CGM5处在桂门岭南侧。91CSM2处在山坡东侧。92CJM2处在江西岭东侧。85CLM4和12CLM1分别位于骆仙岭东坡和西坡上。93CMM9、94CMM24与88CDM3、11CDM4、11CDM5、19CLM1同样是在山的两侧，前者处在北侧，后者在南侧。其他墓葬所处山坡相对较低，也没有固定的方向。距离最远的墓葬为91CSM2，直线距当时隋唐城址约6千米，邻近城址有81CSM1、03CJM1，说明隋唐郴州城内民众活动最大半

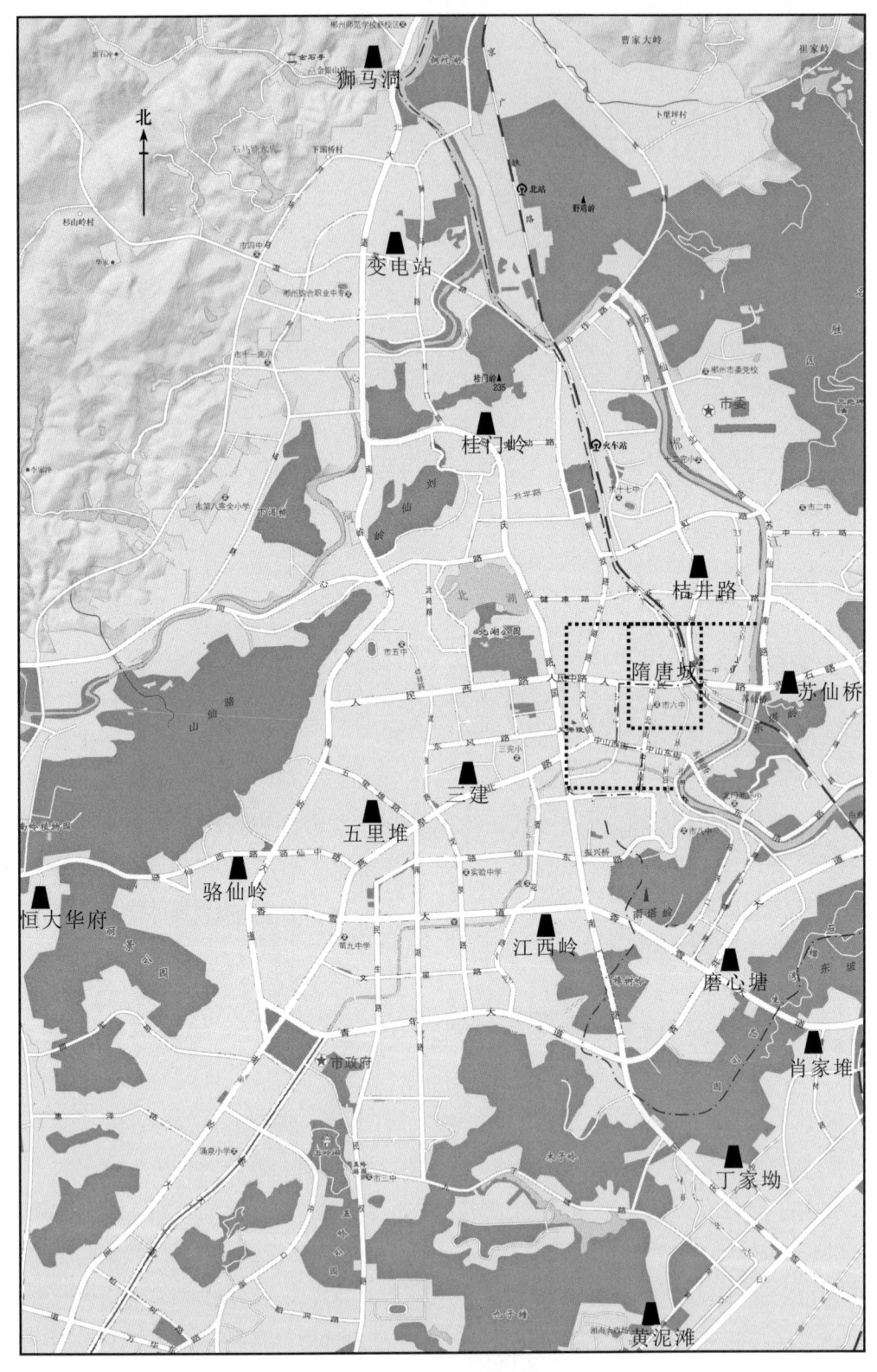

图一　墓葬分布示意图

径在6千米左右。

考古资料显示，汉晋郴州城呈长方形，南北宽约300、东西长约600米，应该在今市检察院、军分区、特警支队和市一完小，存在西、南、北三面城墙，东延至郴江河，北城墙到杨家巷边。以北城墙所处的位置地形分析，在郴州历代统治中，该墙均未变动。在苏仙桥旁水井中有唐代遗物，没有发现唐代城墙，证明此地并不是城墙和城门所在地，改变汉晋时期郴州城的形状，也证实唐宋与汉晋衙署不在一地。唐代郴州城史料中记载较少，但宋代记载相对详细。《万历郴州志》记载后周显德三年（956年）重筑子城，宋代子城是在唐代城基础上修筑。从《郴江百咏》中得知，北宋郴州子城有三门，三门上均有城楼，即东楼、西楼和南楼，唐代也应该有这三个城门。民国郴州城地图显示[1]，郴州城大致在市检察院、军分区、市六中一带，此区域地形更符合筑造城池，地图本身存在一定问题，实际郴州城呈南北走向，南北约600、东西约400米，北城墙是在汉晋城墙基础上修建的，西城墙所处地形可能已跨过汉代护城河至军分区西墙边，南城墙到八一东路，东城墙所处位置沿杨家巷路至六中操场东边，中轴线为中山南北街。民国郴州城更符合《郴江百咏》中显示的一些宋代城市的信息，同时说明唐宋郴州内城奠定明清城市形状。《舆地纪胜》云："愈泉，在城内愈泉坊。"《方舆胜览》载："义帝……有陵，在城内明伦坊。"又记："剑泉，在城内康泰坊。"馆藏唐曹府君墓志中提到郴州城内的遵化坊。愈泉坊、明伦坊、康泰坊和遵化坊是迄今为止我们知道最早的郴城街坊地名，应该是唐代坊制名称。1985年8月中旬，在文化路郴州市饮食公司基建工地中发现6座唐代水井[2]，距义帝陵约60米，出土多件唐长沙窑瓷器。这些材料证明唐代应还有外城，北以民国郴州北城墙为界，东沿郴江西岸，南到南塔路一线，西到国庆南路，兼顾地形变化的走势建筑外城。

墓葬不是以隋唐郴州城为中心分布，而是按照古道走向呈现。郴州城北上陆路路线，发现桂门岭（83CGM5）、变电站（86CBM1）、狮马洞（91CSM2）墓葬。西南通临武线路，发现三建（98CSM2）、五里堆（88CWM1、92CGM3）、骆仙岭（85CLM4）、恒大华府（12CLM1）墓葬。南通宜章线路，发现丁家坳（88CDM3）、磨心塘（93CMM9、94CMM24）、肖家堆（11CDM4、11CDM5）、黄泥滩（19CLM1）墓葬。其他墓葬主要分布在传统墓葬区范围内，有江西岭（92CJM2）、竹叶冲（93CZM4）、桔井路（03CJM1）墓葬，苏仙桥（81CSM1）墓葬相对特殊，隔河临城。东楼即东门，临郴江，可见苏仙桥墓。西楼即西门，通城北的陆路线。南楼即南门，通宜章和临武线路，应是郴州城最为重要的通道。

二、墓葬形制

墓葬分为土坑墓和砖室墓，平面呈长方形和"凸"字形两类，均为竖穴。砖室墓最多，先挖好长方形坑，再砌筑墓砖，形成墓室。墓砖与土坑壁紧挨着。墓室为先砌筑墓壁，再铺底。土坑墓简单，仅发现1座。墓葬均有墓道，因墓葬多为抢救性考古发掘，多被破坏或被现在房屋压着。发掘时已未见封土。除93CZM4保存相对完整的人骨架，其他墓葬葬具多腐朽无存，仅见部分墓葬中锈蚀的铁棺钉。

（一）砖室墓

可分为三个类型，以墓葬平面分为外"凸"字形、内"凸"字形和长方形，墓顶为券顶。据考古发掘状况，"凸"字形墓葬由墓道、甬道和墓室组成；长方形墓葬由墓道和墓室组成。墓壁砌砖多为平砖错峰垒砌。墓底铺砖样式较多。墓砖可见红灰色、青灰色，质地较差，侧面大部分有菱形纹饰，少部分饰阳刻字。

1. 外"凸"字形墓

共2座，平面为一侧或两侧都凸出，分别为85CLM4、86CBM1。

85CLM4　墓室被毁大部分，后壁和券顶已无。发掘时，墓室内填满泥土和乱砖。墓室残长5.2、宽1.8、残高0.52米，方向180°。墓壁为双层平砖错缝叠砌，各自成墙体。墓室前部三层，紧挨着内壁垒砌两砖的长度。墓底砖与墓壁平行，错缝铺砌。墓砖质地较差，呈红灰色，一侧有菱形纹，平砖长39.5、宽16、厚7.5厘米。随葬器物仅1件青瓷盘口壶，放置在甬道内（图二）。

86CBM1　墓室长4.28、宽1.66、高2.3米，方向25°。墓壁为平砖错缝垒砌。墓室后壁专门垒砌简化的砖塔。墓室底砖为错缝平铺，与墓壁呈45°角。墓室铺砖上砌筑双层枕木砖，高0.9米。墓砖为青色，质地相对坚硬，分为平砖和楔形砖，一侧均有菱形纹。平砖有两类，一类长36、宽15.5、厚6.5厘米，另一类长32.5、宽16、厚5厘米。楔形砖长、宽与平砖前一类长、宽相同，厚4~6.5厘米。随葬品仅1件青瓷盘口壶，位于两枕木砖中间（图三）。

2. 内"凸"字形墓

共8座。平面为长方形，内部因加壁砖呈一侧或两侧凸出的现象，后壁多有装饰，分别为81CSM1、88CDM3、91CSM2、98CSM2、03CJM1、11CDM4、11CDM5、12CLM1。

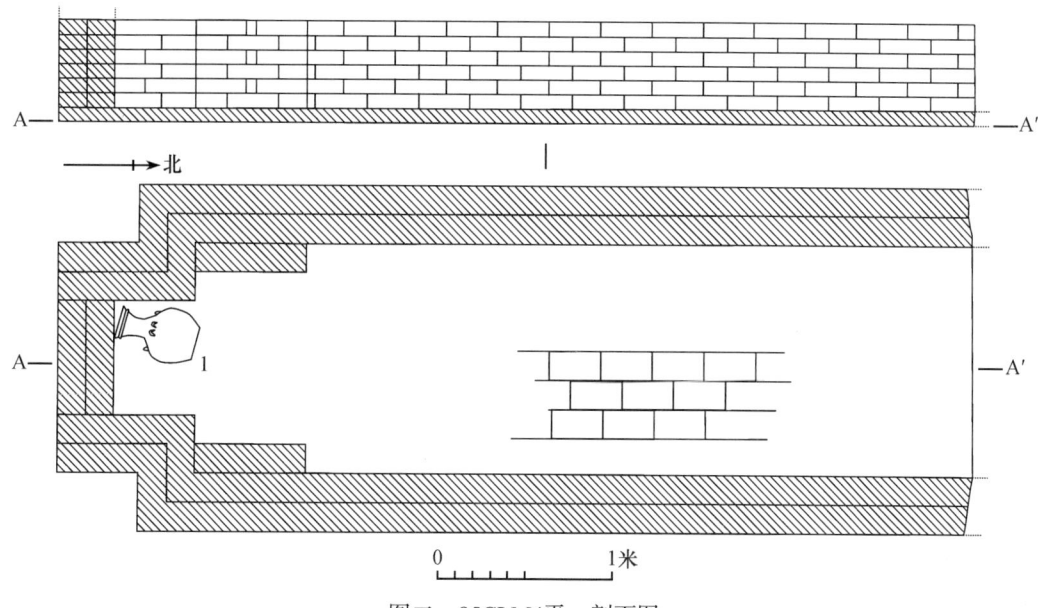

图二　85CLM4平、剖面图
1. 青瓷盘口壶

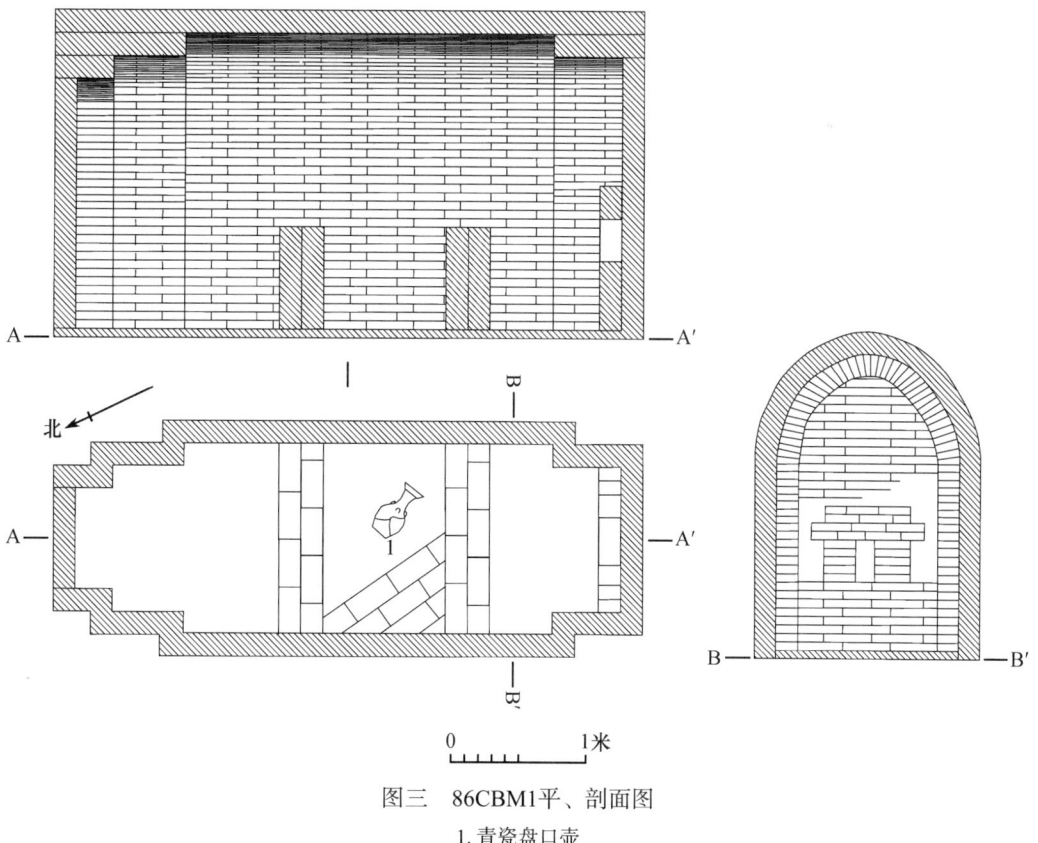

图三　86CBM1平、剖面图
1. 青瓷盘口壶

81CSM1　墓室顶部已毁，长3.68、宽1.38、残高1.5米，方向0°。墓壁平砖错峰垒砌。墓室前后壁内部紧挨墓壁添加一层壁砖直至顶部，前壁为一砖长度；后壁为两砖的长度且相互叠砌至顶部。墓室后壁用砖砌成简化的宝塔状。两墓壁前后各有一砖凸出的灯台，呈对称，相距1.34、距底1.04米。墓底铺砖呈两砖丁一砖铺筑。墓室前部有两个竖排枕木砖，为两砖的高度，并已移位。墓砖为青色，素面砖较多，分为平砖和楔形砖，少量的侧面有文字："曹騳一""邓净鉴""康玄庆"等（图二五，8～10），平砖长33、宽16、厚4.6厘米；楔形砖长宽与平砖同，厚2.8～4.6厘米。随葬品有青瓷钵1件、陶双唇罐1件、青瓷盘口壶1件（图四）。

88CDM3　墓室后部被毁大部分，残长3.1、宽1.43、高1.8米，方向350°。墓壁为平砖错缝垒砌。墓室前壁内部紧挨墓壁添加一层壁砖直至顶部。墓底铺砖为中间两排平砖，两侧为竖砖，成直角而铺。砖为青色，一侧带菱形纹，分为平砖和楔形砖。平砖长36、宽18、厚7厘米。楔形砖长、宽与平砖同，厚4～7厘米。随葬器物有青瓷碗1件、青瓷盘口壶1件。青瓷碗已破碎（图五）。

91CSM2　墓室券顶已毁，长3.32、宽1.22、残高0.7米，方向350°。墓壁为平砖错缝垒砌。墓室前后壁内部紧挨墓壁添加一层壁砖直至顶部。底砖与墓壁成直角，错缝平铺。墓砖一侧饰菱形纹，长34、宽16、厚6厘米。随葬器物有青瓷盘口壶1件、青瓷盂1件、铜镜1件。铜镜已锈蚀（图六）。

98CSM2　墓室券顶已毁，长4.62、宽1.68、残高1米，方向358°。墓壁为平砖错缝垒砌。墓室前后壁内部紧挨墓壁添加一层壁砖直至顶部。铺地砖与墓壁成45°，为错缝平铺。墓内壁可见粉白色石灰一层，已脱落成粉状。墓砖规格多种，其中长34、宽18、厚6厘米，一侧饰菱形纹，在端头有模印阳纹"仁""恭"等字。平砖长29、宽16、厚6厘米。随葬铜镜1件、青瓷钵1件、青瓷碗1件、铜钗1件、铜钱4件。铜器已锈蚀，其中铜钱可辨字为开元通宝（图七）。

03CJM1　墓室前部和券顶已毁，残长2.9、宽1.3、残高0.94米，方向185°。墓壁为双平砖错缝垒砌，各自成墙。铺地砖为两平砖与两平砖呈直角铺砌，与墓壁成10°角。墓室后壁有壁龛，靠近底部对称壁龛内各放置一个碗和壶，其上壁龛内未置放器物。墓室后部放置一块垫棺砖。墓砖为灰红色，质地较差，长34、宽17、厚6厘米，一侧带菱形纹，部分一端有阳纹：曹威。随葬青瓷执壶1件、铜镜1件、青瓷碗1件、铜钱3件。铜钱残破，可辨字为"开元通宝"（图八）。

11CDM4　墓室墓壁和券顶已毁。发掘时，墓室内填满泥土和少量的乱砖，底部有红细土。墓室长4.28、宽1.36、残高0.64厘米，方向10°。墓壁为平砖错缝垒砌。墓室前后壁为横和竖平砖相互垒砌。墓底铺砖不规则，长短不一，无规律。墓砖颜色较杂，

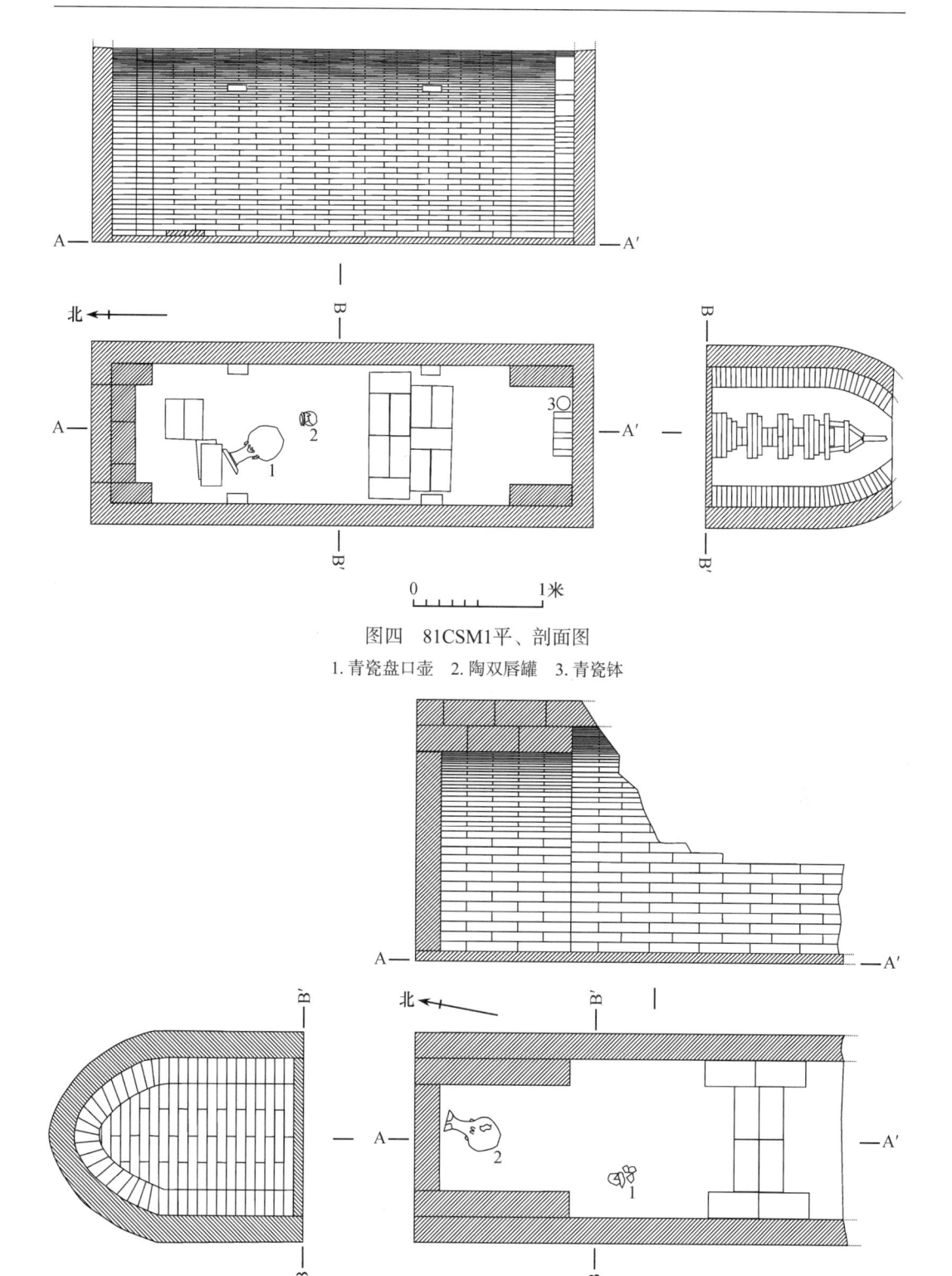

图四　81CSM1平、剖面图
1. 青瓷盘口壶　2. 陶双唇罐　3. 青瓷钵

图五　88CDM3平、剖面图
1. 青瓷碗　2. 青瓷盘口壶

图六　91CSM2平、剖面图
1.青瓷盘口壶　2.铜镜　3.青瓷盂

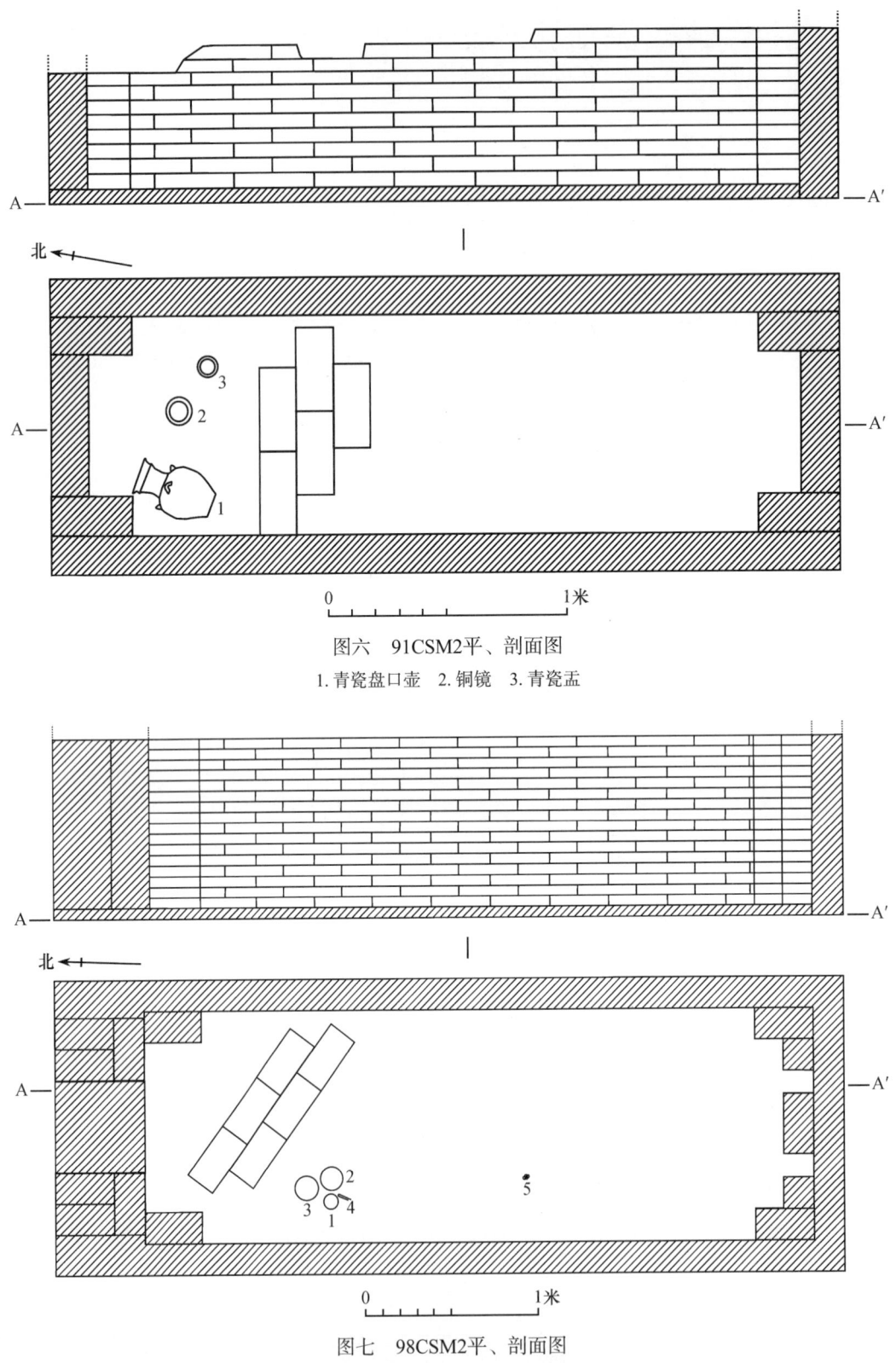

图七　98CSM2平、剖面图
1.铜镜　2.青瓷钵　3.青瓷碗　4.铜钗　5.铜钱

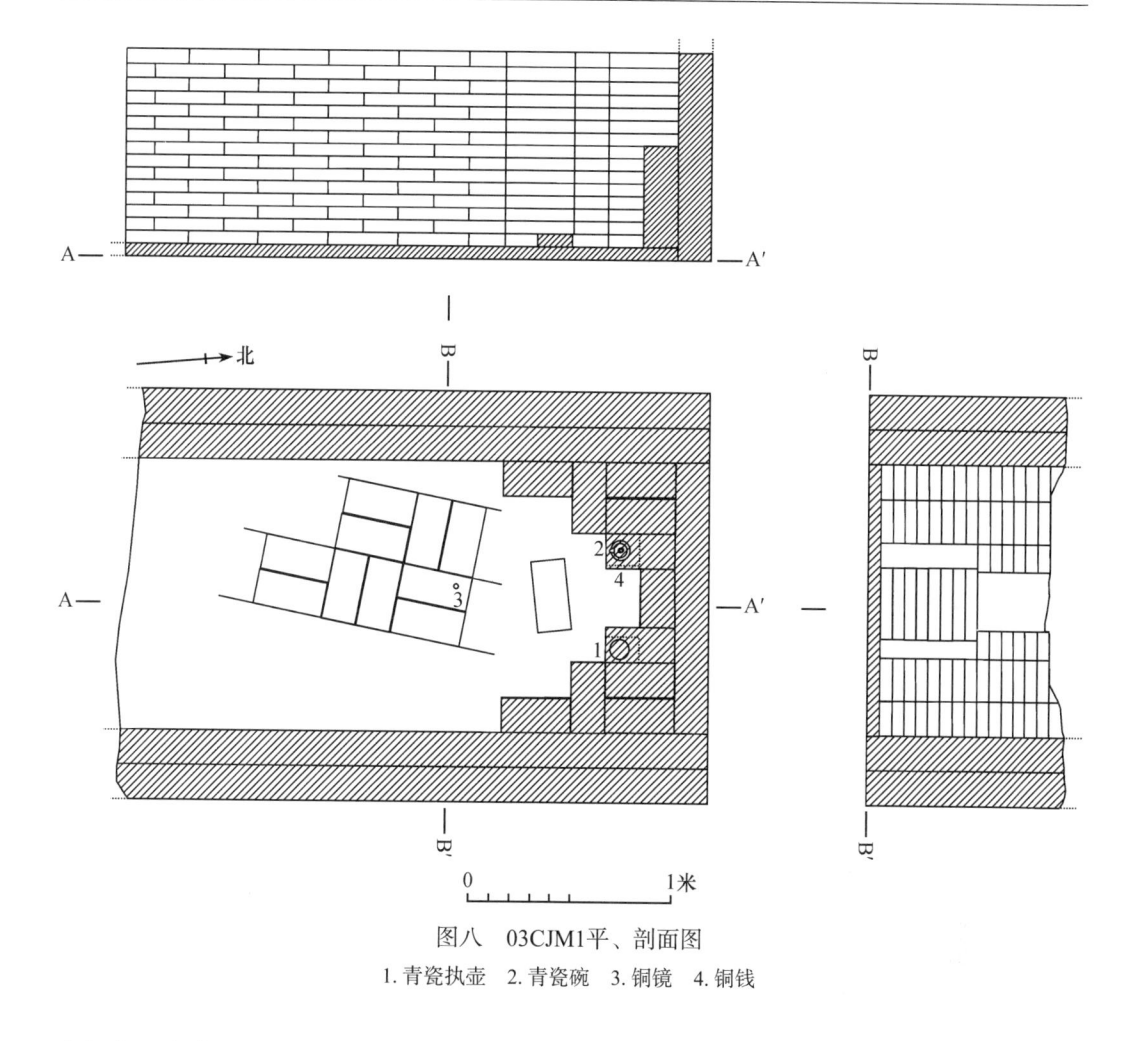

图八　03CJM1平、剖面图
1.青瓷执壶　2.青瓷碗　3.铜镜　4.铜钱

有红色、灰色、青色等，一侧带菱形纹。平砖长35、宽16、厚6厘米。随葬器物有青瓷盘口壶1件（图九）。

11CDM5　墓室券顶已毁。发掘时，墓室内填满泥土和少量的乱砖，底部有红细土。墓室长4.1、宽1.6、残高1.26米，方向5°。墓室前部放置平行两块垫棺砖。墓室后壁用砖垒砌呈塔柱形。墓底砖铺部分区域有规律，呈一排平和两排横的，相互交叉，还有部分区域无规律，长短砖混杂而铺。墓砖颜色较杂，有红色、灰色、青色等，质地较软，一侧饰菱形纹，平砖长36、宽17、厚6厘米。随葬器物有青瓷盘口壶1件、青瓷钵1件（图一〇）。

12CLM1　墓葬上部和墓壁大部分已毁。发掘时，墓室内多为填土。墓葬残长5.22、宽2.1、残高1.26米，方向0°。墓壁为错缝铺砌，一层竖平砖一层横平砖。墓底铺砖为错缝铺砌，与墓壁成直角。墓室后部为宝塔形壁龛。墓室前部放置两块平行垫棺砖。墓砖以红砖为主，一侧带菱形纹，部分一端带阳文：廖，还有少量的砖平面饰较

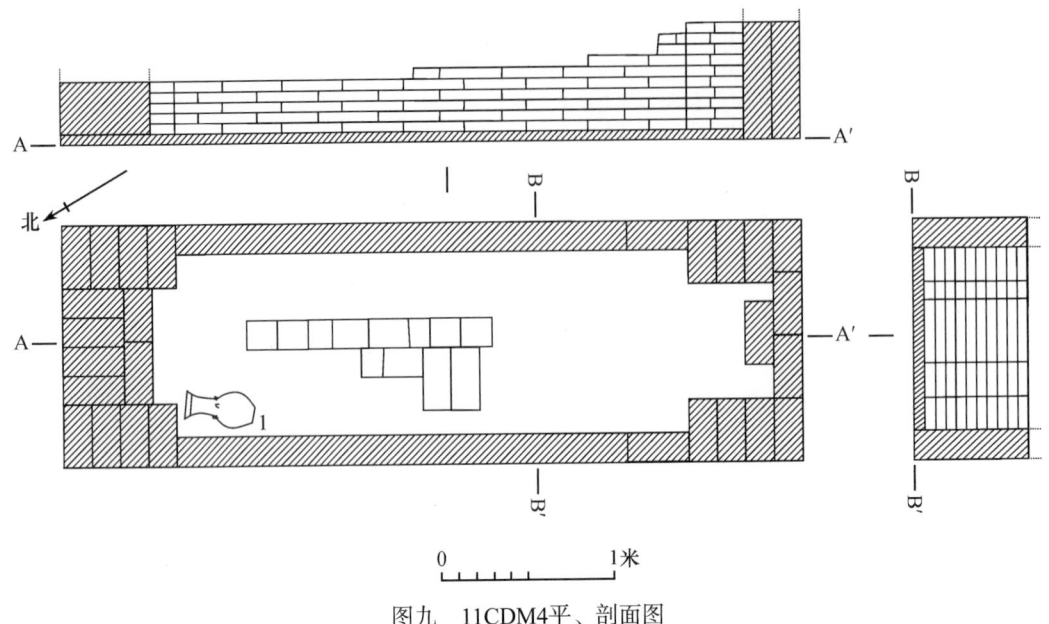

图九　11CDM4平、剖面图
1. 青瓷盘口壶

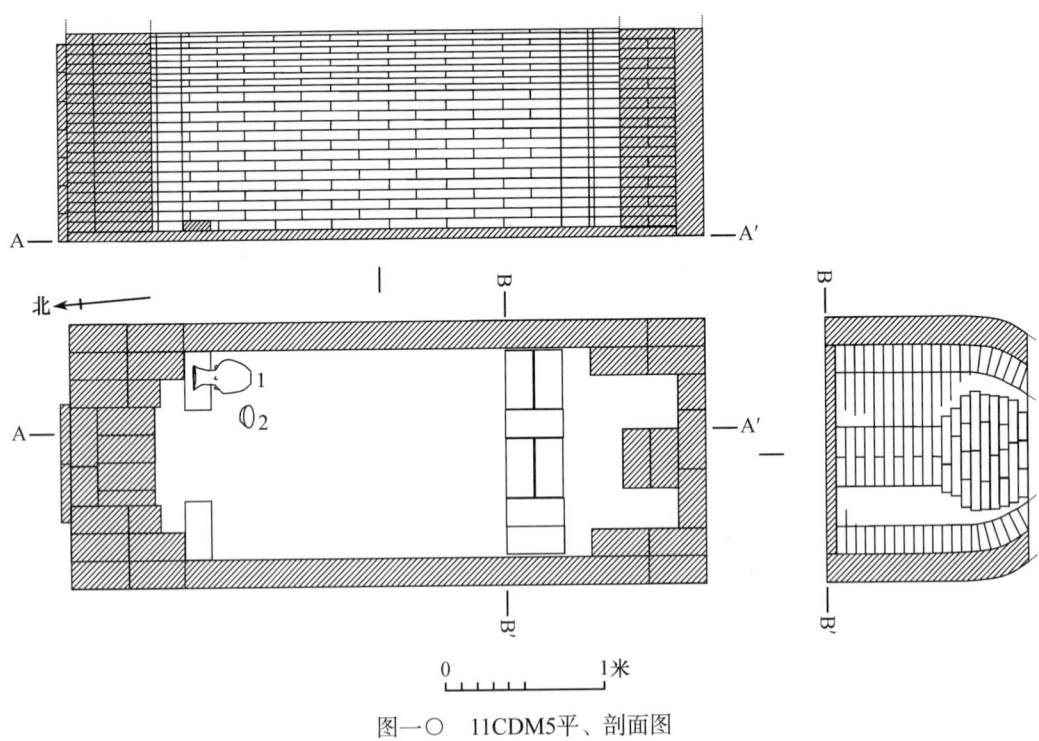

图一〇　11CDM5平、剖面图
1. 青瓷盘口壶　2. 青瓷钵

为精美的花瓣纹（图二五，11）。墓砖侧带菱形纹一面大部分朝墓室内。平砖长32、宽16、厚7厘米。在墓底还可见到数十颗牙齿。随葬器物有青瓷盘口壶和青瓷钵各1件（图一一）。

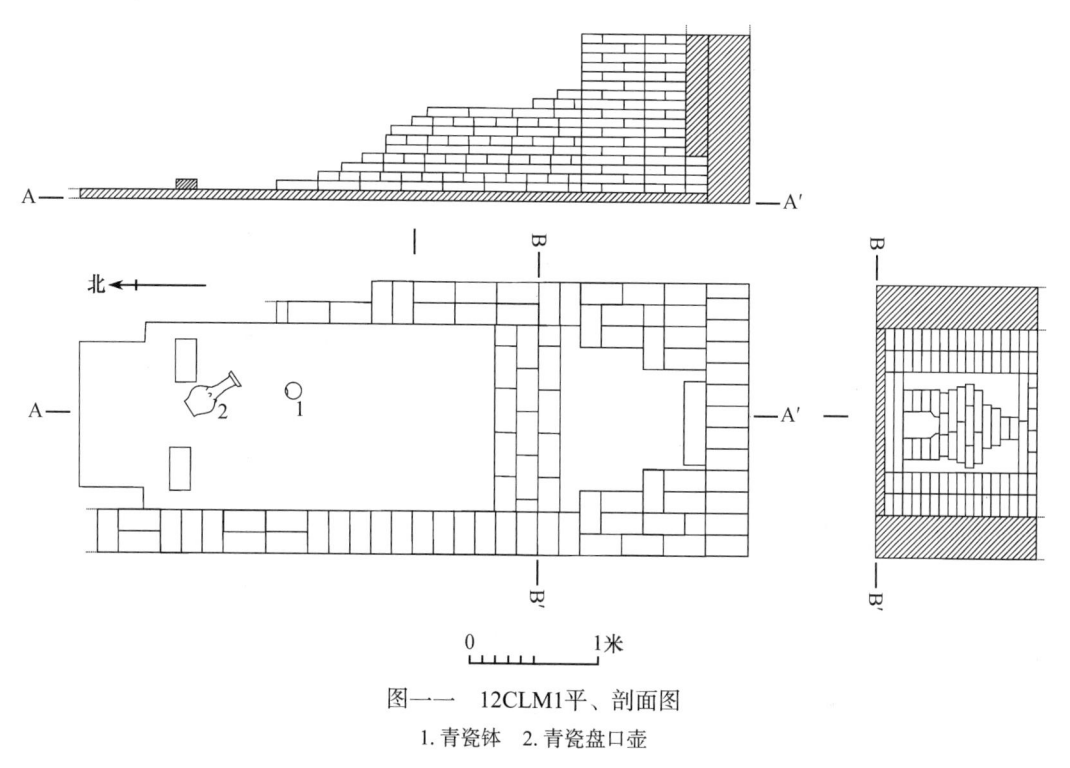

图一一　12CLM1平、剖面图
1. 青瓷钵　2. 青瓷盘口壶

3. 长方形墓

共7座。平面为长方形，分别为83CGM5、88CWM1、92CJM2、93CZM4、93CMM9、94CMM24、19CLM1。

83CGM5　墓室顶部已毁，长2.52、宽0.7、残高1.1米，方向32°。发掘时，券顶已塌，墓室中填满泥土和乱砖。墓壁为平砖错缝叠砌。墓室铺砖呈错缝而铺，与墓壁平行。墓室前部放置一块垫棺砖。墓砖火候较低，颜色不一，有红褐、青灰色之分，可分为平砖和楔形砖，长宽相同。多为素面砖，部分一侧饰菱形纹，还有部分砖一端有阳刻文字"段书成"。平砖长40、宽18、厚10厘米。楔形砖长、宽与平砖同，厚3或4～10厘米。随葬品仅1件青瓷盘口壶（图一二）。

88CWM1　墓室前部已毁，残长1.42、宽1.32、高1.2米，方向210°。墓壁平砖错缝垒砌。墓底铺砖两侧竖铺与墓壁成直角，中间三平砖以此类推。墓底两侧多见铁钉，应为伞帽形状，多已锈蚀。墓底可见薄薄一层红细泥。墓壁平砖长32、宽13、厚4厘米。楔形砖长、宽与平砖同，厚3～4厘米。随葬器物有青瓷盘口壶1件、青瓷罐2件、

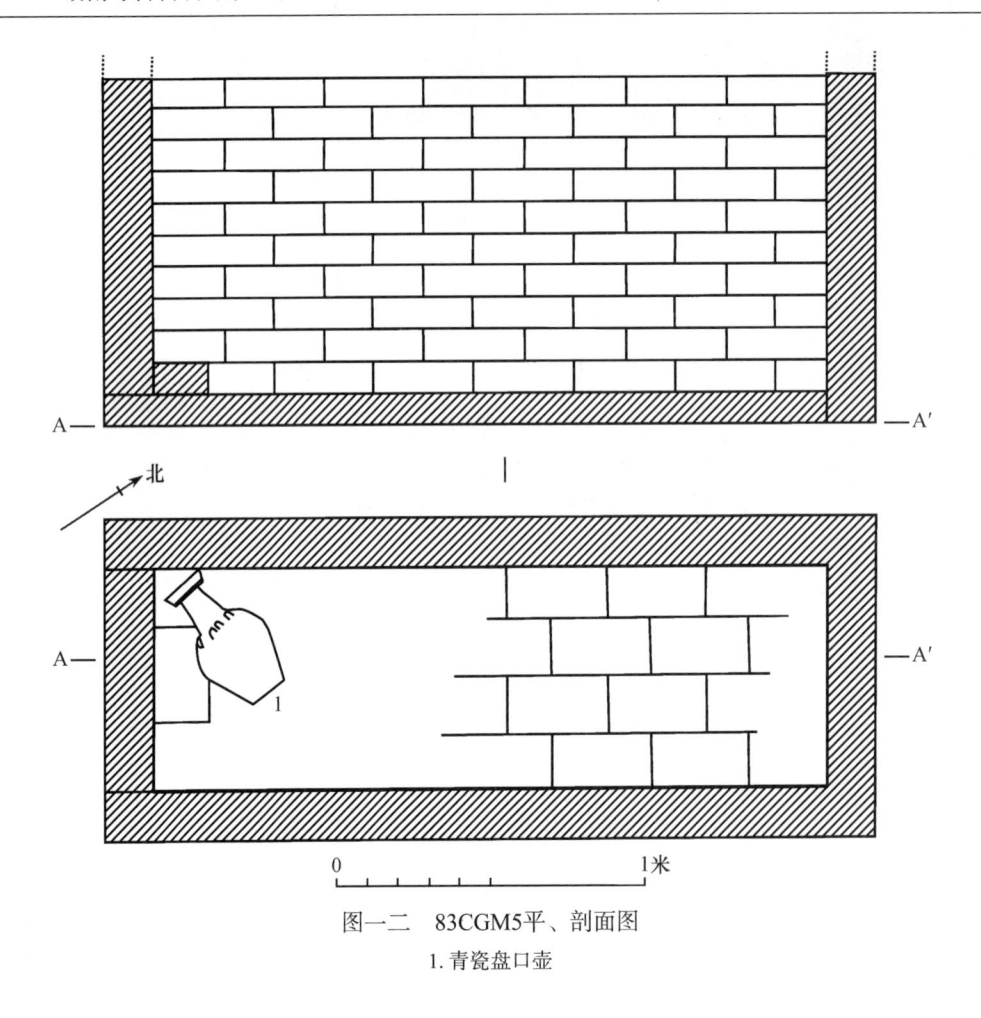

图一二　83CGM5平、剖面图
1.青瓷盘口壶

墓志铭1件、铜钱若干、铁钉若干。铜钱可辨识字为"开元通宝",已锈蚀。在墓葬后部被毁的泥土中,考古人员发现唐大中十三年(859年)纪年墓志(图一三)。

92CJM2　墓室顶部和大部分墓壁被毁,长2.88、宽1.4、残高0.4米,方向350°。墓壁为平砖错缝铺砌。墓底铺砖呈错缝铺砌,与墓壁成直角。墓底两侧可见较多的"丁"字形铁钉,已锈蚀。墓砖未见纹饰,青色,长28、宽14、厚5厘米。墓底有3厘米厚的白色石灰。墓壁外有一层3厘米厚的白色石灰。随葬器物为青瓷碗1件、陶双唇罐1件、铜镜1件、青瓷盏1件、铜钱若干、铁钉若干。铜器已锈蚀,其中铜钱可辨字为"开元通宝"(图一四)。

93CZM4　墓室上部已毁,长3.06、宽1.34、残高0.8米,方向50°。墓壁为平砖错缝叠砌。墓底铺砖为人字形交叉而铺。墓葬底部遗留人骨架和铁钉,铁钉已锈蚀严重。铺地砖上铺垫一层3厘米厚的白石灰。墓壁平砖为青灰色,质地较软,侧面无纹饰,长30、宽15、厚5厘米。随葬器物有陶俑5件、青瓷碗2件、青瓷盒1套、滑石盒2

图一三　88CWM1平、剖面图

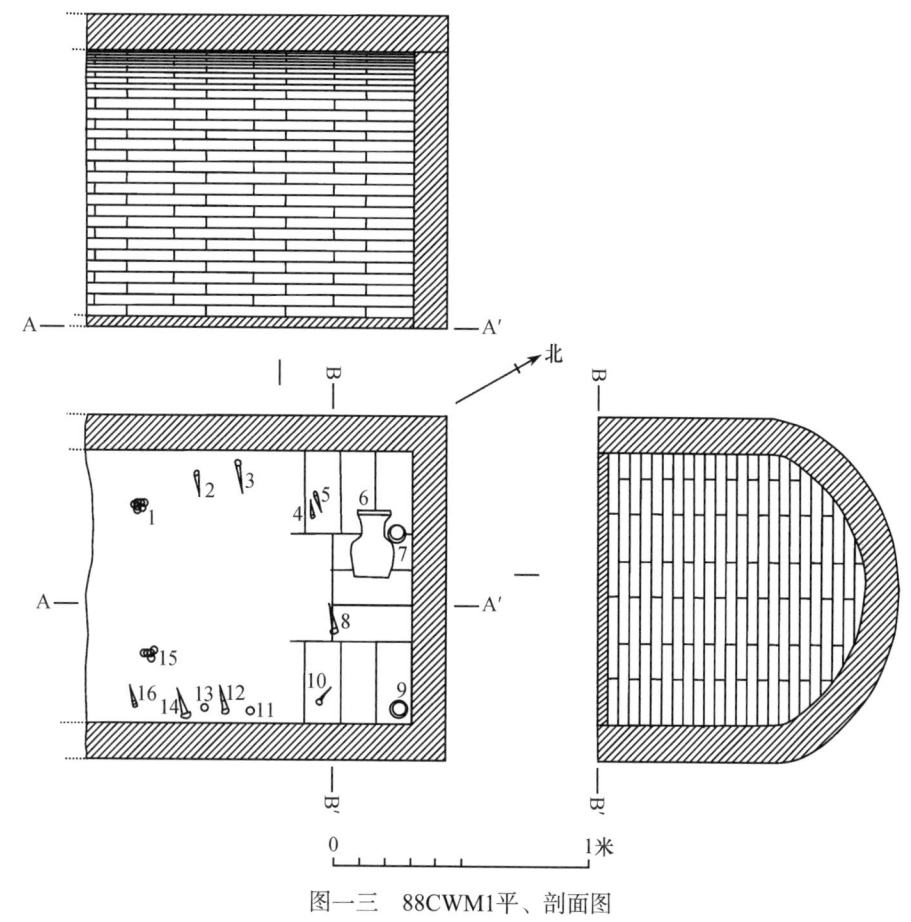

1、11、13、15.铜钱　2~5、8、10、12、14、16.铁钉　6.青瓷盘口壶　7、9.青瓷罐

套、铜煮1套、银钗1件、银盒1套、陶双唇罐1件、蚌壳1件、铜勺1件、木梳2件、铜钱43件。青瓷盒内放置双鱼纹滑石盒、铜勺、蚌壳、木梳。双鱼纹滑石盒内有牡丹纹滑石盒。牡丹纹滑石盒内放红色胭脂粉和纸卷。铜钱为开元通宝，成串放置。木梳腐朽较为严重（图一五）。

93CMM9　墓室后部被毁，残长1.37、宽1.06、残高0.21米，方向180°。墓壁为平砖错缝垒砌。墓底铺砖与墓壁成30°角，错缝平铺。砖长26、宽14、厚5厘米。随葬青瓷碗1件、青瓷罐1件。青瓷罐已被损毁（图一六）。

94CMM24　墓室上部被毁，长3.36、宽1.25、残深0.4米，方向190°。墓壁为平砖错缝垒砌。铺地砖与墓壁成直角，错缝平铺。铺地砖上为棺床，中间平行竖砖，共4个；两侧平砖，各4个。墓底铺砖上有一层薄石灰。墓壁外四周有一层白石灰。墓砖为青色，长28、宽13、厚4厘米，未见纹饰。随葬器物青瓷碗2件、陶双唇罐1件（图一七）。

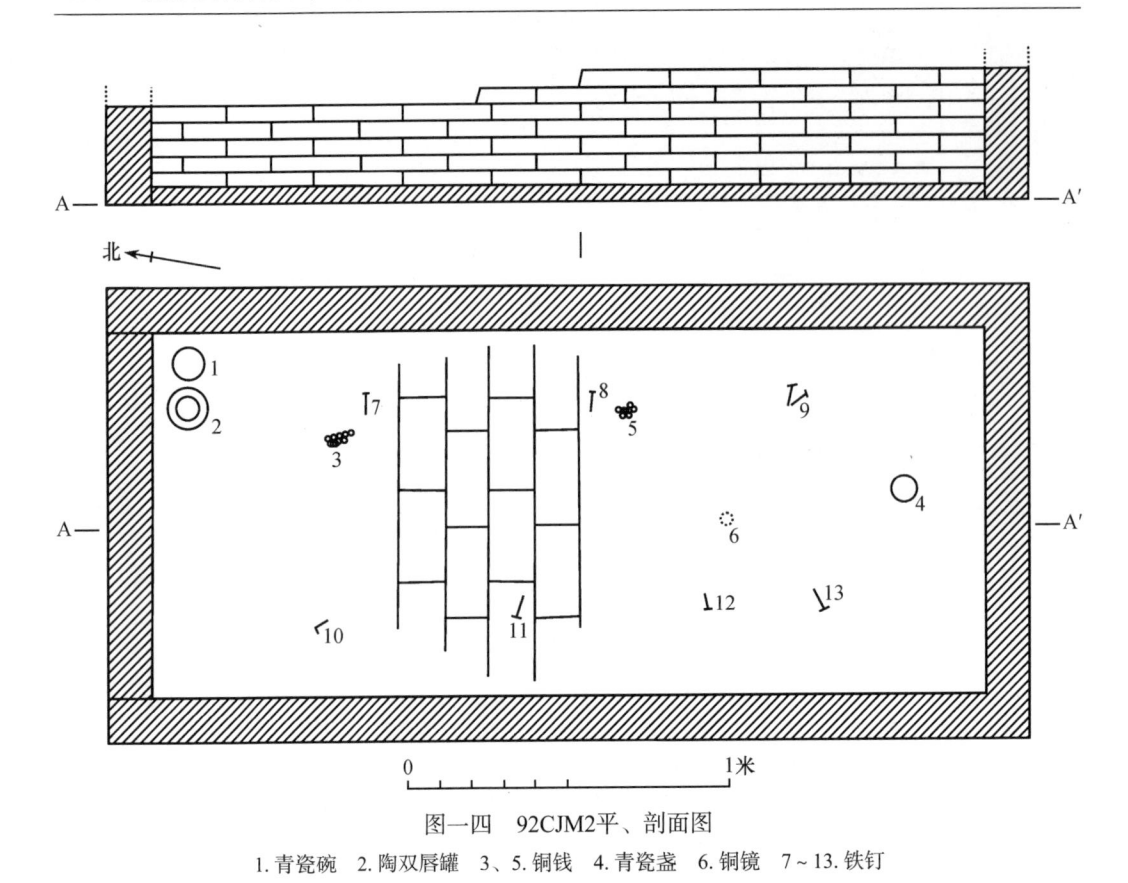

图一四 92CJM2平、剖面图
1.青瓷碗 2.陶双唇罐 3、5.铜钱 4.青瓷盏 6.铜镜 7~13.铁钉

19CLM1 墓壁已毁。发掘时，墓室内填满泥土和少量乱砖，底部为红色细泥。墓室长3.29、宽1.29、残高0.14米，方向127°。墓壁为平砖错缝垒砌。墓底铺砖有错缝铺砌或成排平铺，无规律可循，与墓壁平行。墓室后部的铺地砖上放置一块垫棺砖。墓砖可分为青和红色两类，质地较差，一侧面饰菱形纹，长38、宽18、厚7厘米。随葬青瓷碗1件、青瓷灯1件、青瓷双系罐1件、青瓷盏1件、铜钱2件。铜钱已锈蚀严重，可辨为开元通宝（图一八）。

（二）土坑墓

92CGM3 为长方形土坑墓，长2、宽1.2、残高1.1米，方向90°。墓底两侧多见"丁"字形铁钉，已锈蚀。墓葬周边及底部均有一层薄石灰。随葬器物有青瓷双唇罐1件、青瓷盂1件、铜钱若干。铜钱已锈蚀，可辨为开元通宝（图一九）。

图一五　93CZM4平、剖面图

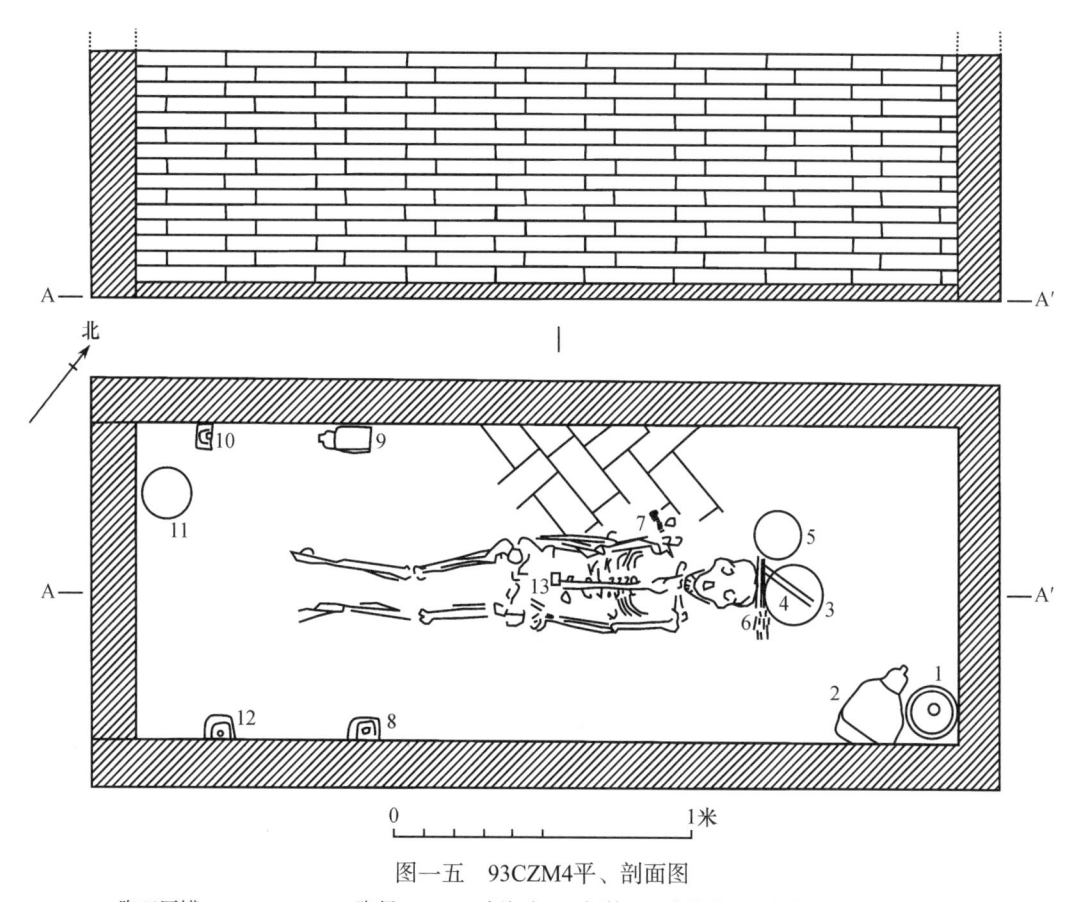

1.陶双唇罐　2、8~10、12.陶俑　3、11.青瓷碗　4.铜箸　5.青瓷盒　6.银钗　7.铜钱　13.银盒

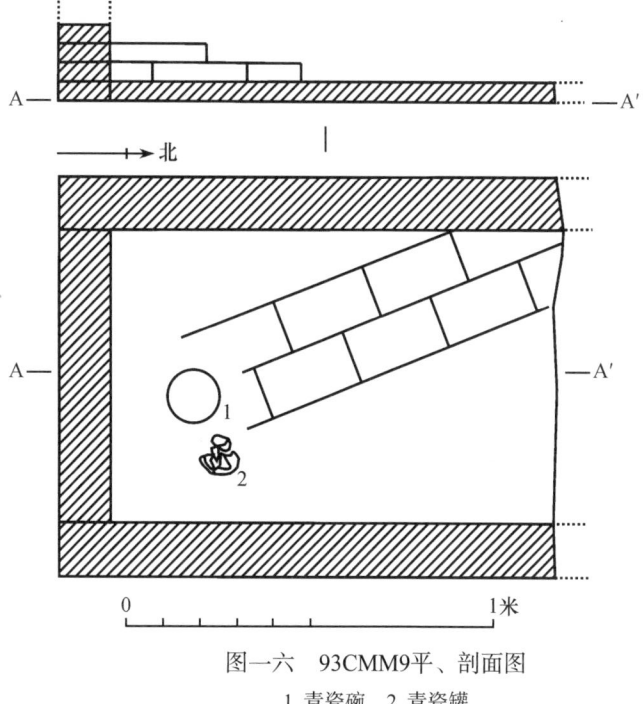

图一六　93CMM9平、剖面图

1.青瓷碗　2.青瓷罐

图一七 94CMM24平、剖面图
1、2.青瓷碗 3.陶双唇罐

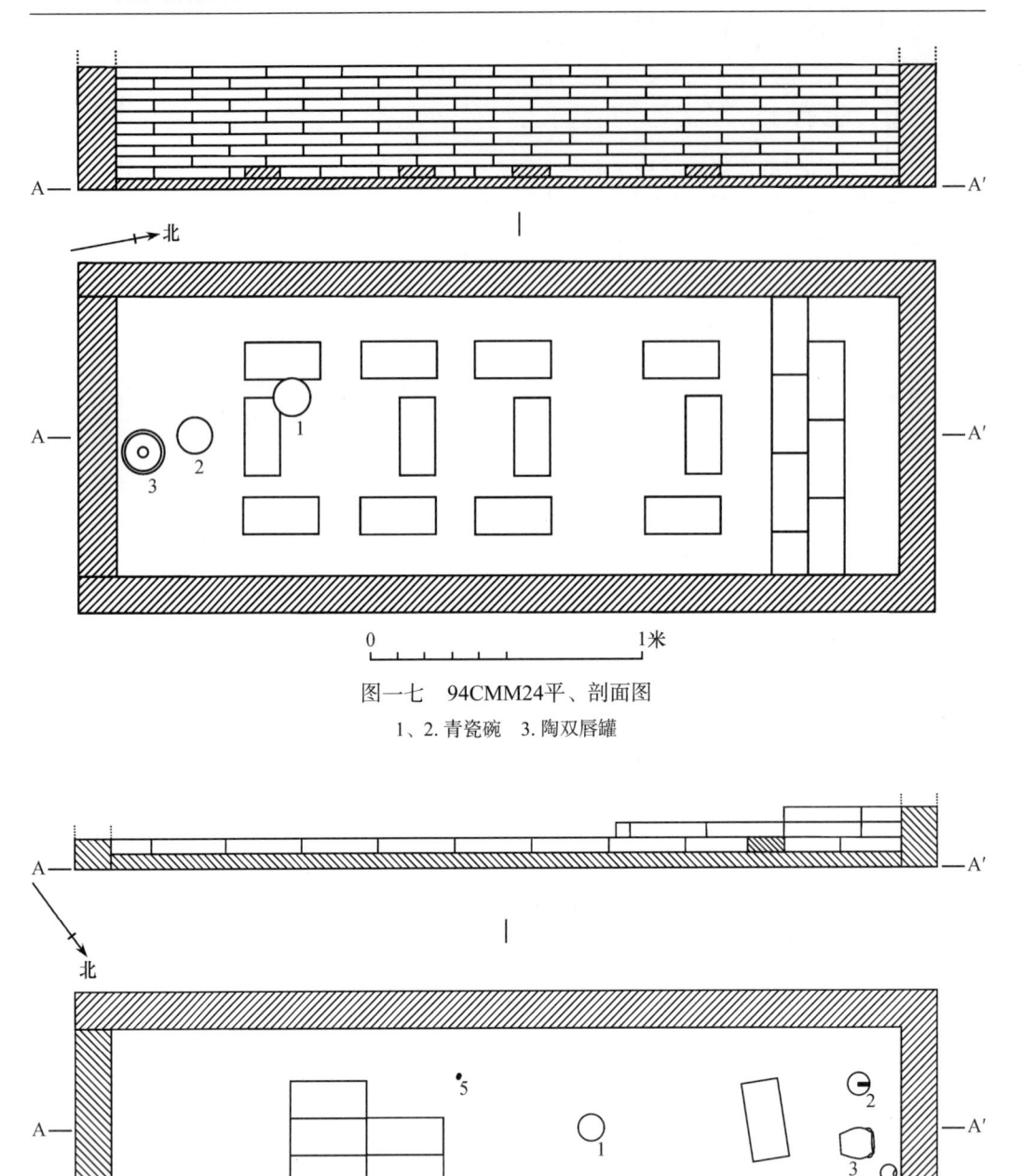

图一八 19CLM1平、剖面图
1.青瓷碗 2.青瓷灯 3.青瓷双系罐 4.青瓷盏 5.铜钱

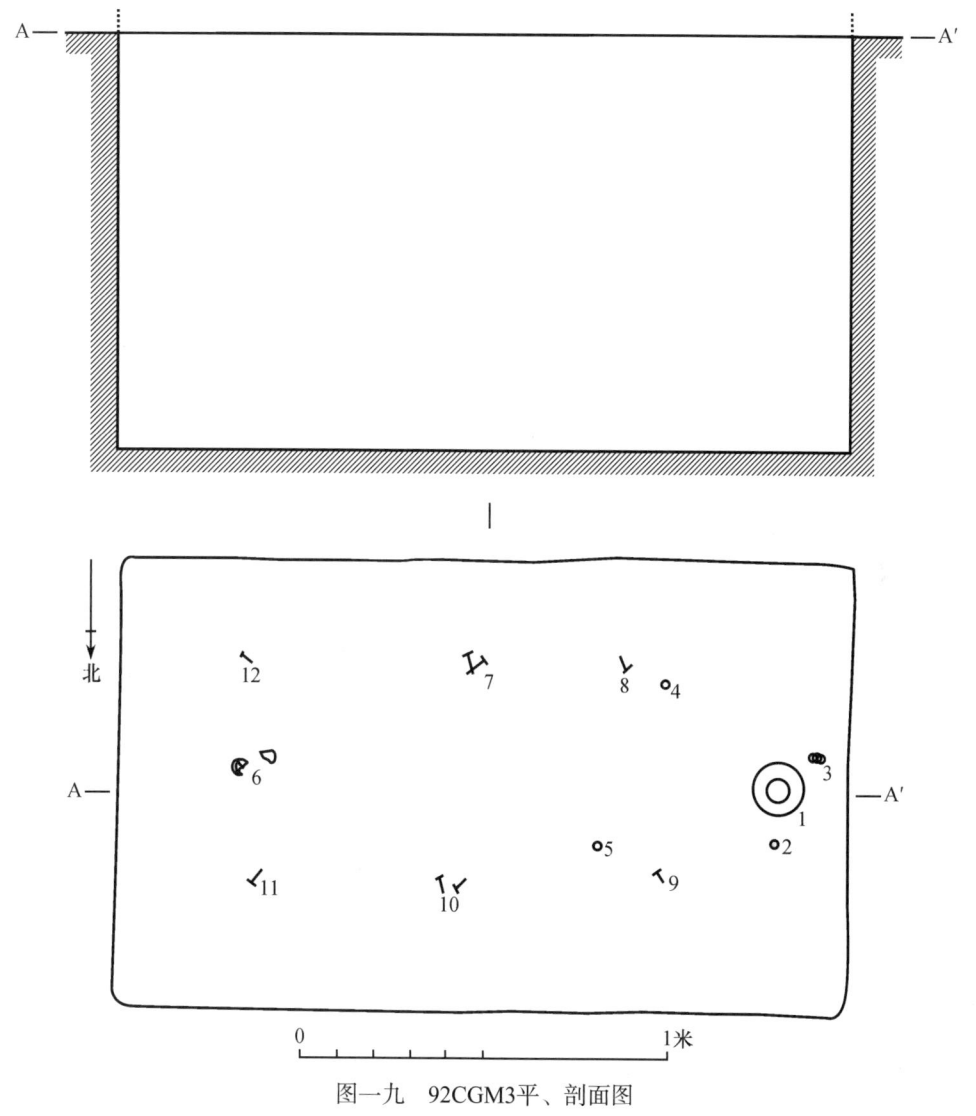

图一九　92CGM3平、剖面图
1.青瓷双唇罐　2~5.铜钱　6.青瓷盂　7~12.铁钉

三、出土器物

出土器物较少，多数墓葬为1件或3~4件，器形单一，除铜钱、铁钉外，共61件（套），器物有青瓷盘口壶、罐、青瓷碗、青瓷钵、青瓷盏、青瓷灯、陶俑等陶瓷器，金属器有铜箸、铜镜、铜钱、银盒等，还有蚌壳盒、滑石盒等。

（一）青瓷器

1. 盘口壶

共10件，盘口内子母凹口。外部施青黄色釉不及底，多数在腹上部呈一条直釉面线。内部釉面线多至颈部中间部分，与外部呈现一样的情况。釉面呈青黄色，开片。胎质坚硬，青灰色。以有无系分为二型。

A型　分为六系和四系。器形无一相同。长颈，鼓腹，平底。肩置半环形六系者，分为一对相互对称和两对相互对称，而肩置四系者为两两对称。外部施釉均不及底。内部施釉均处在颈部上部部分。标本81CSM1∶1，高43.5、口径20、底径13.6厘米（图二〇，7；图版二八，1）。标本83CGM5∶1，高49、口径17.8、底径11.5厘米（图二〇，4；图版二八，2）。标本85CLM4∶1，高45.7、口径16.8、底径12.1厘米（图二〇，8；图版二八，3）。标本86CBM1∶1，高37.2、口径16.5、底径10厘米（图二〇，5）。标本88CDM3∶2，高32、口径13.2、底径9.4厘米（图二〇，1）。标本91CSM2∶1，高31.5、口径14.4、底径11.3厘米（图二〇，2）。标本11CDM4∶1，高38、口径16、底径13厘米（图二〇，9）。标本11CDM5∶1，高37.8、口径16、底径12.8厘米（图二〇，6）。标本12CLM1∶2，高38.2、口径17、底径12.5厘米（图二〇，3）。

B型　无系。标本88CWM1∶6，施青釉至腹部，有流釉现象。高23.1、口径13.6、底径13厘米（图二二，10；图版二八，4）。

2. 碗

9件，其中2件残破。敞口，下收，足有不同。内外施青黄釉，外部青釉不及底。胎质坚硬，为灰白色。以足不同分为二型。

A型　玉璧形足。标本93CZM4∶11，局部烧制变形。高4.6、口径14、底径4厘米（图二一，13）。标本93CZM4∶3，高6.5、口径18.4、底径7.2厘米（图二一，12）。标本94CMM24∶1，葵口花瓣形口沿。高3.9、口径14.4、底径6.4厘米（图二一，1；图版二九，1）。标本94CMM24∶2，高3.9、口径14.4、底径6.4厘米（图二一，8；图版二九，2）。标本19CLM1∶1，高5、口径14.5、底径6.5厘米（图二一，10）。

B型　柄足。标本98CSM2∶3，高3.5、口径12.6、底径3.7厘米（图二一，9）。标本03CJM1∶2，高4.9、口径10.5、底径4.4厘米（图二一，14；图版二九，3）。

图二〇 A型青瓷盘口壶

1. 88CDM3：2 2. 91CSM2：1 3. 12CLM1：2 4. 83CGM5：1 5. 86CBM1：1 6. 11CDM5：1 7. 81CSM1：1
8. 85CLM4：1 9. 11CDM4：1

3. 钵

5件。敞口，下收，平底。内外施青花釉，外部不及底。胎质坚硬，灰白色。以口沿下腹部分为微直腹和斜腹二型。

A型　微直腹。标本81CSM1：3，高4、口径11.2、底径3.8厘米（图二一，2）。标本12CLM1：1，高5、口径11、底径4.2厘米（图二一，4）。

B型　斜腹。标本93CMM9：1，高4、口径13.6、底径4厘米（图二一，7）。标本98CSM2：2，高5.4、口径14.5、底径2.4厘米（图二一，5）。标本11CDM5：2，高5、口径14.9、底径4厘米（图二一，3）。

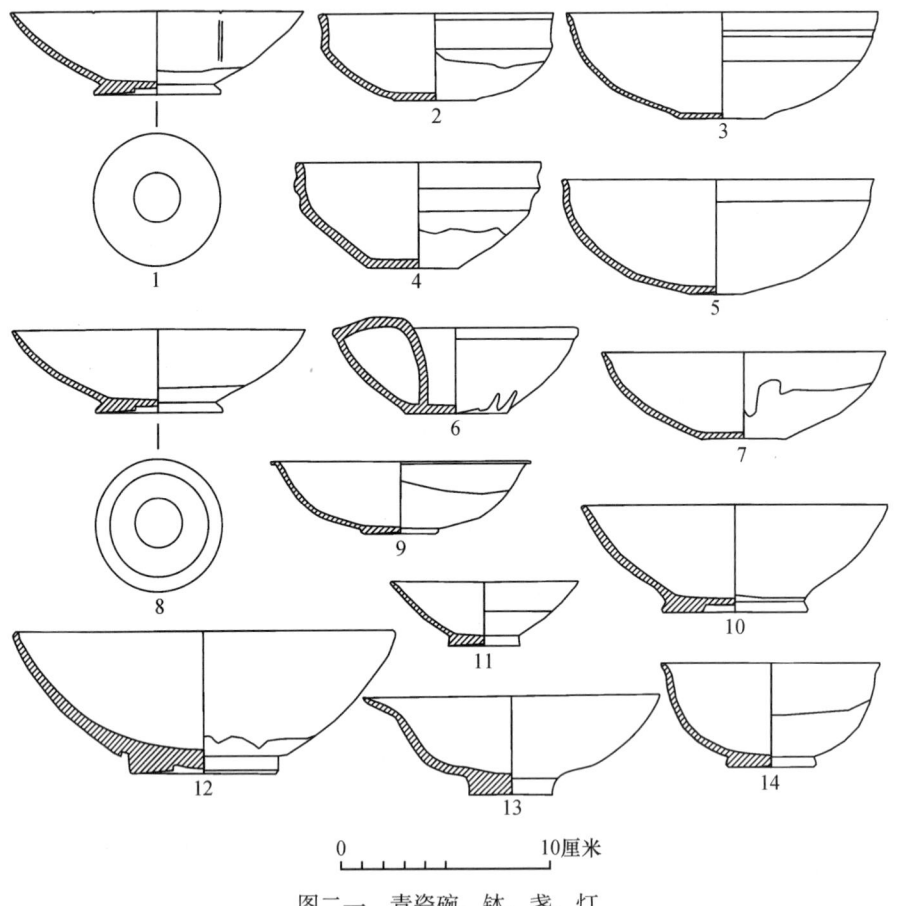

图二一　青瓷碗、钵、盏、灯

1、8、10、12、13. A型碗（94CMM24：1、94CMM24：2、19CLM1：1、93CZM4：3、93CZM4：11）
2、4. A型钵（81CSM1：3、12CLM1：1）　　3、5、7. B型钵（11CDM5：2、98CSM2：2、93CMM9：1）
6. 灯（19CLM1：2）　　9、14. B型碗（98CSM2：3、03CJM1：2）　　11. 盏（19CLM1：4）

4. 灯

1件。标本19CLM1∶2，碗形，内部饰弯曲形纽。胎质坚硬，内外均施黄色釉，外部不及底。高4、口径11.5、底径5厘米（图二一，6）。

5. 盏

2件，其中一件破碎。标本19CLM1∶4，敞口、下收、饼足。内外施青黄釉，外部不及底。胎质坚硬，青灰色。高3、口径9、底径3.5厘米（图二一，11）。

6. 盂

2件。标本91CSM2∶3，敛口，鼓腹，下收，柄足微内凹。高5.9、口径6.4、底径3.6厘米（图二二，11；图版二九，4）。标本92CGM3∶6，残破。敞口，束颈，鼓腹，底内凹。灰色胎质，坚硬。高3.3、口径6.5、底径2.2厘米（图二二，4）。

7. 盒

1套。标本93CZM4∶5，圆形，子母口，上下扣合。器表施青黄釉不及底，开冰裂纹。底露灰白色胎，胎质坚硬。内置铜勺1件、蚌壳盒1套、滑石盒2套、木梳2件。通高7.7、口径15.4厘米（图二三，1）。

8. 罐

3件。其中一件已破碎，余两件大小相同。标本88CWM1∶7，敞口，束颈，微上鼓腹，下收，平底。内外施青黄釉，外部不及底。胎质坚硬，青灰色。高9.4、口径8、底径7.5厘米（图二二，3）。

9. 双系罐

1件。标本19CLM1∶3，圆唇，微敞口，卷沿，腹部上鼓，平底。腹上部饰对称二系。腹部可见多周轮制时的弦纹。胎质坚硬，灰白色。施青黄釉，已剥落。高14.5、口径9.5、底径8.5厘米（图二二，5）。

10. 双唇罐

1件。标本92CGM3∶1，高15.4、内口径9.2、外口径14.4、底径11.2厘米（图二二，9）。

图二二 陶瓷罐、壶、盂
1、2、7、8. 陶双唇罐（92CJM2：2、81CSM1：2、94CMM24：3、93CZM4：1） 3. 青瓷罐（88CWM1：7）
4、11. 青瓷盂（92CGM3：6、91CSM2：3） 5. 青瓷双系罐（19CLM1：3） 6. 青瓷执壶（03CJM1：1）
9. 青瓷双唇罐（92CGM3：1） 10. B型青瓷盘口壶（88CWM1：6）

11. 执壶

1件。标本03CJM1：1，敞口，口沿带流，腹部饰环把手，平底。胎质坚硬，灰白色。内外施青黄釉，不及底，有流釉现象。高9、口径6.1、底径6.2厘米（图二二，6）。

（二）陶器

1. 双唇罐

4件。双口沿，肩附三系或二系，深腹，平底，略内凹，分为施青釉和不施釉。标本81CSM1：2，三系。高9.4、内口径6、外口径8.4、底径7.2厘米（图二二，2）。标本92CJM2：2，高18.5、内口径9.2、外口径13.4、底径11.4厘米（图二二，1；图版二八，6）。标本93CZM4：1，碗状盖。通高25.2、内口径10、外口径15.8、底径12.8厘米（图二二，8）。标本94CMM24：3，三系，钵状盖。通高22、内口径9.7、外口径15、底径12.1厘米（图二二，7；图版二八，5）。

2. 陶俑

跪拜俑　1件。标本93CZM4：2，匍匐跪拜状，头戴圆形平顶帽。身穿长袍。胎质坚硬，青灰色。高6.8、长23.8、宽14厘米（图二三，7；图版二九，5）。

女侍俑　2件。形制相同。标本93CZM4：8（图二三，4；图版二九，7），直立，头巾束成帽形，身着露胸长衫，双手胸口相扣，束带下垂。身体丰满。微闭嘴，目平视。胎质坚硬，青灰色。标本93CZM4：9（图二三，3）与此同。高23、最宽6.8、最厚4厘米。

男侍俑　2件。形制相同。标本93CZM4：12（图二三，8；图版二九，6），直立，头戴尖帽，束领，双手胸口相扣，长袍，束胯。脸丰满，嘴闭，目前视。胎质坚硬，青灰色。标本93CZM4：10（图二三，9）与此同。高23.6、最宽6.8、最厚4厘米。

（三）墓砖铭

墓志铭　1件。标本88CWM1：17，无盖，青石制作，呈长方形，长59、宽38.2、厚5.4厘米（图二四）。上方两侧呈不对等的斜角，夹对称的凤凰和云起纹，两侧对称几何纹。墓志文，共27行，每行多是16字。竖间行直，横间行稍直。字为楷书。现将志文抄录如下：

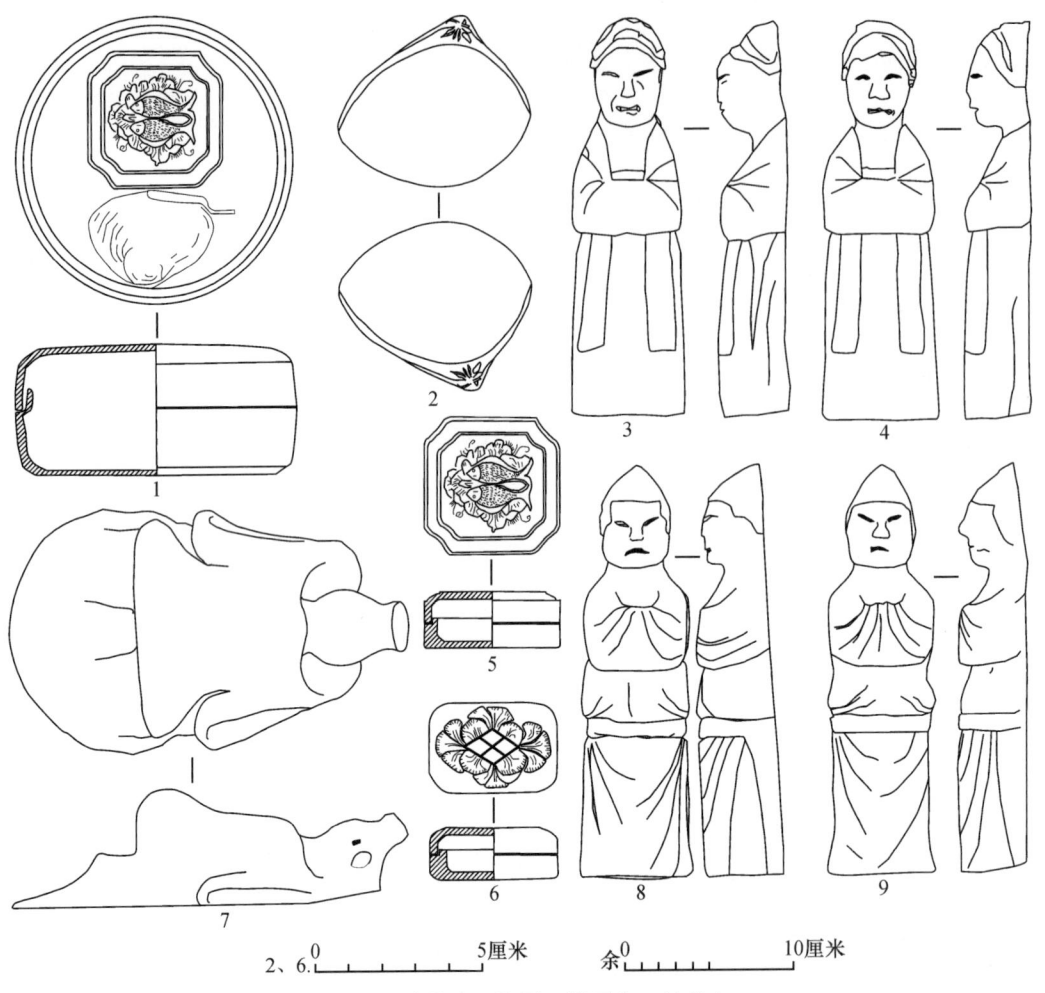

图二三　青瓷盒、陶俑、滑石盒、蚌壳盒

1. 青瓷盒（93CZM4：5）　2. 蚌壳盒（93CZM4：5-1）　3、4. 陶女侍俑（93CZM4：9、93CZM4：8）　5、6. 滑石盒（93CZM4：5-2、93CZM4：5-3）　7. 陶跪拜俑（93CZM4：2）　8、9. 陶男侍俑（93CZM4：12、93CZM4：10）

曹府君墓志

谯郡曹，论第十，字光符，贞元五年二月六日生于桂阳郡州宅。幼初竖仕，长及冠年，于乡党驯驯，或刚或列或自柔，自和不常矣。三代祖已上，不果一一连继。祖珎不官，性居闲穰，而自敝饰。至先人璀舍园林而投宰牧，署以州僚，位之止，首官之试衔卫亦司马。母曰宇氏，嫡室先婚，李氏操没，再娶颍川陈氏四娘。光符纔十九，著当州辕门，累迁押衙，勋兼云骑，务主都虞，统榷衙首，州巡内平阳、永贞、相次、场镇、七关总并专榷，握管，其于制民物杂仕，庶之人亦仰亦谈。昆仲相次三有子六人，并观至冠年婚冔如礼，幸无缺耳。男孙续嗣已越十童，息亦见矣。女有五人，长次迤逦，各适何、毕、廖、石四氏，唯一小人未俟及人。凡居世立职，幸免□泄之虞，产利勤业，乡间次亚二三，娱周游，生之亦不乏矣。至唐大中十二年，年七十，十二月染疾患未逾旬，至二十八日早晨终逝于郴州遵化坊本宅，葬于郡之西郭五里路北，郴县唐昌乡地，名武昌岗东流下安居宅地。近先人坟右，后生代吉凶之礼，亦随丰伦依周制焉，事之略录用记泉途，后观久睹庶为食言。大中十三年岁次己卯正月戊午朔二十七日甲申，长子礼屏哀猥率自书铭传。次子恪夫、侗夫、全夫、褐夫、亚夫。书人廖勋。镌人安君从。

在《新唐书》《旧唐书》中均无曹光符传，但根据墓志铭记述，可以得知墓主人曹光符基本情况。曹光符，出生于唐贞元五年（789年），在家排行第十，其祖上为今安徽亳州人，后迁移居住在郴州城内的遵化坊。光符十九岁当下级军官，巡守郡域内。之后先娶李家女，不幸去世，再娶颍川陈氏家族陈四娘。育有六男和五女，男均娶妻生子，已有孙子十人；女分别嫁给何、毕、廖、石姓家族，其中最小的未长大。光符于唐大中十二年（858年）去世，葬于郴州西五里路北，现今此地叫五里堆，当时属郴县唐昌乡管辖。唐大中十三年（859年）由长子撰写该铭文，镌刻者为安君从。墓主旁边有先人之墓。1988年市文物工作队进行抢救性发掘，此时工地已被破坏，未见右边有墓葬相傍。

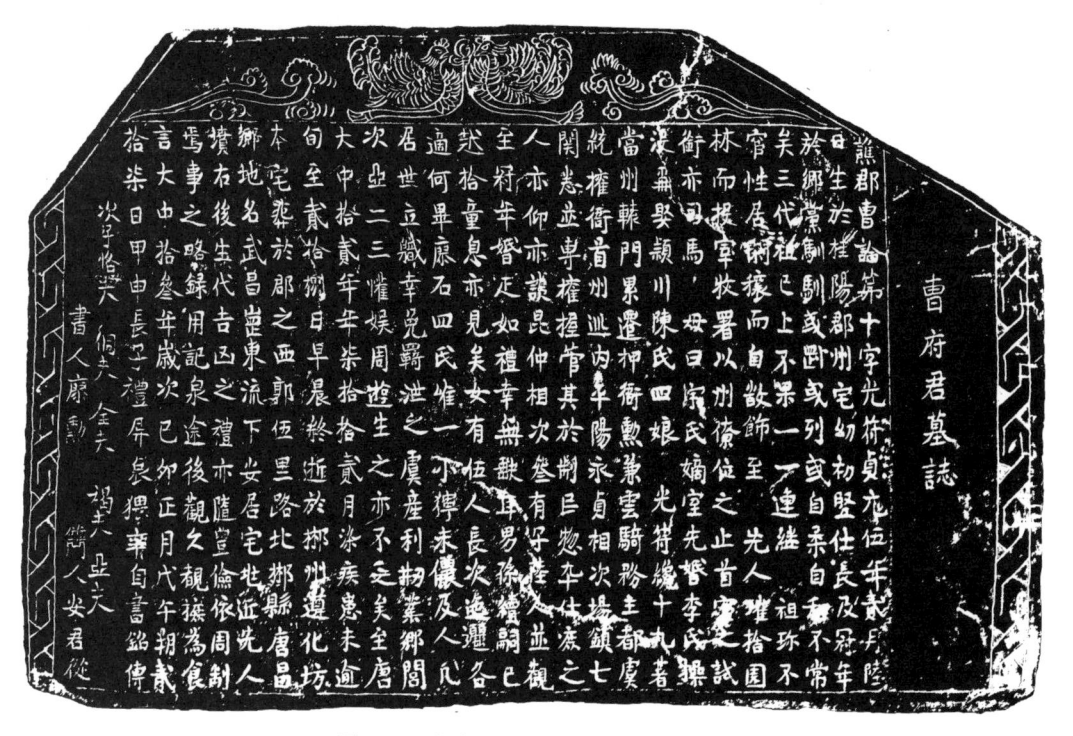

图二四 墓志铭拓片（88CWM1：17）

（四）金属器及其他

蚌壳盒　1套。标本93CZM4：5-1，为天然采集，上下两半，周边均被磨平扣合。放置在青瓷盒内。最高3.9、腹径6.2厘米（图二三，2；图版三〇，4）。

滑石盒　2套。标本93CZM4：5-2，委角近方形，子母口，上下扣合。盖面雕刻荷叶双鱼纹，线条流畅、精美。呈灰白色。内放置一件牡丹纹滑石盒。通高3.2、长8、宽7.8厘米（图二三，5；图版二八，7）。标本93CZM4：5-3，长方椭圆形，子母口，上下扣合。盖面雕刻精细的牡丹花纹。呈灰白色。内有卷纸和红色胭脂。通高1.5、长3.8、宽2.6厘米（图二三，6；图版二八，8）。

木梳　2件。已腐朽。标本93CZM4：20，黑色，半月形，梳齿细密。放置在青瓷盒内。长2.4、宽1、厚0.1厘米。

铜勺　1件。标本93CZM4：5-4，器形小巧，勺面近平的椭圆形，柄部分较宽，末端呈尖状。长5.4厘米（图版三〇，3）。

铜镜　4件，其中2件锈蚀。标本98CSM2：1，圆形，圆纽，圆纽座。以锯齿纹窄棱相隔内外区。内区饰四瑞兽纹，瑞兽两两相对，呈奔驰状。外区有铭文一周，铭文：花发无冬夏，临台晓夜明，偏识秦楼意，能照玉妆成。锯齿纹缘。直径11、边厚0.6厘米（图二五，1；图版三〇，1）。标本03CJM1：3，圆形，环形纽。直径3.2、边厚0.5厘米（图二五，2）。

铜箸　1套2件。标本93CZM4：4，细长形，横截面为圆形，锈蚀严重，残断。一件长25.8厘米，另一件长26.6厘米（图二五，4）。

铜钗和银钗　2件。其中铜钗已锈蚀。标本93CZM4：6，银钗，簪头圆球焊接而成，由两股组成，一股末端弯曲。残长18.2、直径0.2厘米，重7.7克（图二五，3；图版三〇，2）。

银盒　1件。标本93CZM4：13，微残，扁圆形。子母口，上下扣合。通高1.4、直径4厘米（图二五，5）。

开元通宝铜钱　仅保存相对完好共43件，以"开"和"元"字字体不同，可分为二型。

A型　"开"字体粗壮，"元"字较矮。标本93CZM4：7-1，直径2.2、内孔边长0.7、厚0.2厘米（图二五，6）。

B型　"开"字体瘦，"元"字较长。标本93CZM4：7-2，尺寸同标本93CZM4：7-1（图二五，7）。

图二五 金属器及墓砖纹饰
1、2.铜镜（98CSM2∶1、03CJM1∶3） 3.银钗（93CZM4∶6） 4.铜箸（93CZM4∶4）
5.银盒（93CZM4∶13） 6、7.铜钱（93CZM4∶7-1、93CZM4∶7-2） 8~10.铭文砖（81CSM1）
11.花纹砖（12CLM1）

四、结　语

　　这个时期墓葬中，砖室墓是主流，分为"凸"字形和长方形，其中"凸"字形是南朝墓葬特征的延续和继承。"凸"字形砖室墓多随葬青瓷带系的盘口壶，又区别于南朝低矮的盘口壶，高度超过35厘米，最高接近50厘米，类型各有不同，几乎每座墓葬都有出土。外施釉面线多在腹部，存在非常明显的釉、胎分界面。A型盘口壶特征多为隋代，而在长沙咸嘉湖[3]、岳阳桃花山[4]唐代初期墓葬就有出土。由于隋代墓葬缺乏准确的纪年器物，仅85CLM4青瓷盘口壶、12CLM1墓砖纹饰在湘阴隋大业六年墓[5]有类似的出土。出土该器物的墓葬，年代应为隋代时期，例外的是长方形墓随葬青瓷盘口壶，如83CGM5。

　　长方形墓葬中器物有唐代特征：玉璧足形碗、开元通宝铜钱。随葬开元通宝铜钱的墓葬有88CWM1、92CJM2、93CZM4、19CLM1，比对93CZM4出土铜钱，应为唐武德年的类型。随葬玉璧足形碗的墓葬有93CZM4、94CMM24、19CLM1。另外88CWM1随葬B型盘口壶，在耒阳唐代墓（M227∶1）[6]与武昌唐代晚期墓（M528∶4）[7]内有类似的器物，以此看该墓葬可能到唐代晚期，与该墓唐大中十三年（859年）的时间相吻合。权奎山先生根据对南方隋唐长江中游墓葬研究[8]，认为唐代晚期墓葬中才有青瓷灯随葬，19CLM1随葬器物符合唐晚期的特点。以上证明，这种类型的墓葬应该为唐代时期，宋明亦在延续。在此时期墓葬中，仅见随葬开元通宝铜钱的98CSM2、03CJM1两座墓葬为"凸"字形墓，后壁的砖柱或宝塔造型有资兴唐代前期墓[9]的特点，两者还有铜镜随葬，前者在长沙唐代墓葬有出土[10]，后者在长沙南朝墓有类似的发现[11]，可见此墓葬形制持续至唐代。83CGM5有这个区域唐代墓葬特征，又随葬青瓷盘口壶，该墓年代应在唐初时期。93CZM4滑石盒在偃师杏园唐代晚期李存墓有类似出土（M2954∶3）[12]，还有唐代流行贝壳（蚌壳）盒。齐东方先生研究贝壳一文中[13]，认为隋唐利用贝壳为器物十分普遍，主要分布在西安、洛阳一带及周边区域，其他区域相对较少，似乎比较珍贵，如洛阳杏园唐代早期宋思真墓（1041∶10）和中期李荣初墓（M111∶6）出土类似的器物[14]。93CZM4是该区域目前唯一一座随葬陶俑的墓葬，依据两湖唐墓出土陶俑时间在唐代早和中期这段时间综合来看，93CZM4属于唐代中期墓较为合适。随葬青瓷盒内放置脂粉盒、妆具、饰品等性别明显的器物，有中原区域盛行蚌壳盒随葬，亦有牡丹纹滑石盒，首先墓主人为女性，其次可能从中原移民而来。

　　墓葬年代分为四个时期，第一期为隋代时期，多为"凸"字形墓葬；第二期为唐代前期，墓葬有83CGM5、98CSM2、03CJM1；第三期为唐代中期，长方形墓葬多为这个时期；第四期为唐代晚期，有88CWM1、19CLM1。墓葬形制单一，以单室券顶为主，土坑墓少见，应为一般民众所有。随葬品形制较为简单，多为青瓷器，隋唐时期情况有所不同，前者几乎为清一色的青瓷器，后者陶和瓷兼有，特别在唐墓中未见较鲜明的长沙窑瓷器。器物中有一特殊现象——随葬双唇罐，俗称泡菜坛，隋代墓葬仅有81CSM1中出土，其他均在唐代墓葬中，长沙唐代墓葬亦有出土[15]，有代替盘口壶的现象。《隋书·礼仪志》载："开皇初，高祖思定典礼。……其丧纪，上自王公，下逮庶人，著令皆为定制，无相差越。……棺内外不得置金银珠玉。"在这批隋代墓葬中未见金银玉石器，应该是受南朝丧葬特点的影响。相比隋代，唐代有更加严格的丧葬制度，如韶关张九龄墓规模宏大、结构复杂[16]，郴州多为长方形单室墓，墓室狭窄，因此存在丧葬程序的区别。与周边区域墓葬相比，粤北乳源泽桥山隋唐墓有单室、双室、三室墓葬[17]，墓底铺砖为"两纵两横"及随葬器物，这些都显示与郴州不同的丧葬状况。砖室墓多数墓壁为平砖砌筑，仅11CDM4和12CLM1较为特殊：一层横平砖和一层竖平砖垒砌。长江中游区域隋唐墓葬、器物与郴州情况多有类似，权奎山先生论证由人为划分政区的因素造成：岭南地区属岭南道范围；长江中游含江南西道大部和山南东道以及淮南道西部。不同的政区管辖，文化上产生差异。岭北的耒阳、郴州、资兴、临武、蓝山与岭南的韶关、乳源、英德等不同的墓葬类型和随葬器物，最为明显的差异：粤北区域出土青瓷罐和湘南随葬青瓷盘口壶。郴州、资兴隋唐盘口壶为长江中游区域隋唐文化传播的一部分，与粤北韶关、乳源形成一条明显的文化分界线。

墓葬分散，未有聚族而葬的特点，显示出当时的郴州世家族属难以壮大，证实人口流动的频繁。墓砖长、宽、厚不一，最长有40厘米，而短者16厘米，制作上没有形成统一的规格，这也与人口流动、家族力量有关。第一、二期和第三、四期墓砖长度以30厘米为界线，前者超过此数值，后者多数小于这个数值。资兴隋代和唐代前期砖室墓[18]（M87、M181、M456）墓砖长度与第一、二期墓葬相同。临武唐代前期砖室墓[19]有此情况。至此，可通过墓砖长度初步区分隋、唐墓葬。墓砖颜色多为红色，质地较差，侧面多有方格纹，延续南朝墓葬砖纹饰特点。墓砖带菱形纹的墓葬有83CGM5、85CLM4、86CBM1、88CDM3、91CSM2、98CSM2、03CJM1、11CDM4、11CDM5、12CLM1、19CLM1，占该时期墓葬的一半，说明当时延续南朝烧制砖的技术。不过，还有一半墓葬的墓砖没有纹饰，隋唐应该是郴州区域墓葬风俗的转变时期。到宋代，墓砖已未见有纹饰装饰[20]。少量的墓砖有文字，81CSM1墓砖：曹髃一、邓净鉴、康玄庆；83CGM5墓砖：段书成；03CJM1墓砖：曹威；12CLM1墓砖：

廖；98CSM2墓砖：仁、恭，应多为墓砖的制作者。六朝墓葬中墓砖有"曹"字出现，隋唐还有这样的情况。81CSM1和03CJM1墓砖有"曹"字，同时相同的铺地砖方式、墓室方向、墓砖规格，但不在一个区域内埋葬，可能存在一个专门制作砖和砌筑砖室墓的"曹"姓家族。在清代氏族资料中，光绪《郴州直隶州乡土志》记载曹姓世代居住郴州，唐代后期"唐建中时，制北湖孽螭"，时间上相互对应，以此推测与上述"曹"姓为一个家族。

墓葬分散在古道周边区域，成为古人理想的丧葬场所。郴州与北上长安的长沙、武昌或南下广州的韶关、乳源古道沿线上隋唐墓葬分布相衔接。粤北韶关一带是广东隋唐墓葬分布最多的区域，其次是广州区域；湘南郴州一带集中这个时期的墓葬，而长沙最多，正好处在当时的湘粤古道之上。有学者研究湘粤古道变迁[21]，其中对唐宋路线走向，以郴州—宜章—乐昌为主要过岭路线。不过，还有郴州—临武—乐昌或乳源路线，在这一时期亦应是主要的路线。

附记：这批墓葬资料发掘时间跨度长，最长时间至今已有40年，限于当时的发掘条件，为此专门与参与发掘者进行交流，弥补其中信息的缺失。参与发掘者有的已退休或去世，在此将尘封已久的考古资料整理发表，以对他们辛苦的工作表示感谢。同时感谢单位同人：郑延庆、胡仁亮、曹国军、陈洪斌、潘亮明等给予的帮助和支持。绘图由秦小军、龙福廷、唐涛、崔志祥、罗胜强完成。

执笔：罗胜强　吴艾妮

注　释

［1］（清）朱偓修，陈昭谋纂：《郴县县志》（第二册），湖南日报社资料组复印，1984年，首页。

［2］郴州地区文物工作队：《湖南郴州发现唐代水井》，《考古》1987年第2期，第114~118页。

［3］湖南省博物馆：《湖南长沙咸嘉湖唐墓发掘简报》，《考古》1980年第6期，第506~511页。

［4］岳阳市文物考古研究所：《湖南岳阳桃花山唐墓》，《文物》2006年第11期，第48~60页。

［5］熊传新：《湖南湘阴县隋大业六年墓》，《文物》1981年第4期，第39~43页。

［6］衡阳市文物工作队：《湖南耒阳城关六朝唐宋墓》，《考古学报》1996年第2期，第237~277页。

［7］权奎山：《中国南方隋唐墓的分区分期》，《考古学报》1992年第2期，第147~184页。

［8］权奎山：《中国南方隋唐墓的分区分期》，《考古学报》1992年第2期，第147~184页。

[9] 湖南省博物馆：《湖南资兴隋唐五代宋墓》，《考古》1990年第3期，第223～230页。
[10] 周世荣：《铜镜图案——湖南出土历代铜镜》，湖南美术出版社，1987年，第129页。
[11] 湖南省博物馆：《湖南出土铜镜图录》，文物出版社，1960年，第113页。
[12] 中国社会科学院考古研究所：《偃师杏园唐墓》，科学出版社，2001年，第225页。
[13] 齐东方：《贝壳与贝壳形盒》，《华夏考古》2007年第3期，第83～91页。
[14] 中国社会科学院考古研究所：《偃师杏园唐墓》，科学出版社，2001年，第78、153页。
[15] 周世荣：《长沙唐墓出土瓷器研究》，《考古学报》1982年第4期，第509～523页。
[16] 广东省文物管理委员会、华南师范学院历史系：《唐代张九龄墓发掘简报》，《文物》1961年第6期，第45～51页。
[17] 广东省文物考古研究所：《乳源泽桥山六朝隋唐墓》，文物出版社，2006年，第171页。
[18] 湖南省博物馆：《湖南资兴隋唐五代宋墓》，《考古》1990年第3期，第223～230页。
[19] 龙福廷：《湖南临武县发现唐代纪年墓》，《南方文物》1997年第4期，第21、22页。
[20] 郴州市文物管理处、郴州市博物馆：《湖南郴州宋代墓葬考古发掘报告》，《湖南考古辑刊（第13集）》，科学出版社，2018年，第150～166页。
[21] 吴艾妮：《湘粤古道的历史变迁》，《中国历史地理论丛》2019年第4辑，第143～157页。

附表　郴州隋唐墓葬统计表

墓号	地点	时代	墓向/(°)	墓葬形制	墓室（长×宽-深)/米	出土器物（件或套）
81CSM1	苏仙桥东面山坡	隋	0	"凸"字形砖室墓	3.68×1.38-（残）1.5	青瓷盘口壶1、陶双唇罐1、青瓷钵1
83CGM5	桂门岭劳动路矿冶厂围墙外	唐	32	长方形砖室墓	2.52×0.7-1.1	青瓷盘口壶1
85CLM4	地区建材公司基建工地	隋	180	"凸"字形砖室墓	5.2（残）×1.8-0.52（残）	青瓷盘口壶1
86CBM1	下湄桥变电站	隋	25	"凸"字形砖室墓	4.28×1.66-2.3	青瓷盘口壶1
88CDM3	郴州市丁家坳渡槽	隋	350	"凸"字形砖室墓	3.1（残）×1.43-1.8	青瓷碗1、青瓷盘口壶1
88CWM1	五里堆路省少管所基建工地	唐	210	长方形砖室墓	1.42（残）×1.32-1.2	青瓷盘口壶1、青瓷罐2、墓志铭1、铜钱若干、铁钉若干
91CSM2	狮马洞地区烟叶复烤厂	隋	350	"凸"字形砖室墓	3.32×1.22-0.7（残）	青瓷盘口壶1、青瓷盂1、铜镜1
92CJM2	江西岭香花路电厂家属区工地	唐	350	长方形砖室墓	2.88×1.4-0.4（残）	青瓷碗1、陶双唇罐1、青瓷盏1、铜镜1、铜钱若干、铁钉若干

续表

墓号	地点	时代	墓向/(°)	墓葬形制	墓室（长×宽-深）/米	出土器物（件或套）
92CGM3	市钢管厂基建工地	唐	90	长方形土坑墓	2×1.2-1.1	青瓷双唇罐1、青瓷盂1、铜钱若干、铁钉若干
93CMM9	磨心塘环城南路工地	唐	180	长方形砖室墓	1.37（残）×1.06-0.21（残）	青瓷钵1、青瓷罐1
93CZM4	竹叶冲建筑质监站工地	唐	50	长方形砖室墓	3.06×1.34-0.8（残）	陶双唇罐1、陶俑5、青瓷碗2、铜箸2、青瓷盒1、滑石盒2、蚌壳1、铜勺1、木梳2、银盒1、银钗1、铜钱43
94CMM24	磨心塘环城南路工地	唐	190	长方形砖室墓	3.36×1.25-0.4（残）	青瓷碗2、陶双唇罐1
98CSM2	燕泉路第三建筑工程公司	唐	358	"凸"字形砖室墓	4.62×1.68-1（残）	铜镜1、青瓷碗1、青瓷钵1、铜钗1、铜钱4
03CJM1	桔井路苏仙区工行综合大楼	唐	185	"凸"字形砖室墓	2.9（残）×1.3-0.94（残）	青瓷执壶1、青瓷碗1、铜镜1、铜钱3
11CDM4	梨树山肖家岭乐民苑工地	隋	10	"凸"字形砖室墓	4.28×1.36-0.64（残）	青瓷盘口壶1
11CDM5	梨树山肖家岭乐民苑工地	隋	5	"凸"字形砖室墓	4.1×1.6-1.26（残）	青瓷盘口壶1、青瓷钵1
12CLM1	骆仙路恒大华府工地	隋	0	"凸"字形砖室墓	5.22（残）×2.1-1.26（残）	青瓷盘口壶1、青瓷钵1
19CLM1	梨树山黄泥滩工地	唐	127	长方形砖室墓	3.29×1.29-0.14（残）	青瓷双系罐1、青瓷灯1、青瓷碗1、青瓷盏1、铜钱2

The Report on Excavation of Tombs of the Sui-Tang Period in Chenzhou City, Hunan

Chenzhou Museum

Abstract: A total of 18 tombs dating back to the Sui-Tang period have been recently excavated inside the Chenzhou City. All of them are distributed on the hills in city's outskirts, and are related to the Xiang-Yue ancient pathways. These tombs can be divided into two groups; namely, shaft-pit tombs and brick-chamber tombs. Among them, brick-chamber is the majority. In terms of the layout, these tombs can be classified into two types: tu (凸) shape and rectangular shape. With regard to the date, the tu shaped tombs should date proximately back to the Sui period; some of them might even date back to as late as the early Tang period. In contrast, rectangular shaped tombs mostly date back to the Tang period and could be subdivided into four phases. Among them, the majority dates back to the Sui and middle Tang period. The assemblage of burial goods is relatively simple, including mostly celadons. In addition, while the burial goods in Sui tombs are all celadons, pottery and porcelains are both included in Tang tombs. Most of these tombs are single-chamber burials with barrel vaulted ceiling and similar layout design. By synthesizing all lines of evidence together, we argue that these tombs belong to commoners. Moreover, the boundary of administrative units might have created a marked cultural boundary evidenced in this case. The celadon jars found in southern Hunan appear to stand in a sharp contrast with the pankou (dish-shaped mouth) *hu* celadons that were found mostly in northern Guangdong.

Keywords: Chenzhou; Sui-Tang Period; Tomb

湖南永州黄阳司横窑山北宋窑址发掘简报

湖南省文物考古研究院
永州市博物馆
科技考古与文物保护利用湖南省重点实验室

[摘　要]　2007年3～5月，湖南省文物考古研究所对永州黄阳司横窑山窑址进行了抢救性考古发掘，虽没有发现窑床及相关遗迹，应是窑渣废弃堆积，但出土了较多北宋时期青瓷标本，年代应为北宋中期。横窑山窑址所在的黄阳司窑（钱家洲古窑址）属于衡州窑系，见证着北宋早中期以衡州窑为代表的青瓷窑业技术向外扩散、发展的一个重要历史过程。

[关键词]　横窑山窑址；北宋中期；衡州窑；窑业技术

钱家洲古窑址位于湖南省永州市冷水滩区黄阳司镇钱家洲村瓦窑山组，西距黄阳司镇约1.2千米[1]。湘江自西向东蜿蜒而过，在黄阳司镇附近拐了一个大弯，钱家洲古窑址就分布在湘江右岸三角洲地带（图一）。钱家洲古窑址由5座窑址和1处窑渣废弃堆积组成，分别编号为堆子岭窑址、横窑山窑址、瓦窑山1～4号窑址。堆子岭窑址在湘江河边上，原为圆形小山包，被村民建房破坏。横窑山窑址在台地中部，长条状土

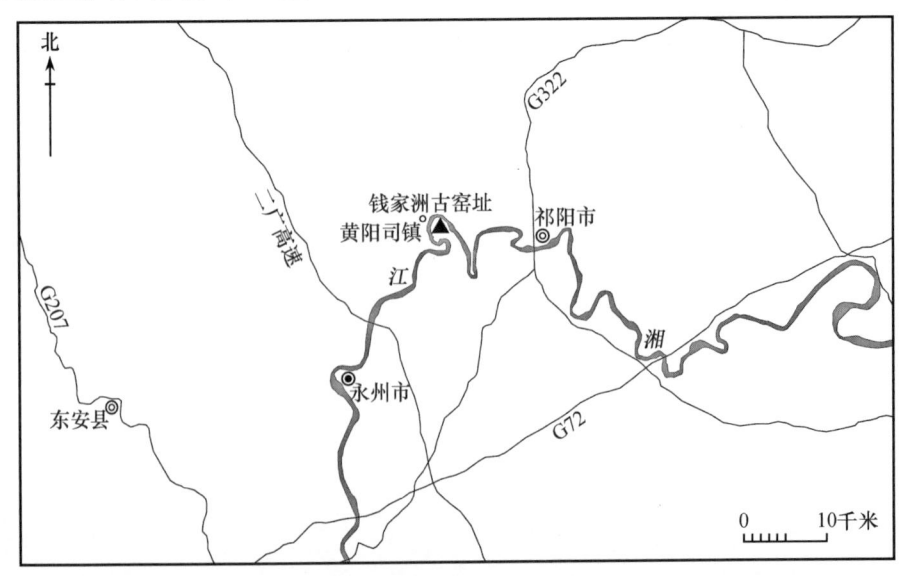

图一　钱家洲窑址位置示意图

堆。瓦窑山1~4号窑址是古窑址群的主体部分，在台地的南端，自西向东分布，均为长条状，南高北低。在古窑址群的东南方向有一个名为瓦窑塘的池塘，应为当时烧窑取土造成（图二）。

2007年3~5月，为配合涔溪水利水电枢纽工程建设，湖南省文物考古研究所（2022年7月，更名为湖南省文物考古研究院）联合永州市博物馆对水电站淹没区范围内的横窑山窑址进行了抢救性发掘。横窑山为一南北向长条状土堆，原长约50、宽约

图二　钱家洲窑址分布示意图

8、高约2米，因村民修晒谷坪和修路导致横窑山窑址遭到破坏，发掘时根据窑址残存堆积情况布2个探方和1条探沟，实际发掘面积100平方米，出土了较多北宋时期青瓷标本（图版三一，1、2）。现将本次发掘情况简报如下。

一、地层堆积

横窑山窑址地层堆积较为简单，现以T2北壁为例介绍地层堆积情况（图三）。

第1层：表土层。全方分布。厚0.15～0.3米。浅灰褐色土，土质较致密，层内含较多黏土、碎渣、植物根茎。由于村民做晒谷坪，表土层经过人工修整。

第2层：主要分布在窑址东西两侧，坡状堆积。厚0～0.3米。灰黑色土，土质致密，包含少量废弃青瓷片、红烧土块和大量废弃窑具。

第3层：主要分布在窑址东西两侧，坡状堆积。厚0～0.4米。灰黄色土，土质较致密，包含少量废弃青瓷片、红烧土块和大量废弃窑具。

第4层：全方分布，中间高，东西两侧低。厚1.05～1.8米。灰褐色土，土质疏松，包含大量废弃青瓷片、窑具等，以及少量红烧土块。

第4层下为生土。

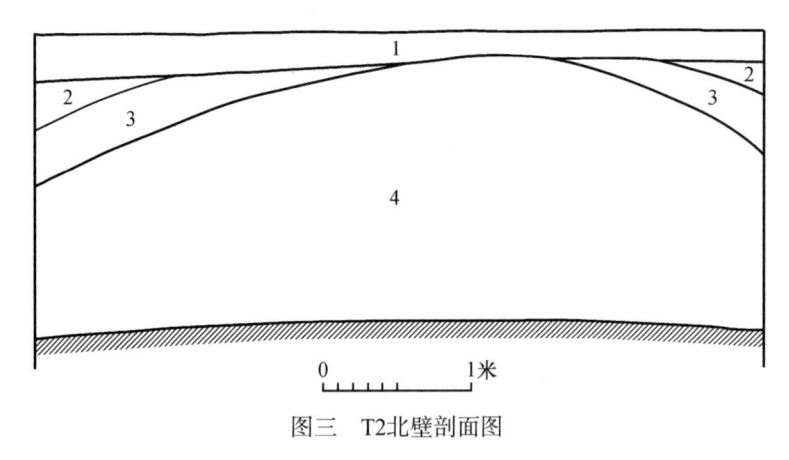

图三　T2北壁剖面图

二、出土遗物

本次发掘没有发现窑床及相关遗迹，应是窑渣废弃堆积，出土器物包括瓷器、生活用具、建筑构件、制瓷工具、窑具等。瓷器器形以碗为大宗，其次是盏、盘、碟、罐、盂、高足杯、钵、双口坛、洗、盆、仓、盘口壶、器盖、灯等较为少见。釉色以青釉为主。

（一）瓷器

敞口碗　根据腹部特征，分二型。

A型　深腹。标本T1④：27，尖圆唇，深弧腹，矮圈足。灰褐胎。青釉，有细碎开片。内外施釉，外施釉至下腹部。内壁器表粘连较多杂质，内底有支钉痕迹。口径16、足径7.4、高7.6厘米（图四，3；图版三三，1）。标本T2④：10，尖圆唇，深弧腹，矮圈足。内底印有铜钱纹"太平通宝"。红胎。青釉，内外施釉，外施釉至圈足处，釉面脱落严重。口径16、足径7.2、高6.8厘米（图四，1）。标本T2④：12，尖圆唇，深弧腹，矮圈足。内底模印蝴蝶纹。红胎。青釉偏黄，内外施釉，外施釉至下腹部。口径16.2、足径7.6、高7.8厘米（图四，2）。

B型　浅腹。标本T1④：6，尖圆唇，浅弧腹，矮圈足。红胎。青黄釉，内外施釉，外施釉至下腹部，釉面脱落严重。口径12.8、足径7、高5.6厘米（图四，4）。标本T2④：8，尖圆唇，浅弧腹，矮圈足。灰褐胎，胎质坚致。青釉，有细碎开片。内外施釉，外施釉至下腹部。口径12.6、足径6.7、高5.2厘米（图四，5；图版三三，2）。

侈口碗　尖唇，深弧腹，矮圈足。标本T1④：1，口沿呈六瓣荷叶状，内壁有六道纵向弦纹。红褐胎，胎质坚致。青釉，内外施釉，足端无釉。器表粘连较多杂质。口径14、足径6.5、高6.6厘米（图四，6）。标本T1④：4，青灰胎，胎质坚致。青釉偏黄，内外施釉，外施釉至下腹部，釉面脱落严重。器表粘连较多杂质。口径13、足径6、高5.5厘米（图四，8）。标本T2④：2，青灰胎，胎质坚致。青釉，有细碎开片。内外施釉，外施釉至下腹部。内底粘连较多杂质。口径13、足径7、高5.5厘米（图四，7；图版三三，3）。

饼足碗　根据腹部特征，分二型。

A型　内底平。标本T1④：11，敞口，尖唇，腹壁斜收，饼足，底心微凹。内底模印乳突纹。红胎，胎体坚致。青釉偏黄，有线状开片。内外施釉，外施釉至下腹部。口径13.2、足径4.5、高5.4厘米（图四，11）。标本T2④：5，口微敛，尖圆唇，腹壁弧收，饼足。内底模印菊花纹。红褐胎，胎体坚致。青釉偏黄，内外施釉，外施釉至下腹部。口径11.5、足径4.2、高4.8厘米（图四，10）。标本T2④：3，敞口，尖唇，腹壁斜收，饼足，底心微凹。内底模印菊花纹。红褐胎，胎体坚致。青釉偏黄，釉面晶莹有光泽，有细碎开片。内外施釉，外施釉至下腹部。口径11.3、足径4.6、高4.9厘米（图四，9；图版三三，4、5）。

B型　内底弧。标本T1④：23，敞口，圆唇，腹壁斜收，饼足。内底模印乳突纹。红胎。青釉，内外施釉，外施釉至下腹部，釉面脱落严重。口径11.8、足径4、高4.4厘

图四 瓷器

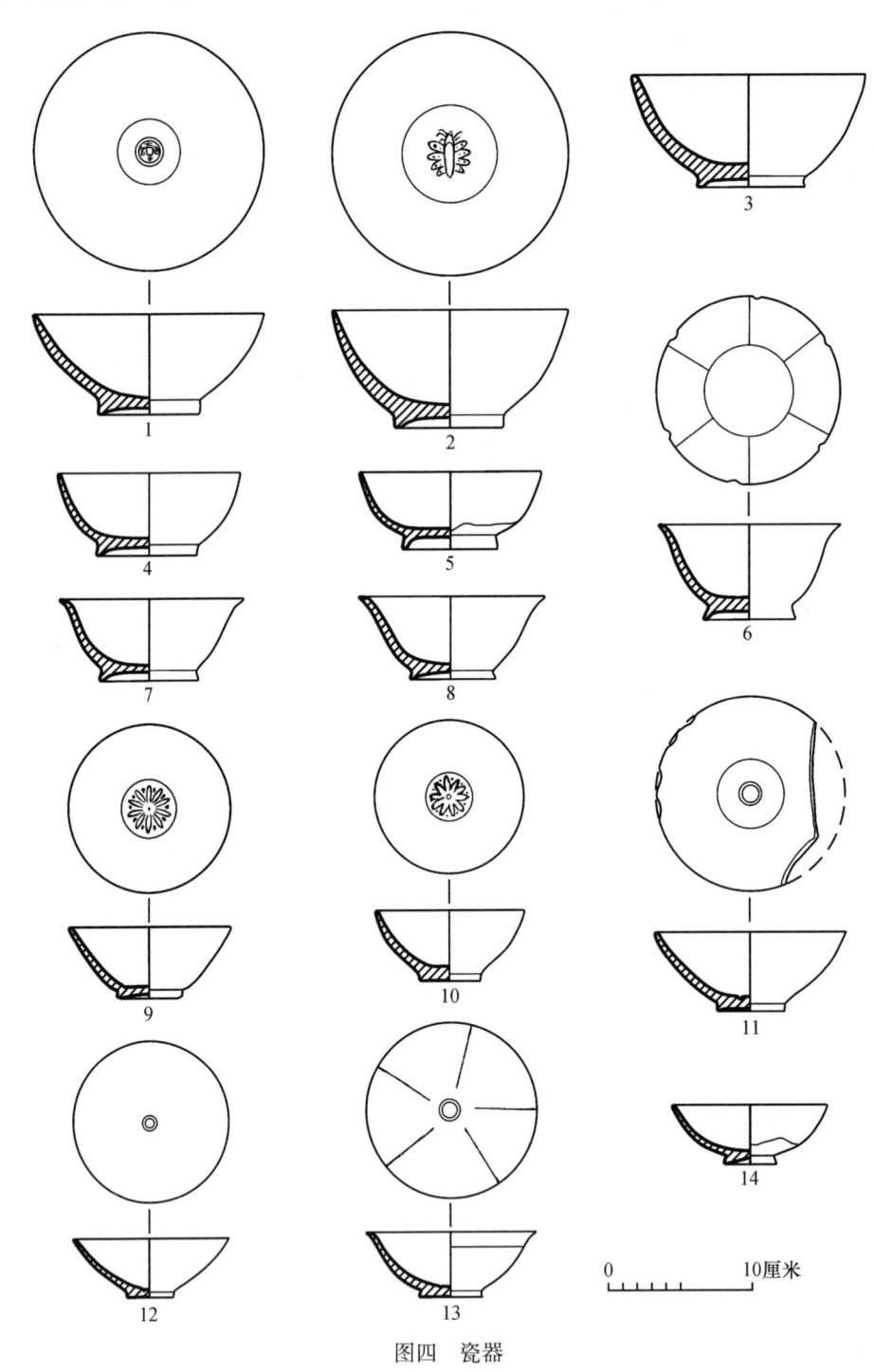

1~3.A型敞口碗（T2④：10、T2④：12、T1④：27） 4、5.B型敞口碗（T1④：6、T2④：8） 6~8.侈口碗（T1④：1、T2④：2、T1④：4） 9~11.A型饼足碗（T2④：3、T2④：5、T1④：11） 12~14.B型饼足碗（T1④：23、T2④：7、T2④：6）

米（图四，12）。标本T2④：7，敞口，圆唇，腹壁弧收，饼足，底心微凹。内腹壁有五道出筋，内底模印乳突纹。红褐胎，胎质坚致。内外施青釉，釉面脱落严重。口径11.8、足径4.2、高4.4厘米（图四，13）。标本T2④：6，残。敞口，尖唇，腹壁弧收，饼足，底心微凹。内底模印乳突纹。红褐胎，胎质坚致。青黄釉。内外施釉，外施釉至下腹部。内底有四个支钉痕。口径10.8、足径3.7、高4厘米（图四，14；图版三三，6）。

盘 根据口部特征分三型。

A型 敞口。标本T1④：31，尖唇，弧腹，饼足，底心微凹。内底模印"天"字。红胎。内外施青釉，外施釉至下腹部，釉面脱落严重。口径15.2、足径5.2、高4.2厘米（图五，1；图版三二，1、2）。标本T1④：33，尖唇，浅腹圆收，饼足。红胎。青黄釉，内外施釉，外施釉至下腹部，釉面脱落严重。内底有4个支钉痕迹。口径14.5、足径5.4、高3.8厘米（图五，2）。

B型 侈口。标本T1④：36，圆唇，腹壁斜收，矮圈足。红胎，胎质坚致。青黄釉，有细碎开片。内外施釉，外施釉至下腹部，内壁釉面脱落较为严重。内底有5个支钉痕迹。口径14.6、足径7.2、高4厘米（图五，3）。标本T1④：38，残。尖唇，弧腹，饼足，底心微凹。青灰胎，胎质坚致。青釉，有细长开片，内外施釉。外施釉至下腹部。内壁粘连较多杂质。内底有4个支钉痕迹。口径15、足径5、高4厘米（图五，4；图版三二，3）。

C型 敛口。标本T1④：37，圆唇，弧腹，饼足，底心微凹。红胎。青黄釉，内外施釉，外施釉至下腹部，釉面脱落严重。内底有4个支钉痕迹。口径11.4、足径5.8、高4.2厘米（图五，5；图版三二，4）。

碟 敞口，尖唇，弧腹，矮圈足。标本T1④：39，青灰胎，胎质坚致。青釉偏黄，有细碎开片。内外施釉，外施釉至下腹部。内壁粘连较多杂质。内底有5个支钉痕迹。口径13.8、足径7.4、高5.2厘米（图五，7；图版三二，5）。标本T2④：13，红胎。内外施青釉，外施釉至下腹部，釉面脱落严重。口径14、足径7.2、高4.8厘米（图五，6）。

盏 根据口部特征分三型。

A型 敞口。标本T1④：46，尖唇，弧腹，饼足，底心微凹，内底凹陷。红胎。青釉偏黄，内外施青釉，外施釉至下腹部，釉面脱落严重。口径8.3、足径3、高2.8厘米（图五，8）。标本T1④：55，尖唇，弧腹，饼足，底心微凹，内底凹陷。灰胎，胎质坚致。青釉，内外施釉，外施釉至下腹部，釉面脱落严重。口径8.6、足径3.4、高3厘米（图五，9；图版三二，6）。

图五 瓷器

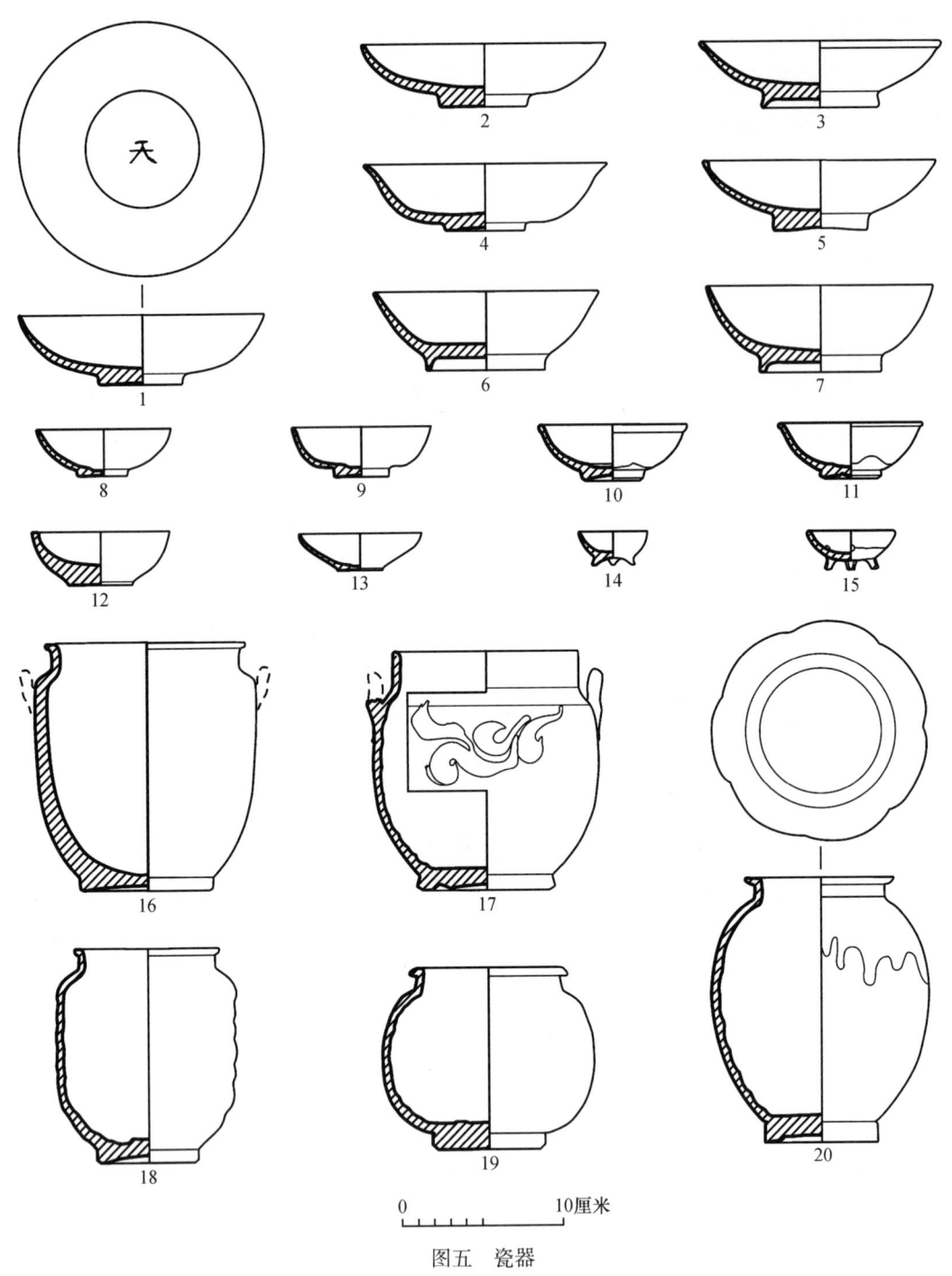

1、2.A型盘（T1④：31、T1④：33） 3、4.B型盘（T1④：36、T1④：38） 5.C型盘（T1④：37） 6、7.碟（T2④：13、T1④：39） 8、9.A型盏（T1④：46、T1④：55） 10、11.B型盏（T1④：42、T1④：45） 12、13.C型盏（T1④：56、T1④：50） 14、15.笔洗（T1④：58、T1④：53） 16、17.A型罐（T2④：22、T2④：26） 18.B型罐（T1④：69） 19.C型罐（T1④：64） 20.D型罐（T1④：63）

B型　撇口。标本T1④：42，圆唇，弧腹，饼足，底心内凹。青灰胎，胎质坚致。青釉，釉面晶莹有光泽，有细碎开片。内外施釉，外施釉至下腹部。内底有3个支钉痕迹。口径9.2、足径3.4、高3.4厘米（图五，10；图版三二，7）。标本T1④：45，圆唇，弧腹，饼足，底心内凹，内底凹陷。灰褐胎。青釉，有线状开片。内外施釉，外施釉至下腹部。口径9、足径3.3、高3.4厘米（图五，11）。

C型　敛口。标本T1④：50，残。尖唇，弧腹，平底，内底微凹。红胎。内外施青釉，釉面脱落严重。口径7.6、底径2.8、高2.2厘米（图五，13）。标本T1④：56，方唇，弧腹，平底。灰胎，胎质坚致。通体施青绿釉，有细碎开片。口沿有道弦纹。器表粘连较多杂质。口径8.5、底径4、高3.2厘米（图五，12；图版三二，8）。

笔洗　标本T1④：53，敞口，圆唇，腹壁弧收，三足底。内底有3个穿孔支钉痕。红褐胎。内外施青黄釉，有细碎开片，足底无釉。口径5.4、高2厘米（图五，15；图版三二，9）。标本T1④：58，残。敞口，尖唇，弧腹，三足底。灰胎。原应内外施青釉，釉面脱落严重。口径4.2、高2厘米（图五，14）。

罐　根据造型不同，分四型。

A型　双系罐。标本T2④：22，残。敞口，卷唇，短颈，折肩，深腹，圆饼底，底心微凹。红胎，胎体厚重。青釉，有细碎开片。内壁口沿施釉，外壁施釉至下腹部。外壁粘连较多杂质。口径12.4、底径8.4、器高15厘米（图五，16；图版三三，7）。标本T2④：26，敞口，直领较高，双系，深腹，矮圈足，肩部贴双系，残一系。腹部未安系的两侧饰以草叶纹。施青釉，釉面严重脱落。口径11.5、足径8.6、高14.5厘米（图五，17；图版三三，8）。

B型　深腹罐。短颈，深腹，无系纽。标本T1④：69，残。敞口，凸唇，短颈，圆肩，深腹，自肩部以下腹壁有6圈凹痕，圆饼底，底心微凹。红胎。施青釉，釉面已脱落严重。口径9、底径6.3、高13厘米（图五，18；图版三三，9）。

C型　鼓腹罐。腹鼓圆，无系纽。标本T1④：64，已残，敞口，唇外侈，短颈，腹鼓圆，圆饼底。施青釉。口径9.8、底径7、高11厘米（图五，19）。

D型　瓜棱罐。标本T1④：63，敞口，唇外侈，短颈，深腹，腹作七瓣瓜棱形，圈足。青灰胎。施青釉，釉面脱落严重。器表粘连较多杂质。口径9.1、足径7、高15.6厘米（图五，20；图版三四，7）。

盂　根据大小不同，分二型。

A型　器形较大。根据口部特征分四亚型。

Aa型　直口。标本T1④：77，残。方唇，微卷，直领，腹鼓圆，饼足，足底有旋削痕迹。青黄釉。内壁口沿施釉，外壁施釉至下腹部，釉面脱落严重。口径5、腹径

7、足径3、高7厘米（图六，1）。

Ab型　敞口。标本T1④：73，残。方唇，束颈，腹鼓圆，饼足，青灰胎。青釉，有细碎开片。内壁口沿施釉，外壁施釉至下腹部。外壁器表有较多杂质。足底有旋削痕迹。口径7.2、腹径9.1、足径4.4、高6厘米（图六，2）。

Ac型　侈口。标本T1④：74，残。尖唇，束颈，腹扁圆，饼足。红胎。青黄釉。内壁口沿施釉，外壁施釉至上腹部，釉面脱落严重。足底有旋削痕迹。口径7.3、腹径8.8、足径4.5、高6.2厘米（图六，3）。

Ad型　敛口。标本T1④：75，残。方唇，斜直领，圆肩，收腹，饼足。青灰胎。青黄釉。内壁口沿施釉，外壁施釉至下腹部，釉面脱落严重。足底有旋削痕迹。口径6、腹径8.4、足径3.8、高6.8厘米（图六，4）。标本T1④：76，尖圆唇，斜直领，溜肩，深腹，饼足。青灰胎。青黄釉。内壁口沿施釉，外壁施釉至下腹部，釉面脱落严重。口径5.6、腹径7.6、足径4.2、高7.6厘米（图六，5；图版三四，8）。

B型　器形较小。根据口部特征分三亚型。

Ba型　敞口。标本T2④：21，残。圆唇，束颈，溜肩，平底内凹。青灰胎。青釉，釉面脱落严重。足底有旋削痕迹。口径4.8、腹径6.4、底径3.1、高4.2厘米（图六，6）。

Bb型　侈口。标本T1④：81，残。圆唇，束颈，鼓腹，平底内凹。青灰胎。青釉，呈棕色。足底有旋削痕迹。口径5.2、腹径6.2、底径3.2、高5厘米（图六，7）。

Bc型　敛口。标本T2④：24，尖圆唇，束颈，鼓腹，饼足。青灰胎。青釉，有细碎开片。内壁口沿施釉，外壁施釉至下腹部。外壁器表有较多杂质。足底有旋削痕迹。口径4.5、腹径6.5、足径3.5、高6厘米（图六，8；图版三四，9）。

双口坛　标本T1④：72，残。内口为敛口，尖唇，直领，外口为圆唇，直领微弧。腹部以下残。红褐胎，胎体坚致。青黄釉，有细碎开片。内口径8.2、外口径12.4、残高7厘米（图六，12）。标本T2④：28，残。内口为敛口，圆唇，直领，外口为圆唇，斜直领。腹部以下残。青灰胎，胎体坚致。青釉，有细碎开片。内口径10.2、外口径14、残高8.8厘米（图六，11；图版三四，1）。

洗　标本T1④：84，残。侈口，圆唇，弧腹，饼足，底心微凹。红褐胎，胎体厚重。青釉，内壁青绿色，外壁墨绿色，有细碎开片。内外施釉，外施釉至下腹部。内底残留两支钉痕，外壁有一纽脱落痕迹。口径25、足径7.8、高12.8厘米（图六，10；图版三四，3）。

盆　标本T1④：85，残。敛口，圆唇，弧腹。口沿下方有一穿孔。红褐胎，夹杂较多细砂。口沿及外壁原应施釉，几乎全部脱落。口径31.8、残高15厘米

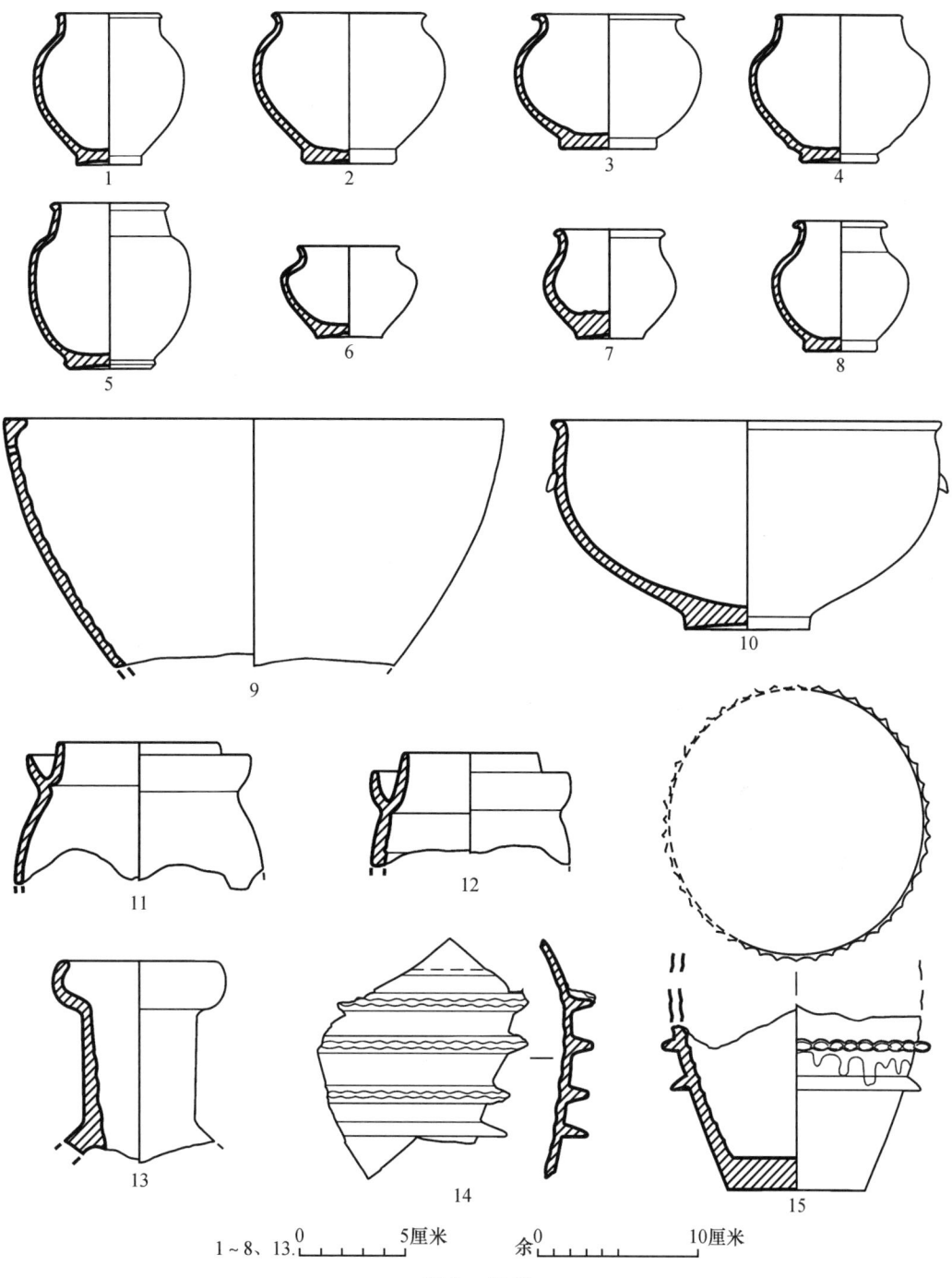

图六　瓷器

1. Aa型盂（T1④∶77）　2. Ab型盂（T1④∶73）　3. Ac型盂（T1④∶74）　4、5. Ad型盂（T1④∶75、T1④∶76）　6. Ba型盂（T2④∶21）　7. Bb型盂（T1④∶81）　8. Bc型盂（T2④∶24）　9. 盆（T1④∶85）　10. 洗（T1④∶84）　11、12. 双口坛（T2④∶28、T1④∶72）　13. 盘口壶（T1④∶86）　14、15. 谷仓罐（T1④∶88、T1④∶87）

（图六，9）。

谷仓罐 标本T1④：87，残余下腹部和底部。平底。下腹部上残留两圈纹饰，上面是一圈波浪状附加堆纹，下面是一圈条状附加堆纹。红褐胎，胎体厚重。外壁条状附加堆纹以上施青釉，釉色泛黄，有细碎开片。残高14.8、底径8.8厘米（图六，15；图版三四，2）。标本T1④：88，腹部残片。由上而下有三道波浪状附加堆纹，其下是一道条状附加堆纹。灰褐胎，胎体厚重。外壁施青釉，有细碎开片。残长14.5、宽13厘米（图六，14）。

盘口壶 标本T1④：86，颈部以下残。盘口，细颈。颈下端可见与肩部顶端胎体黏接痕迹。青灰胎，胎体厚重。青釉偏黄，口沿、颈部内外施釉。器表粘连较多杂质。口径7.6、残高9.4厘米（图六，13；图版三四，4）。

钵 标本T1④：59，残。敞口，圆唇，弧腹，饼足。红胎，胎体细腻。原饰青釉脱落严重，内壁施釉及口沿处，外壁施釉至下腹部。口沿下方有两道弦纹，上腹壁有两排交错排列的附加堆凸起装饰纹。口径11.9、腹径12.6、足径6.2、高8.4厘米（图七，11；图版三四，5）。

高足杯 敞口，宽平折沿，弧腹，杯心凹陷。标本T1④：94，残。足较矮，灰黑胎。青黄釉，有细碎开片。内底、外壁足部不施釉。足底有旋削痕迹。口径10、足径4.8、高6厘米（图七，3；图版三四，6）。标本T1④：95，残。喇叭形高足，足底有旋削痕迹。灰黑胎。青黄釉，有细碎开片。内底、外壁足部不施釉。口径9.4、足径5.2、高7厘米（图七，1）。标本T2④：25，口沿残。实心高足。灰褐胎，胎体坚致。青釉，有细碎开片。内底、外壁足部不施釉。口径9.4、足径4.4、高6.5厘米（图七，2；图版三五，1）。标本T2④：23，残。高足，有一圈锯齿状棱，足底有旋削痕迹。灰黑胎。青黄釉，有细碎开片。内底、外壁足部不施釉，足底有流釉。口径9.5、足径4.6、高6厘米（图七，4）。

器盖 根据造型不同，分三型。

A型 鼻纽。标本T1④：91，残。盖面隆起，边沿内卷。无明显榫口。青灰胎。器表施青釉，有线状开片。器表粘连较多杂质。口径11.6、通高3.9厘米（图七，5；图版三五，2）。

B型 圆形纽。标本T1④：92，残。盖面微隆，呈覆碟状，纽两侧有穿孔。有明显榫口。青灰胎。器表施青釉，釉面脱落严重。器表粘连较多杂质。口径9、最大径13.5、纽径3.3、高3.4厘米（图七，6；图版三五，3）。

C型 乳突状捉手。标本T1④：93，残。实心平底，盖顶扁平，捉手做乳突状，盖底边有一圈戳点纹。青灰胎，顶面有烧制后的气泡，粗糙不平。口径4.6、最大径9、纽

湖南永州黄阳司横窑山北宋窑址发掘简报 ·167·

图七 出土器物
1~4.瓷高足杯（T1④：95、T2④：25、T1④：94、T2④：23） 5.A型瓷器盖（T1④：91） 6.B型瓷器盖（T1④：92） 7.C型瓷器盖（T1④：93） 8.A型瓷灯（T1④：98） 9、10.B型瓷灯（T1④：96、T1④：97） 11.瓷钵（T1④：59） 12.瓷器柄（T1④：109） 13.陶排水管（T1④：110） 14.陶碾槽（T1④：99） 15.陶碾轮（T2④：27） 16、17.陶网坠（T1④：107、T1④：108）

径2、高5厘米（图七，7；图版三五，4）。

灯　根据造型不同，分二型。

A型　矮圈足。标本T1④∶98，残。口沿残缺不见，腹壁弧收，矮圈足。内壁有浅黄色点状纹饰，内底中央有一龙形兽。红褐胎，胎体厚重。青釉，釉色黄绿，有细长开片。足径5.8、残高3.8厘米（图七，8；图版三五，5）。

B型　高圈足。标本T1④∶96，圈足残。敞口，圆唇，浅盘，口沿外卷，锯齿状。青灰胎。通体施青绿釉。器表粘连较多杂质。口径11.1、残高3厘米（图七，9；图版三五，6）。标本T1④∶97，圈足残。敞口，圆唇，浅盘，口沿外卷，有戳印痕。红褐胎。口沿及外壁施青釉，有细碎开片。口径8、残高2.8厘米（图七，10）。

器柄　标本T1④∶109，残。钩状，饰菱形纹、圆点纹，书有"元本唐宝"四字。红褐胎。青黄釉，有细碎开片。长11.3、宽2.4、厚0.9厘米（图七，12）。

（二）生活用具

陶碾轮　标本T2④∶27，残。一面略平，一面略凸，中间有圆形穿孔。红褐胎。略凸一面有两个支钉痕，粘连较多杂质。外径11.5、内径1.7、厚0~1.5厘米（图七，15）。

陶碾槽　标本T1④∶99，残。斜直壁，略弧，平底，中有凹槽。外腹壁两面均饰有菱形纹。红褐胎。外壁施青釉，脱落严重。残长4.6~5、高5.5厘米（图七，14）。

陶网坠　标本T1④∶107，长条形，中间两面各有一条凹槽，两端两侧各有两条凹槽。灰胎。长6.2厘米（图七，16）。标本T1④∶108，椭圆形，中间两面有凹槽。灰胎。长6.8厘米（图七，17）。

（三）建筑构件

陶排水管　标本T1④∶110，直筒形。口部厚，圆唇内敛，呈椭圆形，内壁斜直，近底部有收口。底部外侧一周有圆形戳印痕迹。灰褐胎，夹粗砂。表面凹凸不平，内壁有拉坯形成的痕迹。口径6.8~9.6、底径13.6~14、长26.6、厚0.6~1.8厘米（图七，13；图版三五，7）。

（四）制瓷工具

陶印模　根据造型不同，分二型。

A型　束腰圆柱体。标本T1④∶100，两端呈扁圆形。表面较平整光滑，底端印有反刻"至道元宝"铜钱纹。灰褐胎。长10.4、直径5.6~7.6厘米（图八，2；图版三六，1）。标本T1④∶102，残。底端印有反刻"开元通宝"铜钱纹，其周边有一道刻划线。灰褐胎。残长5、直径7厘米（图八，1；图版三六，2）。

B型　圆柱体。标本T1④：101，表面光滑平整，底端印有菊花纹，顶端有戳印纹，周壁书有"七月十三日作"6字。红胎。长10.2、直径4厘米（图八，3；图版三六，3、4）。

陶擂头　根据造型不同，分二型。

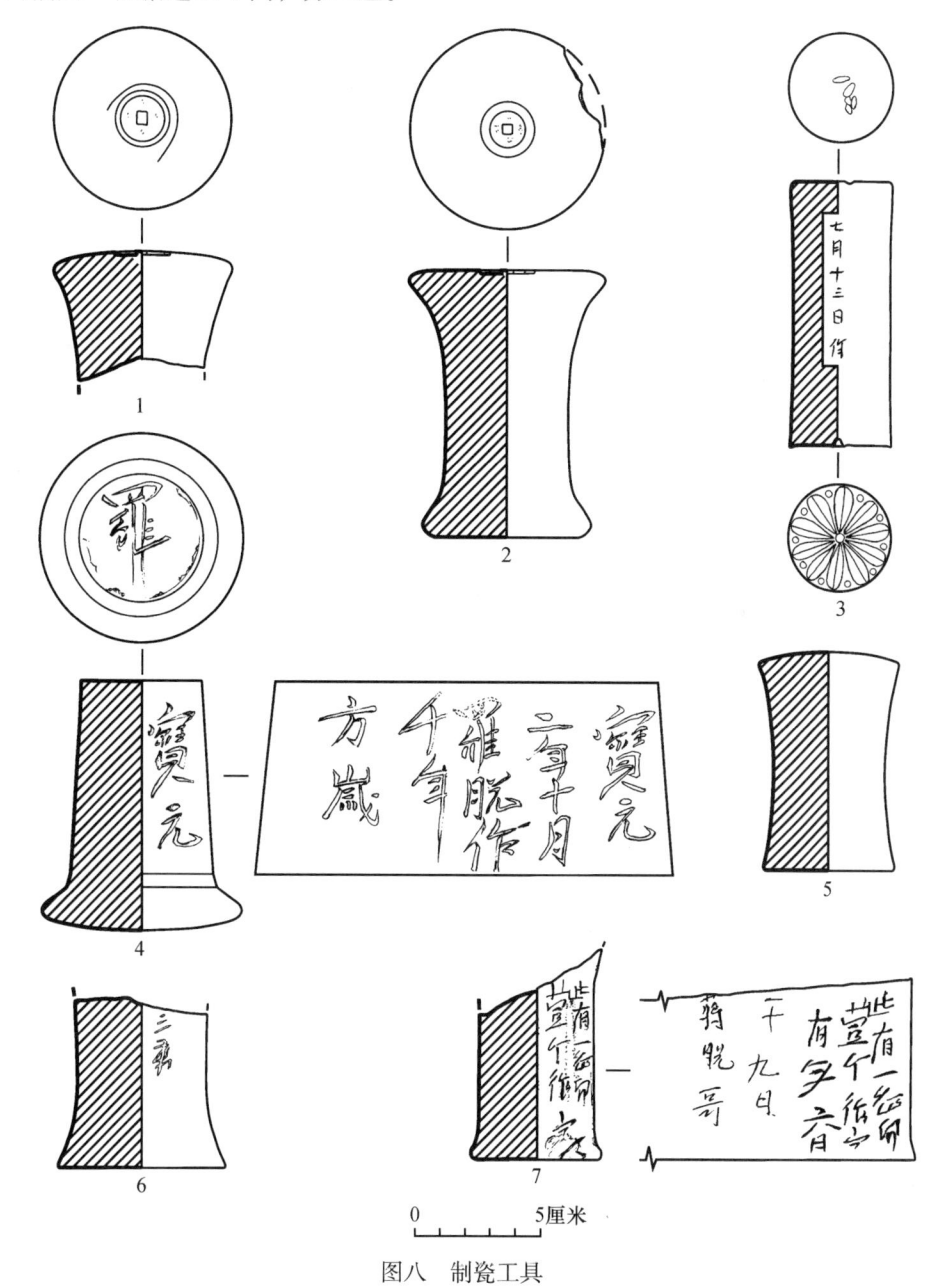

图八　制瓷工具
1、2. A型陶印模（T1④：102、T1④：100）　3. B型陶印模（T1④：101）　4. A型陶擂头（T1④：103）
5～7. B型陶擂头（T1④：106、T1④：104、T1④：105）

A型　蘑菇状，擂头呈扁圆形。标本T1④：103，顶端书有一"罗"字，周壁书有"宝元二年十月罗脱作千年方岁"13字。红胎。通长9.6、擂头直径7.8、底部直径4.8厘米（图八，4；图版三六，5）。

B型　束腰圆柱体。标本T1④：106，残。擂头呈中间略高周边低的弧面，器表光滑平整。灰褐胎。通长8.5、擂头直径5.8厘米（图八，5）。标本T1④：104，残余底部。器表有棱折及刻划痕迹，壁周书有"三年"2字。灰褐胎。残长6~6.5、底部直径6.6厘米（图八，6）。标本T1④：105，残。圆柱体。器表光滑平整。壁周书有"此有一□□□个作宝有年六月一十九日蒋脱哥"20字。灰褐胎。残长8.2、直径4.6厘米（图八，7；图版三六，6）。

陶轴顶帽　标本T1④：121，内壁有四个支钉痕。青灰陶，胎体厚重。口沿及内壁施青黄釉，有细长开片。顶面径5.6、底径6.9、高4厘米（图九，1）。标本T2④：29，残。红褐陶，胎体厚重。底部及器身饰刻划纹。顶面径5、底径6.8、高4.4厘米（图九，2）。

（五）窑具

陶匣钵　直口，方唇，深腹，平底。标本T2④：30，红褐胎，夹粗砂。内壁有拉坯形成的痕迹，近底部有四个斜直透气孔，底部外侧一周有不规则形戳印痕迹，外壁有垫烧留下来的釉块。口径20.8、底径21.2、高24.6厘米（图九，3；图版三六，7）。标本T1④：112，有变形。红褐胎，夹粗砂。近底部有三个斜直透气孔，底部外侧有不规则形戳印痕迹，外壁有垫烧留下来的釉块。口径17.8、底径16.6、高12.6厘米（图九，4）。

陶匣钵盖　捏制。饼形，顶面平凹，底面微凸。红褐胎，胎体坚致，通体不施釉。标本T1④：113，形制规整。直径18、厚1.3厘米（图版三六，8）。标本T2④：31，边缘不甚规整，表面凹凸不平，顶面有垫烧留下来的釉块。直径22.5、厚2.5厘米（图版三六，9）。

陶垫圈　乳钉式垫圈，垫圈底部有5个乳钉，素胎无釉。标本T1④：114，红胎。口径6、高3.3厘米（图九，9）。标本T1④：117，青灰胎。口径6.7、高1.3厘米（图九，8）。标本T1④：118，红胎。口径5.4、高1厘米（图九，7）。标本T2④：32，红褐胎。口径5、底径3.2、高1.7厘米（图九，6）。标本T2④：33，红胎。口径5、底径3.2、高1.6厘米（图九，5）。

图九 制瓷工具、窑具

1、2.陶轴顶帽（T1④:121、T2④:29） 3、4.陶匣钵（T2④:30、T1④:112） 5~9.陶垫圈（T2④:33、T2④:32、T1④:118、T1④:117、T1④:114）

三、结　语

（一）产品特征

横窑山窑址出土瓷器器形以碗为大宗，其次是盏、盘、碟、罐、盂、高足杯，钵、双口坛、洗、盆、仓、盘口壶、器盖、灯等较为少见。产品胎色以红胎为主，另有青灰胎、灰褐胎、红褐胎等。绝大部分瓷器坯胎内外壁下腹部或中部以上施有化妆土。均内外施釉，内满釉，外施釉至下腹部或圈足处。釉色以青釉为主，多数釉色偏黄，大部分有细碎开片或细长开片，少部分不开片。产品多素面无纹饰。碗碟内往往印有图案和文字。其中图案有菊花、蝴蝶等，文字有夫、天、贵、记、满、酒、全等，还有"开元通宝""太平通宝"等钱文。装烧方式采用筒形匣钵装烧，由垫圈间隔，叠装烧制。

（二）窑址年代

横窑山窑址出土有钱币印文，如敞口碗（标本T2④：10）"太平通宝"、印模（标本T1④：100、T1④：102）"至道元宝""开元通宝"。除唐与五代式"开元通宝"外，"太平通宝""至道元宝"均为北宋早期钱文。擂头（标本T1④：103）的"宝元二年十月"纪年铭文则是绝对年代根据。"宝元二年"为1039年，宋仁宗赵祯年号。早在1979年黄阳司窑首次调查和试掘时也有类似的情况[2]，当时发现有"开元通宝""宋元通宝"钱币印文以及"庆历五年"纪年铭文。此次出土青瓷器的器形和总体特征、装烧方式与当时出土标本特征大体一致。此外还与年代相当于北宋或北宋中期的衡阳蒋家窑[3]、衡南车江窑[4]、郴州瓦窑坪窑[5]等窑址出土器物形制特征一致或相似。综合来看，横窑山窑址的年代应为北宋中期。

（三）技术源流

东汉时期，湘江下游地区以湘阴洋沙湖窑、青竹寺窑为代表的瓷窑就已经能烧制出成熟的青瓷。唐至五代时期，以长沙窑为代表的青瓷和彩瓷烧造技术已经十分成熟。晚唐至五代开始，湘江中上游地区的青瓷窑业以衡州窑为代表开始起步，以烧造青瓷为主，兼烧酱釉瓷器。以匣钵装烧为主，明火裸烧为辅。北宋时期的衡州窑直接继承了唐或五代时期的青瓷窑业技术，在窑具的种类和装烧工艺上没有发生较大的变化。作为一个窑业技术区，衡州窑的中心区域大致分布在衡阳市郊、衡山县境内，有市郊衡阳窑、衡阳蒋家窑、衡山湘江窑、云集窑等典型窑址[6]。当技术成熟以后逐渐向四周扩散，有衡南车江窑、郴州瓦窑坪窑、送塘窑[7]、永州横阳司窑等，北宋早中期还一直传播到广西北部地区，比如全州江凹里窑早期[8]、焦江万板桥窑[9]、桂林东窑早期[10]、桂州2号窑[11]、永福窑[12]等。北宋晚期，部分衡州窑系窑址通过技术革新，继续保持生产活力，而大部分衡州窑系窑址在发展过程中逐渐衰落，并最终在南宋时期被衡山窑替代[13]。横窑山窑址所在的黄阳司窑（钱家洲古窑址）属于衡州窑系，其见证着北宋早中期以衡州窑为代表的青瓷窑业技术向外扩散、发展的一个重要历史过程。

附记：本次考古发掘项目负责人为何赞，参与发掘的人员有湖南省文物考古研究所何赞、吴仕林，永州市博物馆唐解国，零陵区文物管理所唐森忠。器物照片由杨盯拍摄，线图清绘由何赞、唐森忠、李付平负责完成，电脑制图由罗希、贾英杰负责完成。

执笔：何　赞

注　释

[1]　钱家洲古窑址现为永州市级文物保护单位公布名称，曾命名为瓦窑山古窑址、黄阳司窑。瓦窑山古窑址为冷水滩区级文物保护单位公布名称。黄阳司窑则是1979年周世荣调查发现并进行试掘后的命名，当时试掘区域推测应为瓦窑山1～3号窑址的其中1处。

[2]　湖南省文物考古研究所：《衡州窑与衡山窑》，湖南美术出版社，2012年。

[3]　衡阳市文物工作队：《湖南衡阳市蒋家窑址的再调查》，《考古》1996年第6期。

[4]　湖南省文物考古研究所：《衡州窑与衡山窑》，湖南美术出版社，2012年。

[5]　郴州地区文物工作队：《湖南郴州宋代窑址发掘》，《考古》1992年第9期。

[6]　湖南省文物考古研究所：《衡州窑与衡山窑》，湖南美术出版社，2012年；张兴国：《宋元时期湘江中游地区窑业遗存考察与初步研究》，《湖南省文物考古研究所建所三十周年纪念文集》，科学出版社，2016年。

[7]　郴州地区文物工作队：《湖南郴州宋代窑址发掘》，《考古》1992年第9期。

[8]　广西壮族自治区文物工作队、全州文物管理研究所：《全州古窑调查》，《广西考古文集（第一辑）》，广西人民出版社，2004年。

[9]　广西壮族自治区文物工作队、全州县文物管理所：《全州古窑址调查》，《广西考古文集》，文物出版社，2004年。

[10]　李铧：《"静江腰鼓"与桂林东窑的调查研究》，《考古与文物》2001年第1期。

[11]　桂林博物馆：《广西桂州窑遗址》，《考古学报》1994年第4期。

[12]　广西文物保护与考古研究、桂林市文物工作队、永福县博物馆：《广西永福县窑田岭Ⅲ区宋代窑址2010年发掘简报》，《考古》2014年第2期；吴辉、何安益：《广西永福窑田岭窑装烧县初探》，《东方博物》2015年第1期。

[13]　张兴国：《宋元时期湘江中游地区窑业遗存考察与初步研究》，《湖南省文物考古研究所建所三十周年纪念文集》，科学出版社，2016年；铁元神：《湘南桂北地区宋代青瓷窑业技术的初步研究》，广西师范大学硕士学位论文，2017年。

The Brief Report on Excavation of the Northern Song Dynasty Kiln Site at Hengyaoshan of Huangyangsi in Yongzhou City, Hunan

Hunan Provincial Institute of Cultural Relics and Archaeology

Yongzhou Museum

Hunan Key Laboratory of Archaeometry and Conservation Science

Abstract: From March to May 2007, Hunan Provincial Institute of Cultural Relics and Archaeology carried out a rescue archaeological excavation of the kiln site at Hengyaoshan of Huangyangsi in Yongzhou City. Although no kiln bed and related relics were found, it should be the waste accumulation of kiln slag, but many celadon specimens from the Northern Song Dynasty were unearthed, which should be the middle of the Northern Song Dynasty. The Huangyangsi Kiln (Qianjiazhou Ancient Kiln Site) where Hengyaoshan Kiln is located belongs to the Hengzhou Kiln System, which witnessed an important historical process of the outward diffusion and development of celadon kiln technology represented by Hengzhou Kiln in the early and middle Northern Song Dynasty.

Keywords: Hengyaoshan Kiln Site; Mid Northern Song Dynasty; Hengzhou Kiln; Kiln Technology

湖南醴陵唐家坳窑址李家坳区发掘简报

湖南省文物考古研究院
株洲博物馆
醴陵窑管理所
科技考古与文物保护利用湖南省重点实验室

[摘　要]　2010年8月至2011年1月，为配合基本建设，湖南省文物考古研究所联合株洲博物馆、醴陵市文物局对醴陵市枫林镇的唐家坳窑址进行了考古发掘。此次发掘分为马冲区、李家坳区、李家弄区、石桥区。李家坳区主要清理了产品废弃堆积，出土的产品以青白瓷为大宗，酱釉瓷和双釉瓷极少，不见仿龙泉青瓷，器物多素面，纹样见有莲荷纹或菊花纹等印花。以芒口覆烧为主，也有采用涩圈或露胎叠烧。遗存的年代大致为宋末元初。

[关键词]　唐家坳窑址；李家坳区；青白瓷；宋元

　　唐家坳窑址位于醴陵市枫林镇唐家坳村，窑址南北两端为丘陵，东西两厢为小平原，平原中部有一条宽3～4米的小河由东向西穿过（图一）。山丘上部为较厚的红壤土质，其下多有丰富的灰白色黏土和极白的高岭土，田垅下面也有较细腻的青膏泥土，这些都是制作青白瓷必备的胎釉原料。为配合浏醴高速公路工程建设，2010年8月至2011年1月，湖南省文物考古研究所（2022年7月，更名为湖南省文物考古研究院）、株洲博物馆、醴陵市文物局等单位联合对该窑址进行了抢救性考古发掘。根据地形地貌，我们将整个窑址分为四个发掘区，即马冲区、李家坳区、李家弄区和石桥区（图二；图版三七，1），石桥区分布有宋元青白瓷窑和清代青花窑，李家坳区和李家弄区主要是与窑址相关的遗迹及废弃堆积（图三；图版三七，2），在后期的整理过程中，发现四个发掘区的产品存在一定的差异，因此决定按发掘时的分区公布材料。李家坳区共布5米×5米探方16个，发掘面积400平方米，现将李家坳区发掘简报如下。

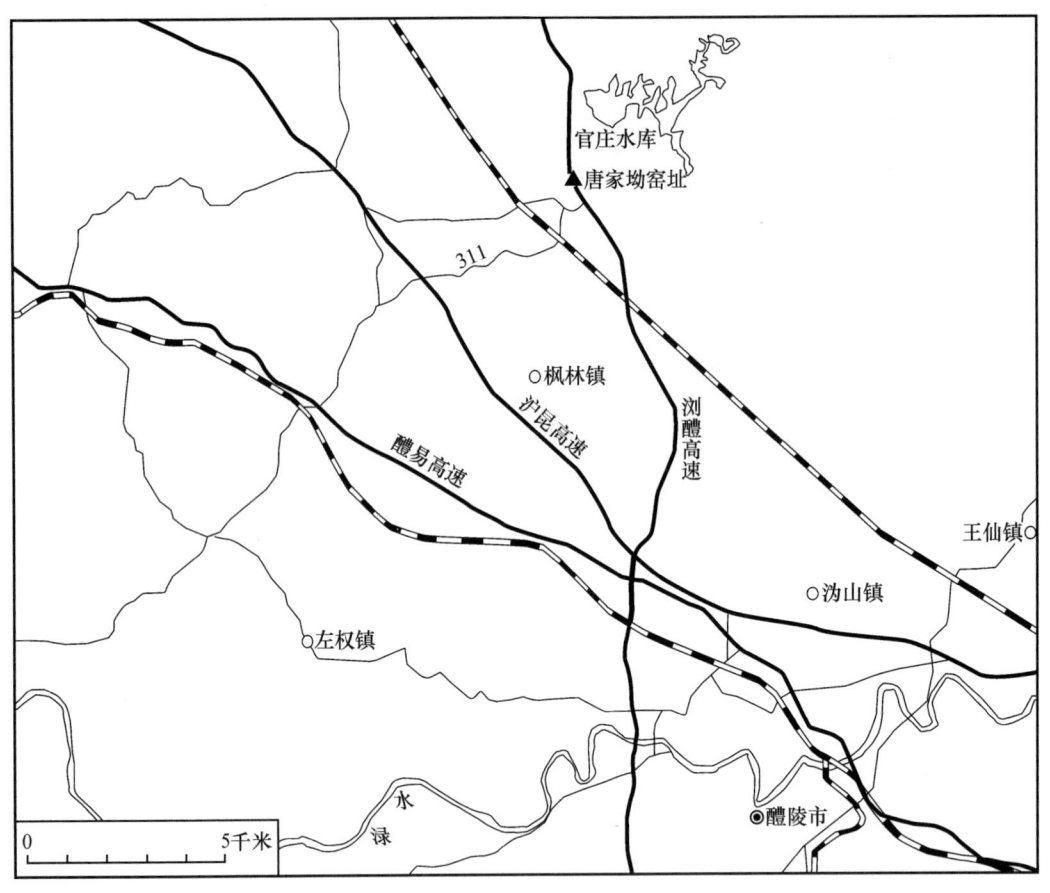

图一　唐家坳窑址位置示意图

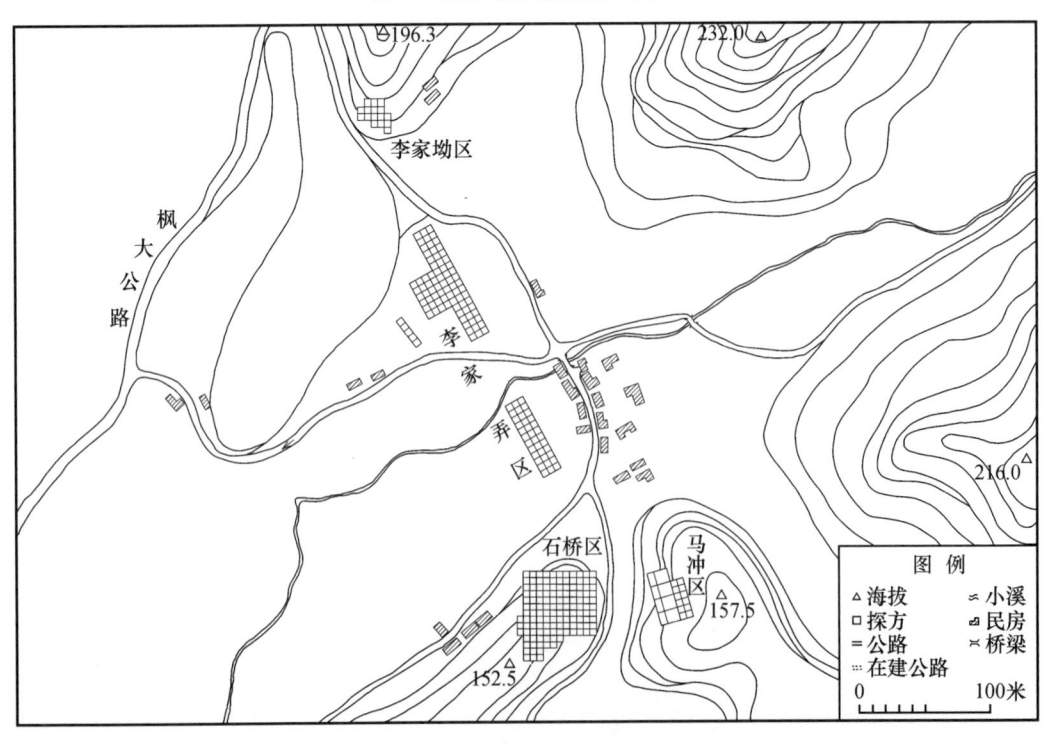

图二　唐家坳窑址发掘分区图

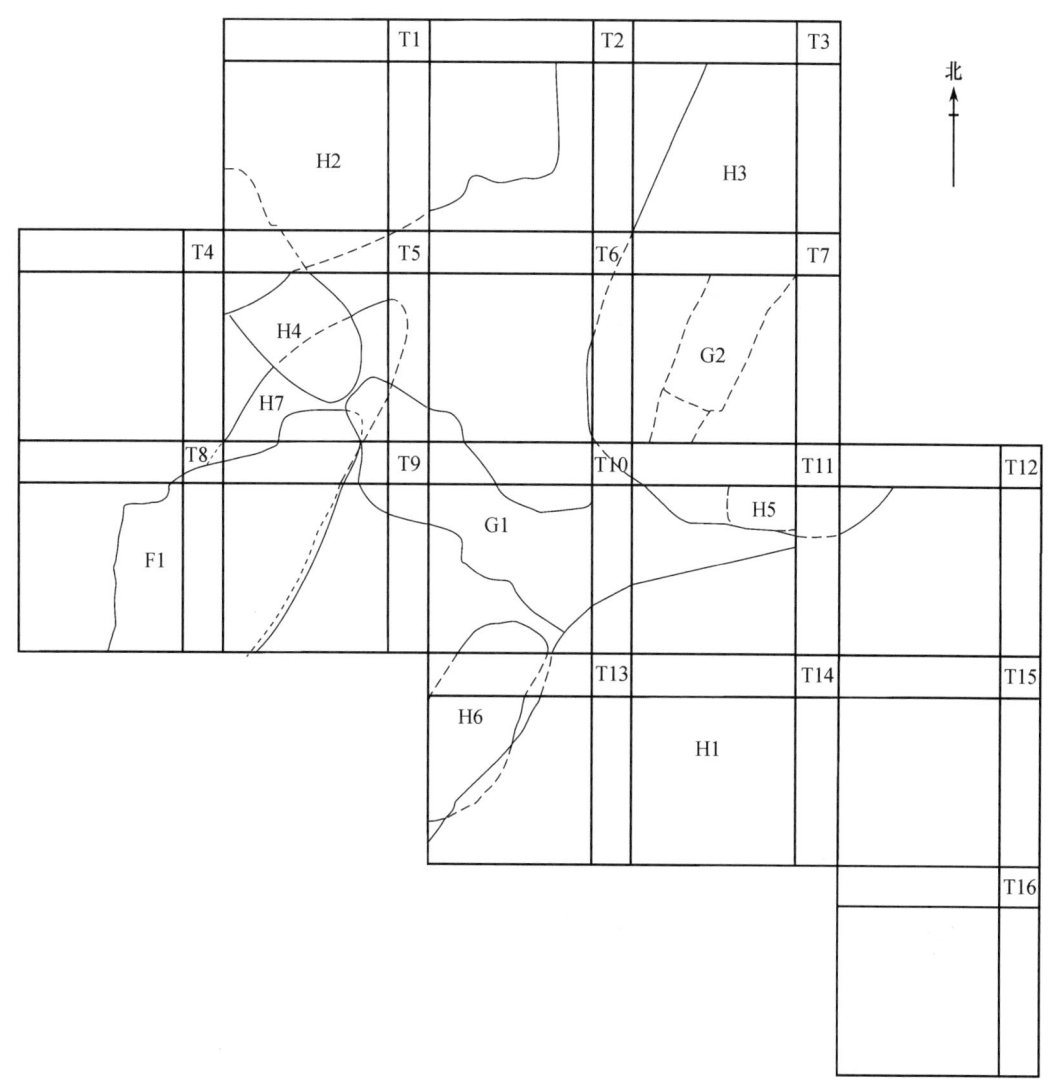

图三　李家坳区探方及遗迹分布图

一、地层堆积

T11地层共分五层（图四；图版三八，1）。

第1层：为近现代耕土层。全方分布，灰色黏土层，土质松散。厚0.1~0.15米。内含少量近现代青花瓷片及杂物。H1开口于第1层下。

第2层：为扰乱层。分布在探方的北部。土色淡黄，土质松散。厚0.06~0.3米。包含物有青花瓷片和青白瓷片。

第3B层：主要分布在探方南部。为青灰色土，土质紧密。厚0.05~0.25米。未发现遗物。

图四　T11北壁、东壁剖面图

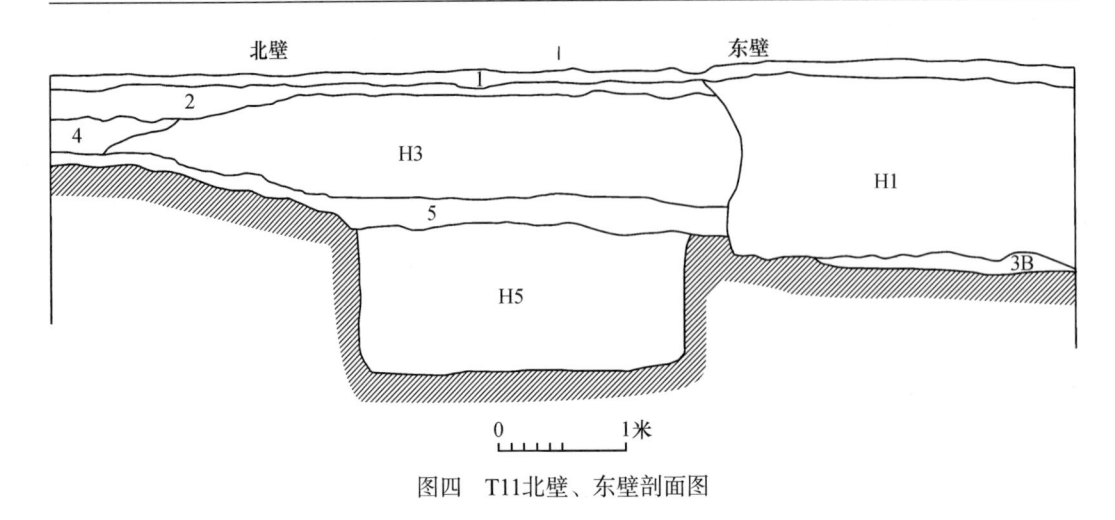

第4层：为黑褐色土层。分布在探方北部。厚0.2~0.3米。含有一层铁锰结核，土质坚硬，包含极少的青白瓷碎片。H3开口于该层下。

第5层：为灰褐色黏土层。分布在探方北部，土质较软。厚0.1~0.25米。出土极少的细碎青白瓷片。H5开口于该层下。

T13地层分为四层（图五；图版三八，2）。

第1层：为近现代耕土层。全方分布，灰色黏土，土质松软。厚0.1~0.25米。包含少量近现代青花瓷片及杂物等。H1开口于第1层下。

第2层：在本方内无分布。

第3层：分为四个亚层。

第3A层：浅灰色。土质稍紧，主要分布于探方西北部。厚0.1~0.3米。包含青白瓷碗、盘、壶等瓷片，偶见酱釉瓷片。

第3B层：青灰色土。土质稍紧，主要分布于探方西北部。厚0.05~0.1米。包含青白瓷片。

第3C层：黄褐色土层。结构紧密。分布于探方西北部。厚0.1米。含少量青白瓷片。

第3D层：灰褐色土层。土质较硬，分布在探方西北部。厚0.2米。出土遗物少，多为青白瓷片。年代为宋元时期。

第4层：为黑褐色土层。仅分布在探方西北部，含有一层铁锰结核层，土质坚硬如铁。厚0.05~0.1米。出土少量青白瓷碎片。年代为宋元时期。H6开口于该层下。第4层下为生土层。

图五　T13北壁剖面图

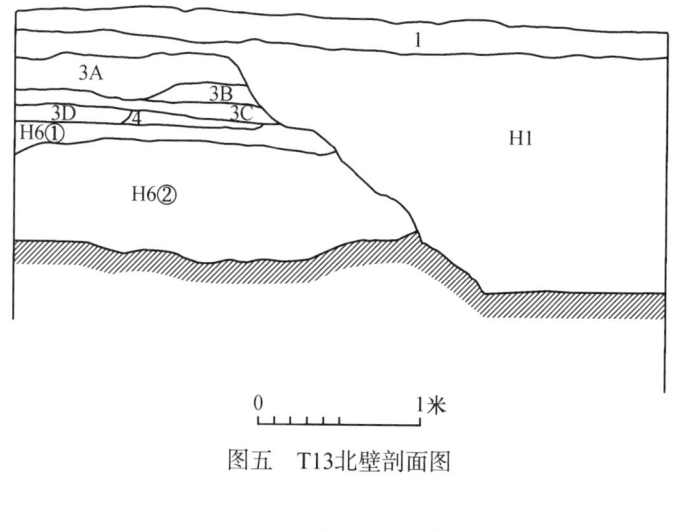

二、遗　迹

H1　开口于第1层下，分布于发掘区的南部，在T10～T16等探方内均有分布，平面不规则，坑壁呈斜坡状，堆积厚度依山势地形北部较薄，南部分布较厚。H1填土呈浅灰褐色泥土，土质松软，内夹杂青膏泥，出土少量青花瓷片、近现代瓦片等，可能为当地居民挖山改田时的填土堆积。

H2　开口于第2层下，分布于T1、T2和T5三个探方内，叠压在H4及生土之上，开口距地面深0.16～0.2米。平面为不规则椭圆形，已揭露部分长7.9、宽5.9、深0.5～0.95米，斜壁，平底。填土为红褐色，土色略杂，土质松软，含有大量近现代砖块及宋元时期的支圈、匣钵、青白瓷片、红烧土、炭渣等，瓷片可辨器形有碗、盏、碟、杯、盘、盒等，多为芒口器，偶见酱釉瓷片，瓷片多素面无纹饰。H2为近现代灰坑。

H3　开口于第4层宋元地层下，分布于T3、T6、T7、T11、T12几个探方内，部分压于隔梁下。平面形状不规则，最长10.75、最宽处8.15、最深0.8米。H3堆积西北薄、东南厚。填土为灰褐色黏土，土质松散，包含物丰富，含大量的红烧土块、支圈、炭渣及瓷片等。瓷片以青白瓷为主，褐釉、酱釉、青釉较少，器形可见碗、碟、杯、盘、钵、瓶、壶、灯等，以碗、杯、盏、碟为主。纹饰以花卉纹为主，技法以模印、刻划见多，釉面光洁，多开片，大部分为芒口器，矮圈足，饼形内凹足次之。H3打破G2及生土层，为宋元时期倾倒窑渣的废弃堆积坑（图六；图版三九，1）。

H4　开口于第2层下，打破第6层和H7及生土层。分布于T1、T4、T5三个探方内。平面呈不规则长条形，呈西北东南走向。底部不平坦，已揭露部分长6、宽2.35、最深1米。填土为褐色黏土，土质松散，含大量的红烧土块、窑具和较多的炭渣及瓷片等。瓷片以青白瓷为主，褐釉、青瓷较少。H4年代为宋元时期（图七；图版三九，2）。

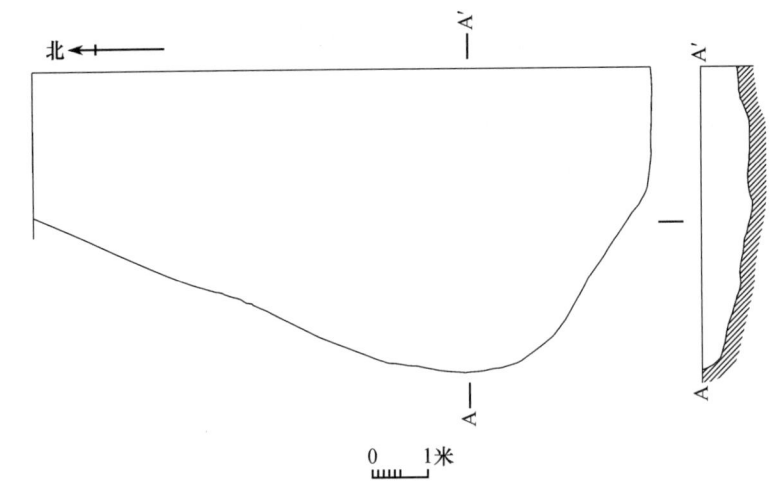

图六 H3平、剖面图

图七 H4平、剖面图

H5 开口于第5层下，打破生土。位于T11东北部。坑口距地表深1.2米。平面呈长方形，长1.6、宽0.95、深1.3米，坑壁及坑底未见加工痕迹。坑内为灰色黏土，似乎经过淘洗，坑内无任何包含物。H5可能是储泥坑，用于储存经过淘洗的瓷泥，年代为宋元时期（图八；图版三九，3）。

H6 开口于第4层下。位于T10南部和T13西北部，大致呈南北方向。H6填土分为二层：H6①层为深褐色土，较紧，厚0.15～0.3米，包含大量的窑渣、窑灰，匣钵、支圈相对较少，包含物中出土较多的青白瓷片，偶见酱釉瓷。可辨器形有碗、盏、碟等，部分瓷片上有印花或刻花。H6②层为浅棕褐色土，较软，厚0.15～0.65米。含有大量的窑渣、窑灰、窑砖块、石块等。出土少量支圈和青白瓷片，偶见酱釉瓷片。H6年代为宋元时期（图九；图版三九，4）。

H7 开口于第6层和F1下，打破生土层。位于T5和T9内。平面呈长条形，坑口长9.3、宽1～3、深0.18～0.9米，坑壁至坑底未见加工痕迹。H7内为黄褐色填土，土质松软，有黏性，夹杂少量炭粒。出土遗物有泥质灰陶鬲足、罐残片、越式鼎、印纹硬陶残片，印纹为菱形或细方格纹等。H7年代为东周时期（图一〇；图版三九，5）。

图八　H5平、剖面图

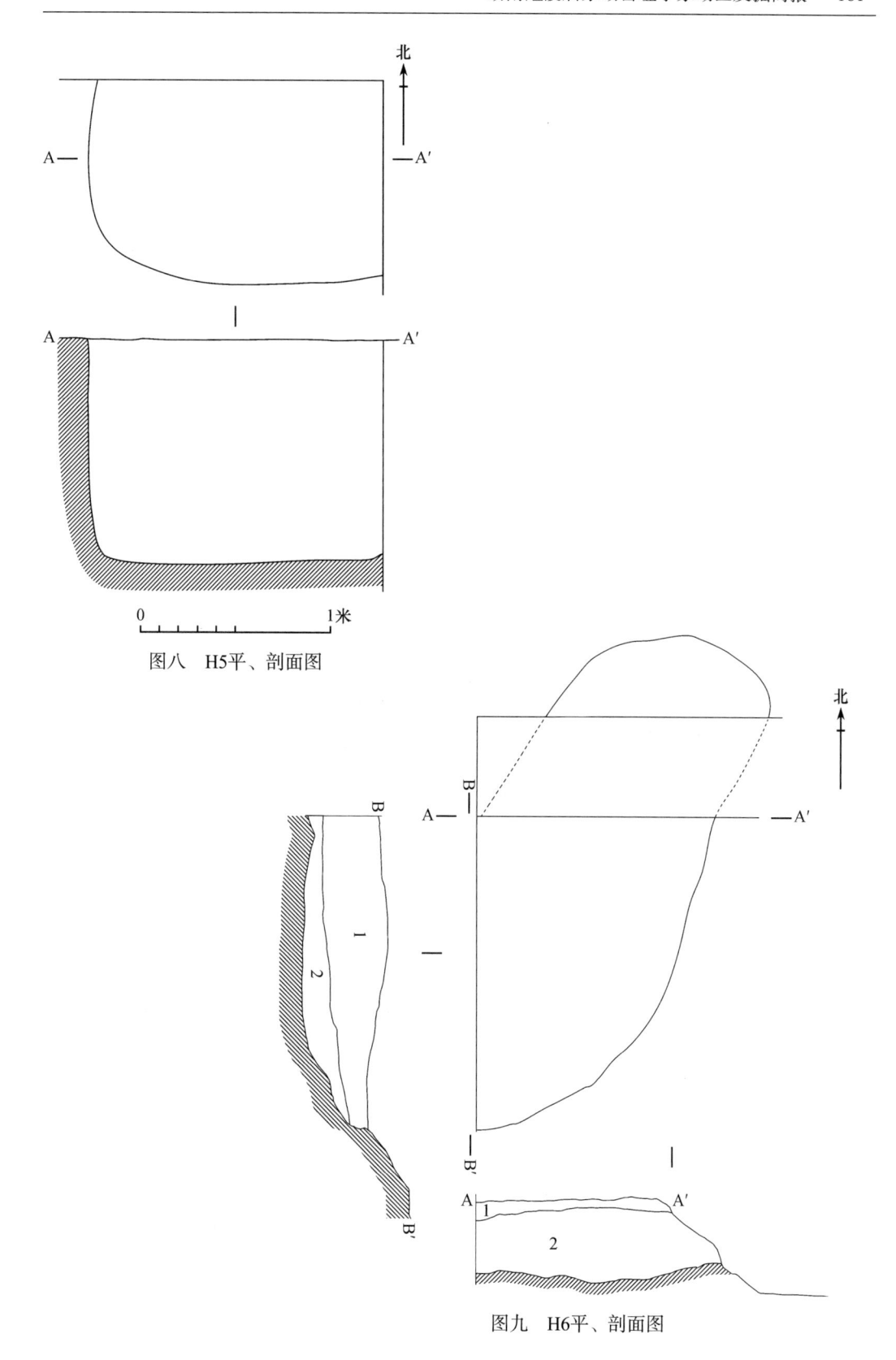

图九　H6平、剖面图

图一〇　H7平、剖面图

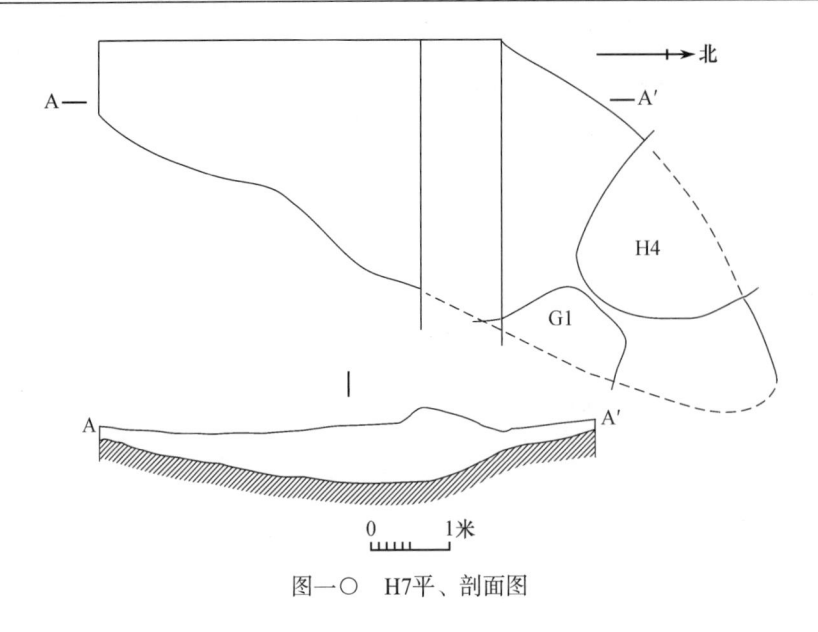

G1　开口于第4层下，打破生土。位于T5、T6、T9、T10几个探方内。平面呈不规则的长条形，开口长约8.4、底长0.4~2.3米，沟深0.2~1.2米。沟分两段，北段较浅，深0.2~0.4米，南段深1~1.2米，沟南端被近现代灰坑H1打破。沟内为支圈匣钵和瓷片堆积，含土量较少，土色红褐色，堆积中夹有炭灰、窑渣和红烧土堆积。出土遗物中以支圈最多，有较多保存完整的垫钵，青白瓷片较多。G1年代为宋元时期（图一一；图版三九，6）。

G2　位于T7中部，呈南北方向，南北两端在T11和T7隔梁下。G2开口于第5层下，被H3打破，打破生土。已揭露形状不规则。南北长4.8、东西宽1~1.7米。南端深0.7~0.8米，北端深1.2米。G2内填土呈深灰色黏土，土质松软。填土中含较少的炭渣、红烧土颗粒，G2底部出土1件细方格纹侈口平底罐。G2平坦，南端窄而浅、北端宽且深，中部至北部土色呈灰黑色。G2出土的侈口平底罐具有东周时期特征，推测G2为因某种原因弃之不用的墓坑（图一二；图版三九，7）。

F1　开口于第6层下。位于T5、T8、T9几个探方内。距地表深0.4~0.5米，打破H7。平面呈长条形，未发现门道，方向不明。基槽深0.2~0.45米。房屋里面保留四个柱洞，呈梯形排列，D1直径0.17、深0.2米，柱洞弧壁，圜底，洞内填土为灰黄色土。D2直径0.18、深0.07米，弧壁，填土为灰黄色黏土。D3直径0.16、深0.16米，直壁，圜底，填黄褐色黏土。D4直径0.17、深0.35米，直壁平底，填灰黄色黏土。房址内无其他遗迹现象，出土泥质灰陶鬲足、鬲口沿及印纹硬陶片等。从出土遗物看，房址年代为东周时期（图版三九，8）。

图一一　G1平、剖面图

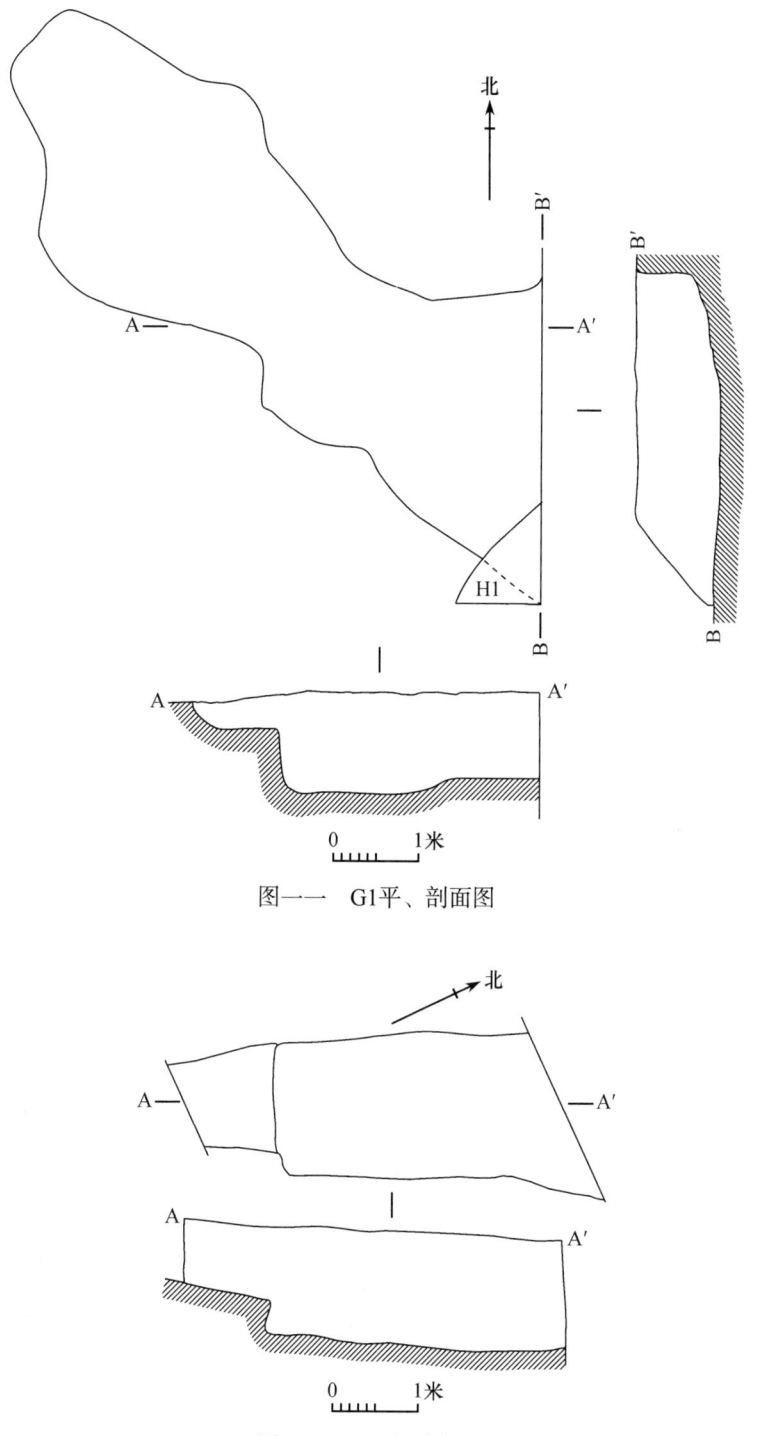

图一二　G2平、剖面图

三、出土瓷器

1. 青白瓷

（1）碗

根据口部、腹部特征，分为三型。

A型　敞口，斜腹，涩圈仰烧。标本T11H3：65[1]，仅存小半。敞口，圆唇，斜弧腹较直，圈足。灰白胎，胎质较细。青釉泛灰，内底涩圈，外下腹及底露胎。素面无纹。器表粘砂与窑渣。口径16.5、足径7.8、高5.7厘米（图一三，1）。标本T7H3：71，敞口，圆唇，斜腹，圈足。灰白胎，胎质细腻，火候略低。青白釉泛黄，内底涩圈，外壁下腹部及底露胎，釉面开片。素面无纹饰。口径18、足径7.6、高5厘米（图一三，2）。标本T7H3：103，敞口，尖圆唇，斜腹，圈足。灰白胎，器表粘砂。青白釉，内底涩圈，外施釉不及底，有开片。口径16.4、足径7.8、高5.6厘米（图一三，3）。标本T11H3：105，敞口，尖圆唇，斜弧腹，圈足，足墙宽厚。灰白胎，胎体厚重。青白釉，内底涩圈，外施釉不及底，有开片。口径17.4、足径7.6、高5.4厘米（图一三，4）。

B型　敞口，弧腹，芒口覆烧。根据腹部特征分为二亚型。

Ba型　浅弧腹。标本T11H3：102，敞口，方唇，微弧腹，浅圈足。米白胎，胎质细腻。黄色釉，芒口，足底露胎，釉面开片。素面，内底一圈弦纹。口径16.7、足径6、高6厘米（图一三，7）。标本T6H3：101，敞口，方唇，微弧腹，浅圈足。灰白胎，胎质较细。青白釉泛灰，芒口，足底露胎。内底可见旋削痕，内口沿粘连，变形。口径16、足径4.8、高6.2厘米（图一三，8）。

Bb型　深弧腹。标本T7H3：28，敞口，尖唇，深弧腹，圈足。灰白胎，胎质细腻。青白釉泛灰，芒口，足底露胎。内壁釉下刻划草叶纹。口径14.8、足径5.2、高7.8厘米（图一三，5；图版四〇，1）。标本T7H3：25，敞口，方唇，深弧腹，矮圈足，外足墙近直。灰白胎，胎质细腻，胎体轻薄，修胎规整。青白釉，内满釉，外施釉至足根，底足刮釉，釉色莹润。内底釉下刻划草叶纹。口径15.4、足径5、高6.8厘米（图一三，6；图版四〇，2、3）。

C型　侈口，弧腹，芒口覆烧。标本T11②：1，侈口，深弧腹，矮圈足。灰白胎。青白釉，芒口，有开片。口径14.6、足径4.6、高6厘米（图一三，9）。标本T11H3：109，侈口，方唇，弧腹，矮圈足。灰白胎，胎质细腻，胎体较薄。青白釉泛黄，芒口，足底露胎。素面无纹。内底旋削一周。口径16.8、足径5.8、高6厘米（图

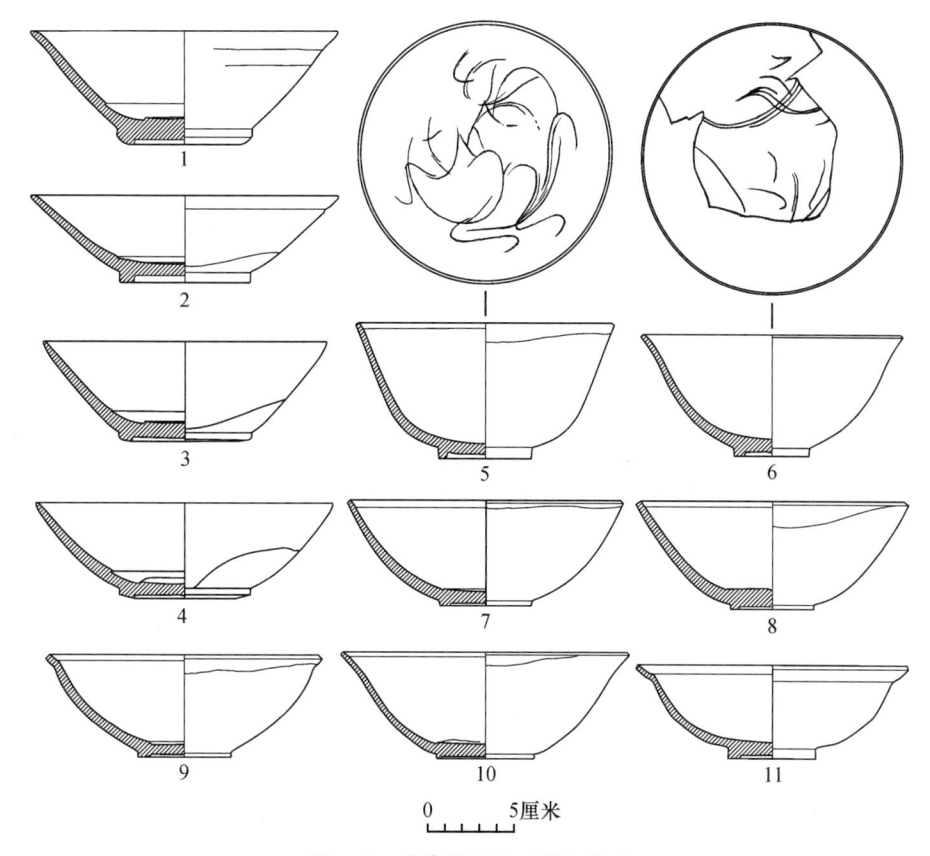

图一三　李家坳区出土青白瓷碗
1~4. A型（T11H3∶65、T7H3∶71、T7H3∶103、T11H3∶105）　5、6. Bb型（T7H3∶28、T7H3∶25）
7、8. Ba型（T11H3∶102、T6H3∶101）　9~11. C型（T11②∶1、T11H3∶109、T7H3∶97）

一三，10；图版四〇，4）。标本T7H3∶97，侈口，方唇，弧腹，圈足。灰白胎，胎质细腻。青白釉，内壁釉面泛红，外壁泛灰，芒口，釉面有细小开片。内底微凹，口沿内外旋削一周。口径16、足径5.4、高5.4厘米（图一三，11；图版四〇，5）。

（2）盏

根据口部特征分为四型。

A型　敞口。根据底足特征分为二亚型。

Aa型　饼足。标本T11H3∶62，敞口，方唇，弧腹，饼足内凹。灰白胎，胎质细腻。青白釉泛灰，釉面开片，内底涩圈，外壁施釉不及底。素面无纹。口径12.8、足径4.4、高5.2厘米（图一四，1；图版四〇，6）。标本T12H3∶61，敞口，圆唇，弧腹，饼足内凹。灰白胎，胎质细腻。青白釉泛蓝，内底涩圈，外壁施釉不及底。粘砂，素面无纹。口径12、足径4.8、高5.2厘米（图一四，2；图版四〇，7）。标本T12H3∶95，敞口微外撇，圆唇，饼足。米白色胎，胎质细腻。青白釉泛蓝，内底涩圈，外下腹及底露胎，釉面开片。底部粘砂，外壁可见旋削痕。口径13、足径5、高6厘米（图一四，3；图版四〇，8）。

Ab型　圈足，涩圈仰烧。标本T10G1∶10，微敞口，方唇，弧腹，圈足，足底中间凸起。灰白胎。草黄色釉，内底涩圈，外壁施釉不及底。口径12.8、足径4.6、高5.2厘米（图一四，4；图版四〇，9）。

B型　折沿，圈足。标本T12H3∶47，敞口，斜折沿，尖圆唇，斜弧腹，圈足。灰白胎。青白釉泛灰，内底涩圈，外施釉不及底，有冰裂纹。口径12.8、足径5.3、高3.8厘米（图一四，5；图版四一，1）。标本T11H3∶44，侈口，折沿外斜，弧腹，圈足。灰白胎，胎质细腻。青白釉泛灰，内底不规则涩圈，外壁施釉近足。露胎处粘砂，涩圈上壁饰一周凸弦纹。口径12.5、足径5.2、高4.2厘米（图一四，6；图版四一，2）。标本T12H3∶46，侈口，折沿外斜，弧腹，圈足。灰白胎，胎质略粗。青白釉泛黄，内底涩圈，足部露胎。粘砂及窑渣，无纹饰。口径13.2、足径5.4、高4.2厘米（图一四，7；图版四一，3）。

C型　束颈。根据口部和底足特征分为二亚型。

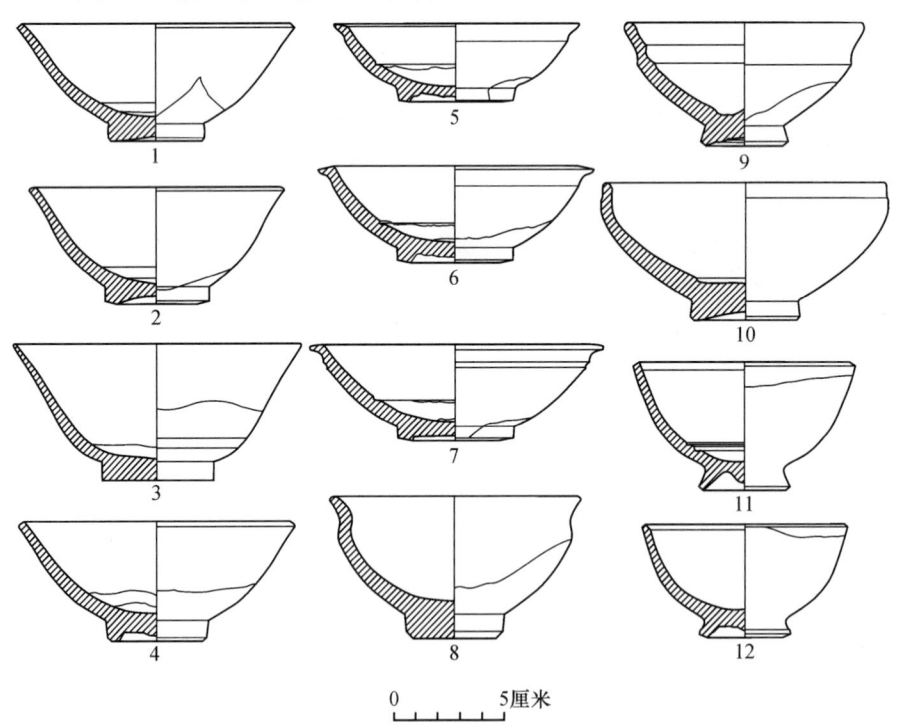

图一四　李家坳区出土青白瓷器
1~3.Aa型盏（T11H3∶62、T12H3∶61、T12H3∶95）　4.Ab型盏（T10G1∶10）　5~7.B型盏（T12H3∶47、T11H3∶44、T12H3∶46）　8.Ca型盏（T7H3∶85）　9.Cb型盏（T10G1∶11）　10.D型盏（T7④∶1）　11、12.杯（T7H3∶53、T10G1∶9）

Ca型 侈口，饼足。标本T7H3：85，侈口，尖圆唇，束颈，弧腹，饼足，足沿斜削。略生烧，粉红胎。青白釉泛黄，外施釉不及底，有冰裂纹。口径11.2、足径4.3、高6.2厘米（图一四，8；图版四一，4）。

Cb型 敞口，圈足。标本T10G1：11，敞口，圆唇，束颈，斜腹微弧，内底凸起，圈足微凹。灰白胎，胎质细腻。黄釉泛青，外下腹部及底露胎。素面无纹。口径10.4、足径4、高5.4厘米（图一四，9；图版四一，5）。

D型 直口，涩圈仰烧。标本T7④：1，直颈，饼足内凹。粉红胎。草黄色釉。口径12.6、足径4.8、高6厘米（图一四，10）。

（3）杯

敞口，矮束足外撇。标本T7H3：53，敞口，方唇，弧腹，矮束足，足外撇，足底中间凸起。米白色胎，胎质细腻。青白釉泛黄，芒口，釉面开片。内底旋削三周。口径9.6、足径4.2、高5.6厘米（图一四，11；图版四一，7、8）。标本T10G1：9，敞口，方唇，弧腹，矮束足，足外撇，足底中间凸起。灰白胎，胎质细腻。灰白釉泛黄，芒口，釉面布满细小开片。素面无纹。口径9、足径4.2、高5厘米（图一四，12；图版四一，6）。

（4）盘

根据口部和腹部特征分为四型。

A型 敞口，斜弧腹，芒口覆烧。标本T7H3：39，敞口，方唇，浅斜腹微弧，平底。灰白胎，胎质细腻。青白釉泛灰，芒口。盘内自上而下饰回纹、菊瓣纹、菊花纹，花纹为模印。器内外有粘连。口径17.6、底径10.8、高3.4厘米（图一五，1）。标本T11H3：92，敞口，方唇，浅弧腹，平底。青白胎，胎质细腻。青白釉，内外满釉，芒口，裹足刮釉，外底近圆形露胎。内壁由上及下依次模印一周回纹和菊瓣纹。内底四角弧形开光内模印折枝花卉纹，中心菱形内模印正面展开的折枝花卉纹。内底有与其他器物底部的黏结残片，外底粘连另一件青白瓷器物的残片。口径17.6、底径10.2、高3.2厘米（图一五，2）。标本T10G1：6，敞口，斜弧腹，平底。灰白胎，胎体坚硬。青白釉，芒口，底部刮釉。盘内壁模印回纹、菊瓣纹，盘底模印荷叶纹。口径17.6~18.4、底径10、高2.5厘米（图版四二，1）。

B型 敞口，弧腹，隐圈足。标本T11H3：72，敞口，方唇，弧腹，圈足。灰白胎，胎质细腻。青白釉泛灰，芒口，足底露胎。釉下刻划草叶纹。口径16.8、足径5.2、高5厘米（图一五，7；图版四二，2~4）。

C型 敞口，折腹，芒口覆烧。标本T7H3：68，敞口，方唇，折腹，圈足。灰白胎，青白釉，芒口，圈足露胎，釉面开片。内壁釉下刻划草叶纹。口径16.3、足径

5、高4.4厘米（图一五，3）。标本T11H3∶69，敞口，方唇，斜直腹向内折收，矮圈足。灰白胎，胎质细腻。青白釉泛黄，芒口，足底粘连同类器物足部瓷片，粘连处积釉，瓷片足底露胎，釉面开片。器内底刻划草叶纹。口径17.4、足径5.5、高5厘米（图一五，4；图版四二，5~7）。标本T11H3∶88，敞口，方唇，折腹，圈足，足墙直。生烧，粉红胎。青白釉，芒口，底足刮釉。内底刻划草叶纹。口径17、足径5.4、高4.6厘米（图一五，5）。

D型　侈口，折腹，芒口覆烧。标本T11H3∶73，侈口，方唇，折腹，圈足。灰白胎。青白釉，芒口，圈足底露胎，釉面开片。内壁釉下刻划草叶纹。口径17.6、足径5.2、高3.4厘米（图一五，6；图版四二，8、9）。

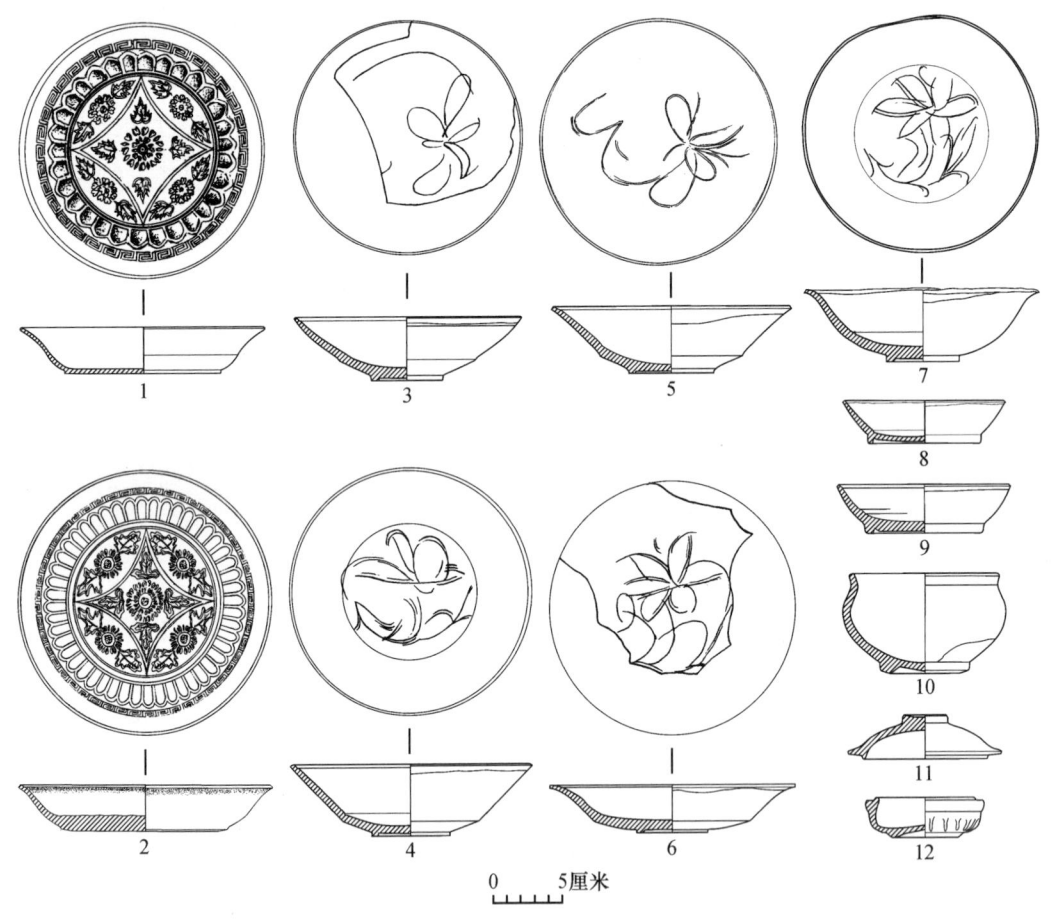

图一五　李家坳区出土青白瓷器
1、2.A型盘（T7H3∶39、T11H3∶92）　3~5.C型盘（T7H3∶68、T11H3∶69、T11H3∶88）
6.D型盘（T11H3∶73）　7.B型盘（T11H3∶72）　8、9.碟（T7H3∶76、T11H3∶79）
10.罐（T11H3∶75）　11.器盖（T11H3∶21）　12.盒（T1H1∶1）

（5）碟

标本T7H3：76，敞口，斜弧腹，圈足，足墙窄。灰白胎，胎质细腻。青白釉，芒口，圈足露胎，釉面有开片。口径11.4、足径8、高3厘米（图一五，8；图版四三，7）。标本T11H3：79，敞口，斜弧腹，圈足。灰白胎。青白釉，口沿及圈足底露胎。口径11.8、足径8、高3.2厘米（图一五，9）。标本T12H3：40，敞口，斜弧腹，圈足。灰白胎，胎质细腻，胎体轻薄。青白釉，釉层均匀，玻璃质感强，芒口，圈足露胎。口径11.8、足径7.4、高3厘米（图版四三，8、9）。标本T11H3：41，敞口，方唇，浅腹，腹壁斜弧，平底。灰白胎略泛黄，胎体轻薄。青白釉，内外满釉，芒口，底刮釉，釉色暗淡无光。内壁模印回纹和双层莲瓣纹，内底模印游鱼纹。口径13、底径8.2、高3厘米（图版四三，5、6）。

（6）罐

标本T11H3：75，侈口，方唇，束颈，鼓腹，圈足。灰白胎，胎质略粗。青白釉，外下腹部及底露胎，釉面粗糙。素面无纹。口径10.8、最大腹径11.8、足径6.4厘米（图一五，10）。

（7）器盖

标本T11H3：21，扁圆柱状纽，纽顶内凹，盖面隆起，略弧，子口略长出盖口。灰白胎，胎质细腻。青白釉泛灰，盖内无釉。素面无纹。盖径11、纽径3.1、高3厘米（图一五，11；图版四三，3）。标本T11H3：19，弧顶，斜折沿，尖圆唇，子口。青白胎，胎质细腻。青白釉，内露胎，盖顶施青白釉，有线状开片。盖面径5.2、子口径11.6、高3.8厘米（图版四三，4）。

（8）盒

标本T1H1：1，残存大半，底变形，子母口，短直鼓腹，腹下内折，外腹呈瓜棱状，饼足，足底内凹严重，器内底凸起。灰白胎，胎质略粗。青白釉泛灰，芒口，外下腹及底露胎。口径8.4、足径5厘米（图一五，12）。

（9）炉

根据口沿特征分为二型。

A型　折沿，圈足。标本T11H3：4，尖圆唇，外折沿，上腹部斜直，下腹部折收，圈足。青白胎，胎质细腻。青白釉，外施釉近足根，釉层薄而均匀，透明度高，内壁露胎。口径18、足径8.5、高9.9厘米（图一六，1）。标本T13H6：3，尖圆唇，斜折沿，直腹略弧，下腹折收，圈足较高。米白色胎，胎质较细。青白釉，炉内和器外下腹部及底无釉。口径15.2、腹径15、足径9.2、高10.8厘米（图一六，2；图版四四，1）。标本T7H3：98，仅存残片，直口内敛，口部向外形成一周折沿，直腹微弧。灰

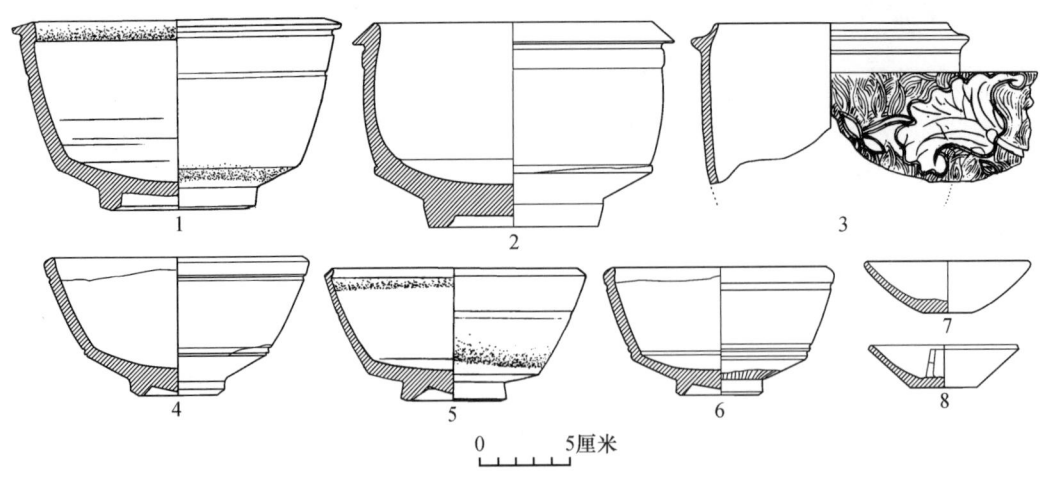

图一六 李家坳区出土青白瓷器
1~3.A型炉（T11H3：4、T13H6：3、T7H3：98） 4~6.B型炉（T11H3：5、T11H3：3、T7H3：6）
7.A型灯盏（T11H3：31） 8.B型灯盏（T11H3：22）

白胎，胎质细腻。青白釉泛黄，内壁有脱釉，釉面开片。外壁刻划莲花荷叶水波图案，口沿外饰两道细弦纹。外口径15.2、内口径12.8、残高8.5厘米（图一六，3；图版四四，2）。

B型　敛口，圈足。标本T11H3：5，敛口，方唇，斜弧腹较直，下腹斜收，圈足外撇。灰白胎，胎质细腻。青白釉，内壁口沿处施釉，外施釉至下腹。素面，外口沿下饰一周凹弦纹，外腹折处上方饰两周凹弦纹。器底粘连窑渣。口径14.3、足径5.4、高7.4厘米（图一六，4；图版四四，3）。标本T11H3：3，敛口，厚方唇，上腹斜直，下腹折收，圈足，外足墙近直，内足墙斜削，足内有乳状突。青白胎，胎质细腻。青白釉，内无釉，外施釉至折腹处，釉层薄而均匀，透明度高，无流釉。上腹壁有一宽凹弦纹。外壁修胎跳刀痕明显，内底粘石英砂。口径14.4、足径5.6、高7厘米（图一六，5）。标本T7H3：6，微敛口，口部外倾，斜弧腹较直，下腹斜收，圈足外撇。灰白胎，胎质细腻。青白釉泛黄，内壁口沿处施釉，外施釉至外下腹。素面，外口沿下饰一周凹弦纹，外腹折处上方饰两周凹弦纹。口径11.6、足径5、高6.8厘米（图一六，6；图版四四，4）。

（10）灯盏

根据有无灯芯分为二型。

A型　不带灯芯。标本T11H3：31，敞口，圆唇，斜腹微弧，平底。灰白胎，胎质较细。内施青白釉泛灰，芒口，外壁无釉。口径9.2、底径3.7、高2.8厘米（图一六，7；图版四三，1）。

B型　带灯芯。标本T11H3∶22，足部缺失，余盏，微变形。敞口，方唇，斜直腹，平底，盏中心有一中通圆柱，柱壁有一近长方形开口。米白胎，胎质略粗。青白釉泛黄，盏内满釉，圆柱内壁与盏外无釉。素面无纹。器表落灰粘砂。口径8.4、底径3.6、高2.2厘米（图一六，8；图版四三，2）。

2. 酱色釉

（1）砚滴

标本T1②∶96，仿博山炉。浅红胎。外施灰白色釉。直径11.6、上口径4.1、高6.9厘米（图一七，1；图版四四，5）。

（2）砚台

标本T13H6∶2，残存近半。圆形，中部高，砚台面下凹，周有一规整的沟槽，器底内凹。浅灰色胎，胎质较细。沟槽施酱色釉，其余皆无釉。素面无纹。最大直径12.6、高2.4厘米（图一七，2；图版四四，6）。

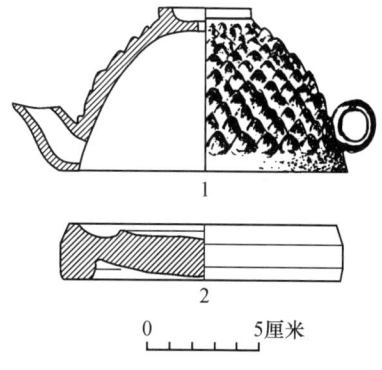

图一七　李家坳区出土酱釉瓷器
1. 砚滴（T1②∶96）　2. 砚台（T13H6∶2）

3. 双釉瓷

盏

标本T8H3∶13，侈口，宽折沿，尖圆唇，深弧腹，小饼足微内凹。生烧，胎色黄褐。内壁施酱釉，内折沿施青白釉，外施酱釉不及底。口径11.4、足径3.8、高4.8厘米（图版四四，7、8）。

四、结　　语

唐家坳窑址出土的青白瓷折腹盘数量较少，这种折腹盘（或碗）在景德镇窑出现于元代前期[2]，数量不多。益阳羊舞岭窑[3]等湖南青白瓷窑址中，支圈覆烧法主要流行于南宋晚期至元代前期，且整体呈现出支圈覆烧逐渐被涩圈叠烧所取代的发展趋势，至元代中后期，支圈组合覆烧法已基本不再使用。李家坳区出土的产品以青白瓷为大宗，不见仿龙泉青瓷，结合益阳羊舞岭窑等湖南青白瓷的发展脉络，仿龙泉窑青瓷出现的年代主要是元代中期以后。综上所述，李家坳区遗存的年代大致为宋末元初。

李家坳区出土瓷器以青白瓷为主，酱釉瓷和双釉瓷极少。青白瓷多采用支圈组合覆烧法烧制，故口沿芒口，一般内外满釉，裹足刮釉。器形常见芒口深腹碗、芒口浅腹盘、芒口平底碟、芒口圈足盏等。器物多素面，纹样见有划花、印花，芒口深腹碗内多见划花，浅腹盘和平底碟内多为印花，内壁均以回纹和菊瓣纹为边饰，内底主体纹样有双鱼、莲荷、菊花等，少量深腹碗或平底碟的内壁见有双层或三层仰莲纹。也有采用涩圈或露胎叠烧法仰烧的青白瓷，涩圈青白瓷主要是饼足或圈足盏，外施釉至下腹部，底足露胎，内底涩圈，束口盏和炉均外施釉不及底，炉内多露胎，内底常见叠烧痕迹。

附记：考古领队为胡建军；参加田野发掘的有吴仕林、文国勋、李永峰、黄阳秋、刘峰、滕昭燕、潘茂辉等；遗迹绘图为文国勋、田小武、朱俊明；器物绘图为朱俊明、滕昭燕、李静、黄云英、陈冠亨；器物修复为杜林慧、付林英、易万春、汪华英；器物摄影为杨盯。

执笔：黄云英　杨宁波　陈冠亨

注　释

[1]　因李家坳区发现的遗迹多跨数个探方，出土器物的编号均采用"探方号+遗迹号"的方式，比如H3分布于T3、T6、T7、T11、T12这几个探方，T7H3代表T7内的H3。
[2]　江西省文物考古研究所、景德镇民窑博物馆：《景德镇湖田窑址：1988～1999年考古发掘报告》，文物出版社，2007年，第125、126页。
[3]　湖南省文物考古研究所、益阳市文物管理处：《湖南益阳羊舞岭瓦渣仑窑址Ⅱ区发掘简报》，《湖南考古辑刊（第11集）》，科学出版社，2015年。

The Brief Report on Excavation of the Tangjiaao Kilns in Lijiaao District in Liling City, Hunan

Hunan Provincial Institute of Cultural Relics and Archaeology

Zhuzhou Museum

Cultural Relics Administration of Liling Kiln

Hunan Key Laboratory of Archaeometry and Conservation Science

Abstract: To cooperate with capital construction, a rescue excavation was conducted which led by Hunan Provincial Institute of Cultural Relics and Archaeology from August 2010 to January 2011. The excavation area was divided into the Machong district, the Lijiaao district, the Lijianong district, and the Shiqiao district. The excavation in Lijiaao district recovered product disposal pile, and the products excavated were mostly blue-white porcelain, with very little sauce glazed porcelain and double glazed porcelain, and no imitated Longquan celadon were found. Most of the porcelain is undecorated. There were lotus-pattern and chrysanthemum pattern decoration. Mans mouth upside down firing method dominates with astringent circle firing method as a supplement. The remains are roughly dated back to the late Song and early Yuan Dynasties.

Keywords: Tangjiaao Kiln Site; Lijiaao District; Blue-white Porcelain; Song and Yuan Dynasties

探索与研究

我国新石器时代中晚期"北彩南白"的陶器扩张格局

刘文强

（四川大学考古文博学院）

[摘 要] "北彩南白"分别指的是我国新石器时代中晚期的北方彩陶和南方白陶，这两种陶器不光是有着精美装饰的史前遗物，也是距今8000~5000年我国北方和南方地区文化扩张中表现最为明显的两类器物。"北彩南白"萌芽于距今8000年左右；半坡文化时期，"北彩南白"的二元格局正式形成，并开始在汉水上游一带接触甚至对峙；庙底沟文化时期，北方彩陶进一步扩展其分布范围，大大压缩了南方白陶的分布空间，二者在长江中游等地展开直接对话，或促成了目前发现年代最早的城头山史前城址的诞生，也使得南方白陶基本局限于长江中游至珠三角地区的狭长地带。"北彩南白"格局于庙底沟文化解体之时落幕。其后，以凌家滩、牛河梁、良渚等遗址为代表的新生考古学文化异军突起并再度交流融会，历史也迈入了新的进程。

[关键词] 北方彩陶；南方白陶；半坡文化；庙底沟文化；高庙文化；大溪文化

我国史前的彩陶在距今9000年左右的浙江上山文化[1]、距今8000年左右的跨湖桥文化[2]中已经出现，但将彩陶发扬光大的却是距今8000年左右的北方老官台文化和其后的仰韶文化及庙底沟文化等；我国的白陶始自南方的长江中游地区，在距今8000年稍后，以高庙[3]等遗址为核心的史前先民创制了精美的史前白陶，并将这种带有浓郁地域特征的白陶扩散至南方广大地区。

我国史前彩陶和白陶的发展不完全同步，然而在距今8000~5000年的新石器时代中晚期[4]，北方地区的彩陶与南方的白陶交相辉映、此消彼长，形成了新石器时代中晚期在较大区域的文化扩张中，北方地区以彩陶扩张为主、南方地区以白陶扩张为主的"北彩南白"的陶器扩张动态格局。

一、北方彩陶的形成和发展

我国北方的彩陶约在距今8000年形成，目前发现的北方早期彩陶多出现于今陕西关中地区的渭南北刘[5]、临潼白家[6]、宝鸡北首岭[7]、华县元君庙[8]以及甘肃秦安大地湾[9]等遗址，均属于老官台文化（目前尚看不出北方彩陶与南方早期彩陶间的直接联系）。主要的彩陶器形有三足钵、圜底钵、圈足碗等几种。彩陶装饰也较为单一，起初多为器物外口沿部位的一圈红彩。至白家遗址开始在器物内部出现简单的波浪线纹、点纹、线带纹以及稍微复杂一些的类似刻划符号的纹饰，多为棕红色彩绘，且多呈三组或四组等距分布（图一）。老官台文化约距今8000~7000年，主要分布于今甘肃东部、陕西关中地区，在陕南等地也有零星分布。

距今7000年左右，半坡文化继老官台文化之后兴起。彼时的彩陶相较老官台文化时期已经有了飞跃式的发展。其一是彩绘原料的改变。老官台文化彩陶的彩绘原料多为赭石一类，因此其彩陶纹饰多为红色或棕红色，至半坡文化时期，彩陶的彩绘原料

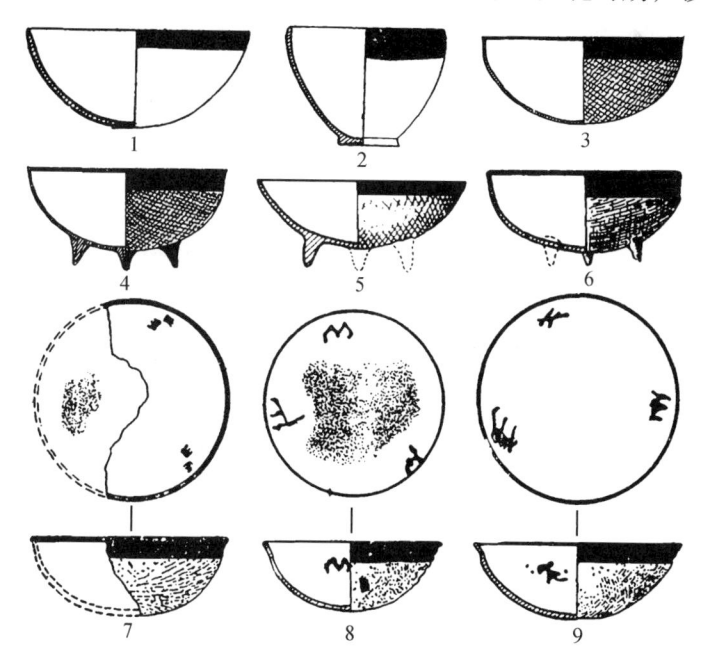

图一 老官台文化彩陶
1、2.北首岭早期　3、4.北刘　5.大地湾一期　6~9.白家

已不局限于赭石类，而更多地采用磁铁矿与黑锰矿等黑彩原料。囿于红陶黑彩的颜色碰撞更加醒目等原因，半坡文化的彩陶装饰中黑彩大幅增多，成了这一时期的主流。其二是彩陶器形更加丰富，如圜底盆、平底盆、钵、细颈壶、尖底瓶、船形壶等多种器形上均有绘彩装饰。其三是彩陶的装饰纹样更加复杂多样。这时已经出现了相对复杂且有了严谨构图规律的折线纹（图二，4、8）、几何纹（图二，10、14、16）、花瓣形纹（图二，15），此外更有写实的鸟纹（图二，13）、鱼纹（图二，1~3、5~7、9、11）、鸟鱼组合纹（图二，12、17）、人面鱼纹（图二，1）等精美彩陶作品，共同构成了半坡彩陶的典型纹样。半坡文化的彩陶，目前发现的重要遗址有西安半坡[10]、宝鸡北首岭[11]、临潼姜寨[12]、武功游凤[13]、芮城东庄[14]、秦安大地湾[15]、正宁宫家川[16]等。分布范围较老官台文化时期已大幅扩大，以典型写实鱼纹为例，其以关中平原为核心，向东已分布至今河南中部，向西至今甘肃东部的渭河上游，南至今陕南及鄂西北地区，北及今内蒙古河套地区[17]。

继半坡文化之后，庙底沟文化随之兴起，北方的彩陶文化又进入了新一轮的大扩张时代。庙底沟文化以河南陕县庙底沟[18]遗址命名，其典型遗址还有渑池仰韶村[19]、灵宝西坡[20]、汝州洪山庙[21]、濮阳西水坡[22]、夏县西阴村[23]、华县泉护村[24]、宝鸡福临堡[25]、扶风案板[26]、西乡何家湾[27]等。庙底沟文化的彩陶几乎遍布当时的所有陶器器形，如罐、盆、碗、钵、壶、瓶、大口缸等器物上均可见当时的绘彩装饰。彩陶色彩除了延续半坡文化的红地黑彩外，也出现了于红陶器表施一层

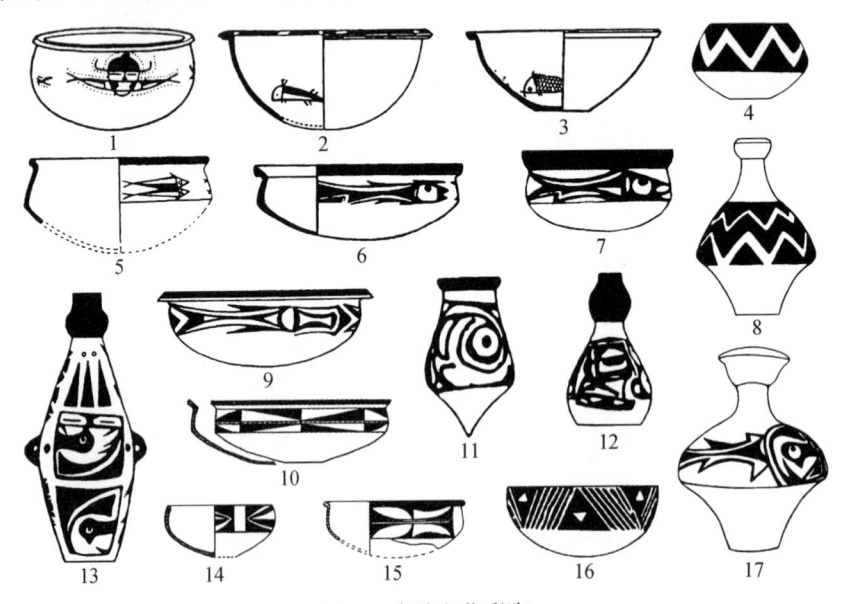

图二 半坡文化彩陶

1~3、5、6、8、16.半坡 4.宫家川 7、9、15.大地湾 10、14.东庄 11~13.姜寨 17.游凤

白色化妆土后再绘彩的白衣黑彩。其彩陶纹饰主题最多的便是各种"花"（图三），其次还有写实及抽象的鸟纹、蛙纹、鱼纹以及几何纹等，彩陶纹饰相较半坡文化时期也更加律动和抽象。因庙底沟文化的"花"遍布黄河流域，且向北向南辐射今内蒙古等地及长江中下游地区，故苏秉琦先生认为此"花"与华夏的"华"人族群之间当有着深刻的联系[28]。

庙底沟文化之后，彩陶在北方地区依然有所延续，直至新石器时代末期晋南地区的陶寺文化中也都发现少许彩陶，并且有龙纹彩陶盆等重要遗物。但总体来说，北方的彩陶文化，已经逐渐淡出历史舞台。

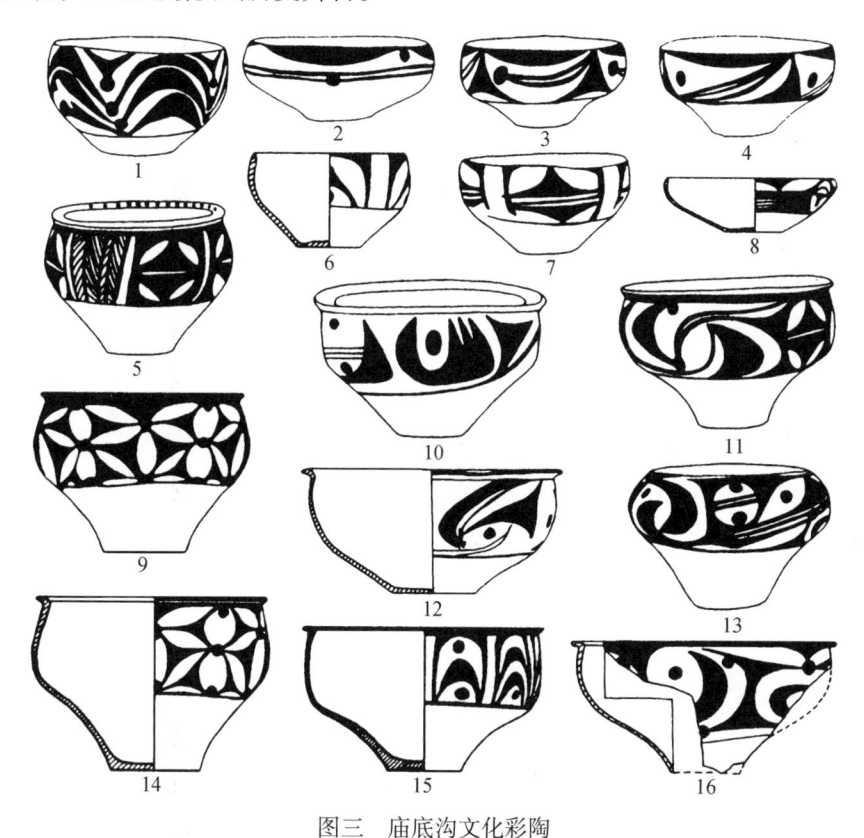

图三　庙底沟文化彩陶

1~15.庙底沟（采自王仁湘《史前中国的艺术浪潮——庙底沟文化彩陶研究》图1-2-2）
16.大地湾（采自尾注15）

二、南方白陶的形成和发展

我国的白陶当起源于今长江中游的湖南一带，目前发现的年代最早的白陶出现于皂市下层文化层和洪江高庙等遗址，有研究者将其统归于高庙文化[29]。而其他区域发现的南方白陶也多为高庙文化白陶的形制，属于高庙式白陶的辐射与扩张。继高庙文化之后，此类白陶主要出现在大溪文化之中，并南布至珠三角地区[30]，但主体形制上依然是高庙式白陶的风格，并未有大的革新与发展。

高庙文化因湖南洪江高庙遗址的发掘而得名，此类遗存以今沅水中上游为核心，辐射洞庭湖流域、资水下游、岭南桂江流域、北江流域，甚至珠江三角洲沿海区域[31]。此类遗存最具特点的便是有着一群独具特色的陶器类型，如罐、釜、钵、盘、碗、簋等，特别是其白陶类器物，不仅器形相似，其装饰风格和装饰题材亦较为一致。高庙文化的提出虽未在学界达成完全一致，但为了研究白陶的方便，本文沿用这一概念。

高庙文化中目前发现的年代最早的白陶是2005年在高庙遗址南区第22层和24层出土的多件白陶罐残件，属于高庙文化早期前段，年代上限约距今7800年[32]。自其以后，白陶在高庙及其周边遗址迅速发展，不仅新出现了盘、簋等白陶器形，分布区域也扩展至湘江上游的桂阳千家坪[33]等遗址。距今7000年前后至高庙文化晚期，白陶器形更为多样，此时簋形器已不多见，而盘类圈足器则更加丰富，并新出了杯、豆等新器类。白陶的分布范围也在这一时期达到鼎盛，长江中游地区、下游地区、珠江流域、汉水上游等地几乎都有白陶的分布。

高庙文化的白陶多呈白色、灰白色或黄白色。圈足类器物较多。器物外表面醒目位置或底部往往有繁缛的刻划、戳印、压印或彩绘纹饰，有几何类的纹饰（图四，4、6、7；图五，2、8），但最典型的还是复杂的图案化纹饰，如太阳纹（图四，3）、八角星纹、凤鸟纹（图四，1；图五，3~6、9）、獠牙兽面纹（图四，5、8）、凤鸟兽面组合纹饰（图四，2；图五，1、7）等。高庙文化的白陶及其白陶器物上多以戳印密集篦点组合而成的獠牙兽面纹、凤鸟纹、八角形纹等掀起了史前时期长江流域最早的一波艺术浪潮。类似的八角星纹其后东进长江下游含山凌家滩[34]、青浦崧泽[35]等遗址，并辐射大汶口文化等区域[36]，延续了数千年之久；獠牙兽面纹则与良渚文化兽面纹有着一定的相似性[37]，或对我国太湖流域史前时期第一个区域性国家文明的形成产生过深远的影响。

白陶的烧造不管是从原料的辨认与获取、窑炉的温度、烧造时火候的控制等方面均有着很高的要求，南方地区分布极广的相似白陶断不可能是南方先民们不约而同的巧合造成，其背后应该有着一支强势史前族群对外的文化与技术输出。不论南方白陶是高庙遗址起源还是有多个源头，这支强势对外输出白陶的史前族群，当在今长江中游地区。其输出的时间，当在高庙文化的中晚期阶段。抑或，当时的长江中游地区，已经是由一支强势族群领导的统一部落联盟。

高庙文化以后，高庙遗址上层仅偶见白陶[38]。而长江中游的大溪文化中虽仍有白

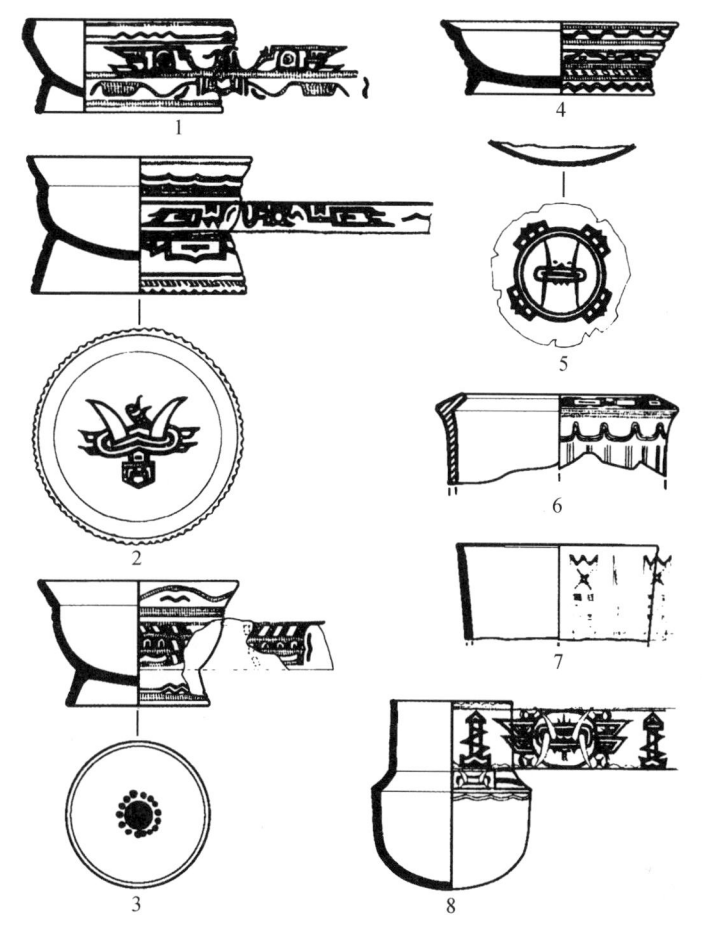

图四 洪江高庙遗址白陶

1. 矮圈足盘　2、3. 簋　4. 宽沿盘　5. 簋外底部　6. 内折沿罐　7、8. 高领罐

（采自尹检顺：《湖南史前白陶初论》图二，《湖南省文物考古研究所建所三十周年纪念文集》，科学出版社，2016年）

陶出土，但无论白陶数量还是分布，已大不如高庙文化时期。

此外，湘江流域的湘潭堆子岭遗址[39]，珠江三角洲地区的曲江石峡[40]、深圳咸头岭[41]等遗址亦有部分白陶出土。

大溪文化中目前出土白陶最多的是安乡划城岗遗址[42]，澧县城头山遗址亦有少许白陶出土[43]。此时的白陶依然延续了高庙文化晚期白陶的形制，白陶上的纹饰也依然不出高庙晚期白陶纹饰的相关题材，只是更趋抽象化，很少有较为写实的獠牙兽面纹及凤鸟纹等（图六）。

堆子岭遗址亦出土不少白陶，可辨器形有罐、瓮、圈足盘等。白陶风格和划城岗遗址白陶类似。

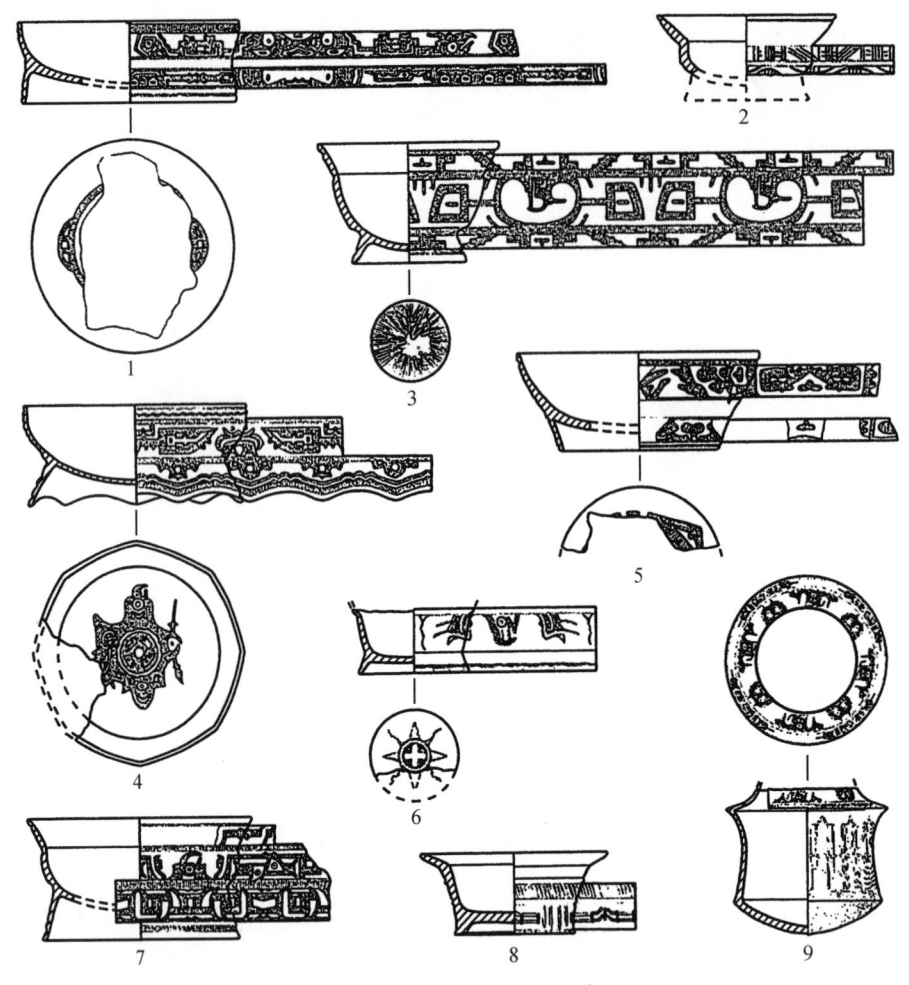

图五　桂阳千家坪遗址白陶

1、4、5.盘　2、8.碗　3、6.杯　7.簋　9.罐

（采自尹检顺《湖南史前白陶初论》图三）

珠三角地区石峡遗址及咸头岭上层遗存出土的白陶亦和大溪文化白陶差别不大，只是发现白陶的数量比之前期已大幅减少。南方的白陶，至迟在距今5000年左右已经完全消失。

三、"北彩南白"的陶器扩张格局

（一）"北彩南白"陶器扩张格局的形成与对峙（老官台及半坡文化时期）

约与彩陶文化在北方形成大体同时或略晚，南方地区的白陶文化也在今长江中游地区开始发芽。其时，"北彩南白"均处于由点及面地从零星几个遗址向外发展与扩

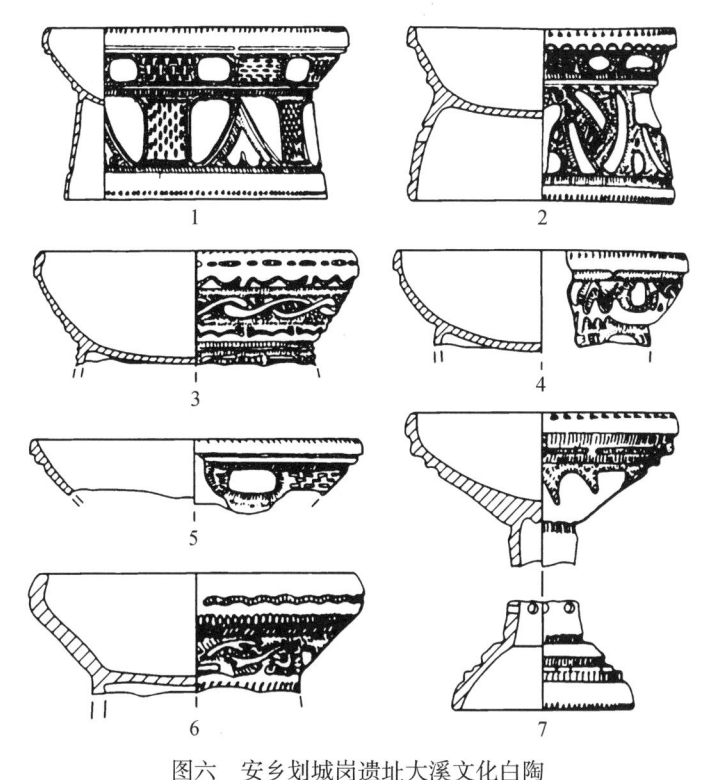

图六　安乡划城岗遗址大溪文化白陶
1~4.盘　5~7.豆
（采自贺刚《湘西史前遗存与中国古史传说》图130）

张的过程中，两者之间并未有实质性的接触。至半坡文化时期，北方的彩陶分布已较前期大幅扩展。整个渭河流域、汉水上游、黄河中游以及河套地区，都有着半坡文化彩陶的分布。而南方的高庙式白陶也在高庙文化中晚期急速扩张，不仅走出湘西山岭之地，进占长江中游地区[44]；且溯汉水而上，渗透至半坡文化区域的汉中龙岗寺遗址[45]；亦扩张至长江下游太湖流域的桐乡罗家角[46]、繁昌缪墩[47]、溧阳神墩[48]等遗址以及今苏北的淮安黄岗遗址[49]；并进入今珠三角地区的深圳咸头岭遗址及其周围地区[50]。至此，北方的彩陶文化与南方的白陶文化在彼此扩张之后终成南北二元对立之势，并有了实质性的接触，而接触的地点，便是今陕西汉水上游的龙岗寺遗址一带。

龙岗寺主体上为半坡文化遗址，同时亦有着老官台文化和晚期文化的地层。该遗址位于今陕南地区，是半坡文化分布范围的南缘地带。龙岗寺遗址出土了很多半坡文化的遗物，并发现了大片半坡时期的墓葬，但该遗址仍有很多不同于关中地区半坡文化遗址的地方，特别是其出土的部分遗物与南方长江中游地区的考古学文化有着诸多的联系。

1）发现了半坡文化不曾有而常见于同时期高庙文化的白陶。龙岗寺遗址目前出土白陶共8片，多为簋、盘等器物的口沿部位。表面多有密集戳印或压印而成的纹饰，纹饰造型与高庙文化白陶基本一致。且高庙文化中，多有在白陶表面再涂抹朱砂的习俗，龙岗寺白陶残片上亦是如此。故此，龙岗寺遗址的白陶，当为自长江中游地区而来的舶来品。

2）出土了较多颇具自身特色的玉器及绿松石器。龙岗寺半坡文化墓葬共出土玉器26件，集中发现于半坡文化中期墓葬中。另有绿松石75件。这种大量用玉的情况在关中地区的半坡文化中极少见到，反而是长江中游地区出土较多的玉器。特别是龙岗寺的玉璜，和大溪文化的玉璜很是相似，和高庙遗址上层出土的玉璜形制也相近。不过龙岗寺半坡中期的年代显然要早于高庙上层及大溪文化的年代，而高庙上层和大溪文化中玉器的来源，目前尚不完全清楚，但以高庙下层等为代表的高庙文化显然是一个思考方向。且高庙遗址出土的石斧、石锛、石铲及穿孔石斧（钺）[51]等器物均能在大溪文化乃至龙岗寺遗址中找到类似物品。而龙岗寺遗址出土玉铲及2件长46~48厘米的大型石铲，发掘者认为这是墓主权力的象征物品。此种权力，放在离半坡文化腹地较远的南缘之地，更可能是军权而非王权，这也从侧面说明了龙岗寺遗址不仅是一个南北文化融合的地方，也是一个需要有足够的军权来维系的地方。另龙岗寺半坡文化墓葬出土石器两百余件，其中石镞便有54件[52]，或许是对该遗址性质的佐证。

3）龙岗寺半坡文化墓葬中有3例随葬乌龟的葬俗，均为半坡文化中期墓葬。其附近的西乡何家湾遗址中亦发现1例类似葬俗[53]。而此种乌龟随葬的葬俗，在其他地区的半坡文化中均未发现，因此发掘者认为可能与大溪文化遗址中的4例乌龟随葬的做法有关[54]。然大溪文化在年代上晚于半坡文化，而与半坡文化同时期的高庙遗址M2中便出土有龟甲[55]，当与龙岗寺、何家湾等半坡文化遗址墓葬中的葬龟习俗有着更直接的关系。

以上可见，龙岗寺遗址不仅兼具"北彩南白"两类史前陶器，也有着诸多南方长江中游地区的文化因素遗留。而从位置观察，龙岗寺遗址周边仍有很多的半坡文化遗址，也许龙岗寺周边如何家湾等遗址日后也会发现白陶，甚至再往北关中一带及山西等地也有可能发现南方白陶，但龙岗寺遗址一带确实是目前南北两种文化因素交融最为明显，或南北双方文化人群竞相争取的区域。换句话说，在半坡文化时期，南方的白陶文化曾试图北上，而半坡文化拒绝其进一步深入，两者对峙的地点大约就在今陕南地区西汉水流域的龙岗寺遗址一带。且龙岗寺遗址北邻汉水、西接梁山，东端和南部多为陡坡或断崖[56]，高于汉江阶地30余米，确实是一处具有军事意义的天然要塞，此处用来作为布防东南向敌人的一处天然堡垒，再合适不过。而长江中游地区史前先民想要进取关中地区，通常也会借道今汉水流域，这在数千年后的楚秦征战中亦是如此。以后在这一区域发现半坡文化时期的城址或环壕，当也并非没有可能。

（二）庙底沟文化时期彩陶的"遍布天下"和白陶的式微

庙底沟文化时期，北方的彩陶文化进一步扩张，其不光在半坡文化的基础之上继续向东向西扩展，原本发现高庙式白陶的汉水流域以及长江中下游地区也被庙底沟文化彩陶占据，进而把之前与半坡文化彩陶呈二元对立之势的南方白陶分布区域压缩至长江中游至珠三角地区的狭长地带。此时虽然依然是"北彩南白"之局面，但庙底沟文化彩陶显然已呈压倒性优势，由于此时庙底沟彩陶的分布范围和文献中黄帝部族之掌控区域高度重合，余西云先生曾感慨其奠定了先秦中国的空间基础，是中国文明的滥觞[57]，可称为"花（华）布天下"。此时的南方白陶形制上虽然是高庙文化的孑遗，但文化归属上已多属大溪文化的范畴。而庙底沟文化彩陶和大溪文化白陶在这一时期也有着直接的对话，生动地体现在长江中游大溪文化腹地的城头山和划城岗遗址上。

城头山大溪文化遗址，有着目前我国发现的年代最早的史前城址，出土大溪文化白陶片，亦有着典型庙底沟文化西阴纹的彩陶盆[58]。看似和谐的二元文化存在于有着防卫外来入侵作用的城址遗址之中，其背后当有着庙底沟文化彩陶强势南下带给大溪先民的无奈与坚守。划城岗遗址和之前的龙岗寺遗址较为相似，都处在高出周围的台地之上[59]，不同的是划城岗不是自然山体的余脉，从其发掘报告中遗址地形微缩示意图可见，划城岗遗址生土面即为高出周边的一处台地，但其现存地面不仅没有因为几千年的人类活动消减生土面与周边的高程差，反而在其基础之上进一步加大了这种落差，使得划城岗成了如今四周都高出周边3~4米的一处台地，并且发掘人员经过钻探，认为划城岗台地北侧古时应是一处低洼地，可能存在环绕台地的古河道[60]。

城头山和划城岗遗址出土庙底沟文化的彩陶其实早有学者注意到，如王震中先生就曾撰文将这种现象和黄帝嫘祖联系起来[61]。笔者翻阅了很多资料，城头山遗址确实有典型的庙底沟文化彩陶出土，似乎是一种完全的接受[62]；而划城岗遗址虽然出土彩陶更多，但其彩陶表面的绳索纹、圆圈纹等，都更具自身特色，少有典型的庙底沟文化类彩陶，或是对庙底沟文化带有自身印记的部分接受。即便如此，城头山遗址自高庙文化晚期便已开挖环壕[63]，其后，环壕不断加宽加深，城墙也不断修建维护，显示出自高庙文化晚期一直存在的紧张局势。划城岗遗址除其高台和可能存在的环台河道外，部分大型墓葬还出土了精美的石钺，如M63出土随葬品77件，摆满了整个墓葬，其随葬品正中间的最上方，便是墓葬中唯一的一件彩绘石钺[64]，显示出了军权在该遗址是如此地被重视。可能正是因为既有着文化上的接受，又有着军事上的坚守，庙底沟文化虽然强势南下至城头山、划城岗附近，但却未继续南下深入，二文化在这一阵线历经对峙之后或许形成了一个较长时间各守阵线的相对和平局面。

"北彩南白"的陶器扩张格局至少具有五方面的重要意义。

其一是在距今8000年之后首次开始了以某些特定类型遗物（北方的彩陶和南方的白陶等）为主的较大范围的文化扩张。

其二是在两类遗物扩张交界地带形成了文化上的交流与碰撞，为新石器时代晚期后一体文化（或文化交互作用圈）的形成奠定了基础。

其三是某些文化因素在扩张区域的发扬光大和继续传承。如高庙文化最先出现的八角星纹后来在长江下游凌家滩[65]、崧泽[66]等遗址再次流行，并辐射大汶口文化等区域[67]，延续了数千年之久；高庙文化的獠牙兽面纹则可能启迪了良渚文化兽面纹的形成[68]，并通过良渚文化将类似纹饰及理念传承至商周时期的青铜器之上。

其四是通过遗物扩散、文化扩张而得出的相关知识体系的形成和积累。如对于史前自然环境、人文地理、气候风俗等多角度知识的践行和积累，对此后的文化发展、融合等均有着深远的积极影响。

其五是以特定遗物类型为主的文化扩张的方式，或为联盟联合，或为赠予拉拢，或为赏赐维系，或为贸易互利……但不论究竟为何，均对后世强势文化（如良渚文化）的再次扩张积累了经验。

在这些潜在的意义和作用下，原来属于白陶文化分布区域而后被彩陶占据的长江下游等地迎来了一个文化上的发展期（长江下游地区的这些遗址对于庙底沟文化的彩陶又只是部分认同及迎合，庙底沟文化对其也似相对宽松），其率先跳出了"北彩南白"二元对立的渐次扩张，逐渐发展出了具有自身特色的玉器、漆器等物品，把长江下游地区的文化推向了一个高峰。也可以说，未受"北彩南白"二元对立直接影响或者被"彩白"双方竞相争取的其他地带在吸取双方优势及先进经验的基础上取得了长足发展，如以含山凌家滩[69]、张家港东山村[70]等为代表的长江下游地区、大汶口中晚期的海岱地区[71]、东北的红山文化区域等[72]。当然，彼时庙底沟文化的影响依然较强。

庙底沟文化和大溪文化的对峙在其晚期消失，北方的彩陶以及南方的白陶也在其时走向衰落。在此之后，大汶口文化出现了一种以鬶、鼎、盉等为主体的具有自身特色的素面白陶，并西进中原、南下天门肖家屋脊等遗址[73]，后融入夏商文化[74]；长江下游地区以良渚文化为代表，其玉器也展示了强大的西向影响力，在庙底沟文化之后中原地区的襄汾陶寺[75]、临汾下靳[76]、芮城清凉寺[77]乃至陕北地区的神木石峁[78]、延安芦山峁[79]等地均能看见良渚文化玉器的身影[80];历史也翻入了新的一页[81]。

四、结　　语

"北彩南白"主要述说的是寄托或展示了史前先民精神世界的特殊陶器类物品,在北方多表现为彩陶,南方多表现为白陶。同时,这两种陶器也是距今8000~5000年我国南北方地区文化扩张中表现得最为明显的两类器物。"北彩南白"萌芽于距今8000年左右,于半坡文化时期正式形成了"北彩南白"的二元格局,并开始在汉水上游一带接触甚至对峙;庙底沟文化时期,北方彩陶进一步扩大其分布范围,大大压缩了南方白陶的分布空间,二者在长江中游地区的直接对话或促成了我国目前发现的年代最早的城头山城址的诞生,也使得南方白陶基本局限于长江中游至珠三角地区的狭长地带。"北彩南白"的格局于庙底沟文化解体之时落幕,其后随着凌家滩文化、红山文化及良渚文化等强势文化的出现,历史也进入了新的时代。

"北彩南白"的对峙局面从考古学文化的角度看持续了约两千年之久,然而倘若将这段过往压缩至数十年的历史维度,会突然发现其与炎黄部族及蚩尤部族之间的争斗颇有相似之处,这一点,对于史前史的研究来说,或许是一个巧合,也或许是一个契机。

附记:史前时期的陆地考古学文化,多是存在于相互接壤的文化丛体之中,不可避免地要与邻近考古学文化产生接触,也不可避免地会受到邻近考古学文化的影响。这一现象在距今8000年左右开始展现,之后愈加突出。故此,一个地区的一支考古学文化身上,不可避免地会有着周边考古学文化的影子,一支考古学文化的形成,或者形成之后展现出来的面貌,也多会体现出文化融合的特点。也因此,自新石器时代中晚期至今,我国的文化均可以用"多元一体"来概括。所谓"北彩南白""东风西渐"等,均只是多元文化融合中的一个部分或一个片段。然而,尽管有着"多元一体"的终极答案,但若从历史录像中抽出一帧画面,肯定还是有着文化融合参与者方面的特定侧重,有时以南北碰撞为多,有时以东西融合为主。本文"北彩南白"的陶器扩张格局,便是从这一点出发所做的一次尝试,可能有着这样那样的问题,但通过类似的尝试,若是可以一帧帧地具体分析,而非时时均置于"多元一体"的终极解读下,则或可对我国史前时期的文化融合有更进一步的认识,而史前文化如何从多元到一体的发展进程也才能动态地、更细致地展现出来。

注 释

[1] 蒋乐平：《浙江义乌桥头遗址》，《大众考古》2016年第12期。

[2] 浙江省文物考古研究所、萧山博物馆：《跨湖桥》，文物出版社，2004年。

[3] 湖南省文物考古研究所：《湖南黔阳高庙遗址发掘简报》，《文物》2000年第4期。

[4] 关于新石器时代的分期，国内学者有着不同的认识，本文中主要参照了距今12000～9000年为新石器时代早期，距今9000～7000年为新石器时代中期，距今7000～5000年为新石器时代晚期，距今5000～4000年为新石器时代末期的四分法。

[5] 西安半坡博物馆、渭南县文管会、渭南地区文管会：《渭南北刘新石器时代早期遗址调查与试掘简报》，《考古与文物》1982年第4期。

[6] 西安半坡博物馆：《陕西临潼白家遗址调查试掘简报》，《史前研究》1983年第2期；西安半坡博物馆：《临潼白家和渭南白庙遗址调查》，《考古》1983年第3期；中国社会科学院考古研究所陕西六队：《陕西临潼白家村新石器时代遗址发掘简报》，《考古》1984年第11期。

[7] 中国社会科学院考古研究所：《宝鸡北首岭》，文物出版社，1983年。

[8] 北京大学历史系考古教研室：《元君庙仰韶墓地》，文物出版社，1983年。

[9] 甘肃省博物馆、秦安县文化馆大地湾发掘小组：《甘肃秦安大地湾新石器时代早期遗存》，《文物》1981年第4期。

[10] 西安半坡博物馆：《西安半坡》，文物出版社，1982年。

[11] 中国社会科学院考古研究所：《宝鸡北首岭》，文物出版社，1983年。

[12] 西安半坡博物馆、陕西省考古研究所、临潼县博物馆：《姜寨——新石器时代遗址发掘报告》，文物出版社，1988年。

[13] 西安半坡博物馆、武功县文化馆：《陕西武功发现新石器时代遗址》，《考古》1975年第2期。

[14] 中国科学院考古研究所山西工作队：《山西芮城东庄村和西王村遗址的发掘》，《考古学报》1973年第1期。

[15] 甘肃省文物考古研究所：《秦安大地湾》，文物出版社，2006年。

[16] 庆阳地区博物馆、正宁县文化馆：《甘肃正宁县宫家川新石器时代遗址调查记》，《考古与文物》1988年第1期。

[17] 王仁湘：《庙底沟文化鱼纹彩陶论》，《四川文物》2009年第2、3期。

[18] 中国科学院考古研究所：《庙底沟与三里桥》，科学出版社，1959年。

[19] 河南省文物研究所、渑池县文化馆：《渑池仰韶遗址1980～1981年发掘报告》，《史前研究》1985年第3期。

[20] 河南省文物考古研究所、中国社会科学院考古研究所河南一队、三门峡市文物考古研究所等：《河南灵宝市西坡遗址2001年春发掘简报》，《华夏考古》2002年第2期。

[21] 河南省文物考古研究所：《汝州洪山庙》，中州古籍出版社，1995年。

[22] 濮阳市文物管理委员会、濮阳市博物馆、濮阳市文物工作队：《河南濮阳西水坡遗址发掘简

报》，《文物》1988年第3期。
[23] 山西省考古研究所：《西阴村史前遗存第二次发掘》，《三晋考古（第二辑）》，山西人民出版社，1996年。
[24] 北京大学考古学系、中国社会科学院考古研究所：《华县泉护村》，科学出版社，2003年。
[25] 宝鸡市考古工作队、陕西省考古研究所宝鸡工作站：《宝鸡福临堡》，文物出版社，1993年。
[26] 西北大学文博学院考古专业：《扶风案板遗址发掘报告》，科学出版社，2000年。
[27] 陕西省考古研究所、陕西省安康水电站库区考古队：《陕南考古报告集》，三秦出版社，1994年。
[28] 苏秉琦：《谈"晋文化"考古》，《华人·龙的传人·中国人——考古寻根记》，辽宁大学出版社，1994年。
[29] 贺刚、陈利文：《高庙文化及其对外传播与影响》，《南方文物》2007年第2期。
[30] 任式楠：《论华南史前印纹白陶遗存》，《南中国及邻近地区古文化研究》，香港中文大学出版社，1994年。
[31] 贺刚：《湘西史前遗存与中国古史传说》，岳麓书社，2013年，第111~115页。
[32] 贺刚：《湘西史前遗存与中国古史传说》，岳麓书社，2013年，第326~327页；湖南省文物考古研究所：《湖南洪江市高庙新石器时代遗址》，《考古》2006年第7期。
[33] 尹检顺、唐涛、彭红梅：《湖南桂阳千家坪遗址抢救性发掘》，《中国文物报》2012年3月30日。
[34] 安徽省文物考古研究所：《凌家滩》，文物出版社，2006年。
[35] 上海市文物保管委员会：《崧泽——新石器时代遗址发掘报告》，文物出版社，1987年。
[36] 山东省文物考古研究所：《大汶口续集——大汶口遗址第二、三次发掘报告》，科学出版社，1997年。
[37] 浙江省文物考古研究所：《瑶山》，文物出版社，2003年。
[38] 湖南省文物考古研究所：《湖南洪江市高庙新石器时代遗址》，《考古》2006年第7期。
[39] 湖南省文物考古研究所：《湖南湘潭县堆子岭新石器时代遗址》，《考古》2000年第1期。
[40] 杨式挺、黄青松：《试析石峡第一期文化的白陶及其源流问题》，《东南考古研究（第4辑）》，厦门大学出版社，2010年。
[41] 杨耀林：《深圳咸头岭史前文化遗存初步研究》，《广东省文物考古研究所建所十周年文集》，岭南美术出版社，2001年；许璐：《深圳咸头岭遗址出土白陶的科技研究》，景德镇陶瓷学院专业硕士学位论文，2013年。
[42] 湖南省文物考古研究所、常德市文物处、安乡县文物管理所：《湖南安乡划城岗遗址第二次发掘报告》，《考古学报》2005年第1期。
[43] 湖南省文物考古研究所：《澧县城头山》，文物出版社，2007年。
[44] 孟华平：《湖北新石器时代白陶》，《东南考古研究（第4辑）》，厦门大学出版社，2010年。
[45] 杨亚长：《陕西龙岗寺遗址的白陶及相关问题》，《东南考古研究（第4辑）》，厦门大学

出版社，2010年。

[46] 罗家角考古队：《桐乡县罗家角遗址发掘报告》，《浙江省文物考古所学刊》，文物出版社，1981年。

[47] 徐繁：《繁昌县缪墩遗址调查简报》，《文物研究（第7辑）》，黄山书社，1991年。

[48] 南京博物院、常州博物馆、溧阳市文化局：《江苏溧阳神墩遗址发掘简报》，《东南文化》2009年第5期。

[49] 王宏伟：《意外挖出远古遗址，原来七千年前的淮安人这么呆萌！》，"淮安发布微信公众号"2019年1月3日。

[50] 深圳市文物考古鉴定所、深圳市博物馆：《广东深圳市咸头岭新石器时代遗址》，《考古》2007年第7期。

[51] 湖南省文物考古研究所：《湖南黔阳高庙遗址发掘简报》，《文物》2000年第4期。

[52] 陕西省考古研究所：《龙岗寺——新石器时代遗址发掘报告》，文物出版社，1990年。

[53] 陕西省考古研究所、陕西省安康水电站库区考古队：《陕南考古报告集》，三秦出版社，1994年。

[54] 四川省博物馆：《巫山大溪遗址第三次发掘》，《考古学报》1981年第4期。

[55] 湖南省文物考古研究所：《湖南黔阳高庙遗址发掘简报》，《文物》2000年第4期。

[56] 陕西省考古研究所：《龙岗寺——新石器时代遗址发掘报告》，文物出版社，1990年。

[57] 余西云：《西阴文化——中国文明的滥觞》，科学出版社，2006年。

[58] 王仁湘：《史前中国的艺术浪潮——庙底沟文化彩陶研究》，文物出版社，2011年。

[59] 湖南省博物馆：《安乡划城岗新石器时代遗址》，《考古学报》1983年第4期。

[60] 湖南省文物考古研究所、常德市文物处、安乡县文物管理所：《湖南安乡划城岗遗址第二次发掘报告》，《考古学报》2005年第1期。

[61] 王震中：《从仰韶文化与大溪文化的交流看黄帝与嫘祖的传说》，《江汉考古》1995年第1期。

[62] 自划城岗遗址继续向南，依然可以在一些遗址中发现彩陶的踪迹，但均只是具备彩陶特征的自身风格遗物，甚少具有庙底沟文化的风格或元素。

[63] 郭伟民、尹检顺、曹传松：《澧县城头山考古发现史前城墙与壕沟》，《中国文物报》2002年2月22日。

[64] 刘文强：《中国史前彩绘石钺初步研究》，《文物研究（第21辑）》，科学出版社，2015年。

[65] 安徽省文物考古研究所：《凌家滩》，文物出版社，2006年。

[66] 上海市文物保管委员会：《崧泽——新石器时代遗址发掘报告》，文物出版社，1987年。

[67] 山东省文物考古研究所：《大汶口续集——大汶口遗址第二、三次发掘报告》，科学出版社，1997年。

[68] 浙江省文物考古研究所：《瑶山》，文物出版社，2003年。

[69] 安徽省文物考古研究所：《安徽含山县凌家滩遗址第五次发掘的新发现》，《考古》2008年第3期。

［70］ 苏州博物馆、张家港市文物管理委员会：《张家港市东山村遗址发掘简报》，《文物》2000年第10期。

［71］ 山东大学考古学与博物馆学系、济南市章丘区城子崖遗址博物馆：《济南市章丘区焦家新石器时代遗址》，《考古》2018年第7期。

［72］ 辽宁省文物考古研究所：《辽宁凌源市牛河梁遗址第五地点1998~1999年度的发掘》，《考古》2001年第8期。

［73］ 湖北省荆州博物馆、湖北省文物考古研究所、北京大学考古学系石家河考古队：《肖家屋脊》，文物出版社，1999年。

［74］ 栾丰实：《海岱地区史前白陶初论》，《考古》2010年第4期。

［75］ 中国社会科学院考古研究所、山西省临汾市文物局：《襄汾陶寺——1978~1985年考古发掘报告》，文物出版社，2015年。

［76］ 山西省临汾行署文化局、中国社会科学院考古研究所山西工作队：《山西临汾下靳村陶寺文化墓地发掘报告》，《考古学报》1999年第4期。

［77］ 山西省考古研究所、运城市文物局、芮城县文物局：《山西芮城清凉寺新石器时代墓地》，《文物》2006年第3期。

［78］ 戴应新：《陕西神木县石峁龙山文化遗址调查》，《考古》1977年第3期。

［79］ 姬乃军：《延安市芦山峁出土玉器有关问题探讨》，《考古与文物》1995年第1期。

［80］ 刘文强：《石峁立鸟陶器源流追溯》，《形象史学》2020年第2期。

［81］ 刘文强：《史前东方地区联盟活动的考古学观察》，《中原文物》2020年第6期。

A Preliminary Study on the Pattern of Pottery in the Middle and Late Neolithic Period in China: "North-Painted Pottery and South-White Pottery"

Liu Wenqiang

(School of Archaeology and Museum, Sichuan University)

Abstract: "North-Painted Pottery and South-White Pottery" refers to northern painted pottery and southern white pottery in the middle and late Neolithic period in China. These two types of pottery are not only prehistoric relics with exquisite decoration, but also the two most obvious types of artifacts in the cultural expansion of the northern and southern regions of China from 8000 to 5000 years ago. "North-Painted Pottery and South-White Pottery" sprouted around 8000 years ago, formally formed the dual pattern of "North-Painted Pottery and South-White Pottery" in Banpo Culture period, and began to contact or even confront in the upper reaches of Hanshui River. During Miaodigou Culture period, the northern painted pottery expanded its distribution scope and greatly reduced the distribution space of southern white pottery. The direct dialogue between the two in the middle reaches of the Yangtze River contributed to the birth of the earliest Chengtoushan City site discovered at present, and also limited the southern white pottery to the narrow and long area from the middle reaches of the Yangtze River to the Pearl River Delta Zone. The pattern of "North-Painted Pottery and South-White Pottery" came to an end when Miaodigou Culture disintegrated. Since then, the new archaeological culture represented by sites such as Lingjiatan, Niuheliang, and Liangzhu has emerged as a new force, and has once again been exchanged and integrated. History has also entered a new process.

Keywords: Northern Painted Pottery; Southern White Pottery; Banpo Culture; Miaodigou Culture; Gaomiao Culture; Daxi Culture

西周楚钟

黄 莹

（湖北省社会科学院楚文化研究所）

[摘　要]　西周时期的青铜乐钟，是与鼎簋齐陈的礼乐重器。楚人对乐钟有着独特的偏爱，目前西周时期出土的楚钟里以楚公豪钟、楚公逆钟、楚季宝钟最为重要。本文介绍了这三种西周楚钟，分析了三者的时间顺序，并与同时期关中地区甬钟进行比较。这些情况有助于我们了解西周时期楚人的礼乐制度。

[关键词]　楚公豪钟；楚公逆钟；楚季宝钟

西周时期的青铜乐钟，是与鼎簋齐陈的礼乐重器，也是国势强衰的尺度之一。楚人对乐钟有着独特的偏爱，无论是宴会宾客还是祭祀鬼神时，都喜爱演奏时"陈钟按鼓，造新歌些"；"宫庭震惊，发《激楚》些"（《楚辞·招魂》）。钟鼓之乐的排场，还上升到国家政治的高度。春秋时期吴师入郢，"烧高府之粟，破九龙之钟"（《淮南子·泰族训》），前者是为了削弱楚国的经济实力，后者是企图动摇楚国的政治统治，可见当时人们把乐钟上升到王权的高度。文献记载的楚国三位乐官：钟仪、钟建、钟子期都是以钟为姓氏，想必是楚人爱钟，以钟为群乐之首，视钟为重器，因而让司乐之官以钟为氏。楚国的青铜乐钟在东周时期创造了非常鼎盛的、无出其右的编钟文化。楚乐钟的文化成就，令其他诸侯国自叹弗如。在已经发现的周代乐钟中，唯有楚钟形制最大、规模最巨、制作最精、音色最好、音域最宽、音律最准。淅川下寺楚墓中出土的一套26件的编钟，是春秋时期的乐钟典范。曾侯乙墓中出土的64件一套的编钟（不包括楚王所送镈钟），是迄今发现的最完整最大的一套青铜编钟，以其磅礴宏伟的气势、雄浑悦耳的音色而成为编钟之冠，是世界上已知最早的具有十二个半音、至今仍能演奏多种乐曲的巨型古乐器[1]。这些都是在西周楚钟的基础上发展起来的，因此弄清楚较早时期，特别是西周时期的楚钟情况，就显得特别重要。本文就是从这个角度，研究西周时期的楚钟，以探讨当时楚人的礼乐制度。

对西周时期乐钟的研究可以上溯至北宋时期。宋代金石学受到重视，如赵明诚、李清照的考释类著作《金石录》就有很大影响。宋代金石学家对周代乐钟研究的贡献，是他们以极其睿智的眼光收集了传世的乐钟资料，对相关钟铭多有创见，将西周乐钟的研究著录成书，惠及后人。楚钟的出土与研究历史可以追溯到宋代，如北宋时在湖北安陆出土的"楚王酓章钟"、嘉鱼的"楚公逆镈"。此外，在清代光绪年间，宜城出土的"王孙遗者钟"等文物都早已闻名于世。

最早的楚钟出现于西周中晚期。迄今为止，已知的西周楚国青铜器绝大部分是钟，显示了楚人与中原诸夏分庭抗礼的决心与气魄。从目前的资料来看，西周时期楚钟出土的并不多，且以甬钟为主。比较重要的发现有楚公豢钟5件、楚公逆钟8件、2012年出土的楚季宝钟11件；此外还有大悟县雷家山出土的约西周晚期时段的7件编钟、武昌县木头岭出土的西周时期的3件夔龙纹钟、钟祥县花山出土的5件编钟、通山县楠城畈的1件大钟、通山县下泉的1件钟等[2]。除湖北发现的楚钟外，还有湘潭洪家峭西周墓出土的2件[3]、湘潭青山桥窖藏出土的1件[4]，以上三件钟的年代是西周中期。在钟祥、通山、大悟等地出土西周时期的甬钟均无铭文。钟祥所出5件和大悟所出7件，目前未见测音资料发表（大悟钟原简报说具备宫商角徵羽音阶结构），但有些还有第二基音标志（即右侧鼓小鸟纹），估计年代当在西周晚期或稍晚些[5]。

目前西周时期出土的楚钟里以楚公豢钟、楚公逆钟、楚季宝钟最为重要，影响较大。这些甬钟体积大、质量好，还刻有铭文，对西周时期楚国的各种情况介绍较多，能反映出当时楚人的各项礼乐制度的具体情况。

一、楚公豢钟

楚钟之中，出土年代最为久远的当属西周晚期的楚公豢钟。楚公豢钟目前可见的资料仅见5件，其中4件出土地点不明：3件收藏于日本泉屋博古馆、1件下落不明[6]。出土地点明确的1件是1998年发现于陕西扶风召陈村，现藏于陕西宝鸡市周原博物馆[7]。对于楚公豢钟，史学界研究很多，是目前已知楚钟中年代最早的，估计年代为公元前878～前842年[8]。除1件形体不明外，现存的4件甬钟的形体、造型都属于典型的周式风格。钟体长腔空甬，甬的断面呈圆形，体呈合瓦形，干旋齐备，平舞，枚为平顶两段式，两铣尖侈，于微弧，三十六二层台枚，体腔内有调音槽，钲、篆间均以粗凸棱线为界。各钟铭文大意相同，但字数不同。明显的区别在于局部纹样的不同。根据这4件钟的纹样差别，可以分为三式[9]（表一；图一）。

表一　西周钟细节情况表一

西周钟	干部	旋部	舞部	篆间	正鼓部	右鼓部	钲部（铭文）	备注
楚公豪钟Ⅰ式2件	小环形	细阳线纹	四组阴线卷云纹	阴线云纹	两组相对规整的阴线云纹	昂首翘尾的小鸟纹	相同的铭文"楚公豪钟自作宝大林钟孙孙子子其永宝"17字	1件高53.2厘米，重25.6千克；1件通高36.7厘米，重10千克
楚公豪钟Ⅱ式1件		细阳线突目纹（与关中地区西周早中期甬钟旋上的纹样相同，而关中地区西周晚期甬钟旋上则几乎不见阳线纹）		斜角回首龙纹阳线	规整繁密的阴线卷云纹	大象纹	"楚公豪钟自作林钟孙孙子子其永宝"15字	高44.1厘米，重18.8千克
楚公豪钟Ⅲ式1件				斜角回首龙纹阴线，龙首方向与Ⅱ式相反	卷云纹较Ⅱ式及Ⅰ式显得更加简朴	尖喙、翘尾状小鸟纹与Ⅰ式有别	"楚公豪钟自作宝大林和钟孙孙子子其永宝用"19字	高33.4厘米，重8.7千克（楚公豪钟最小的一件）
关中地区西周早期甬钟	小环状	细阳线纹	阴线卷云纹	阳线云纹	阴线卷云纹	勾喙、垂尾小鸟纹		

　　　　1　　　　　　　　　　2　　　　　　　　　　3

图一　楚公豪钟三式图[10]

1. 楚公豪钟（Ⅰ式2件）　2. 楚公豪钟Ⅱ式（1件）　3. 楚公豪钟Ⅲ式（1件）

Ⅰ式：2件。均藏于日本泉屋博古馆。这两件甬钟与西周晚期同类甬钟风格几乎相同，右鼓部昂首翘尾的小鸟纹与关中地区的小鸟纹有明显不同，区别于关中地区甬钟勾喙、垂尾的小鸟纹。有学者指出这是楚式甬钟的特点[11]。

Ⅱ式：1件。现藏于日本泉屋博古馆。这种特有的纹样在关中地区西周编钟中是前所未见的，显示了独有的特点。可以明显看出，此式钟较Ⅰ式具有更为突出的楚文化本身特色。

Ⅲ式：1件。1998年出土于陕西省扶风县周原遗址召陈村窖藏，现藏于宝鸡市周原博物馆。与前两式有明显的区别，且与关中地区编钟有明显区别，显示了自身的特点。

楚公豪钟源于殷商之编铙，早期的规模多以3件一套为常态，后来发展为8件一套的编钟体制[12]。在侧鼓部刻以纹饰，标志着侧鼓音的使用，显示出西周时期的楚钟已经出现一钟两音，尤其是侧鼓音的运用已经规范化、普遍化。王世民认为："测音结果等属性分析，它们应为二套各8件编钟的残物。"[13]邵晓洁据测音结果认为，应为原8件套编钟中的第6件，正、侧鼓部的音位可能是羽、宫[14]。高西省认为："楚公豪编钟应该有三套。……楚公豪钟在24件以上。"[15]

对于楚公豪的身份，有的学者认为："楚公豪编钟就是熊渠之钟。"[16]目前，学术界较为普遍认为楚公豪即楚公逆（熊鄂）之子熊仪[17]，其在周宣王三十八年（前790年）继位，卒于平王七年（前764年），在位27年。所以，这些编钟应铸造于周宣王晚年到周平王初年。这些楚公豪钟与关中甬钟的形制及纹样大致相同，学者们认为："从楚公豪钟的形制所透露出的信息看来，楚的早期音乐文化与周应是比较接近的。"[18]但西周晚期楚人并没有完全照搬周王朝的甬钟，同时对各部位纹样的组合重新进行了调整。例如，Ⅰ式钟篆间为云纹，Ⅱ、Ⅲ式钟一为阳线斜角回首龙纹，一为阴线斜角回首龙纹。正鼓部虽为西周早中期常见的卷云纹，但各有自己的细微差异。其中3件侧鼓部铸凤鸟纹，另1件侧鼓部刻象纹。Ⅱ式钟右鼓部的大象纹自身特征更突出，在关中地区甬钟中从未见过。其他3件凤鸟纹，与关中地区甬钟所见的鸟纹有着明显的差异。我们可以推测出，西周晚期宣王时楚公豪钟已形成了一些楚钟自己的特征。

楚公豪钟是我们目前所知的楚钟中最早的实物资料，西周楚文化的发展还处在早期阶段，西周时期楚文化的面貌还不是很清楚。但从楚公豪钟的形制、纹饰特征来看，已经出现8件成套的模式，一钟双音的规范，侧鼓部绘有楚人楚地意识形态的翘首鸟纹等。可以推测出，西周时期的楚钟，已经有了相当的发展水平，具有较高的起点，在和同时期关中地区先进的青铜文化保持一致的基础上，直接承袭了周代青铜甬钟的基本形态，但在纹饰上也有楚式钟自己的特征。楚公豪钟钟体厚重，铸造这一套编钟所需要的青铜不是小数。《史记·楚世家》记载，熊渠时楚人已经兴兵"至于鄂"，考古发现这一地区有着丰富的青铜资源，大冶铜绿山铜矿。西周时期的楚钟已经具有相当水准，很可能与楚人已经掌握了丰富的铜矿资源有关。西周晚期的楚国还处在筚路蓝缕的开创时期，能铸造这样宏大壮观的礼乐器，可见当时的国家实力、经济水平、文化程度、音乐水准已经达到了相当高的层次。随着楚国的发展壮大，楚文化的烙印随着时间的推进，在春秋战国编钟中表现得更为突出。

二、楚公逆钟

楚公逆钟在宋代就有发现，一件早在宋代就著录于《钟鼎款识》《金石录》上，但仅有钲部铭文录入。原书虽称为镈，但学者们已指出其为一件甬钟[19]。由于此器已不知下落，也无拓本传世，且未见图像，所以无法论及其形制、纹样。另一次重要发现为1993年山西北赵晋侯墓地晋穆侯墓（M64）出土的8件一套楚公逆编钟[20]。其中6件形制相似，大小基本相次，铭文内容一致，记载作器者是楚公逆；另2件只有部分铭文，没有记载作器者。各钟均为合瓦形体的甬钟，干旋齐备，平舞，两铣尖侈，三十六枚乳钉界隔。形体结构与关中地区编钟没有区别，但纹样形式与之判若两样，具有鲜明的自身特色。后2件钟铭文不同于前6件，与楚公逆无关，且纹样与关中地区同类甬钟没有区别。据其纹样差异可分为三式[21]（表二；图二）。

表二　西周钟细节情况表二

西周钟	干部	旋部	舞部	篆间	正鼓部	右鼓部	钲部（铭文）	备注
楚公逆钟Ⅰ式2件	小环状云纹	突目变形云纹	蝉纹		阴线龙、凤、虎纹交合相对（形式风格同样为关中地区的卷云纹对称式）	穿山甲纹	钲、篆间均以圈带纹界隔	铭文68字："唯八月甲午，楚公逆祀厥先高祖考，夫工四方首。楚公逆出，求厥用祀四方首。休，多禽□□内乡赤金九万钧，楚公逆用自作和□锡钟百倐（肆）。楚公逆其万年寿，用保厥大邦，永宝"

续表

西周钟	干部	旋部	舞部	篆间	正鼓部	右鼓部	钲部（铭文）	备注
楚公逆钟Ⅱ式4件	小环状云纹	突目变形云纹		蝉纹	阴线龙、凤、虎纹交合相对（形式风格同样为关中地区的卷云纹对称式）	穿山甲纹	钲、篆间以双阴线夹小乳钉界隔	铭文68字："唯八月甲午，楚公逆祀厥先高祖考，夫工四方首。楚公逆出，求厥用祀四方首。休，多禽□□内乡赤金九万钧，楚公逆用自作和□锡钟百食（肆）。楚公逆其万年寿，用保厥大邦，永宝"
楚公逆钟Ⅲ式2件		相互勾连的阴线云纹		两两相对简洁式的单阴线云纹	阴线勾喙、垂尾的小鸟纹	钲、篆间以粗单阴线界隔		铭文7字"吾毁其子（钲部）孙永宝（左鼓部）"
河南平顶山应国墓地西周晚期M95出土的7件编钟[22]			窃取纹	细阳线云纹	细阳线云纹	小鸟纹	钲、篆间以小乳钉界隔	无

图二 楚公逆钟三式图[23]

1. 左、右两件为楚公逆钟Ⅰ式，中间1件为楚公逆钟Ⅱ式 2. 左3件为楚公逆钟Ⅱ式，右2件为楚公逆钟Ⅲ式

Ⅰ式：2件。为成编组合中的1、2号甬钟[24]。此式钟钲、篆间以圈带纹界隔，旋上是云纹和4枚乳钉；钟上所饰蝉纹在商周铜器上常可以见到，但在甬钟篆间出现仅此一例；正鼓部、右鼓部的纹样在目前所见的其他甬钟中同样未出现过。这些应是Ⅰ式楚公逆钟独有的自身特征。

Ⅱ式：4件。为现组合中的3～6号甬钟。钲、篆间以双阴线夹小乳钉界隔，这种界隔纹样形式在关中地区甬钟中几乎不见，这是楚公逆钟的又一独有特征。

Ⅲ式：2件。为现组合中的7、8号甬钟。此式钟与前两式有明显区别，属于典型的关中地区甬钟。

孙诒让最早考证出楚公逆就是《史记·楚世家》中的熊鄂。后来王国维、郭沫若、李零、黄锡全、李学勤等学者均普遍认同[25]。熊鄂为西周宣王时期的楚国国君，即位于周宣王二十九年（前799年），卒于周宣王三十七年（前791年），在位9年。楚公逆编钟所在的M64的墓主晋穆侯，即位于周宣王十七年（前811年），卒于周宣王四十三年（前785年）。楚公逆钟上的铭文，意思是楚公逆为祭祀其先高祖考，向四方首领"徵求"祭品，四方首领贡纳赤铜九万钧，楚公逆用以制作一百套谐和、精美的编钟。这是西周金文中关于用铜的最高纪录，充分反映当时楚国的国力。

Ⅰ、Ⅱ式的6件楚公逆钟由于自身的特色显然不是关中地区的作品，其纹样与北方甬钟相比表现出独特的异域文化特色，而且这6件钟右鼓部均有造型强烈的标志着侧鼓音的小动物纹样。虽然铭文上注明是楚公逆所作，但纹样上明显区别为两式，显然是在两套楚公逆编钟中挑选出来并拼合在一起的。测音结果表明，它们的音列不具备一定的独立性，显示出这6件楚公逆钟为一套编钟中的几件[26]。Ⅲ式2件甬钟的纹样、铭文与前6件完全不同，从形制、纹饰看都是关中地区具有代表性的典型形式，学者已指出它们并非一套，或以为是另外一套编钟的其中2件[27]。这类甬钟流行于西周中晚期，如在扶风庄白一号窖藏、眉县马家镇窖藏、长安县马王村窖藏及山西北赵晋侯墓地M8（B型晋侯苏钟）中均有出土，纹样形式极为接近。Ⅲ式钟应该是关中地区铸造的一套编钟的其中2件[28]。楚公逆编钟一共有几套呢？从上可知，楚公豪钟三套均为8件。晋穆侯墓出土的这套编钟（6件楚公逆钟、2件关中钟），其正鼓音音列为（羽）、宫、角、羽、角、羽、角、羽，和同一时期中原8件套编钟的正鼓音音列相一致。加入的后2件钟"与前6件钟在音乐性能上能够相互协调和契合，从而使得8件钟在音乐性能上构成一个有机的统一体"[29]。可见，这套编钟是按关中地区周式编钟的音列排列组合的。所以，我们认为楚公逆编钟应该符合西周晚期关中周式编钟8件一套的组合规律。由于6件楚公逆钟可以分为两式，所以选自两套楚公逆编钟的可能性比较大。很可能是由两套楚公逆编钟及一套周式编钟按音律选配拼合而成的。

李学勤指出，"楚公逆编钟出在晋穆侯墓内，可能是当时馈赠，也可能是战事所得"[30]。由于得不到全套，不得已才选用其他乐钟，在音律上进行配合，组合下葬。西周时期楚人编钟的纹样虽然已具有自己的特色，但甬钟合瓦、柱甬的形制及编组（8件一套）、音列设计均沿用周制。

三、楚季宝钟

  2012年6月18日，宜昌一市政公司施工时，发现了枝江白洋工业园万福垴遗址。当地考古人员抢救性勘探后，出土一批青铜器文物，有青铜编钟11件、青铜鼎1件，3个灰坑和一批陶器。8月16日，经北京大学、湖南省博物馆、湖北省文物考古研究所多位专家现场考察后论证，这次出土文物的时代应属西周中晚期。学者们认为："万福垴遗址是一处非常重要的周代遗址……一次性出土西周编钟十多件，在湖北还是首次，全国一次性出土如此多的西周楚编钟也是首次。……这批文物的被发现在学术界'石破天惊'。"[31]李伯谦先生认为，这批铜器和陶器为西周中晚期，是早期楚文化考古的重大发现和历史性突破。这是首次在江南楚地出土的西周时期楚国公室的青铜器，发现地点所在地是早期楚文化中心区域之一。此次发现的"楚季"钟是湖北地区首次发现西周时期楚国公室青铜器；铭文中的"楚季""公"等人物是研究早期楚国历史的重要材料，填补了早期楚文化研究的空白，因为这个时期楚国的青铜器，还从没有在楚国的核心区发现过，对未来楚文化研究将产生重大深远的影响。

  楚季宝钟这11件青铜钟大小形状不一，可能不是同一套，也和楚公豪钟和楚公逆钟一样，可能是根据音律的需要配合而成，所以年代也有早晚之分。郭德维认为："'楚季'钟，它的年代订在西周晚期，可能更确切，因它身上的窃曲纹，从西周晚期一直到春秋更流行。"[32]根据对西周时期楚青铜器的分析，俞伟超说："楚人的西周铜器是比较典型的周人风格。"[33]从形态来看，楚国早期青铜器的确和关中地区西周青铜器差别不大。出土的青铜编钟均属甬钟，其中一件甬钟的钲部铸有铭文："楚季宝钟厥孙乃献于公公其万年受厥福。"意为"本孙楚季的宝钟。后人把钟献给公（楚王），让公（楚王）受万年的福。"其钲部铭文刻有三行，另有一字延刻在鼓部左上侧。经过专家释读：作钟的器主是"楚季"，后来由楚季之孙献于其君（公），从而编钟转归那位楚公所有，让受器者"公"受万年福。铭文中"楚季"是谁，引起了学者们的讨论，有人认为是熊渠的少子挚疵[34]，有人认为是熊渠的孙子熊季徇（熊徇）[35]。楚季宝钟经过湖北省博物馆专家测试，其音质清纯，音域宽长，悦耳动听。北京科技大学进行了检测分析，发现该批青铜器均为铸造而成，其中有6件编钟经铸后退火处理。铜锡砷合金类型的编钟在国内尚属首次发现，对研究古代编钟铸造工艺发展史具有重要意义（图三）。

  我们来看看楚季宝钟的形制。根据《中国文物报》2012年9月28日《宜昌万福垴编钟出土及遗址初步勘察》一文，这次出土的11件编钟都属于甬钟，大小没有差异。根

图三　楚季宝钟图
1. 楚季宝钟　2. 楚季宝钟铭文

据鼓间和钲部、篆部纹饰的不同可以分为三式。

Ⅰ式：铣间与鼓间直径之比尺寸悬殊，近扁瓦形，篆部饰窃曲纹，其中一件钲部有铭文为："楚季宝钟厥孙乃献于公公其万年受厥福。"

Ⅱ式：外形同第一种，篆部由小乳钉排列、将枚与钲进行分割。

Ⅲ式：铣间与鼓间直径尺寸之比较小，近圆口，篆部多素面，枚偏细长。

这是第一次在楚地发现西周时期的青铜钟，说明楚人早在西周时期就出现在枝江地区，并拥有明确标记的楚系青铜钟。值得注意的是，西周时期的楚钟和关中地区的青铜钟形制非常类似，证明了楚人与周王朝的密切关系，有着明显的在政治、文化上像西周王朝学习和模拟的特性。有的学者根据这批资料，认为楚国发展早期的礼乐重器出现在枝江，与楚都丹阳有关[36]。也有学者不同意这种观点，认为先秦时期，青铜礼乐器有着祭祀、宗庙、婚嫁、馈赠、战利、买卖等多种属性，因此，楚季宝钟出土地点的国属到底为何，仍需更多证据。万福垴出土的楚国甬钟，说明此地应为楚都势力范围，但并不表示即为楚都所在[37]。总之，楚季宝钟的发现，把西周时期的早期楚文化研究推进了一大步，为我们研究西周时期楚人政治、经济、文化、科技、意识形态等方面的面貌提供了线索和依据。

青铜钟纹饰的发展有着一定的特点。西周早期甬钟已经出现完备结构，形制基本相同，均是高大于宽的瘦高合瓦形扁体，甬钟鼓面均有纹样装饰，柱状甬上干旋齐备，36枚乳钉，钲、篆分界显著，篆被小乳钉界开（最早甬钟的一个特点），且被双阳线夹住。这种装饰延伸到钲间四周，是一般早期甬钟的朴素特征。而稍晚时期的甬钟，钲、篆间有明确的区分，篆间也出现了复杂的纹饰，较有特色。我们再从三套青铜钟的形制来看，有着逐渐发展、前后相继的特征。张昌平认为："西周楚钟的由早及晚的序列是万福垴钟、楚公逆钟、楚公豪钟。"[38]根据以上证据，我们认为这三套西周楚钟的时间顺序是西周中晚期楚季宝钟，西周晚期楚公逆钟，西周晚期楚公豪钟。

西周青铜甬钟主要分布在北方的陕西关中周文化分布区和江南地区湖南、江西等地，据统计其总数已有200余件[39]。对比查看西周时期楚钟与中原钟的区别与联系，我们发现楚钟继承了西周晚期中原钟的形制和纹样，在甬部、钲部、篆间、鼓部、舞部等部分有着较大的相似性。但同时，西周晚期楚人并没有完全照搬，而是对各部位纹样的组合重新加以调整。我们从各项数据可以发现，楚公豪钟与西周早期甬钟的形制非常相似，如陕西扶风出土的

图四　南宫乎钟

宣王时期的南宫乎钟[40]（图四）。南宫乎钟干呈兽头双歧高耸状，旋上饰一周窃曲纹，于上饰环带纹，舞部饰双卷体龙纹，钲、篆间以粗凸棱线为界隔，篆间及旋上饰阴刻窃曲纹，鼓部饰阴刻双卷体龙纹，右鼓饰阴刻卷体龙纹，体内有较深的调音磨凿槽。从西周青铜器的类型学上来看，楚钟的形制和纹样，接近中原钟的形状，不同的是装饰的风格。因此，罗泰说："这些事实证实东周时代南方钟的特征和装饰图案，接近中国北方西周晚期大城市的钟的形状。这些钟的模型也是周文化氛围内的北方诸侯国祖传的东周时期的钟。不同的是装饰的风格，南方钟的声音检测可以进一步证实，它在总体上奉行的是北方周工室的楷模。……在最好的南方编钟的声音传播中——即曾侯乙墓出土的甬钟——清楚地反映出在山西制作的，由西周晚期的典型钟奠定的模式，而后保留下来的长期的传统。"[41]

总之，楚人在青铜器等礼仪制度方面，最开始都是效仿西周王朝的，后来逐渐在装饰风格等方面发展出自己的特色。有学者一针见血地指出："虽然楚钟纹饰独特，但仍在类型和音响方面依附于中国北方的编钟原型。……楚宫廷文化以及礼仪音乐显示，它基本上是由周所派生而来的。"[42]《国语·楚语》载申叔时语曰："教之礼，使知上下之则；教之乐，以疏其秽而镇其浮。"从这段文字中不难看出，楚国在政治上十分重视诗教与乐教，这与中原文化中的教育观念相类。考古研究表明，西周时期的楚钟所反映出的音乐表现能力已经发展至相当的高度，形成了鲜明的时代特点。其所体现出来的高文化、高技术和高艺术的内涵，无愧于我们民族"礼仪之邦"的称号。

注　释

[1] 蔡靖泉：《铜铁器与楚文化》，《理论月刊》1993年第7期。

[2] 李蔚：《湖北出土先秦钟铃乐器概述》，《黄钟（武汉音乐学院学报）》1999年第3期。

[3] 湖南省博物馆：《湖南省博物馆新发现的几件铜器》，《文物》1966年第4期。

[4] 袁家荣：《湘潭青山桥出土窖藏商周青铜器》，《湖南考古辑刊（第1集）》，岳麓书社，1982年，第21页。

[5] 方建军：《湖北出土先秦乐器的有关线索》，《黄钟（武汉音乐学院学报）》1992年第1期。

[6] （清）阮元：《积古斋钟鼎彝器款识》，嘉庆九年（1804年）；王世民：《西周暨春秋战国时代编钟铭文的排列形式》，《中国考古学研究——夏鼐先生考古五十年纪念论文集（二）》，科学出版社，1986年；[日]泉屋博古馆：《泉屋博古·中国古铜器编》，泉屋博古馆，2002年。

[7] 罗西章：《陕西周原新出土的青铜器》，《考古》1999年第4期；北京大学考古文博学院、北京大学古代文明研究中心：《吉金铸国史——周原出土西周青铜器精粹》，文物出版社，2002年，第306页。

[8] 李幼平：《从出土音乐文物论楚国音乐的演进》，《黄钟（武汉音乐学院学报）》1990年第4期。

[9] 高西省：《楚公编钟及有关问题》，《文物》2015年第1期。

[10] 转引自高西省：《楚公编钟及有关问题》，《文物》2015年第1期。

[11] 袁艳玲：《楚公豪钟与早期楚文化》，《文物》2007年第3期；高西省：《晋侯苏编钟的形制特征及来源问题》，《文物》2010年第8期。

[12] 李幼平：《从出土音乐文物论楚国音乐的演进》，《黄钟（武汉音乐学院学报）》1990年第4期。

[13] 王世民：《西周暨春秋战国时代编钟铭文的排列形式》，《中国考古学研究——夏鼐先生考古五十年纪念论文集（二）》，科学出版社，1986年，第106~120页。

[14] 邵晓洁：《楚钟研究》，人民音乐出版社，2010年，第180页。

[15] 高西省：《楚公编钟及有关问题》，《文物》2015年第1期。

[16] 刘彬徽：《楚系青铜器研究续论》，《湖南省博物馆馆刊（第七辑）》，岳麓书社，2011年，第175~195页。

[17] 李学勤：《试论楚公逆编钟》，《文物》1995年第2期；张亚初：《论楚公豪钟和楚公逆镈的年代》，《江汉考古》1984年第4期；张昌平：《吉金类系——楚公豪钟》，《南方文物》2012年第3期。

[18] 方建军：《湖北出土先秦乐器的有关线索》，《黄钟（武汉音乐学院学报）》1992年第1期。

[19] 高至喜：《论商周铜镈》，《湖南考古辑刊（第3集）》，岳麓书社，1986年；李学勤：《试论楚公逆编钟》，《文物》1995年第2期。

[20] 山西省考古研究所、北京大学考古学系：《天马-曲村遗址北赵晋侯墓地第四次发掘》，《文物》1994年第8期。M64为晋穆侯墓已得到学术界较为普遍的认同。

[21] 高西省：《楚公编钟及有关问题》，《文物》2015年第1期。

[22] 王子初：《中国音乐文物大系Ⅱ·江西续河南卷》，大象出版社，1996年，第79页。

[23] 转引自高西省：《楚公编钟及有关问题》，《文物》2015年第1期。

[24] 上海博物馆：《晋国奇珍——山西晋侯墓群出土文物精品》，上海人民美术出版社，2002年，第154页。

[25] （清）孙诒让：《古籀拾遗·中卷·七》，中华书局，1989年，第20页；郭沫若：《两周金文辞大系下——图录考释——楚公逆镈》，上海书店出版社，1999年，第164页；李零：《楚公逆镈》，《江汉考古》1983年第2期；黄锡全：《楚公逆镈铭文新释》，《武汉大学学报（社会科学版）》1991年第4期；曹锦炎：《楚"公逆"镈铭的复原与新释》，《江汉考古》1992年第2期；李学勤：《试论楚公逆编钟》，《文物》1995年第2期；黄锡全、于炳文：《山西晋侯墓地所出楚公逆钟铭文初释》，《考古》1995年第2期。

[26] 邵晓洁：《楚钟研究》，人民音乐出版社，2010年，第120页。

[27] 刘绪：《晋侯邦父墓与楚公逆编钟》，《夏商周考古探研》，科学出版社，2014年，第245页；李朝远：《楚公逆钟的成编方式及其他》，《青铜器学步集》，文物出版社，2007年，第169~176页。

[28] 高西省：《晋侯苏编钟的形制特征及来源问题》，《文物》2010年第8期。

[29] 邵晓洁：《楚钟研究》，人民音乐出版社，2010年，第119页。

[30] 李学勤：《试论楚公逆编钟》，《文物》1995年第2期。

[31] 宜昌博物馆：《宜昌万福垴编钟出土及遗址初步勘探》，《中国文物报》2012年9月28日第8版。

[32] 郭德维：《楚季宝钟之我见》，《江汉论坛》2012年第11期。

[33] 俞伟超：《关于楚文化发展的新探索》，《江汉考古》1980年第1期。

[34] 武家璧：《"楚季"其人与"楚季钟"的年代》，《楚学论丛（第二辑）》，湖北人民出版社，2012年，第351页。

[35] 郭德维：《楚季宝钟之我见》，《江汉论坛》2012年第11期；李学勤：《试谈楚季编钟》，《中国文物报》2012年12月7日。

[36] 刘彬徽：《楚季编钟及其他新见楚铭铜器研究》，《湖南省博物馆馆刊（第九辑）》，岳麓书社，2013年，第196~216页；郭德维：《楚季宝钟之我见》，《江汉论坛》2012年第11期。

[37] 傅玥：《湖北西周青铜礼乐器分群研究》，《江汉考古》2013年第2期。

[38] 张昌平：《吉金类系——楚公豢钟》，《南方文物》2012年第3期。

[39] 刁淑琴：《北方出土的西周青铜甬钟》，《华夏考古》1998年第3期。

[40] 陕西省考古研究所、陕西省文物管理委员会、陕西省博物馆：《陕西出土商周青铜器（三）》，文物出版社，1980年，第145~147页。

[41] 罗泰著，方建军译：《楚礼仪音乐》，《交响》1994年第4期。

[42] 劳德·范·弗尔肯豪森著，顾久幸译：《楚礼乐（续）》，《江汉考古》2001年第4期。

The Bronze Bell of the Western Zhou Dynasty

Huang Ying

(Chu Culture Institute of Hubei Academy of Social Sciences)

Abstract: The bronze bell of the Western Zhou Dynasty was an important ritual and musical instrument like the *Ding* (鼎) and *Gui* (簋). The Chu people have a unique preference for music bells. Among the Chu bells unearthed in the Western Zhou Dynasty, the Jiazhong of Duke in Chu, the Nizhong of Duke in Chu, and the Jibao Bell of Chu are the most important. This paper introduces the three kinds of Chu bells in the Western Zhou Dynasty, and analyzes their chronological order, and compares them with the Yong bells in the Guanzhong area in the same period. These conditions help us to understand the etiquette and music system of Chu people in the Western Zhou Dynasty.

Keywords: The Jiazhong of Duke in Chu; The Nizhong of Duke in Chu; The Jibao Bell of Chu

浏阳故城新探

张大可

（长沙市文物考古研究所）

[摘　要]　浏阳市位于湖南省东北部，与江西交界。史载浏阳县于东汉建安十四年始设县，县治在今东乡官渡镇。浏阳县经历数次废立，其县治几易其所，最终于明代定于淮川。本文在梳理各时期史书、地理方志及县志相关资料后，结合考古发现的新材料，对浏阳地区设县史及县治故城地望的变迁进行了再研究。

[关键词]　浏阳故城；地望变迁；新探

一、缘　　起

浏阳，位于湖南省东北部，与江西交界，为湖南东北之门户。目前学界公认浏阳县在建安十四年（209年）设县，至今已有1800多年的建城史。查阅文献可知，浏阳治所经历了多次变动，几经变迁，最终在明代定于淮川，至今未变。

2018年始，由长沙市文物考古研究所主持，浏阳市文化旅游广电体育局及浏阳市博物馆协作，开展了浏阳河流域文明进程专项调查。本次调查在浏阳市古港镇古城村发现一处保存较好的战国城址。这一发现也为我们探寻浏阳故城的地望提供了非常宝贵的考古资料。值此之机，笔者对浏阳县历代治所的地望进行推测考证，求教于方家。

二、浏阳县历史沿革及治所地望

（一）正史记载历史沿革

1. 三国刘阳县

《三国志》卷五十四《吴书九·周瑜鲁肃吕蒙传》记载：建安十四年（209

年），"权拜瑜偏将军，领南郡太守。以下隽、汉昌、刘阳、州陵为奉邑，屯据江陵。""（权）即拜肃奋武校尉，代瑜领兵。瑜士众四千余人，奉邑四县，皆属焉。""鲁肃卒，蒙西屯陆口，肃军人马万余尽以属蒙。又拜汉昌太守，食下隽、刘阳、汉昌、州陵。"《三国志》卷六十一《吴书十六·潘浚陆凯传》记载："（浚）迁奋威将军……进封刘阳侯，迁太常。"

2. 两晋刘阳县

《晋书·地理志》记载："长沙郡，汉置。统县十，户三万三千。临湘、攸、下隽、醴陵、刘阳、建宁、吴昌、罗、蒲沂、巴陵。"

3. 南朝浏阳县

《宋书》卷三十七《志第二十七·州郡三》记载："浏阳侯相，吴立。"

《南齐书》卷十五《志第七·州郡下》记载："湘州，镇长沙郡。……晋永嘉元年，分荆州置，……此后三省，辄复置。元嘉十年置，……领郡如左：长沙郡：临湘、罗、湘阴、醴陵、刘阳、建宁、吴昌。"

4. 隋代浏阳县

《隋书·地理志》记载："长沙郡旧置湘州，平陈置潭州总管府，大业初府废，统县四，户一万四千二百七十五。长沙旧曰临湘。置长沙郡。平陈，郡废，县改名焉。"

隋代浏阳县省入长沙县。

5. 唐代浏阳县

《旧唐书·志》卷二十《地理三》记载："吴分长沙置浏阳县，隋废。景龙二年，于故城复置。"

《新唐书》卷四十一《志第二十七·地理一》记载："浏阳，中。景龙二年析长沙置。"

6. 五代—两宋浏阳县

《宋史》卷八十八《地理四·荆湖南路》记载："浏阳，中。永兴及旧溪银场。"

7. 元代浏阳州

《元史》卷六十三《志第十五·地理六》记载："浏阳州，中。唐、宋皆为县。元贞元年，升州。"

8. 明清浏阳县

《明史》卷四十四《志第二十·地理五》记载："浏阳府东。元浏阳州。洪武二年降为县。北有道吾山。东北有大光山。又有大围山，浏水出焉，经县南，入长沙县界，曰浏阳水。"

（二）各版本《浏阳县志》记载历史沿革

《浏阳县志·明嘉靖辛酉年》记载："三国吴孙亮太平二年，拆临湘北境为一县，名曰浏阳。晋亦以浏阳属湘州。宋齐梁陈并因之。隋省，入长沙县，而浏阳复罢矣。唐景龙初，改湘州为潭州，仍隶长沙县。宋割长沙五乡，复为浏阳，属潭州路。元末元贞乙未年，以户口增多，升为中州。……洪武元年，仍为州，二年己酉改为县，属长沙府。按洪武志，县治旧在本县东乡十三都居陵市镇，元时改迁今县治是也……居长沙府东百四十里。"

《浏阳县志·清嘉庆二十四年》记载："三国吴蜀分荆州，长沙郡属吴，置刘阳。刘阳之为县始此。晋永嘉初析荆州十郡置湘州，以长沙郡城为治。（刘阳）县隶之。宋齐梁陈并因之。隋省入长沙县。唐景龙二年复析长沙县置浏阳，隶潭州长沙郡。五代马王以潭州为长沙府建国。宋复为潭州长沙郡，县隶之。元初改长沙郡为潭州路，县隶如故，元贞元年以户口增至万余，升县为州。天历初又改潭州路为天临路，（浏阳）州隶之。明洪武二年复改为县，隶长沙府。国朝因之。"

《浏阳县志·清同治十二年》记载："三国吴蜀分荆州，长沙郡属吴。于是周瑜奉邑有刘阳，盖吴始析置。晋永嘉初析荆州九郡为湘州，刘阳仍隶长沙。宋因之始改浏。长沙内史，齐改郡县，隶郡。梁陈不改。隋初废郡置潭州总管府。……唐景龙二年复析置浏阳县于故城，隶潭州长沙郡，属江南西道。五代楚王马殷以武安军节度使据潭州，称楚国，改潭州为长沙府。……宋复潭州长沙郡，属荆湖南路安抚司，县隶郡。元至正间立行省改郡为潭州路，县隶于路……。元贞元年，以浏阳户口增万余升中州。天历二年改潭州为天临路，州仍隶之……。洪武二年改浏阳州为县……"

《浏阳县志·民国二十二年》记载："三国吴蜀分荆州，长沙郡属吴，置浏阳。浏阳之为县始此。晋永嘉初析荆州十郡置湘州，以长沙郡城为治。（刘阳）县隶之。

宋齐梁陈并因之。隋省入长沙县。唐景龙二年复析长沙县置浏阳，隶潭州长沙郡。五代马王以潭州为长沙府建国。宋复为潭州长沙郡，县隶之。元初改长沙郡为潭州路，县隶如故，元贞元年以户口增至万，升县为州。天历初又改潭州路为天临路，（浏阳）州隶之。明洪武二年复改为县，隶长沙府。国朝因之。陆路一百七十里水路二百里至长沙。"

（三）古代文献所记治所地望

郦道元《水经注》记载："浏水出县东江州豫章县首裨山，导源西北流，迳其县南，县凭溪以即名也。"

《元和郡县图志》记载："浏阳县，中下。西至州二百五十里。本汉长沙国临湘县地，吴置浏阳，因县南浏阳水为名。隋平陈废，景龙二年复置。"

《旧唐书·志》卷二十《地理三》记载："吴分长沙置浏阳县，隋废。景龙二年，于故城复置。"

《元丰九域志》记载："中，浏阳。州东北一百六十里。四乡。永兴一镇。永兴、焦溪二银场。"

《太平寰宇记》《舆地纪胜》二书缺失潭州及浏阳县记载。

《志廨志》："云洪武初改迁县治，今在城西隅。"

《读史方舆纪要》记载："浏阳县，府东北百五十里。东至江西袁州府二百五十里，北至岳州府平江县百六十里。汉临湘县地，三国吴析置浏阳县，属长沙郡，以浏阳水为名。晋以后因之，隋省入长沙县。唐景龙二年复置，属潭州。……宋仍属潭州。元元贞初升为州，明洪武十年复为县。城周三里有奇。编户七十一里。""龙津水，在县西三里。源出道吾山，经县西门外入浏水。又金牌水，在县东五里。出道吾山东麓，流经此，折向西经县南一里，入于浏水。"

《湖南通志·浏阳县古城考》记载："浏阳故城在今县东，三国吴析临湘县北境置，属长沙郡。隋大业初省入长沙县而故城废。唐景龙初复置即今治。元初迁居仁镇，明初复唐旧治。"

三、浏阳县故城地望过往研究

浏阳故城地望过往研究，归纳如下。

谭其骧先生认为"三国吴设刘阳县，治所在居仁（今官渡镇，浏阳河以南）（永安五年图）。两晋南朝因之（西晋太康三年图）（刘宋大明八年图）（南齐建武四年图）。刘宋时更名浏阳。隋废浏阳县入长沙县。唐初复置，治所在今浏阳市东侧城关（开元二十九年图）。两宋因之（政和元年图）（嘉定元年图）。元时升浏阳州，治所在官渡浏阳河以南（至顺元年图）。明时降为浏阳县（万历十年图），治所在今浏阳市西侧淮川"[1]。

潘信之先生认为"三国吴设刘阳县，治所在今浏阳市东侧城关。两晋南朝因之。刘宋时更名浏阳。隋废浏阳县入长沙县。唐初复置，治所在今浏阳市东侧城关。两宋因之。元时升浏阳州，治所在官渡。明时降为浏阳县，治所在今浏阳市西侧淮川"[2]。

陈先枢先生认为"浏阳县治初在'县东'，即民间传说的今浏阳市城区治东街口以外旧城隍庙一带地方。隋大业三年（607年）至唐景龙二年（708年）的百余年间，因废县而故城不存；复置浏阳县时，于故城西面重建县城，即今址。宋末，浏阳遭元兵大屠杀，县城被破坏，元代遂迁治所于居陵镇；终因偏于东隅，交通不便，时隔百年之后，明初又迁回今址"[3]。

彭雪开先生认为"故城在居仁镇。三国吴设刘阳县；两晋南朝因之；隋废县而故城废；唐景龙年于故城（居仁）复置浏阳县。开元二十九年迁淮川；元初迁居仁镇，明初复唐旧治"[4]。

四、考古新发现[5]

古城城址位于浏阳河上游大溪河西北岸一处二级台地上。该区域北为严家坳，西至熊家冲、皂角树下，浏阳河在东、南自东北向西南流过。这一区域位于浏阳河上游宽阔的河谷地带。河谷地形开阔，资源丰富；城址所在区域又为一处低山丘陵盆地，地势相对封闭，可扼守河谷西口，战略位置十分重要。

经过2018~2020年三年的调查勘探，古城城址的大体轮廓、城墙结构、年代性质基本厘清，简单介绍如下。

（一）城址形状及面积

城址平面形状呈刀形，东墙向外凸出。西墙长436、北墙长156、南墙长310、东墙北段长156米（南段大部被破坏），根据城墙及现存地形地势测算城址面积为8.5万余平方米（图一）。

图一 古城城址航拍照（上为北，右为城墙示意图）

（二）城墙保存状况及结构

城墙大部保存较好，高于地表3米以上，东墙南段破坏严重，仅余少量墙体高于地表。通过对墙体暴露的几处断面进行刮面观察可知墙体结构如下。

墙体由主墙、内外护坡及基槽构成。主墙宽度为3米，由纯净的网纹红土夯筑而成，夯层平均厚0.2~0.3米；内外护坡均为网纹红土堆筑，内护坡为6、外护坡为8米，护坡填土包含若干瓦片及碎陶片，并有一层瓦片及碎陶片组成的散水（图二）。基槽位于内外护坡下，剖面呈"U"形，打破生土。

（三）环壕及古河道

城墙外侧均存在壕沟，壕沟与墙体基本平行。壕沟上部宽6、下部宽3、深2米，填土较为纯净，包含物为少量陶片及瓦片。

城东有老地名曰"三口塘"，为南北向间须相连的水塘，部分被改造为农田，通过勘探可知其下均为数米深的淤泥且连为一线，推测为浏阳河古河道。

环壕与古河道经钻探确认相通，构成完整的绕城水系（图三）。

图二　城址北墙体剖面照（由西往东）

（四）遗物

城内外均采集到较多瓦片及若干陶片。瓦片均为夹砂灰陶瓦，形态分筒瓦和板瓦；陶片多为夹砂灰陶，少量夹砂红陶，可辨器形有鬲、盂、豆、罐等，另有若干印纹硬陶，可辨器形有釜、罐等（图四）。

（五）城址时代及性质

根据文献记载浏阳故城在今浏阳县东，古城城址位于浏阳东的古港镇，地望相符，加之古城周边区域存在较多东汉—六朝时期墓群，我们起初推测古城城址即为三国时期浏阳故城。

随着调查工作的深入，我们在城址内外采集到大量遗物，多为夹砂灰陶瓦片，夹砂灰陶、红陶及印纹硬陶残片，可辨器形主要为鬲、盂、豆、罐、釜等，未见东汉—六朝时期常见的硬陶及青瓷残片，说明城址的年代应当早于东汉，并非为文献记载的三国时期浏阳故城。

根据采集及征集遗物我们推测城址的始建年代为战国时期，可能沿用至西汉时期。城址性质可能为楚人南下后设立的县城，西汉时期并入临湘县而城废。该城址虽未见文献记载，不知其名，但仍可确认为浏阳地区最早的治所。

浏阳故城新探 ·231·

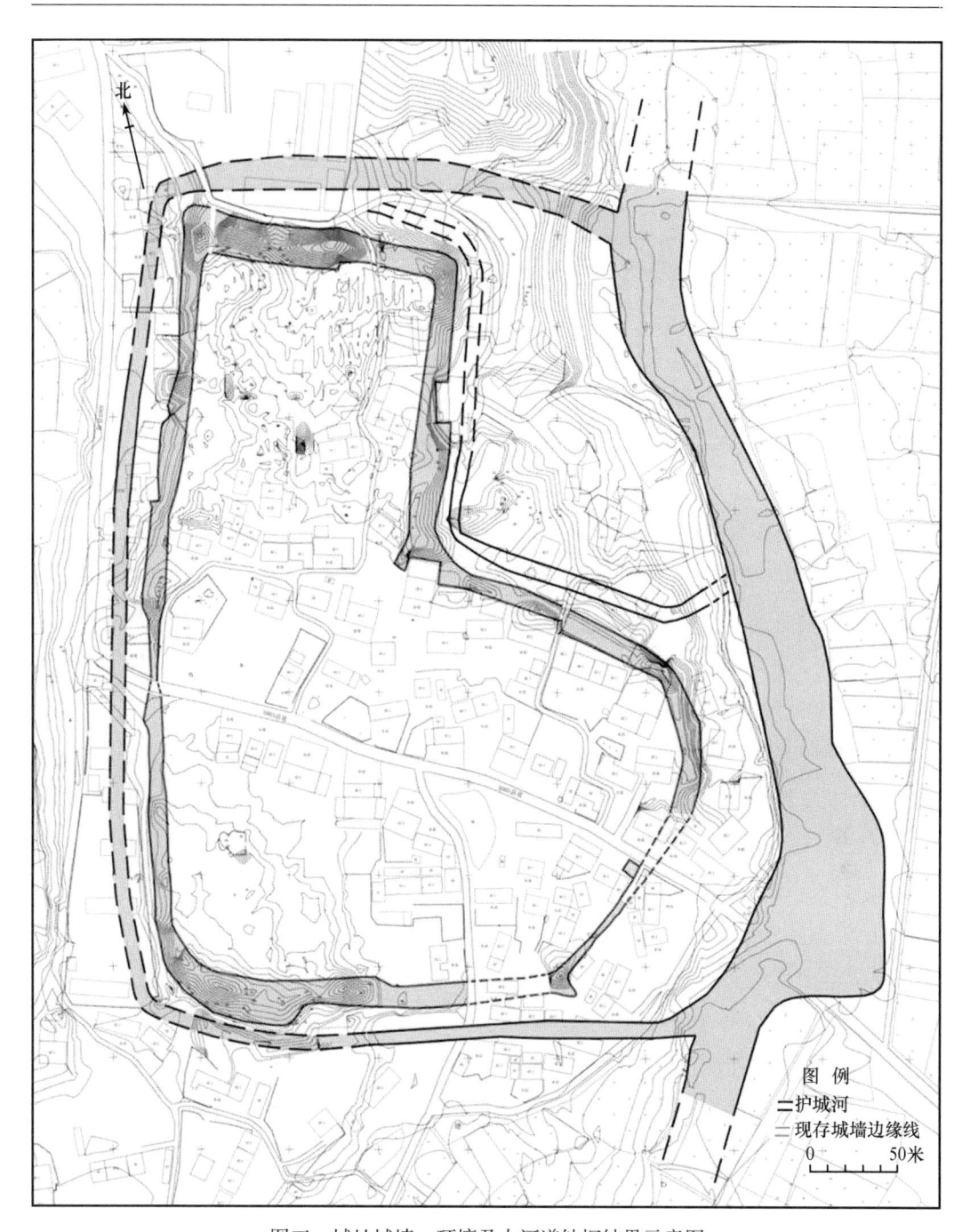

图例
═ 护城河
═ 现存城墙边缘线
0　　50米

图三　城址城墙、环壕及古河道钻探结果示意图

图四　城址出土部分陶质遗物
1. 釜　2. 鬲　3. 硬陶罐残片

五、浏阳故城地望新探

目前关于浏阳县故城地望及变迁观点有三。

1）根据谭其骧先生主编的《中国历史地图集》及彭雪开先生《浏阳地名源流考》对治所地望的研究，浏阳县故城地望及变迁为：

官渡（三国—隋代浏阳县治所）—淮川（唐代—宋代浏阳县治所）—官渡（元代浏阳州治所）—淮川（明清浏阳县治所）。

2）根据潘信之先生《千年古县在淮川—浏阳故城考》对治所地望的研究，浏阳县故城地望及变迁为：

县城东关（三国—两宋浏阳县治所）—官渡（元代浏阳州治所）—淮川（明清浏阳县治所）。

3）根据陈先枢先生《长沙地名掌故·长沙百景91·官渡镇》对治所地望的研究，浏阳县故城地望及变迁为：

县东旧城隍庙附近（三国—隋代浏阳县治所）—淮川（唐—两宋浏阳县治所）—官渡（元代浏阳州治所）—淮川（明清浏阳县治所）。

笔者拟从文献材料及考古材料逐一进行分析。

（一）三国—隋代浏阳县

这一时期浏阳县治所位置不见正史，仅郦道元《水经注》有简单描述："浏水出县东江州豫章县首裨山，导源西北流，迳其县南，县凭溪以即名也。"根据这一描述可知南朝早期浏阳县治所位于浏阳河北岸。官渡镇位于浏阳河南岸，《诗经·尔雅》云"水南曰阴，水北曰阳"，如浏阳县在浏阳河南岸的官渡镇，则与其定名相矛盾。故官渡镇非治所所在。

《旧唐书·志》卷二十《地理三》记载："吴分长沙置浏阳县，隋废。景龙二年，于故城复置。"《元和郡县图志》记载："浏阳县，中下。西至州二百五十里。本汉长沙国临湘县地，吴置浏阳，因县南浏阳水为名。隋平陈废，景龙二年复置。"根据这两段文献可知：中唐时期浏阳县西至潭州二百五十里，前代浏阳县治所与中唐时期浏阳县治所为一处。唐制二百五十里约等于今113千米，位于官渡。

结合历次文物普查及浏阳河文明进程专项调查的情况来看。东汉—隋代浏阳地区同时期墓葬最为密集的区域有二：其一为官渡—沿溪—古港（现浏阳市东乡）；其二为官桥—普迹—镇头（现浏阳市西乡）。墓葬的分布可反映出当时人口的分布。结合《元和郡县图志》及《旧唐书》地望可排除浏阳市西乡，浏阳县治所当位于官渡—沿溪—古港一线。

查阅浏阳地区文物普查地图集及资料得知官渡镇北岸的确存在大量东汉—六朝墓葬[6]；浏阳博物馆内有该区域出土的1件战国早期蕉叶纹青铜壶[7]，说明当时该区域可能存在一处等级较高、人口较为集中的中心聚落，这也为后世设县筑城提供了先决条件。在2018年、2019年的浏阳河流域文明进程专项调查中，笔者在官渡镇西北浏阳河北岸调查时，又新发现了若干两汉时期遗址及东汉—南朝时期墓葬，墓葬的时代与文献记载的城址年代吻合[8]。但由于调查时间不充分，暂未见城址，仍需要后续工作。

综上所述，笔者推测三国—南朝时期刘阳县故城在官渡镇西北浏阳河北岸，这一推测也需要日后的田野工作加以验证。

（二）唐代浏阳县

从《元和郡县图志》记载可看出，浏阳县西至潭州二百五十里。唐代一里约等于现代454米，则浏阳县距长沙实为113千米。这个距离恰好是长沙到官渡的距离，故至少在中唐时期浏阳县治所在官渡。《中国历史地图集》及彭文认为浏阳县在开元二十九年迁至淮川，但中晚唐宪宗年间浏阳县尚在官渡，故盛唐时期浏阳县在淮川这个说法为谬，笔者认为浏阳县治所由官渡迁往淮川的年代为晚唐或五代时期。

（三）五代—两宋时期浏阳县

《元丰九域志》记载，浏阳县在州东北一百六十里。宋代一里约等于现代460米，则浏阳县距长沙实为73.6千米。这个距离恰好是长沙到浏阳城东关的距离。浏阳县治所迁至浏阳东城关附近，迁治原因为方便控制管理旧溪（焦溪）银矿及永兴银矿。

归鸿阁为北宋晚期建筑，有《归鸿阁记》存世。《归鸿阁记》记载归鸿阁位于县治西北隅之城墙附近（今浏阳东城关），原为前代废弃建筑，哲宗时浏阳县令杨时于废址筑亭，竣工后登台一目千里，名曰"归鸿阁"。结合《元和郡县图志》记载，浏阳县治在官渡的下限至少不晚于元和年间，即中晚唐。这也从侧面说明浏阳县治迁至城关其年代上限可能在晚唐—五代。

笔者在调查时根据古城城址的选址特点，发现今东城关东南的水佳区域地形地貌与古城极为相似，均为浏阳河北岸河湾处的二级台地，周边多为低山丘陵，外围则是高大的山系，水运便利、地形易守难攻。水佳之前多为农田及郊区，未进行考古调查工作。近年来浏阳市的发展重点在这一区域，不少地块准备进行房地产开发。结合归鸿阁的地望，笔者推测两宋时期浏阳县治所可能位于东城关—水佳附近。在该区域进行一次遗址专项考古调查工作十分必要，并迫在眉睫。

（四）元代浏阳州

前人的研究均认为浏阳州位于居仁（今官渡镇）。笔者走访后得知浏阳河南岸官渡镇中心小学曾挖出过大量厚重的青砖及一道砖墙，推测可能为元代城墙。遗憾的是由于年岁已久，加之当时并未进行正规的考古发掘，目前无法得知当时的情况，只能寄希望于日后官渡镇的旧城改造及土地开发，看是否还能发现与元代浏阳州治所有关的材料。

（五）明清浏阳县

明清浏阳县位于浏阳西侧淮川。《志廨志》云："洪武初改迁县治，今在城西隅。"目前浏阳文庙仍在原址，其南面梅花巷即为清代梅花街。根据浏阳文庙及梅花街的位置结合《浏阳县志·清同治十二年》及《读史方舆纪要》的记载，文庙在城北门外不足1里，梅花街位于城北边缘。明清浏阳城的四至范围大概为北不过归斋路，东至劳动路，南至浏阳河边，西至解放路，周长1600余米，面积约15万平方米。

六、结　　语

（一）古城城址发现的意义

作为浏阳地区目前为止发现的最早的城址，古城城址不见于历史及出土文献。城址的发现将浏阳的筑城史及设县史提早到战国中晚期，略晚于战国长沙城。将浏阳县作为县级行政区划的时间前推了约500年，改写了浏阳的地方史。浏阳地区最早的治所在古城（今古港镇），使用年代为战国—西汉时期，西汉时期并入临湘县后城废。古城城址不仅是浏阳地区目前发现的最早、保存最好的城址，同时也是湖南最东部目前发现的最早城址，为我们研究及探讨湖南东部地区华夏化与文明化进程提供了重要线索及实物资料。

（二）浏阳故城新探及治所变迁史

战国中晚期，楚人南下后在浏阳地区设县，治所位于今古港镇古城村，西汉时期城废，并入临湘县。建安十四年（209年）孙吴设刘阳县，治所在今官渡镇北浏阳河北岸；两晋—隋代浏阳县治所沿用前代县城，亦在今官渡镇北浏阳河北岸；隋代撤县后故城废；唐代于故城旧址复置，治所仍在官渡镇北浏阳河北岸；晚唐—两宋时期由于方便管控旧溪及永兴银矿，浏阳县治所迁至关口街道，即今浏阳东城关—水佳附近；元代浏阳州治迁至居仁镇，即今浏阳河南岸官渡镇；明清浏阳县迁回两宋旧治，筑新城于旧治以西，即今浏阳西侧淮川。

浏阳地区故城治所及变迁为：古港（楚汉县城）—官渡西北（三国—中晚唐）—城东关—水佳（晚唐—两宋）—官渡东南（元）—淮川（明清）。

附记：在本文的写作中，浏阳市文物发展保护中心、浏阳市博物馆提供了大量文物普查及馆藏文物资料；发展中心林洪先生、博物馆兰迪先生提供了大量线索；长沙市文物考古研究所黄朴华先生对本文提出了宝贵的指导意见，本文线图为李强先生制作，在此一并致谢！

注　释

［1］　谭其骧：《中国历史地图集》，中国地图出版社，1982年。
［2］　谢建国：《浏阳移民史研究》，湖南人民出版社，2019年，第36页注①：潘信之：《千年古县在淮川——浏阳故城考》，《千年浏阳——地名文化荟萃》，浏阳市地名普查丛书编委会，第5页。
［3］　陈先枢：《长沙地名掌故》，湖南地图出版社，2019年。
［4］　彭雪开：《浏阳地名源流考》，《湖南工业大学学报（社会科学版）》2013年第5期。
［5］　长沙市文物考古研究所"浏阳河流域文明进程专项调查"，内部资料。
［6］　浏阳市文物管理局"二普""三普"遗址登记表；浏阳市博物馆：《浏阳市不可移动文物地图》，内部资料。
［7］　浏阳市博物馆内部藏品。
［8］　长沙市文物考古研究所"浏阳河流域文明进程专项调查"，内部资料。

New Exploration of Liuyang Ancient City

Zhang Dake

(Changsha Municipal Institute of Cultural Relics and Archaeology)

Abstract: Liuyang is located in the northeastern part of Hunan Province and borders with Jiangxi Province. According to history, Liuyang County was established in the 14th year of Jian'an in the Eastern Han Dynasty, and the county was governed by Guandu Town, Dongxiang today. Liuyang County experienced several times of abolishment, and establishment and its county government site changed several times. Finally, it was set in Huaichuan in the Ming Dynasty. After reading the historical books, geographical chronicles and county annals of various periods and combining the latest archaeological materials, this paper restudies the history of the establishment of counties in Liuyang area and the changes of the government site.

Keywords: Liuyang Ancient City; The Changes of the Government Site; New Exploration

长沙窑瓷器在唐代扬州罗城内的分布成因与初步认识

刘松林[1] 刘 骄[2]

（1.扬州市文物考古研究所　2.江苏师范大学）

[摘　要]　通过对长沙窑瓷器在唐代扬州罗城的分布进行统计与分析，并结合扬州中晚唐墓葬随葬长沙窑瓷器的状况，结果表明罗城内官河两岸（今汶河路一线）与扬州师范学院、苏北农学院手工业作坊区分布大量的长沙窑瓷器标本，为各窑口之最，而官河偏北地段长沙窑瓷器标本分布稍次，偏离官河两岸及手工业作坊区的地段长沙窑瓷器标本分布相对较少，但宜兴窑、越窑青瓷数量往往多于长沙窑。笔者认为出现上述现象原因有二：①中晚唐扬州作为邻近长沙窑产地最重要的海上丝绸之路国际贸易港，长沙窑瓷器定性为外销器，其产品主要远销海外，故在罗城内商贸繁华区——官河两岸（今汶河路一线）及手工业作坊区出现大量长沙窑外贸瓷就很自然了。②在罗城内商贸氛围较淡的居住区、墓葬内出土了大量的多于长沙窑瓷器的宜兴窑、越窑青瓷，或与居住民更偏爱青瓷有关，这与扬州汉以前所受吴越文化原始青瓷影响有关。

[关键词]　长沙窑；宜兴窑；官河两岸；手工业作坊区；成因

唐代扬州地处江淮平原，河渠纵横，南濒长江，东临大海，运河贯穿全境，是国内交通的枢纽、商业大都会及国际贸易的港口，有着"扬一益二"之称。特别是安史之乱后，大批北人南迁，更加促进了经济的繁荣，同时也吸引了大批国外游人和客商。在这纷繁的商品贸易大潮中，陶瓷贸易脱颖而出，迅速成为一项大宗商品，其中尤以长沙窑贸易瓷最为突出。

有学者指出，由于政治、社会背景及运河交通的影响，长沙窑贸易瓷的兴衰与唐代扬州商品贸易的发展有着不可割舍的联系，即长沙窑贸易瓷的兴衰处于中晚唐至五代[1]。笔者认为此说甚确，这与我们多年来在罗城内发现的长沙窑瓷器标本所处中晚唐地层是相一致的。笔者将以往罗城内考古发掘项目出土的瓷器进行了对比与统计，发现处于城内官河两岸（今汶河路一线）和西门附近的手工业作坊区，出土的长沙窑瓷器数量为各窑口之冠，完整器、精品器亦多，而偏离官河地带的考古项目出土长沙窑标本相对较少，完整器、精品器难得一见。对此，笔者下文试析并提出初步认识，不妥之处祈请方家指正。

一、长沙窑瓷器标本在罗城内分布位置及占比

为了分析长沙窑瓷器标本在罗城内的分布规律，笔者择取了罗城内考古发掘项目38个，其中22个项目处于唐代罗城官河两岸、5个项目处于手工业作坊区、11个项目处于居住区（图一）。经笔者比对与统计，发现处于南北一线官河两岸的18个考古项目，出土长沙窑瓷器标本最多，占比最大。如1984年在三元路市直机关文昌幼儿园教学楼基建工地（基础面积仅700平方米），共出土唐代瓷片1372片，其中就有长沙窑各类瓷片195片，占出土唐代瓷片总数的14.2%。与之毗邻的扬州市人民银行、建设银行、三元商场、纺织品公司、邮电大楼基础面积均逾2000平方米，唐代文化层更为丰富，出土的长沙窑瓷片亦相当可观，所占唐代陶瓷片总数的比例可能更高一些[2]。1990年工人文化宫工地晚唐地层中共出土各类瓷片18802片，其中长沙窑瓷片数量最多，为6775片，占总数的36%[3]。1994年汶河路西北侧的蓝天大厦工地，在晚唐地层中发现了一处长沙窑瓷器残件的堆积，范围有16平方米，厚约1.4米，采集了具有代表性、普遍性的标本计600多片，而瓷器堆积的数量折合成完整器约500件之多，长沙窑产品在扬州如此密集的出土，尚属首次[4]。在凤凰路综合楼工地唐代地层共出土瓷片1466片，其中长沙窑456片，占31.1%。5个手工业作坊区的考古项目，出土长沙窑瓷器标本数量同样最大，如1975年扬州师范学院、苏北农学院-扫垢山手工业作坊遗址中，出土15000多片唐代陶瓷片，其中长沙窑彩釉瓷片就有598片，还不包括大量的长沙窑青瓷产品和酱釉标本[5]。11个偏离南北一线官河及手工业作坊区考古项目，出土的长沙窑瓷片标本相对较少，与处于商贸区项目不可同日而语。如妇幼保健医院门诊楼工地、皮市街与广陵路交叉口西北侧工地、绿扬人家三期工程工地均未发现唐代地层，仅在宋代地层内发现了少量的长沙窑瓷片。双桥王庄沃尔玛工地晚唐地层中出土瓷片97片，其中长沙窑10片，占10.3%，宜兴窑84片，占86.6%。扬子佳竹苑工地晚唐地层中出土瓷片310片，其中长沙窑16片，占5.2%，宜兴窑188片，占60.6%。扬州大学敬文图书馆工地中晚唐地层内出土瓷片351片，其中长沙窑94片，占26.8%，宜兴窑131片，占37.3%。大王庙工地中晚唐地层内出土瓷片789片，其中长沙窑77片，占9.8%，宜兴窑527片，占66.8%。可见在偏离南北一线官河两岸及手工业作坊区的考古项目，出土长沙窑瓷片相对较少，其数量往往小于宜兴窑（表一）。

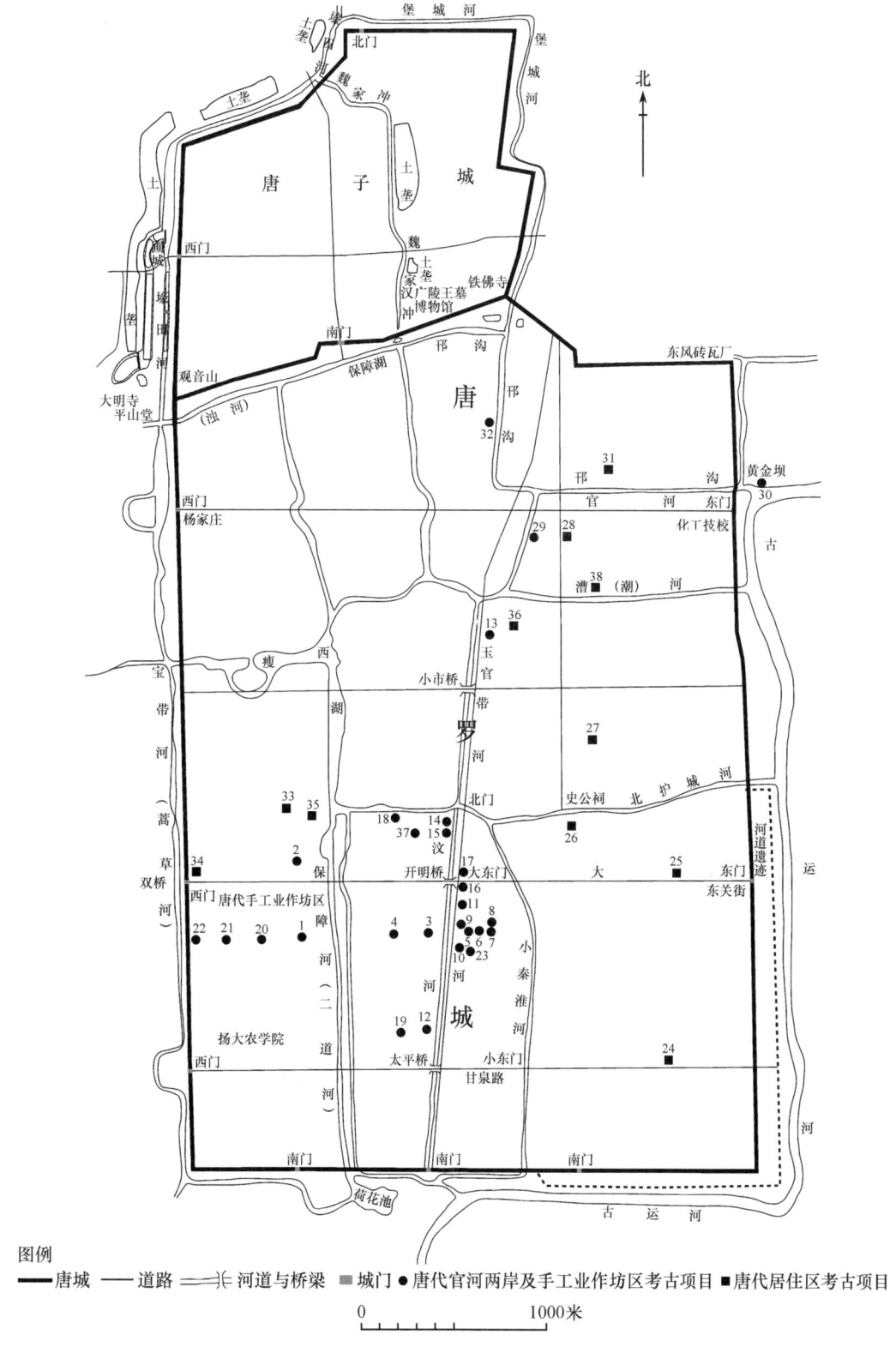

图一 唐代扬州罗城内出土长沙窑瓷片考古项目位置分布图

1.苏北农学院-扫垢山手工业作坊遗址 2.师院唐代寺庙遗址 3.汶河西路政协工地 4.石塔寺唐代木桥遗址 5.机关五三幼儿园工地 6.三元商场工地 7.邮电大楼工地 8.珍园招待所工地 9.万家福商场工地 10.1990年工人文化宫工地 11.老新华中学工地 12.旧城仓巷唐代居住遗址 13.原教育学院工地 14.蓝天大厦工地 15.蓝天大厦井 16.唐代开明桥遗址 17.大东门街遗址 18.扬大附中工地 19.扬州中学工地 20~22.石塔西路遗址 23.文昌广场二期工地 24.皮市街与广陵路交叉口西北侧工地 25.扬州东关街三和四美工地 26.妇幼保健医院门诊楼工地 27.绿扬人家三期工程工地 28.史可法路御河苑二期工程工地 29.凤凰路综合楼工地 30.大王庙工地 31.扬子佳竹苑工地 32.扬州桑树脚工地 33.瘦西湖西苑工地 34.沃尔玛工地（双桥王庄） 35.扬州大学敬文图书馆工地 36.扬州职业高级中学工地 37.扬州市淮海路公安局工地 38.阳光水岸小区工地

表一　唐代扬州罗城内不同地段长沙窑瓷片（瓷器）数量分布统计表

序号	考古项目名称	唐代扬州罗城内位置	唐代瓷片（瓷器）总数	长沙窑瓷片（瓷器）数	占比/%	资料来源	备注
1	1984年三元路市直机关文昌幼儿园教学楼基建工地	南北向官河两岸（今汶河路一线）	1372	195	14.2	顾风：《唐代扬州与长沙窑兴衰关系新探》，《东南文化》1993年第5期	工地基础面积仅700平方米
2	1990年工人文化宫工地		18802	6775	36.0	中国社会科学院考古研究所、南京博物院、扬州市文物考古研究所：《扬州城1987~1998年考古发掘报告》，文物出版社，2010年	晚唐地层中出土
3	1994年汶河路西北侧的蓝天大厦工地		600多	500多	83.3	周长源、马富坤、池军：《试论扬州蓝天大厦工地出土的唐代长沙窑瓷器》，《东南文化》1994年增刊	长沙窑瓷器残件堆积范围有16平方米，厚约1.4米，采集标本600多片
4	老新华中学工地		2946	363	12.3	中国社会科学院考古研究所、南京博物院、扬州市文物考古研究所：《扬州城1987~1998年考古发掘报告》，文物出版社，2010年	长沙窑瓷片数量仅次于宜兴窑
5	大东门街遗址		30	9	30.0	中国社会科学院考古研究所、南京博物院、扬州市文物考古研究所：《扬州城1987~1998年考古发掘报告》，文物出版社，2010年	瓷器以长沙窑为最
6	凤凰路综合楼工地	南北向官河两岸（偏北一线）	1466	456	31.1	资料存于扬州市文物考古研究所	唐代地层中出土

续表

序号	考古项目名称	唐代扬州罗城内位置	唐代瓷片（瓷器）总数	长沙窑瓷片（瓷器）数	占比/%	资料来源	备注
7	1975年扬州师范学院、苏北农学院-扫垢山手工业作坊遗址	手工业作坊区（罗城中西部）	15000多	598片彩釉瓷，不包括大量青瓷与酱瓷标本		南京博物院、扬州博物馆、扬州师范学院发掘工作组：《扬州唐城遗址1975年考古工作简报》，《文物》1977年第9期	瓷片以长沙窑为最
8	石塔西路遗址		33	10	30.3	中国社会科学院考古研究所、南京博物院、扬州市文物考古研究所：《扬州城1987～1998年考古发掘报告》，文物出版社，2010年	统计表为复原瓷器
9	沃尔玛工地（双桥王庄）	偏离南北一线官河及手工业作坊区	97	10	10.3	资料存于扬州市文物考古研究所	晚唐地层中出土
10	扬子佳竹苑工地		310	16	5.2		晚唐地层中出土
11	扬州大学敬文图书馆工地		351	94	26.8		中晚唐地层中出土
12	大王庙工地		789	77	9.8		唐代地层中出土
13	扬州东关街三和四美工地		9	1	11.1		统计表为较完整瓷器，中晚唐地层局部分布、较薄
14	扬州桑树脚工地		20	3	15.0		统计表为唐代较完整瓷器
15	瘦西湖西苑工地		269	70	26.0		晚唐地层中出土

注：表中列举的考古项目仅占图一中部分项目。其他项目：师院唐代寺庙遗址、汶河西路政协工地、石塔寺唐代木桥遗址、三元商场工地、邮电大楼工地、珍园招待所工地、旧城仓巷唐代居住遗址、原教育学院工地、扬大附中工地等出土长沙窑瓷片数量定性统计出自相关论文中，妇幼保健医院门诊楼工地、皮市街与广陵路交叉口西北侧工地、绿扬人家三期工程工地等未发现晚唐地层，仅在宋代地层发现少量的长沙窑瓷片标本。

二、长沙窑精品及完整器在罗城内的分布

长沙窑精品及完整器多分布于罗城南北一线官河两岸及手工业作坊区，其他考古项目往往仅出土一些瓷片标本，很难发现精品与完整器。如汶河路西北侧的蓝天大厦工地出土长沙窑铜红釉褐绿彩盒、青釉绿彩"佳合""油合"、黄釉船形高足杯、青釉褐绿彩花卉动物纹碗、青釉灯盏各1件。汶河西路政协工地出土了长沙窑黄釉褐蓝彩云荷纹罐、青釉双鸟盏各1件。扬大附中工地出土长沙窑青黄釉褐蓝彩菱形纹罐、黄釉褐蓝彩菱形纹罐、青黄釉模贴"冯上"铭双鱼纹壶各1件。1990年工人文化宫工地出土长沙窑青釉褐绿彩碗与盘、青釉褐斑盂、青釉绿彩云纹盒、酱釉模印贴花椰鸟纹双耳罐各1件。旧城仓巷唐代居住遗址出土长沙窑青釉褐彩模贴人物纹、狮纹壶各1件。扬州中学工地出土长沙窑青釉莲纹高足杯1件。三元商场工地出土青釉瓜棱形双耳执壶、盘口执壶、灯盏各1件。原教育学院工地出土青釉杯、绿釉执壶、绿釉水注各1件。扬州市淮海路公安局工地出土绿釉麒麟送子烛台、青釉点褐蓝彩团花纹横柄壶、青釉褐彩持扇像各1件。扬州市"782"工程出土青釉褐斑模印贴花狮纹执壶1件[6]。1975年扬州市西门外一处扫垢山手工业作坊区出土长沙窑瓷器40余件，品种丰富，色彩鲜艳。偏离南北一线官河及手工业作坊区的考古工程发现完整器极少，仅出土一些长沙窑瓷片标本，器类亦较丰富，其中有碗、壶、罐、盂、油盒、盘、盏、杯、枕、钵等（图二）。

图二 官河两岸（今汶河路一线）出土长沙窑精品瓷器
1~3、5、10.三元商场工地出土（青釉瓜棱形双耳执壶、青釉盘口执壶、青釉模印贴花雁纹执壶、青釉褐彩花卉纹执壶、青釉褐彩兰草纹盘） 4.扬州市"782"工程出土青釉点褐蓝彩云荷纹双耳罐 6、9、14~16.扬州市淮海路公安局工地出土（青釉枕、青釉点褐蓝彩团花纹横柄壶、绿釉麒麟送子烛台、青釉绿彩兰草纹水盂、青釉褐彩持扇像） 7.老新华中学工地出土绿釉枕 8.1990年工人文化宫工地出土酱釉模印贴花椰鸟纹双耳罐 11~13.蓝天大厦工地出土（青釉盏托、青釉杯、青釉船形高足杯）
（图片选自徐忠文、徐仁雨、周长源：《扬州出土唐代长沙窑瓷器研究》，文物出版社，2015年）

三、长沙窑瓷器在中晚唐墓葬中的分布

长沙窑瓷器在中晚唐墓葬随葬品中占有一定的比例，但与南北一线官河两岸相比差距较大。如2008年在扬州凯运天地商业广场工地243座中晚唐墓葬中，仅有2座墓葬随葬长沙窑瓷器[7]。1985年7月，扬州城东跃进桥东侧的"月明轩"饮食公司工地发现了4座晚唐砖室墓，在21件随葬品中仅有1件长沙窑瓷器，占比4.8%[8]。1980年3月，扬州杨庙乡发现了一座中晚唐砖室墓，随葬了67件唐三彩俑，未发现长沙窑瓷器，墓主人身份为一名中级官员[9]。扬州五台山发现4座中晚唐墓葬，砖室墓、土坑墓各2座，其中仅1座保存较好，余3座遭严重破坏，在出土的随葬品中少见长沙窑瓷器，而宜兴窑、越窑青瓷均有所发现[10]。

虽然长沙窑瓷器在扬州中晚唐墓葬内的分布有限，但不乏精品。如凯运天地商业广场M202随葬长沙窑带流青黄釉褐彩油盒1件，形制独特，甚为罕见，是盒与注与壶的集合体，反映出长沙窑工匠具有较强的工艺创新能力[11]。1980年扬州东风砖瓦厂-肖家山晚唐墓出土了1件长沙窑青釉绿彩扁壶，腹部正面书写一组阿拉伯文，其意为"真主最伟大"，背面绘独脚云纹，较为少见[12]。"月明轩"饮食公司工地大和四年（830年）吴氏夫人墓出土的1件青釉点彩拍鼓小人，眉目传神，甚是可爱[13]。

四、相关问题的讨论

（一）长沙窑瓷器在罗城内分布不同的原因

《长沙窑（综述卷）》[14]《长沙窑中外瓷器交流研究》[15]等较多著书论文均将长沙窑定性为商业性外销瓷窑，可见长沙窑兴起于商贸的繁盛，衰于商贸的停滞。中晚唐扬州作为全国第一大港及商品贸易中转站，正是顺应了这样的潮流，给长沙窑瓷器提供了一个绝佳的平台，这与长沙窑瓷器在唐代扬州罗城内的分布状况是相对应的。

长沙窑瓷器集中分布于南北一线官河两岸，但不同地段分布有所差异，官河中南部晚唐地层内长沙窑瓷片堆积较为丰富，精品亦多。如万家福商场、机关五三幼儿园、三元商场、邮电大楼、1990年工人文化宫、老新华中学、蓝天大厦、旧城仓巷等均发现大量的长沙窑标本及精品器，甚至在蓝天大厦工地揭露出面积为16平方米、厚约1.4米的长沙窑瓷器残件堆积，推测为装运长沙窑贸易瓷船主卸货清仓时倾倒所形成[16]。据《扬州唐代古河道等的发现和有关问题的探讨》[17]一文，罗城内揭露出

一条宽约30米的南北向官河（今汶河路旁），在石塔寺右前方发现一座规模较大的可行大船的木制五孔桥，从其位置来看很可能是唐代通泗桥或太平桥，推测此河应是隋炀帝所开运河。可以想象当时汶河路一线官河的繁华程度。而官河北段发现的长沙窑瓷片标本及精品器相对较少，如凤凰路综合楼工地便是如此。即便这样，南北向官河北段仍处于商品贸易繁华区域。汪勃先生认为南北向官河两岸便是繁华一时的"十里长街"[18]，此言甚确。官河东西一线，考古项目所发现的长沙窑瓷片标本堆积就更少了，如扬子佳竹苑工地晚唐地层内出土长沙窑16片，占5.2%，而宜兴窑188片，占60.6%。

扬州师范学院、苏北农学院-扫垢山手工业作坊遗址发现大量的长沙窑瓷片标本及精品器，这与其处于商品贸易区的性质有关。

而偏离官河及手工业作坊区的考古项目，所发现的长沙窑瓷片标本相对较少，完整器亦屈指可数，甚至出现一些考古项目未见晚唐地层。

笔者认为出现长沙窑瓷器标本在罗城内不同分布的情形，应与交通、贸易、手工业及人口密集程度有关，南北向官河、手工业作坊区正处于交通发达、商品贸易及人口密集中心。而偏于此位置的多为居民区，商品色彩相对较淡。

（二）长沙窑与宜兴窑瓷片标本分布的差异性

笔者将这些考古材料进行对比与统计，发现在官河两岸及手工业作坊区长沙窑瓷片标本数量为最，而偏离官河两岸与手工业作坊区的地段往往宜兴窑瓷片标本多于长沙窑，其中虽有偶然性，但多个地段出现这种现象应有其缘由。如扬子佳竹苑工地晚唐地层内出土长沙窑瓷片标本占5.2%，宜兴窑占60.6%。大王庙工地唐代地层内出土长沙窑瓷片标本占9.8%，宜兴窑占66.8%。沃尔玛工地（双桥王庄）晚唐地层中出土长沙窑瓷片标本占10.3%，宜兴窑占86.6%。对此，笔者认为或与本地居民更钟爱南方青瓷有关，春秋战国之时广陵（今扬州）先后属吴越之境，受到吴越文化一定的影响，特别是原始青瓷文化在该区影响较深，该区汉墓出土的大量青釉陶器（原始青瓷）便是从吴越地区通过水运贸易购得[19]。汉隋以降，唐代扬州居民偏爱青瓷的理念仍有所存在，故而在罗城居住区出现了大量的宜兴窑瓷片标本。

众所周知，扬州作为海上丝绸之路重要的节点，全国陶瓷器的集散地、贸易中心和中转运输港口，长沙窑产地与之较近，通过水运将长沙窑贸易瓷输送到全国各地及海外，是最快捷的一条通道。加之湖南长沙窑窑工为了更好地迎合国内及海外需要，创新性生产出大量工艺多样化彩瓷，在器物表面贴饰联珠纹、椰枣纹、胡人像，书写阿拉伯文"真主最伟大"等域外文化元素。最终，在天时、地利、人和等有利条件的基础上，两者进行了有机结合，成功创烧出大规模的长沙窑外贸瓷。1998年在印度尼西亚勿里洞岛发现了从扬州港驶入阿拉伯港的"黑石号"沉船，沉船内发现了数量最多、保存最好的长沙窑瓷器，超过各地出土长沙窑瓷器的总和[20]。因此，作为外销瓷的长沙窑产品，在商贸繁华、交通发达的官河两岸及手工业作坊区大量出现，亦很自然了。

（三）长沙窑诗文器在扬州罗城内的分布

在长沙窑蓝岸嘴或湖南省内出土数量颇多的诗文器，其中多件诗文壶提及扬州，与扬州关系密切。如4件青釉褐书诗文瓷壶，题诗分别为："一双班鸟子，飞来五两头。借问岳家舫，附歌到扬州。"[21]"一双青鸟子，飞来五两头。借问船轻重，附言到扬州。"[22]"一双青鸟子，飞来五两头。借问船轻重，附信到扬州。"[23]"一双青鸟子，飞来五两头。借问船轻重，满载到扬州。"均明确说明了长沙窑是以船运方式到扬州的。但迄今为止扬州出土诗文器极少，更不及有关扬州的诗文了。有学者认为此类诗文壶为内销器，但诗文器在国内其他地方亦少见，此观点似为不妥。"黑石号"沉船打捞出6.7万件唐代瓷器、金银器、玻璃及银锭等供贸易及贡奉珍品，陶瓷器占绝大多数，以长沙窑瓷器数量为最，其中有部分诗文器[24]。根据此船所载金银器、青铜器等物品都是扬州特色的外贸商品，打捞者认为此船应是从扬州港口出发，驶向阿拉伯港口，只是途经印度尼西亚，不幸中途沉没[25]。据此，笔者推测这些诗文器（包括提及扬州的诗文）很大部分为外销瓷，是长沙窑外贸瓷的创新形式，亦是文化交流与传播的一种新型方式。虽然国内极少发现相关的诗文器，笔者认为其中部分诗文器应为满足国内市场需要，相信随着以后考古工作的深入，或有所发现。

（四）长沙窑瓷器在墓葬中的分布性质

从上文可知，长沙窑瓷器在扬州中晚唐墓葬中占比不高，与官河两岸及手工业作坊区相差甚大。秦浩先生在其一文中所写"（扬州中晚唐墓葬）陶瓷器主要器形有：四系罐、双系罐、碗、钵、杯、壶、盘口壶等等。釉色复杂，有青釉、白釉、黄釉、酱釉、褐釉、黑釉等。还有瑰丽的三彩器以及各种俑类"[26]。这与墓葬发掘的结果是相一致的，宜兴窑、越窑瓷器数量往往多于长沙窑，反映出居住民对宜兴窑、越窑青瓷更多的偏爱。由此可见，长沙窑作为外销瓷，更多地出现在商贸繁华的官河两岸及手工作坊区，以便快捷地转运到海外。

总之，扬州唐代罗城内长沙窑瓷片标本的分布差异较大，南北向官河两岸及手工业作坊区处于商品贸易繁华区域，长沙窑瓷片标本分布最为密集，为各窑口之最，南北向官河偏北地段稍次。偏离官河两岸的居住区出土的长沙窑瓷片标本较少，但宜兴窑、越窑青瓷标本数量往往多于长沙窑。王勤金先生等在《扬州出土的唐宋青瓷》一文所写"唐代（扬州）以宜兴窑、越窑、长沙窑的产品最为丰富，其次为寿州窑产品，洪州窑产品最少"[27]。此言甚确。宜兴窑、长沙窑、越窑作为唐代扬州三大窑口，其瓷器在罗城内分布范围均较大，但不同地段数量有所侧重。

出现上述诸多现象，笔者认为：其一，长沙窑定性为外销瓷，远销海外，扬州港作为其最佳的中转站，故在官河两岸及手工业作坊区繁华区域密集分布；其二，长沙窑外贸瓷在官河两岸不同地段分布有差，说明官河两岸地段不同繁华程度有异，最繁华区域当属官河两岸；其三，唐代扬州百姓偏爱宜兴窑、越窑青瓷产品，或与汉以前该区受原始青瓷文化影响有关。

注　释

[1]　顾风：《唐代扬州与长沙窑兴衰关系新探》，《东南文化》1993年第5期，第179~182页。

[2]　顾风：《唐代扬州与长沙窑兴衰关系新探》，《东南文化》1993年第5期，第180页。

[3]　中国社会科学院考古研究所、南京博物院、扬州市文物考古研究所：《扬州城1987~1998年考古发掘报告》，文物出版社，2010年，第148页。

[4]　周长源、马富坤、池军：《试论扬州蓝天大厦工地出土的唐代长沙窑瓷器》，《东南文化》1994年增刊。

[5]　南京博物院、扬州博物馆、扬州师范学院发掘工作组：《扬州唐城遗址1975年考古工作简报》，《文物》1977年第9期，第22页。

[6]　徐忠文、徐仁雨、周长源：《扬州出土唐代长沙窑瓷器研究》，文物出版社，2015年。

[7]　扬州市文物考古研究所：《江苏扬州广陵区凯运天地商业广场唐代墓葬群发掘简报》，《东南文化》2020年第2期，第61页。

[8]　扬州博物馆：《扬州城东唐墓清理简报》，《东南文化》1988年第6期，第85~89页。

[9]　扬州市博物馆：《扬州邗江县杨庙唐墓》，《考古》1983年第9期，第799~802页。

[10]　吴炜：《江苏扬州五台山唐墓》，《考古》1964年第6期，第321、322页。

[11]　刘松林：《扬州出土的唐代长沙窑青釉带流"油合"》，《扬州文博研究集》，广陵书社，2009年。

[12]　朱江：《扬州出土的唐代阿拉伯文背水瓷壶》，《文物》1983年第2期。

[13]　扬州博物馆：《扬州城东唐墓清理简报》，《东南文化》1988年第6期，第85~89页。

[14]　李辉柄：《长沙窑（综述卷）》，湖南美术出版社，2004年，第36~40页。

[15]　贾永华：《长沙窑中外瓷器交流研究》，湖南大学硕士学位论文，2007年。

[16]　周长源、马富堃、池军：《试论扬州蓝天大厦工地出土的唐代长沙窑瓷器》，《东南文化》1994年增刊。

[17]　罗宗真：《扬州唐代古河道等的发现和有关问题的探讨》，《文物》1980年第3期，第

21~33页。

[18] 唐代诗人张祜在《纵游淮南》诗曰："十里长街市井连，月明桥上看神仙。人生只合扬州死，禅智山光好墓田。"

[19] 刘松林：《扬州地区汉代青釉陶器与吴越原始青瓷器关系浅析——兼论扬州地区汉代青釉陶器产地问题》，《古陶瓷学论丛（第一辑）》，江苏人民出版社，2019年。

[20] 李辉柄：《长沙窑（综述卷）》，湖南美术出版社，2004年，第24、25页。

[21] 谈雪慧：《唐代长沙窑几件诗文瓷壶赏析》，《长江文化论丛（第5辑）》，中国文史出版社，2007年。

[22] 林士民：《宁波港出土的长沙窑瓷器》，《中国古陶瓷研究（九辑）》，紫禁城出版社，2003年，第131页。

[23] 萧湘：《中华彩瓷第一窑——唐代长沙铜官窑实录》，岳麓书社，2011年，第94页。

[24] 李辉柄：《长沙窑（综述卷）》，湖南美术出版社，2004年，第24、25页。

[25] 徐忠文、徐仁雨、周长源：《扬州出土唐代长沙窑瓷器研究》，文物出版社，2015年，第28页。

[26] 秦浩：《略论扬州唐墓的几个问题》，《扬州师范学院学报（社会科学版）》1986年第4期，第193页。

[27] 王勤金、李久海：《扬州出土的唐宋青瓷》，《江西文物》1991年第4期，第91~94页。

The Reasons of Distribution and Preliminary Understanding of Changsha Kiln Porcelain in Luocheng of Yangzhou in Tang Dynasty

Liu Songlin[1] Liu Jiao[2]

(1. Yangzhou Institute of Cultural Relics and archaeology 2. Jiangsu Normal University)

Abstract: Through conducting statistics and analysis on the distribution of Changsha Kiln porcelain in the Tang Dynasty's Luocheng area of Yangzhou, and combining with the situation of Changsha Kiln porcelain buried in tombs of the mid to late Tang Dynasty in Yangzhou, this thesis finds that a large number of Changsha Kiln porcelain specimens are distributed on both sides of the Guanhe River (today's Wenhe Road) and in the handicraft workshop area of Yangzhou Normal University and Subei Agricultural College, which is the highest among all kilns; the Changsha Kiln porcelain specimens is slightly lower in the northern section of the Guanhe River, and the Changsha Kiln porcelain specimens is relatively small in the areas deviating from the Guanhe River banks and the handicraft workshop area.

However, the quantity of Yixing Kiln and Yue Kiln celadon is often greater than that of Changsha Kiln. The author believes that there are two reasons for the above phenomenon: first, Yangzhou in the middle and late Tang Dynasty, as the most important international trade port on the Maritime Silk Road adjacent to the origin of Changsha Kiln, Changsha Kiln porcelain is characterized as export products, and the products are mainly exported overseas, so it is natural that a large number of Changsha Kiln foreign trade porcelain appeared in the prosperous business district in Luocheng—on both sides of the Guanhe River (today's Wenhe Road) and in the handicraft workshop area. Second, in the residential areas with less business and tombs in Luocheng, more Yixing Kiln and Yue Kiln celadons, rather than Changsha Kiln porcelains, were unearthed, maybe it is related to the preference of residents for celadon, which was influenced by the primitive celadon of WuYue culture before the Han Dynasty in Yangzhou.

Keywords: Changsha Kiln; Yixing Kiln; Guanhe River Bank; Handicraft Workshop Area; Causes

宋元时期芒口瓷器覆烧具研究

杨宁波

（中国人民大学历史学院　湖南省文物考古研究院　科技考古与文物保护利用湖南省重点实验室）

[摘　要]　芒口覆烧法于北宋中期出现于北方的定窑，此后伴随着人口的迁移或技术的传播而在南北方扩散开来。景德镇窑在北宋晚期接受了定窑的支圈覆烧技术，并在此基础上革新，随着青白瓷的风靡而进一步传播，景德镇窑在支圈覆烧法的传播上起到了中转站的作用。景德镇窑引入的环形支圈在制作工艺上与定窑有很大的区别。湖南芒口青白瓷和支圈覆烧技术的出现要晚到南宋晚期，这跟当时江西人口的迁移有很大的关系。元代以后，涩圈叠烧法盛行，支圈覆烧法逐渐被替代，部分窑场除因技术传播滞后性仍在沿用外，支圈覆烧法基本退出了窑业发展的历史舞台。

[关键词]　定窑；景德镇窑；湖南青白瓷；支圈覆烧法；宋元时期

芒口覆烧具是宋元时期烧制芒口白瓷及青白瓷的装烧窑具，而芒口瓷器是在装烧之前把口沿刮釉一周，形成露胎，目的是防止与覆烧具之间粘连在一起。宋元之际蒋祈《陶记》[1]和清人《南窑笔记》[2]中已经有了对芒口瓷器的记录和认识。关于此类窑具的发展演变，李辉柄和毕南海[3]、刘新园[4]、熊海堂[5]、宋东林[6]等先生都有过精彩的研究。本文拟结合湖南发现的芒口覆烧具，对宋元时期芒口覆烧具传播的细节做进一步的阐释。

一、组合支圈的类型与年代

根据组合支圈的形制特征，大体可以分为以下几个类型[7]。

A型　高体支圈与环形支圈。其组合是先放一个高体支圈，上面放一个碗坯，其上再置一个碗坯，一直叠压到适当高度。器物均为倒置，承重部位仍在口沿，但底足在上，口沿仍要承受整件器物的重量，故胎体轻薄，圈足矮浅从而充分节省组合支圈内空间。采用这种方法烧制的器物口沿无釉，即所谓芒口（图一）。

B型　盘形支圈覆烧法。将一盘状支圈放入开底式筒状匣钵内，先在盘状支圈内扣不同口径的坯体，叠放达一定高度入窑烧制。从定窑涧磁岭的发掘情况来看，定窑的盘形支圈覆烧法出现在北宋中期即宋真宗天禧元年至神宗元丰八年（1017～1085年），是定窑最早出现的覆烧窑具种类之一（图二）。景德镇湖田窑的Bb型垫钵即此种类型的装烧窑具，出现于北宋晚期[8]，流行时间很短，大致在两宋之际被D型Ⅰ式环形支圈所代替。

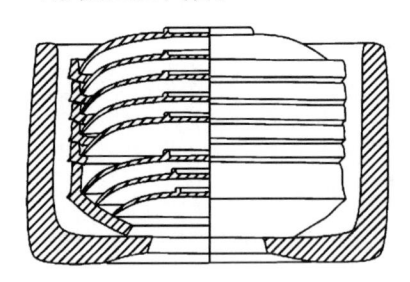

图一　定窑A型支圈覆烧法

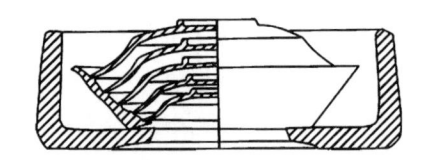

图二　定窑B型支圈覆烧法

C型　钵形支圈。在开底式筒状匣钵内，先放入一个钵形支圈，其上带有规则的锯齿形台阶，上大下小，扣放不同口径的碗形坯体数件，然后再在钵形支圈上放支圈，一圈一坯交替叠放，到一定高度时为止（图三）。景德镇湖田窑在北宋英宗至哲宗年间（1064～1100年）开始出现C型（钵形）支圈覆烧法。

D型　环形支圈组合。根据制作工艺的不同可以分为二式。

Ⅰ式：环形支圈组合在定窑出现于北宋中期，定型于北宋晚期，大量应用于金代。其具体方法是环形支圈组合覆烧套装在体量较大的筒形匣钵内，其上再盖匣钵进行烧造，属于定窑烧造精细白瓷的方法，而较粗的化妆白瓷则采用涩圈叠烧法烧制。金代是定窑制瓷业最为繁盛的阶段，细白瓷均为满釉芒口，地层中出土数量众多的环形支圈及粗大的筒形匣钵，金代后期外壁带火刺的环形支圈所占比例增大，可见环形支圈组合覆烧法在此时已占据主要地位（图四、图五）[9]。

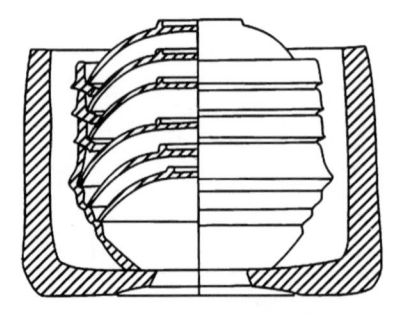

图三　定窑C型支圈覆烧法

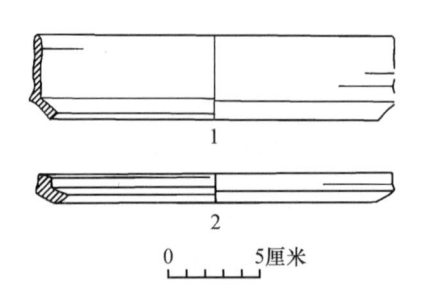

图四　定窑涧磁岭窑区出土不同时期环形支圈
1. 北宋中期地层出土环形支圈（JCAT4⑤B：346）
2. 金代中后期地层出土环形支圈（JCAT2西④：159）

Ⅱ式：环形支圈组合在景德镇湖田窑出现于第四期，即南宋早中期（1127～1224年），由于组合支圈的出现，器物的装烧量大大增加，器物的品种也因此开始相对单一化，产品批量化（图六）[10]。湖南青白瓷窑场的出现时间大致在南宋中晚期，组合式支圈的出现时间与此同时。在南方青白瓷窑场，根据器物尺寸的大小，环形支圈的底座有所不同，见有垫饼和垫钵等。"垫钵+环形支圈"主要用于尺寸较大的碗、盘、碟等器物的叠烧。"垫饼+环形支圈"由圆形的耐火泥饼和环形支圈组合而成，主要用于尺寸较小的杯、盏等芒口器物覆烧。景德镇窑发现的耐火泥饼胎骨致密，轮制，直径见有19.5厘米等，厚3.5厘米，里外光平，底端内收，一面边线粘有弧形条状物，条状物断面呈"L"形，使用时，以耐火泥饼为底，在底上置一枚未经焙烧的垫圈，再把一个芒口碗坯扣置在环形支圈的台阶上，如此一圈一器叠放，最高可扣三十余个支圈，最顶端再以耐火泥饼覆盖，如此形成一个上下直径一致、外观上的圆柱体。再在外壁抹上稀薄的耐火泥浆用以填补支圈和密封空隙，便可入窑烧制[11]。

图五　定窑环形支圈覆烧标本
（作者摄于河北博物院）

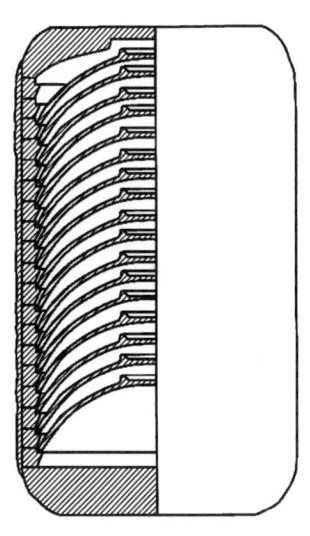

图六　景德镇窑"垫饼+环形支圈"覆烧复原

二、组合支圈在北方的出现和传播

（一）组合支圈在定窑的出现和发展

北宋时期是定窑形成自身独特风格的时期，北宋初年，定窑漏斗状匣钵虽然可以保证瓷器的质量，却远远不能满足社会的需求，在此情况下，定窑通过新建窑炉，扩大生产区域来保持产品的大批量生产，然而这种情况导致了更多问题的出现，比如远离原料或燃料、交通不便等，燃料的大量消耗，最终导致了定窑的技术革新，从烧柴改为烧煤，这是当时北方窑场都曾经历的阶段。

北宋中期，定窑已无更多的区域来扩充发展空间，增加窑炉变得不再可能，能否发明新的技术或找到其他方法，成为定窑发展过程中亟待解决的问题，在这样的背景下，定窑在漏斗状匣钵的基础上发明了支圈覆烧法[12]，这种方法，既不容易塌陷，也不易变形，所以很快传播至周边窑场，北宋晚期至金代，支圈覆烧法在定窑、井陉窑[13]等窑场大为流行。北宋晚期，环形支圈的形态开始确定下来，并基本定型，环形支圈组合覆烧仍需要套装在较大的筒形匣钵内[14]。

金代是定窑制瓷业最为繁盛的阶段，在支圈仰烧和盘形、钵形支圈基础上出现的环形支圈组合覆烧法占据主要地位，涧磁岭窑区持续生产高质量的产品，产量达到了峰值，对于环形支圈的需求量也相应大大增加，现窑址地面俯拾皆是的遗物主要是金代的环形支圈及粗大的筒形匣钵。需要说明的是，一部分环形支圈外未见火刺，应采用了环形支圈与筒形匣钵套装覆烧法，另一部分环形支圈外壁布满火刺，应采用了环形支圈组合覆烧法，环形支圈不仅作为间隔具，还起到了匣钵的作用，其外不使用筒形匣钵[15]。

图七 井陉窑高体支圈组合
（作者摄于河北博物院）

（二）组合支圈在北方的传播

井陉窑、磁州窑与定窑由于相近的地理位置、资源条件和社会背景，使用支圈覆烧具的时间几乎与定窑同时（图七）。磁州窑早在初创阶段，即观台窑的第一期（宋太祖建隆年间到宋真宗至道年间），就从装烧方法、器形和纹饰上模仿定窑，北宋神宗朝开始，磁州窑进入发展时期，其制瓷业迅速取代河南中西部地区成为北方制瓷业最重要的中心，而这一时期也是定窑的盛烧期，两个窑场在烧成工艺上传递十分迅速，在观台窑第二期前段（宋神宗熙宁年间至宋哲宗元符年间）的地层中出土了少量碗形支圈，而到了第二期后段（宋徽宗朝至金初海陵王朝以前），碗形、钵形支圈的数量骤增，并有少量盘形支圈出土[16]。在观台窑址中，定窑所有的支圈类型几乎都有出土，而且种类繁多，形式多样，表明磁州窑全面引入了定窑的支圈装烧法，观台窑开始使用支圈的时间大体与定窑一致，至少不会晚很多（图八）[17]。

井陉窑目前发现12处窑址，创烧于隋代，晚唐五代与金代是井陉窑烧瓷的两个巅峰，其产品风格和装烧方法与同时期的定窑和邢窑大体相似，在天护-冯家沟窑址、城关窑址、河东坡窑址和东窑岭窑址中都发现了环形支圈等组合[18]，表明定窑的支圈组

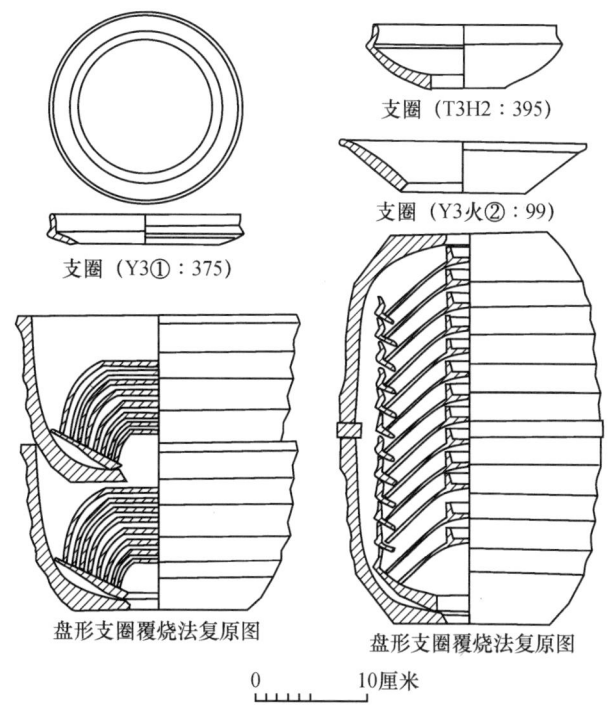

图八 观台磁州窑支圈及覆烧复原图

合装烧方法迅速地传播到了同处太行山东麓的井陉窑。

山东磁村窑五代至北宋早期受定窑的影响开始烧造白釉瓷，产品采用支钉叠烧，北宋中晚期白釉产品达到成熟，产品釉色纯正，采用支圈覆烧法烧制，受定窑的影响非常明显，刻划的技法和纹样也都和定窑接近，尤其是白釉黑边碗更是明显模仿定窑镶铜扣的装饰效果[19]。也有学者认为磁村窑采用支圈覆烧法要晚到金元时期，与定窑支圈覆烧法所不同的是，磁村窑的支圈及支座表面大多有火刺及烧烤痕迹，说明当时该类窑具在烧造过程中接触明火是非常普遍的[20]，支圈外并没有再套匣钵装烧，也没有瓷泥抹壁，因此磁村窑的支圈覆烧法明显带有河北定窑的特色，而与景德镇窑改造的环形支圈有别。

三、组合支圈在南方的出现和传播

组合支圈在南方最早出现的类型是C型（钵形）支圈覆烧法，在南方仅发现于江西景德镇窑和浙江泰顺窑，景德镇湖田窑在北宋英宗至哲宗年间（1064~1100年）开始出现C型（钵形）支圈覆烧法，陈元浦将泰顺烧制青白瓷的窑址年代定在北宋后期至南宋初期[21]。牟宝蕾认为泰顺玉塔窑在窑炉技术上属于龙泉窑系统，而在窑具技术、产品特征方面则受景德镇青白瓷的影响[22]，也就是说泰顺玉塔窑的多级钵形支圈覆烧法来自景德镇窑（图九、图一〇）。这种方法虽然大大提高了装烧量，但缺点也比较明显。一是生产出来的瓷器口沿无釉，影响美观；二是使用钵形支圈烧造不能生产同一尺寸的器物，从下往上器物口沿的尺寸要逐步加大，比较难掌握垫钵内坯件的空间[23]。报告中认为景德镇湖田窑在北宋徽宗至钦宗年间（1101~1127年）在C型支圈覆烧法的基础上开发出了D型组合支圈覆烧法[24]，组合支圈能够大量烧出同一款式、尺寸的器物，因此一经出现就迅速取代了C型支圈。然而从定窑环形支圈的发展序列来看，景德镇湖田窑环形支圈组合同样是直接移植了定窑的技术，而非自身发明，从景德镇湖田窑在南宋时期大量流行的印花青白瓷等来看，定窑环形支圈技术是通过"环形支圈组合+芒口印花"传入景德镇地区的。从最初的钵形支圈到随后的环形支圈组合，定窑芒口覆烧技术对景德镇窑的影响循序渐进。

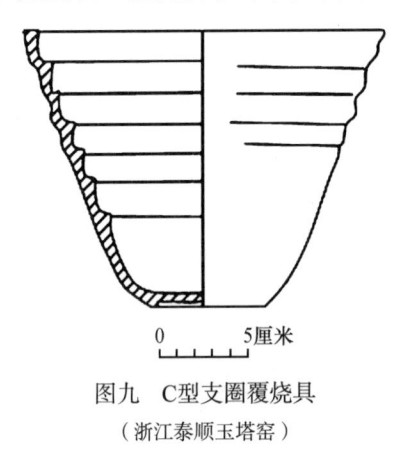

图九　C型支圈覆烧具
（浙江泰顺玉塔窑）

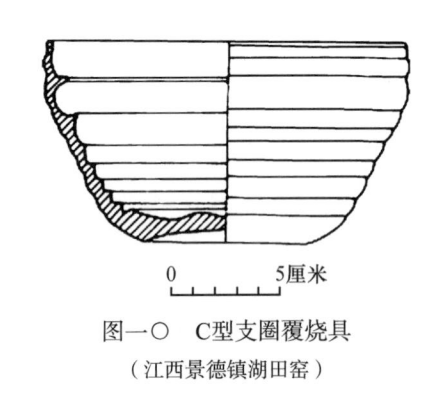

图一〇　C型支圈覆烧具
（江西景德镇湖田窑）

D型环形支圈覆烧具伴随着景德镇青白瓷技术在南方的扩散而传播开来，南宋时期，形成了一个地跨长江、珠江、钱塘江、闽江流域的"青白瓷窑系"。除了浙江泰顺发现C型钵形支圈外，江西以外的其他青白瓷窑场均是采用D型环形支圈组合。以湖南为例，湖南的青白瓷都是在南宋中期以后才突然出现的，经过发掘的醴陵窑[25]和羊舞岭窑所出土的组合支圈均为D型组合支圈（图一一~图一四），羊舞岭窑"饶州"铭垫钵证明其窑场有来自景德镇地区的窑工，充分证明了湖南青白瓷与江西青白瓷窑场的深层次联系[26]。

值得注意的是，这类组合支圈与定窑的支圈有所差异。首先是制作方法的不同。南方发现的D型Ⅱ式组合支圈法比较特殊，是拉坯成统一的泥条后围合成尺寸相同的环形，接缝处用瓷泥相连。器物层层装入环形支圈之后，再在支圈的外面涂抹一层耐火瓷泥，用于填补两层支圈之间的缝隙，同时也可以让支圈形成一个整体，这样的做法

图一一 醴陵钟鼓塘窑址元代组
合支圈（TN07E04②：326）

图一二 醴陵钟鼓塘窑址元代支圈底座
（Y15采：3）

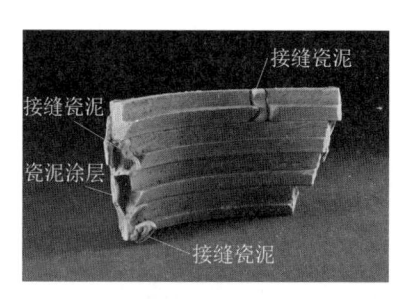

图一三 醴陵钟鼓塘窑址元代组合支圈
（TN07E04②：323）

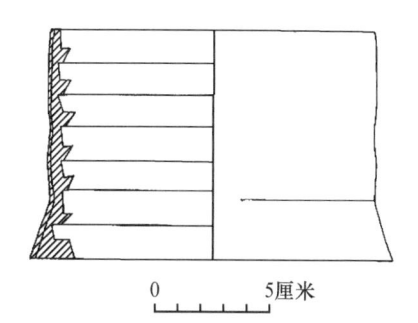

图一四 醴陵钟鼓塘窑址元代组合支圈
（TN07E04②：326）

与景德镇窑相同，在最终出窑的时候必须将支圈敲碎才能取出其中的器物，而且支圈与瓷器胎体采用相同的瓷泥从而保持一致的收缩率，取出器物以后支圈就只能作废，属于一次性窑具，这也是为何景德镇等南方青白瓷窑场漫山遍野都是支圈。而定窑的组合支圈与之有很大的不同，由于支圈外面还需要套一个开底匣钵，支圈与支圈之间并没有采用瓷泥密封，组合支圈只是起到了提高产量的作用，至于防止火刺对器物表面的污染则留给外面的匣钵完成，出窑时因为支圈与支圈并没有连成一体，所以取器物很容易，保存下来的支圈也相对完整，支圈的做法也与南方有很大不同，支圈为整体拉坯成圆环状，并在此基础上加工出凹槽。其次，制作材料不同，景德镇窑等南方的组合支圈主要是粗砂胎，而定窑则主要以瓷土做支圈[27]。

湖南发现的D型组合支圈已经非常成熟，支圈的外面都抹一层耐火瓷泥密封，而且窑址中也发现了类似的匣钵盖，可以起到匣钵和量产的双重功效，这是跟北方组合支圈略微不同的地方。这种变异很可能发生在江西景德镇湖田窑。

福建全省发现了较多两宋时期的青白瓷窑场，比如闽南地区青白瓷产量较大，窑址众多，尤其是德化窑、南安窑、漳浦窑是该地区青白瓷窑场的典型代表，德化窑在

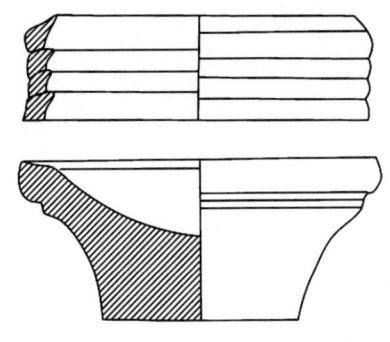

图一五　德化屈斗宫窑的垫钵和支圈

南宋时期出现了少量D型支圈（图一五），至元代为追求产品的数量而大量采用支圈组合覆烧法，其出现及流行时间明显滞后于景德镇窑[28]。闽南地区青白瓷碗、盘、盒、炉等器类，其造型、施釉特征和工艺等与景德镇湖田窑都十分接近，其制瓷技术与赣江流域联系最为紧密，在生产技术上也经历了从泥点叠烧到漏斗状匣钵-垫饼或垫圈再到支圈覆烧技术的两次技术革新，其中南宋中后期芒口青白瓷大量出现[29]，支圈覆烧技术大致就是这一时期从赣江流域传入的。需要指出的是，泉州沿海、内陆及漳州地区在南宋时期仍然沿用原有的匣钵装烧法，到了较晚的元代才大量流行支圈覆烧及涩圈叠烧工艺，总体来看福建地区仿烧和装烧方法的应用都有较短的滞后性，这也符合制瓷技术传播的模式[30]。德化窑、南安窑等青白瓷窑场的D型支圈制作工艺与景德镇窑一致，均非预制，而是临时组装拼接起来[31]，中间有接缝，这与湖南青白瓷窑的支圈也一致。

不过，南方两宋时期青白瓷窑场并非都使用支圈覆烧具。湖北青白瓷窑的产生应当与景德镇窑青白瓷的兴盛有关联，武汉江夏王麻窑[32]、陈家垅窑址[33]、浮山窑址[34]等停烧年代多在北宋晚期或南宋早期[35]，这些窑场发现了漏斗状匣钵，但未发现支圈覆烧具。在两广地区虽然也有烧青白瓷的窑场，比如始烧于北宋早期的桂平窑[36]，始烧于北宋中期的西村窑以及潮州窑[37]、惠州窑[38]等，但这些窑场大多衰落于两宋之际，在盛烧期均采用漏斗形匣钵和垫饼垫圈的装烧工艺，只有在广东梅县瑶上窑（南宋至元代）[39]等少数窑场短期出现过支圈覆烧具。窑上窑址出土的印花青白瓷特征与景德镇窑相似，且出土了漏斗状匣钵和D型支圈，明显是受到了景德镇窑的影响。而广西延烧至南宋中后期的藤县窑和容县窑不仅产品特征与景德镇青白瓷有较大差异，也没有覆烧具的报道[40]。

总的来看，芒口覆烧具在南方的传播可以分为两个阶段：第一阶段是北宋后期至南宋时期，定窑的"C型（钵形）支圈+白瓷"传入景德镇地区，第二阶段是南宋后期至元代，景德镇窑的D型Ⅱ式环形支圈传播到湖南、福建等地。

四、窑工的迁移与芒口覆烧技术的传播

景德镇地区接受北方定窑的窑业技术可以追溯到晚唐五代时期。近年来北京大学考古文博学院等单位对景德镇浮梁县湘湖镇小南河流域的系统调查，发现了60处以上

的晚唐、五代至北宋初期的早期窑址，晚唐后期在柏树下等窑址中出现了少量白釉瓷，使用漏斗状匣钵装烧，属于该窑场生产的精品瓷器[41]。白釉瓷和漏斗状匣钵的出现显然属于北方定窑的因素，尤其是唇口碗更是邢窑、定窑典型产品。这种唇口碗是为了适应漏斗状匣钵而在造型上发生的许多变化之一，而景德镇地区白釉瓷的出现跟安史之乱北人南迁有着直接的关系。晚唐之后景德镇地区白釉器物的比例一直在稳步增长，与之相适用的漏斗状匣钵的数量也不断增多[42]，这很可能是因为来自北方制作白瓷的工匠逐渐熟悉了南方的瓷土特性，适应了南方的制瓷环境，在窑场中参与的程度越来越深入。此后漏斗状匣钵仍然沿用，然而北宋时期江西景德镇等窑场进一步引入了定窑发明的C型和D型芒口覆烧具，并在此基础上创新。

宋元时期芒口覆烧青白瓷在南方的扩散，同样与窑工的迁移有很大的关系，所不同的是景德镇地区成为窑工的迁出地。北宋至南宋初期，两浙、福建、江西、江东、成都府等路人多地少的矛盾日益尖锐，逐渐成为南方土著人民的主要迁出区[43]。尤其是今江西省境，是宋代人口迁出较多的地区，其中吉州、饶州、袁州、信州、洪州尤甚。此外，江西景德镇地区到了南宋中后期，地表的瓷石原料枯竭[44]，加之贪官为了谋取私利，制定出了"官籍丈尺，以第其税"的政策[45]，南河流域许多著名窑场纷纷停烧倒闭，湖田窑的青白瓷生产也遇到了前所未有的生存挑战。面对挑战，湖田窑没有像景德镇其他窑场那样选择停业，而是积极探索，不断进行技术创新[46]。更多在景德镇从事制瓷的窑工因窑炉结构改革、工匠需求减少以及窑场倒闭不得不迁往别处选择新的出路，羊舞岭瓦渣仑窑址"饶州"铭垫钵的发现充分证明了有来自景德镇地区的工匠。而醴陵窑、耒阳磨形窑、浏阳盐泉窑以及衡东、新宁、长沙、汨罗等地的青白瓷窑场情况与其相似，普遍采用江西地区流行的D型支圈覆烧法，器形和器类也与江西地区相近，同样是江西人口迁移的直接结果。不过并非所有的D型Ⅱ式组合支圈都与景德镇窑有关，也有直接来自北方定窑的影响。两宋之际，北方人口大量南迁，全国政治经济文化中心南移，北方的汝窑、定窑等名窑制瓷技术传入南方，既可从龙泉溪口瓦窑垟窑址出土的支钉窑具上看到汝窑的技术特点，也可从组合支圈覆烧工艺中看到定窑的艺术风格（图一六）[47]。

五、结　　语

组合支圈最早出现于北宋中期的定窑，用于覆烧芒口白瓷，在此基础上衍生出了B型（盘形）支圈。北宋中期前后，C型（钵形）支圈和D型（环形）支圈先后出现，并开始往周围传播。定窑在北宋中期前后对于覆烧技术的不断研发，多种类型覆烧窑具

图一六　龙泉溪口窑址出土组合支圈

的出现和更替，与其在这一时期遇到的瓷土资源危机有很大的关系。定窑白瓷技术早在晚唐时期就因安史之乱人口南迁而带到了南方的景德镇地区、安徽地区，并最终促生了南方白瓷（青白瓷）的产生，定窑在北宋中期发明的支圈覆烧法在南方的传播很可能跟北方晚唐以后人口的持续南迁有很大关系。从目前的考古发现来看，在景德镇窑和浙江泰顺玉塔窑均发现了C型支圈，其中玉塔窑只有C型支圈而没有D型支圈，而景德镇窑在北方D型支圈的基础上略加改进，此后景德镇窑D型支圈伴随着青白瓷的风靡而逐渐在南方扩散开来，湖南、福建等省份的青白瓷均是采用D型支圈覆烧法烧制，尤其是与江西接壤的湖南省，其青白瓷的出现要晚到南宋晚期，结合景德镇地区的窑业发展背景可知，D型支圈和青白瓷在湖南的出现源于江西人口的迁入。入元之后，D型支圈被涩圈叠烧法所代替，支圈虽逐渐废弃，但原来用于D型支圈底座（垫钵）却成为涩圈叠烧的垫具继续沿用，福建等地窑场的支圈覆烧法似乎延续时间要长一些。

附记：感谢文物出版社秦或老师提供这篇文章的线索。

注　释

[1]　白焜：《宋·蒋祈〈陶记〉校注》，《景德镇陶瓷》1981年第S1期。
[2]　（清）张九钺：《南窑笔记》，广西师范大学出版社，2012年，第6～9页。
[3]　李辉柄、毕南海：《论定窑烧瓷工艺的发展与历史分期》，《考古》1987年第12期。
[4]　刘新园：《景德镇宋元芒口瓷器与覆烧工艺初步研究》，《考古》1974年第6期。
[5]　熊海堂：《东亚窑业技术发展与交流史研究》，南京大学出版社，1995年，第190～192页。
[6]　宋东林：《宋元时期景德镇窑装烧工艺的研究——景德镇装烧工艺研究之一》，《南方文物》2013年第2期。
[7]　对于支圈的类型划分主要参考李辉柄、毕南海：《论定窑烧瓷工艺的发展与历史分期》，《考古》1987年第12期。
[8]　江西省文物考古研究所、景德镇民窑博物馆：《景德镇湖田窑址——1988～1999年考古发掘报告》，文物出版社，2007年，第457页。
[9]　秦大树、高美京、李鑫：《定窑涧磁岭窑区发展阶段初探》，《考古》2014年第3期。

[10] 江西省文物考古研究所、景德镇民窑博物馆：《景德镇湖田窑址——1988~1999年考古发掘报告》，文物出版社，2007年，第457页。

[11] 刘新园：《景德镇宋元芒口瓷器与覆烧工艺初步研究》，《考古》1974年第6期。

[12] 毕南海先生认为定窑在发明支圈覆烧法之前，还有一个短暂的支圈仰烧法的阶段，详见李辉柄、毕南海：《论定窑烧瓷工艺的发展与历史分期》，《考古》1987年第12期。而黄信先生则提出了不同的看法，他认为所谓的"支圈仰烧法"在定窑是不存在的，详见黄信：《关于定窑的"挂烧"问题》，《文物世界》2011年第6期。

[13] 井陉窑是与定窑产品及技术非常接近的窑场，其发展进程也几乎与定窑相同步，地理位置接近，因此，井陉窑和定窑的白瓷等产品非常难以区分，定窑和井陉窑的支圈覆烧法几乎同时。

[14] 秦大树、高美京、李鑫：《定窑涧磁岭窑区发展阶段初探》，《考古》2014年第3期。

[15] 秦大树、高美京、李鑫：《定窑涧磁岭窑区发展阶段初探》，《考古》2014年第3期。这一点与毕南海先生认为定窑的环形支圈外都需要筒形匣钵套装的说法有所不同，详见李辉柄、毕南海：《论定窑烧瓷工艺的发展与历史分期》，《考古》1987年第12期。

[16] 北京大学考古学系、河北省文物研究所、邯郸地区文物保管所：《观台磁州窑址》，文物出版社，1997年。

[17] 秦大树：《论磁州窑与定窑的联系和相互影响》，《故宫博物院院刊》1999年第4期。

[18] 河北省文物研究所、井陉县文物保护管理所：《井陉窑遗址考古调查勘探报告（上）》，《文物春秋》2017年第4期；河北省文物研究所、井陉县文物保护管理所：《井陉窑遗址考古调查勘探报告（下）》，《文物春秋》2017年第5期。

[19] 山东淄博陶瓷史编写组：《山东淄博市淄川区磁村古窑址试掘简报》，《文物》1978年第6期。

[20] 刘昕、李宝军、李瑞兴：《山东淄博磁村窑窑具与装烧工艺初步研究》，《中国国家博物馆馆刊》2018年第12期。

[21] 浙江省考古所、温州地市文管会：《浙江泰顺玉塔古窑址的调查与发掘》，《考古学集刊（第1集）》，中国社会科学出版社，1981年。

[22] 牟宝蕾：《浙江境内宋元青白瓷窑址研究》，《东方博物》总第三十三辑，浙江大学出版社，2009年。

[23] 宋东林：《宋元时期景德镇窑装烧工艺的研究——景德镇装烧工艺研究之一》，《南方文物》2013年第2期。

[24] 江西省文物考古研究所、景德镇民窑博物馆：《景德镇湖田窑址——1988~1999年考古发掘报告》，文物出版社，2007年，第453~455页。

[25] 湖南省文物考古研究所、醴陵窑管理所：《洞天瓷钧——醴陵窑钟鼓元代窑址出土瓷器精粹》，文物出版社，2019年；中国人民大学历史学院、湖南省文物考古研究所：《湖南醴陵沩山钟鼓塘元代窑址发掘简报》，《文物》2021年第5期。

[26] 杨宁波：《从益阳羊舞岭窑的发掘看景德镇窑业工匠入湘及其影响》，《景德镇南窑考古发掘与研究——2014年南窑学术研讨会论文集》，科学出版社，2015年。

[27] 宋东林：《宋元时期景德镇窑装烧工艺的研究——景德镇装烧工艺研究之一》，《南方文物》2013年第2期。

[28] 林忠干、张文鉴：《宋元德化窑的分期断代》，《考古》1992年第6期；福建省博物馆：《德化窑》，文物出版社，1990年，第112页。德化屈斗宫窑是以烧制芒口青白瓷为主要产品的元代窑址，窑具中支圈数量最多，堆积如山，整个山坡几乎都是它的堆积。

[29] 黄义军：《宋代青白瓷的历史地理研究》，文物出版社，2010年，第92页。

[30] 孟原召：《宋元时期泉州沿海地区制瓷业的兴盛与技术来源试探》，《海交史研究》2007年第2期；孟原召：《闽南地区宋至清代制瓷手工业遗存研究》，文物出版社，2017年，第82、83、127、128、170~173页。

[31] 肖凡：《浅议闽南宋元时期的陶瓷装烧工艺》，《福建陶瓷与海上丝绸之路：中国古陶瓷学会福建会员大会暨研讨会论文集》，东北师范大学出版社，2016年。

[32] 武汉市博物馆、武汉市江夏区博物馆、武汉大学考古学系：《湖北武汉江夏王麻窑址1988~1996年的发掘》，《考古学报》2000年第1期。

[33] 武汉市文物考古研究所、武汉市江夏区博物馆：《武汉市江夏区陈家垅窑址发掘简报》，《江汉考古》2001年第2期。

[34] 武汉市博物馆、武汉市江夏区博物馆、武汉大学考古学系：《湖北省武汉市江夏区浮山窑址发掘简报》，《江汉考古》1998年第3期。

[35] 杨果、陈曦：《宋代江夏地区制瓷业的兴衰及其原因探析——以考古资料为中心》，《江汉考古》2005年第3期。

[36] 广西壮族自治区博物馆：《广西桂平宋瓷窑》，《考古学报》1983年第4期。

[37] 广东省博物馆：《潮州笔架山宋代窑址发掘报告》，文物出版社，1981年。

[38] 惠阳地区文化局、惠州市文化局、广东省博物馆：《广东惠州北宋窑址清理简报》，《文物》1977年第8期。

[39] 杨少祥：《广东梅县市唐宋窑址》，《考古》1994年第3期。从出土瓷器的特征来看，瑶上窑址的年代为南宋晚期，高足杯等器物的出现表明窑址延续到了元代。

[40] 黄义军：《宋代青白瓷的历史地理研究》，文物出版社，2010年，第93页。

[41] 北京大学考古文博学院、景德镇市陶瓷考古研究所、景德镇陶瓷大学陶瓷美术学院：《景德镇市兰田村柏树下窑址调查与试掘》，《华夏考古》2018年第4期。

[42] 秦大树、刘静、江小民等：《景德镇早期窑业的探索——兰田窑发掘的主要收获》，《南方文物》2015年第2期。

[43] 吴松弟：《中国移民史·第四卷·辽宋金元时期》，福建人民出版社，1997年，第171页。

[44] 刘新园、白焜：《高岭土史考——兼论瓷石、高岭与景德镇十至十九世纪的制瓷业》，《中国陶瓷》1982年第7期。

[45] 即官方将窑炉尺寸登记入册，依照尺寸登记确定征收窑业税额。

[46] 江西省文物考古研究所、景德镇民窑博物馆：《景德镇湖田窑址——1988~1999年考古发掘报告》，文物出版社，2007年，第467页。

[47] 沈岳明：《龙泉窑厚釉技术和粉青釉瓷器的烧造》，《故宫博物院院刊》2020年第5期。

A Research on Up-side-down Furniture of Firing Mans Mouth Porcelain during Song and Yuan Dynasty

Yang Ningbo

(School of History, Renmin University of China; Hunan Provincial Institute of Cultural Relics and Archaeology; Hunan Key Laboratory of Archaeometry and Conservation Science)

Abstract: Up-side-down firing method of firing mans mouth porcelain appeared in Ding Kiln during Middle Song Dynasty, then diffused to north and south along with population migration or technological transmission. Jingdezhen Kiln accepted this method after Late North Song Dynasty and innovated it. Jingdezhen Kiln played a role of transfer station in the process of bluish white porcelain's population. The production process of ring form furnitures introduced by Jingdezhen Kiln is different from similar kiln furniture in Ding Kiln. The mans mouth bluish white porcelain and up-side-down firing method appeared at Late Sourth Song Dynasty, which had close relationship with population migration of Jiangxi Province. After Yuan Dynasty, though some kilns still use this method due to the lag of technology transmission, the up-side-down method was gradually replaced by stacking porcelains through scraping ring form glaze and basically withdrawed from the historical stage of kiln development.

Keywords: Ding Kiln; Jingdezhen Kiln; Bluish White Porcelain of Hunan Province; Up-side-down Firing Method with the Help of Ring Form Furnitures; Song and Yuan Dynasty

考古学文化时空界定的动态分析

曲新楠[1]　王良智[2]

（1. 湖南艺术职业学院　2. 湖南省文物考古研究院　科技考古与文物保护利用湖南省重点实验室）

[摘　要]　对于中国考古学来说，考古学文化在构建史前社会文化序列和史前社会研究中是非常重要的理论方法。每个考古学文化都要经历从产生、发展到消亡的时间过程，从整体上看，其分布范围在不断变化；从内部结构上看，其地方类型和核心、边缘区域也在变化。动态分析考古学文化的时空边界，会发现前后衔接的两个考古学文化在存续时间上可能存在重合时段，同一时段相邻的两个考古学文化在分布空间上也可能存在交界地带。据此建立的考古学文化时空框架，呈现为镶嵌分布的结构，与传统认识有较大差异。

[关键词]　考古学文化；时间幅度；空间范围；动态分析

考古学文化，最初由科西纳提出，柴尔德丰富和发展了其内涵，并系统地用此概念重建欧洲史前史框架。随着新考古学等考古学派的兴起和发展，部分西方学者已将其弃用[1]。国内很多学者，也指出了考古学文化理论及研究中的相关问题。理论方面，"考古学文化"概念本身既体现了物质遗存的客观性，也具有研究者的主观因素；考古学文化无法与民族学上的人类共同体完全对应[2]。在研究中，偏重某一类遗物的研究，比如陶器，注重对器物形态的分析，而忽略其功能、其形态发生变化的原因等[3]。但考古学文化在重建中国史前历史的时空框架中的作用至关重要且无可替代[4]。它是考古学家通过考古发现来建构古史叙述的一种概念[5]。

大约从20世纪90年代中期开始，我国考古学进入转型阶段，考古学研究的重心逐渐转向全面研究古代社会[6]。考古学文化时空框架构建虽然不再是考古学研究的主流，但在一些基础薄弱的地区，构建时空框架仍是最迫切的任务，如东北、新疆、甘青、西藏、岭南等地区，考古学文化序列尚未完全建立起来，或者存在部分时段的空白。而在一些文化序列已基本构建的地区，考古学文化区系类型研究主要包含四个方面的内容：文化分期与断代、文化源流、地方类型划分、与其他考古学文化的关系。

这样建立起来的时空框架被批评为是刻板的、机械的，已有很多学者认识到这类问题，并在实践中克服这一机械的做法。如严文明主张考古学文化研究有多个层次，文化、类型、小区等，类型之下再划分小区[7]；栾丰实在大汶口、龙山文化的研究中则更进一步，将考古学文化划分几期，再合并成几大阶段，然后对每个阶段划分地方类型[8]，而不是满足于在整个考古学文化层面分类型的粗疏做法。

目前建立起来的大多数考古学文化区系图、区系表中的时空框架仍然是规则的、刻板的，缺乏变化。我们认为，考古学文化所处的时空是不断运动变化的。《中国大百科全书·考古学》将"考古学文化"定义为"考古发现中可供人们观察到的属于同一时代、分布于共同地区并且具有共同特征的一群遗存"[9]。对于共同特征的一群遗存的讨论很多，但是"同一时代""共同地区"往往容易被忽视。"同一时代"和"共同地区"不是静态的概念，本文尝试从变化的动态视角，分析考古学文化的时间幅度和空间范围。

一、考古学文化的时间幅度

马克思主义哲学认为世界上的一切事物都是变化发展的。考古学文化也不例外。一般情况下，考古学文化都至少经历三个阶段，即产生、发展和消亡。而有些考古学文化的发展阶段可能更为复杂，在消亡前，还会有成熟和衰落期。无论是哪个阶段，在时间上都不会是突然发生的，而会有一定的存续时段。

从理论上看，在同一地区，具有传承关系的前后两个考古学文化，后续文化接替前一个考古学文化一般是缓慢的、渐进的，而不能等同于朝代的更替。后者可以具体到某一年的某一天，而前者只是一种宽泛的把握[10]。因此，同一谱系的考古学文化序列，在时间节点的划分上，可以不是紧密衔接的，允许出现交错分布。前后两个传承关系的考古学文化在时间上有交叉与重合。

在实践研究中，考古学文化的划分，主要以陶器形态作为标准。再以此为基础，进行区系类型研究，目前建立的同一地区的文化谱系，在时间节点上完全是前后相接的。赵辉在做陶器类型学研究时提出，不同式别的陶器在时间上交替并存可能是"现实生活中最常见的形式"[11]。在进行陶器形态演变研究中，往往会观察到这样的现象。在同一地区，具有传承关系的前后两个考古学文化（年代较早的考古学文化A，继承A而产生的新考古学文化B），B的早期阶段，也就是其产生期，会有大量的A衰落期的文化因素。而A的衰落阶段或消亡阶段，会出现B的文化因素。刘德银分析了汉东地区的多处遗址，指出"石家河文化早期与屈家岭文化晚期在陶质陶色、器形、纹饰诸方面存在着许多明显的联系，石家河文化早期还保留有屈家岭文化晚期的一些文化因素，屈家岭文化晚期的一些器形特征也一直延续发展到石家河文化早期"。并且在葬俗、陶筒形器和陶缸套接遗迹现象方面，屈家岭文化晚期和石家河文化早期也有相同之处[12]。张忠培曾提出"过渡性遗存"的概念，认为"在有着继承关系的先后两种遗存之间，或在相邻甚至交错存在的不同考古学文化相互交往的情况下，往往存在似此类彼的遗存……两种考古学文化因素基本相等……则不必归入哪一文化，可按其自身面貌，直接称为过渡性遗存"[13]。这实际上是提出了一个与"某某文化"基本相当的概念，"某某遗存"的概念相当于提出了新的考古学文化。我们认为，以陶器形态、特征变化为主要参考标准，来分析考古学文化分期和文化演进，遗存交替并存的情形很可能是常态。B考古学文化的产生阶段有可能与A考古学文化的消亡阶段或者衰落阶段是重合的，没有必要提出新的考古学文化。

在同一地区，前后相继的两个考古学文化很可能在时间上具有重合阶段，这一观点也得到^{14}C测年数据的证实，如石家河文化最早的一批测年数据为公元前3000年左右（数据来自肖家屋脊遗址H42①、T1818H434②两个单位）[14]。按照传统的认识，这已经落在屈家岭文化的时间范围内，有些学者直接将这批数据舍弃不用。又如，传统观点认为海岱地区龙山文化的绝对年代在公元前2600~前2000年，但又有若干属于龙山文化遗存的测年数据超过公元前2600年或者在公元前2000年之内[15]。仅用"可能存在误差"解释这些数据，难免给人以"过于武断"的口实。若引入文化重合阶段的概念，则可以合理解释这批数据的存在。

总之，动态地考察考古学文化在时间上的变化，就是要在分期的基础上，研究考古学文化从产生到消亡的过程。具体来说，在考古研究实践中，文化分期不是目的，还需要进一步探讨考古学文化的不同发展阶段。在同一地区，文化的产生阶段，一般会保留其继承文化的文化因素；而文化的衰落或消亡阶段，则会孕育出后继文化的文化因素。两个考古学文化重合阶段的遗存，是研究该地区文化演进过程的关键因素。因此，在构建某一地区的文化谱系时，我们需要用虚线画出共存遗存的时间范围，也就是两个前后相继的考古学文化在时间节点的相交或重合阶段。

二、考古学文化的空间范围

目前，为了方便观察和研究，考古学文化空间分布范围，在地图上一般用一条闭合的曲线圈出一个相对封闭和独立的地理空间。但在实际研究中，我们会看到基本属于同一时代的两个相邻的考古学文化A和B，A与B分布范围的邻近区，往往会有这样一群遗存，遗存中既包含大量A文化的因素，又包含大量B文化的因素。关于这部分遗存的性质与归属，学者们有很多讨论。

高蒙河最早提出"漩涡地带"概念，指的是文化与文化之间存在碰撞与分化、渗透与融合的位置。文化特征上表现为土著文化与外来文化，或者外来文化之间的碰撞与融合。认为漩涡地带文化属性的判断取决于文化自身的主次结构因素，通过细致的定性定量分析，可以将其归入某一考古学文化[16]。彭明麒提出"文化交集"的概念，注意到了两种以上考古学文化在时间和空间上的交叉重合问题。认为重合部分是"灰色"的，是无主导的，可以独立出来，应单独命名一种新的考古学文化[17]。郭伟民所谓文化交界地带的概念包含时空两个方面，空间上的交界地带有可能形成自己的特色文化，如薛家岗文化；也有可能附属于某一文化体，即属于相邻考古学文化之一；他强调交界地带接受若干新元素的影响，极具创新力，有可能发展出新的文化，而不是"仅受文化冲击的漩涡地带"。同时提到，新旧因素"时间段落内的空间构成"属于广义上的文化交界地带[18]。李伯谦在文章中提出"文化交汇区"的概念，认为势均力敌的不同文化融合发展往往形成新的文化[19]。

以上诸家对文化交界地带的认识可分为两种：一种是通过精细的文化因素分析法将其归入已有的某一文化；另一种认为经过一段时间的发展，文化交界地带有可能发展出新的文化。关于前者，我们认为文化因素分析法受客观材料的局限，文化交界地带因为处于文化边缘区域，考古材料通常并不丰富，客观上增加了文化因素分析的难度和不确定性。学者们根据有限的材料得出的结论很多时候无法达成共识。在材料没有增加，研究方法没有大的突破之前，不妨暂时搁置争议，仅提出文化因素的组成结构即可。而这种组成结构是基于现有材料得出的，随着材料的增多可能发生变化，因此交界地带的文化性质除了"非此即彼"还可以是"亦此亦彼"，可从动态分析的角度，根据其发展演变的时间阶段，将其归入相邻的考古学文化，或者暂时将其独立出来，重点分析与研究，探讨相邻考古学文化的互动与关系。因此，在时间划分并不细致、现有资料有限的条件下，我们在构建时空框架表格、划定相邻两个考古学文化分布范围时，交界地带可以用虚线表示，允许存在几何意义上的"交集"。比如，大溪文化与堆子岭文化以沅水为界，是属于同一时代两个相邻的考古学文化，那么有学者认为，"现南县县城以南至沅水故道南侧不远，是大溪文化与堆子岭文化的势力交错带，大溪文化或稍占优势"[20]。

因此，从动态发展的视角看，交界地带的遗存与"新的文化"是两个不同时段的概念，一旦"新的文化"形成，其所在区域成为新文化的发生地，毫无疑问不能再称之为交界地带。也就是说，"新的文化"是交界地带遗存的某种发展趋势，而不是交界地带遗存本身。两个考古学文化的交界地带，其空间位置和范围会随双方势力消长而变化。研究处于同一时代，相邻两个考古学文化的交界地带，是考察两个考古学文化的关系和探讨文化产生、发展机制的关键因素。因此，在构建某一地区的文化谱系时，我们需要用虚线画出两个考古学文化的交界地带，也就是同一时代两个相邻考古学文化在空间分布上的相交或重合区域。

三、时空变化中的考古学文化

前文我们运用动态发展观，在相对固定的空间范围内，对考古学文化的时间幅度进行了分析；在相对固定的时间范围内，对考古学文化的空间范围进行了分析。在实践研究中，考古学文化在时间和空间上的运动不是割裂的，而是处在共同的变化中，因此我们需要考察考古学文化空间结构的历史性变化，主要包括考古学文化在其产生、发展、消亡期的整个文化的分布范围变化、其内部地方类型的变化、其内部中心核心区与边缘区的变化。

（一）考古学文化分布范围的变化

首先，考古学文化作为一个整体，其分布范围是不断变化的。在其产生、发展和消亡的阶段，分布范围会存在差异。产生期分布范围较小，鼎盛期分布范围扩大。这样的例子很多，比如大汶口文化晚期达到全盛时期，分布范围明显比早中期扩大很多[21]。屈家岭文化最先在汉东地区产生，随后逐渐发展强盛，统一了整个长江中游。传播论者认为文化空间范围的扩大和延伸是文化扩散和传播的结果，柴尔德声称，文化的扩散和传播是其得以延续的内在机制[22]。另外，文化的衰退是导致其分布范围萎缩的重要原因。代表一个考古学文化的典型遗存首先是从一个地点传播出来的，然后扩散和传播到更大的区域，之后，有的会彻底消失，有的会缓慢融入其他文化，最终也会消失。动态地考察考古学文化空间分布范围，应当与其时间运动过程相结合，进一步讨论其发生变化的原因。

通过对考古学文化时空范围的细致研究，我们还发现一种现象。考古学文化A最先产生于某个小的地理范围，与此同时周边是另一个考古学文化B，随着A的发展其分布范围逐渐扩展，最终吸收融合B的相关因素，然后扩散到周边地区，统一了更大的地理范围。唐际根、荆志淳提出一种文化延滞现象[23]，认为不同地区文化发展不平衡，A考古学文化在甲地首先出现，发展一段时间后扩散到乙地，乙地在这之前仍是B文化，这说明A文化在乙地的发展相对于甲地来说是滞后的。不仅文化的产生和发展阶段存在地域差异，文化的消亡阶段也可能存在地域差异。这就必然导致，考古学文化在不同的延续时段、分布范围存在差异。

（二）考古学文化地方类型的变化

考古学文化内部，由于空间位置不同，形成的具有自身特色的文化共同体，一般称之为地方类型，地方类型之下还可以划分亚型、小区等，这些是构建考古学文化空间结构的基础，也是传统考古学文化研究的重要组成部分。同考古学文化分布范围一样，地方类型的空间位置也是不断变化的。地方类型的数量会随着考古学文化发展阶段的变化而变化，考古学文化发展鼎盛期，分布范围扩大，地方类型数量增多；考古学文化衰落期，分布范围缩小，地方类型可能减少。如栾丰实在做大汶口文化分期和类型研究时，首先将大汶口文化分为早、中、晚三大阶段，然后早期阶段划分为三个地方类型，中期阶段划分为五个地方类型，晚期阶段划分为七个地方类型[24]。

新的地方类型的出现与考古学文化的扩张有关。考古学文化在发展中会吸收扩张地区的原有文化，而发展出新的地方类型。油子岭文化最初分布在汉东地区，而此时的澧阳平原依旧处于大溪文化的控制区域，随着油子岭文化的不断发展，在第三期时扩展到澧阳平原地区，吸收了之前大溪文化的部分因素，形成油子岭文化城头山类型。

（三）考古学文化核心区与边缘区的变化

考古学文化空间发展过程中，因为空间范围的不断扩大，有可能产生"核心"与"边缘"的差异。从典型器物组合看，核心区域应当包含全部或者大多数典型器物组合，其文化内涵最能代表该考古学文化的基本特征，边缘区域包含的典型器物组合的数量越少，越远离核心区域，包含的典型器物的数量越少，相反包含其他考古学文化的因素会相应增多。

张绪球将考古学文化分布的核心区称之为中心区，认为"任何一种考古学文化，都有其中心区。所谓中心区，并不是专指地理位置，是否为考古学文化的中心区，而应看这个地区的文化遗存是否最具有典型性，即它是否最能反映该文化的特征"[25]。例如，石家河文化鼎盛阶段，其核心区域位于长江中游地区北部的汉东地区，石家河古城是石家河文化的中心，属于整个石家河文化分布范围的东北部，而不是整个石家河文化分布范围地理位置上的中心地带。郭伟民在相关研究中，提出"核心地带""核心文化圈""非典型文化遗存分布区"等概念[26]，实际上也是承认文化核心区与边缘区的差异。我们认为，并不是每一个考古学文化都必然会产生核心与边缘的差异，一些文化内涵单一、分布范围较小的考古学文化，可以作为一个整体考察。另外，考古学文化的早期阶段一般分布范围较小，也不会产生核心与边缘的差异，如彭头山文化早期，分布范围局限于澧阳平原西部，很难分辨出核心与边缘。随着考古学文化的发展，那些文化面貌较复杂、分布范围较广的考古学文化需要具体分析其是否存在核心与边缘的差异。

另外，核心与边缘不是固定不变的，核心有可能发展为边缘，边缘也有可能发展为核心。考古学文化发展的早期，其核心位置在A地，中期时核心位置可能迁移到B地，晚期时可能迁移到C地。迁移的原因可能受到环境、战争、瘟疫等多种因素的影响。如油子岭文化的产生和成熟时期，它的分布核心在汉东地区，澧阳平原属于边缘地区，但后来汉东地区油子岭文化逐渐被屈家岭文化取代，在这个取代的过程中，澧阳平原地区的油子岭文化继续发展，成为整个文化分布的核心，而汉东地区则成为油子岭文化分布的边缘。最后，核心可能不是唯一的，一个考古学文化不一定只有一个核心区域，如大溪文化鼎盛阶段（二期），存在澧阳平原和峡江地区两个核心区。

四、结　　语

考古学文化一直处于运动中，从动态的视角考察考古学文化的运动轨迹才能全面客观地把握考古学文化。每个考古学文化都要经历从产生、发展到消亡的时间过程，从整体上看，其分布范围在不断变化；从内部结构上看，其地方类型和核心、边缘区域也在变化。考古学文化的这些特性，导致前后相继的两个考古学文化之间，在存续时间上可能存在重合时段，一个考古学文化的消亡阶段很可能与另一个考古学文化的产生阶段重合；地域相邻的两个考古学文化，在分布空间上也可能存在交界地带，交界地带的遗存性质表现为"似此类比"。对重合时段和交界地带遗存的认识，是把握考古学文化时空边界的关键，也是研究考古学文化发展演变机制的关键。我们不能机械地判断这些遗存的性质，强行将其归入某一文化中，而应根据考古学文化发展的阶段，适时调整其归属，深入研究其变化，从而探讨考古学文化运动变化机制。因此，基于这一理论建立的考古学文化时空框架，会像榫卯结构一样，从规则长方形的排列，变成不规则多边形的嵌错式排列。这种镶嵌分布的结构，如柴尔德早在1929年《史前期的多瑙河》中建立的文化图表（图一），与传统认识有较大差异。

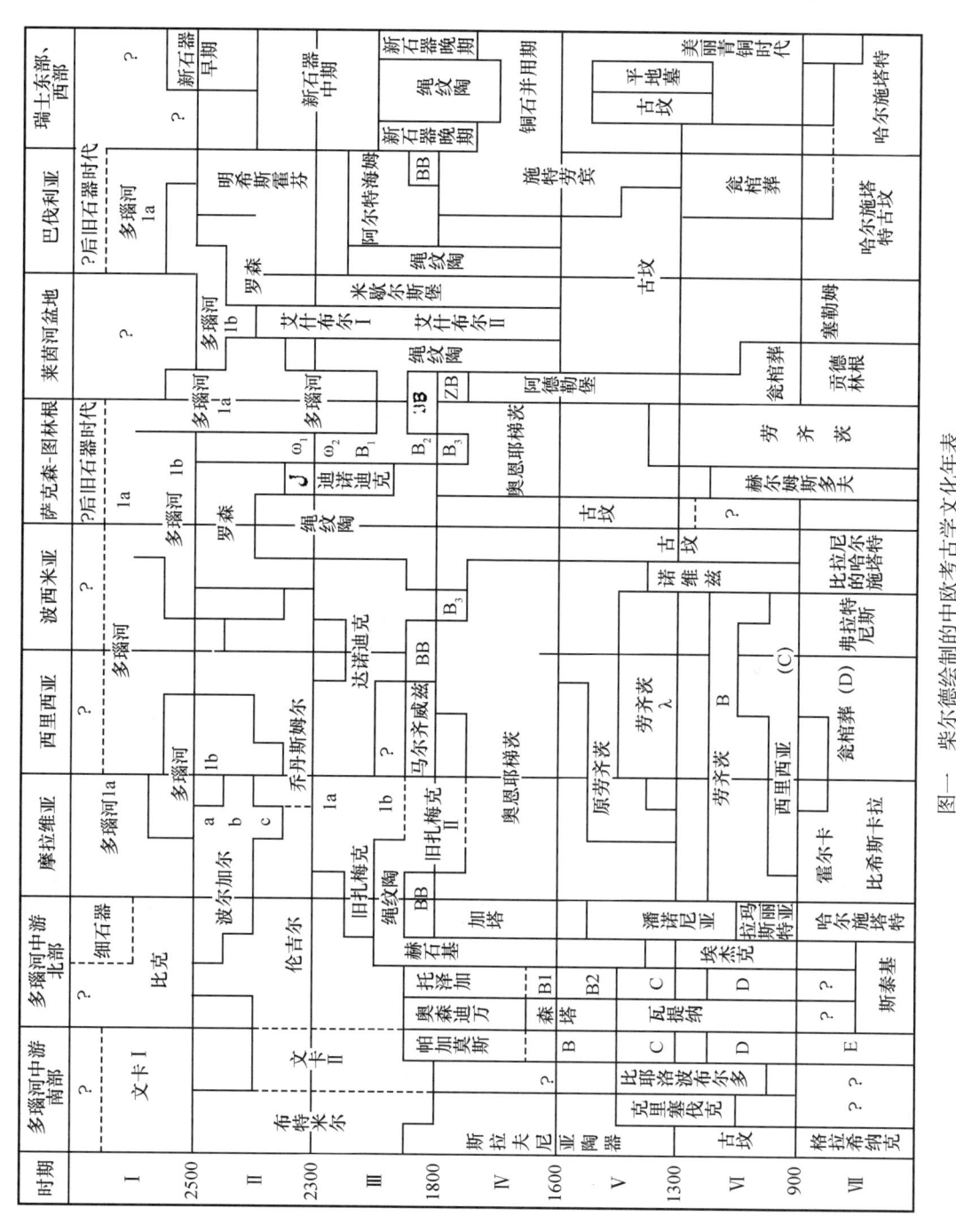

图一　柴尔德绘制的中欧考古学文化年表
（采自《史前期的多瑙河》，1929年）

注　释

[1] 焦天龙：《西方考古学文化概念的演变》，《南方文物》2008年第3期，第101～107页。

[2] 赵辉：《关于考古学文化和对考古学文化的研究》，《考古》1993年第7期，第620～626页。

[3] 王巍：《考古学文化及其相关问题探讨》，《考古》2014年第12期，第64～76页。

[4] 陈胜前：《考古学的文化观》，《考古》2009年第10期，第59～66页。

[5] 徐良高：《文化理论视野下的考古学文化及其阐释（上）》，《南方文物》2019年第2期，第1～16页。

[6] 考古学概论编写组：《考古学概论》第二版，高等教育出版社，2018年，第64页。

[7] 严文明：《关于考古学文化的理论》，《走向21世纪的考古学》，三秦出版社，1997年，第78～93页。

[8] 栾丰实：《海岱地区考古研究》，山东大学出版社，1997年。

[9] 中国大百科全书出版社编辑部：《中国大百科全书·考古学》"考古学文化词条"，中国大百科出版社，1986年，第253页。

[10] 许宏：《关于社会复杂化阶段考古学文化的断想》，《三代考古（四）》，科学出版社，2011年，第487～489页。

[11] 赵辉：《崧泽墓地随葬陶器的编年研究》，《东南文化》2000年第3期，第11～24页。

[12] 刘德银：《论石家河文化早期与屈家岭文化晚期的关系》，《江汉考古》1990年第5期，第47～52页。

[13] 张忠培：《研究考古学文化需要探索的几个问题》，《中国北方考古文集》，文物出版社，1990年，第254～261页。

[14] 湖北省荆州博物馆、湖北省文物考古研究所、北京大学考古学系、石家河考古队：《肖家屋脊》，文物出版社，1999年。

[15] 栾丰实：《海岱龙山文化的分期和类型》，《海岱地区考古研究》，山东大学出版社，1997年，第229～282页。

[16] 高蒙河：《试论"漩涡地带"的考古学文化研究》，《东南文化》1989年第1期，第15～19页。

[17] 彭明麒：《关于新石器时代考古学文化交集问题的探讨——兼论屈家岭下层及同类遗存的文化属性》，《江汉考古》1992年第3期，第35～41页。

[18] 郭伟民：《关于考古学文化传统中心交界地带及新区域的思考》，《南方文物》1992年第3期，第106～110页。

[19] 李伯谦：《关于考古学文化互动关系研究》，《南方文物》2008年第1期，第14～20页。

[20] 郭伟民：《洞庭湖区大溪文化再研究》，《考古学研究（九）》，文物出版社，2012年，第192页。

[21] 栾丰实：《大汶口文化的分期和类型》，《海岱地区考古研究》，山东大学出版社，1997年，第102页。

[22] 倪凯：《戈登·柴尔德的历史思想研究》，上海师范大学博士学位论文，2019年。

[23] 唐际根、荆志淳：《考古学文化发展的延滞现象和"边缘化效应"》，《三代考古

（一）》，科学出版社，2004年，第11~15页。
[24] 栾丰实：《大汶口文化的分期和类型》，《海岱地区考古研究》，山东大学出版社，1997年，第103~107页。
[25] 张绪球：《石家河文化的分期分布和类型》，《考古学报》1991年第4期，第389~413页。
[26] 郭伟民：《洞庭湖区大溪文化再研究》，《考古学研究（九）》，文物出版社，2012年，第188~194页。

Dynamic Analysis of Temporal and Spatial Definition of Archaeological Culture

Qu Xinnan[1]   Wang Liangzhi[2]

(1. Hunan Vocational Collage of Art   2. Hunan Provincial Institute of Cultural Relics and Archaeology; Hunan Key Laboratory of Archaeometry and Conservation Science)

Abstract: For Chinese archaeology, archaeological culture in constructing the prehistoric cultural sequence and prehistoric society is still very important in the study of theory and method. Each archeological culture has to go through the time process from emergence, development to extinction. On the whole, its distribution range is changing. From the perspective of internal structure, its local types and core and edge areas are also changing. The dynamic analysis of the temporal and spatial boundaries of archaeological cultures shows that there may be overlapping periods in the existence time of two successive archaeological cultures, and there may also be junction zones in the distribution space of two adjacent archaeological cultures in the same period. The temporal and spatial framework of archeological culture established by this method presents a mosaic distribution structure, which is quite different from the traditional understanding.

Keywords: Archaeological Culture; Time Range; Spatial Extent; Dynamic Analysis

日本学界中国考古研究的他者视野*
——以日本科学研究费补助金数据库为中心的考察

刘 岩 王晓梅

（贵州大学外国语学院）

[摘 要] 中国考古学的发展与成果研究日益受到海外学术界的关注。日本科学研究费补助金数据库作为日本国家级科研项目数据库，其中关于中国考古研究的学术成果在一定程度上反映了在本领域的关注焦点与研究概貌。运用文本计量的研究方法，呈现了日本中国考古研究在立项课题数量与变化趋势、研究种类、研究机构与学术团体、研究高频词等方面的整体面貌。同时立足于翻译与述评的角度，从地理空间、历史时间、交叉学科三方面内容对相关研究课题的成果进行述评。对日本中国考古研究的整理与述评，可以为我国考古学视阈下的区域史研究及文化挖掘提供他者的思考视角与基础资料，具有一定的学术意义与现实意义。

[关键词] 日本；中国；考古学；他者视野；成果述评

近年来，中国考古学的发展与成果研究日益受到海外学术界的关注。本文立足于"日本科学研究费补助金数据库"的检索与挖掘，系统整理该数据库收录1965年以来所有涉及"中国考古"资助课题，考察日本学界中国考古研究概况。由于考古学既有地理学的空间属性，又有历史学的时间属性，同时运用考古学领域的学术成果，佐证与补充民族学、人类学、史学等方面的结论与观点使其具有了跨学科的属性。因此，本研究拟从地理空间、历史时间、交叉学科三个维度，呈现日本学界中国考古研究课题及相关成果，借助异域研究和他者视野，以期为我国考古领域的研究成果提供来自异域他者的基础性研究资料与文献信息。

---

* 基金项目：国家社科基金一般项目"日本近代中国西南调查及馆藏图文资料整理与研究"（项目编号：22BTQ013）。

一、日本学界中国考古研究的文献统计分析

（一）数据来源

数据来源于日本科学研究助成事业数据库KAKEN，"日本科学研究费补助金数据库"是由日本国立情报学研究所和国会图书馆在文部科学省、日本学术振兴会的协助下，于1972年建立的。该国家级数据库收录有立项课题、研究人员、成果报告书、发表论文等详细信息，收录1965年以来所有资助课题的信息。笔者以"日本科学研究费补助金数据库"公布的国家级科研项目为检索对象，全文检索涉及"中国考古"科研项目，共计236项，经费高达1亿8200万元。

（二）数据分析

1. 文献数量的时间分布

文献数量的变化是衡量该领域研究进展的重要指标。根据年度文献数据绘制日本学界中国考古研究课题的文献分布曲线图，如图一所示。从时间来看，日本学界以国家课题涉及中国考古领域的研究始于1965年，起步较早。从图一可以看出，在21世纪以前日本学界对中国考古领域的关注度较低，总课题数为42项，占总课题数的17.8%，课题立项年份呈现断点式分布。进入21世纪，立项课题数呈现飞跃式的增长，达到了194项，占总课题数的82.2%；从年度课题平均数上看，达到了9项以上，尤其是2015

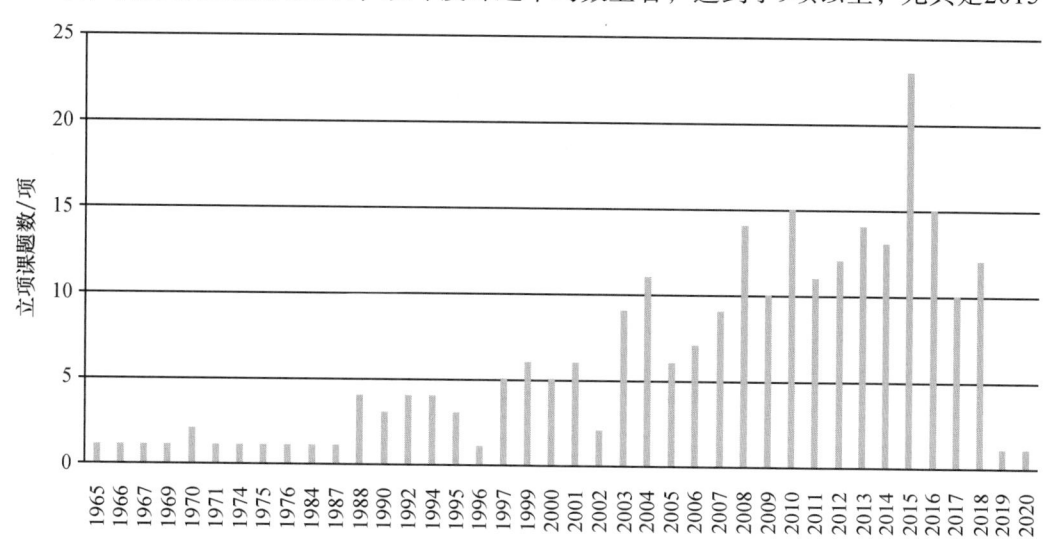

图一　日本学界中国考古研究的立项课题数趋势图

年，课题数高达23项。从年度区间分布上看，2008~2018年每年立项课题数均在10项以上，总数为149项，占21世纪以来总课题数的63.1%，呈现了较为集中的趋势；从立项年份上看，21世纪以来每一年度均有课题立项，反映出日本学界对中国考古领域挖掘的持续性。整体而言，日本学界中国考古研究立项课题数量，随年度呈现波动起伏的趋势，特别是2015年达到波峰以后有所回落，但立项年份与课题数的相关系数的计算结果为0.695，呈显著正相关，反映出日本学界对中国考古领域研究的关注呈现持续稳定的趋势。

2. 研究种类

通过对日本学界中国考古研究课题上的研究种类统计，表明主要集中在基础研究、特别研究员奖励研究、青年研究、新学术领域研究、国际学术研究，其中基础研究项目占总项目的半数以上。从排位较为靠前的研究种类上看，日本除重视对中国考古学研究的基础性研究以外，也十分注重对青年学者的资助。另外，日本学界中国考古研究课题研究种类还囊括了实验研究、萌芽研究、研究活动启动支援研究、综合研究。

3. 研究机构与学术团体

从日本学界中国考古研究机构上看，金泽大学、九州大学、东京大学居前三位，主持相关课题有20项以上，京都大学、早稻田大学、爱媛大学、奈良文化财研究所位于中位，主持相关课题在10~20项。此外，还涉及筑波大学、熊本大学、富山大学等国立大学，东海大学、阪南大学、大手前大学、立命馆大学等私立大学。从日本学界中国考古研究人员看，九州大学宫本一夫教授、金泽大学中村慎一教授主持课题项目数居于首位。宫本一夫教授主持并参与课题30余项，出版学术论著200余篇，研究成果甚为丰硕，研究区域涉及东亚东北亚地区、欧亚地区等，研究内容涉及社会制度、文化源流、农耕文明、青铜器等。金泽大学中村慎一教授对中国先史学、稻作文化、良渚文化文明起源、植物考古等均有关注与研究。此外，宇田津彻明、小泽正人久、保田慎二、广川守课题均在10项以上，还有槙林启介、中桥孝博、角道亮介、冈村秀典等数十位研究人员。其中京都大学冈村秀典教授致力于考古学视阈下的佛教文化、佛教美术、佛教寺院等多角度的解读与研究。学术人员之间相互合作，展开交流，研究方向互为补充，致力于考古学研究。

4. 高频词汇分析

为掌握立项课题的研究热点，以研究课题所列关键词为准，进行词频分析统计排在前五位的关键词分别为考古学、中国、青铜器、中国考古学、国际研究者交流，反映出日本学界在对中国考古研究之时，对青铜器的考察是其主要焦点，同时作为跨国研究，国际研究者的交流、国际情报交换亦是必不可少。从历史维度看，既包括新石器时代、弥生时代、古坟时代、北魏等具体的历史时期，也涉东洋史、先史学、古代史等历史学等；研究焦点除青铜器以外，还包括瓦器、稻作、河姆渡文化、良渚文化、古人骨等，同时涉及了运用考古领域的知识考察丝绸之路、陶瓷文化等内容。日本的中国考古研究不仅局限于中国，还将其放置于整个东亚地区进行研究与考察。此外，地理空间技术以及三维成像仪等先进的现代化技术与研究方法也应用于考古领域。

二、日本学界中国考古学研究及相关成果：基于地理空间的解读

如前所述，日本学者一方面着眼于对中国某一区域的考古学研究，另一方面也将其放置于东亚、东南亚等国际比较视野中进行研究。因此，本节从"自我视域"与"国际视野"两个层面出发，明晰日本学界对中国考古研究的地理空间分布及研究成果。

（一）自我视域下的中国考古研究

1. 西部地区

横田祯昭以宁夏回族自治区为研究区域，探讨了古代民族与青铜器文化的关系，研究指出："宁夏中南部遗迹不仅出土了甘肃仰韶文化半山类型的彩陶，还出土了青铜器时代的齐家文化、寺洼文化和河西画廊的沙井文化资料。根据文献资料，从西周到战国时期，这个地区居住着以义渠戎、大荔戎、鸟氏戎等为代表的少数民族。"[1] 冈内三真[2]以西域都护府为轴心，对新疆维吾尔自治区轮台县的相关遗迹进行了实地调查，确认了布局、构造、遗物等内容。吉本道雅[3]基于对内蒙古东南部地区的青铜器文化，特别是夏家店上层文化及其后续发展而来的诸文化的考古学资料的收集与整理，结合文献史、古文字学等研究方法，阐明了中国先秦时期内蒙古东南部北方民族的生活实况。饭岛武次[4]以渭河流域为中心考察了西周时代的遗迹情况，利用GPS调

查表明了以水源为中心分布的西周遗迹群的地理环境，在西周甲骨研究中，明确了周公庙遗迹、周原遗迹中甲骨出土的情况。角道亮介以象征王朝的玉器和青铜彝器为焦点，探讨了周人根据地关中平原和陕北地区的地区间交流，研究指出："二里头和陕北地区的交流可能是经由山西省，关中平原不在其范围内。另一方面，从殷王朝末期到西周初，周人试图加深对北方地区的参与，以抵消殷朝对北方交流的垄断。"[5]

2. 长江流域

冈村秀典[6]与中国湖北省荆州博物馆共同发掘了中型城郭遗迹荆州市阴湘城遗迹，并对其他城郭遗迹进行了考古调查，研究结果表明："在长江中游的阶层性村庄结构中，位于顶部的石川村是宗教中心和远程贸易中心。"中村慎一[7]从植物考古学的视角考察了长江下游流域的新石器文化。其中对萧山跨湖桥（跨湖桥文化）、余姚田螺山（河姆渡文化）、余杭下家山（良渚文化）、诸暨尖山湾（钱山漾遗址）的遗迹进行了调查和分析，调查内容包括对遗迹的实地调查和土壤采样，对各种人工遗物的观察、实测和摄影，对木制品的树种识别，土壤样品的预处理和显微镜观察（花粉、植物蛋白石、硅藻、微小种子、寄生虫卵）。小泽正人通过对战国时代到前汉初期的墓葬资料的探讨，明确了秦汉帝国的地域统一过程，研究指出："在战国时代楚国的中心地荆州地区，秦国占领后，楚国的墓葬迅速销声匿迹。"[8]山本尧主要运用类型学的方法，明确春秋战国时期长江中下游地区制作的青铜器呈现的系谱关系。结果表明："同一地区青铜器呈现了多个制作系谱，这些都是其他地区的系谱。这表明该时期的青铜器制作并不是在固定的地域内完成的，而是在广泛的地域间关系中展开的。"[9]

3. 东北地区

木山克彦[10]利用考古资料与历史文献，考察了大兴安岭北部山麓地带集团的统一、瓦解、重组的过程及与来自周边国家的影响。具体来说，以匈奴、鲜卑、柔然、突厥、维吾尔称霸蒙古高原时期为对象：①以大兴安岭北部两麓的陶器资料为中心，对考古学的诸文化进行重新探讨；②在资料匮乏的蒙古东部地区，进行发掘调查，明确各个时期、历时性的地域间关系；③通过查阅与分析匈奴的史料文献，并结合考古学知识，从而丰富与发展该区域的历史研究。

（二）国际视野下的中国考古研究

中田干雄[11]运用考古学与文献学的分析方法，系统收集与整理了中国国家级刊物《文物》《考古》《考古学报》、东北地区刊物《黑龙江文物丛刊》《北方文物》《辽海文物学刊》《辽宁文物》《东北历史与考古》,抽取了黑龙江、辽宁、吉林省和内蒙古自治区的相关论文和报告,并翻译了《黑龙江古代民族史纲》《黑龙江古代简史》《黑龙江古代文物》等概论书的主要部分,考察了日本绳文时期与中国铁器时期的文化交流。西谷正[12]将丝绸之路新疆地区与日本九州地区进行了比较考古学研究。此研究历时三年,先后调查了北庭都护府、高寺、阿力麻里故城等地,沿途进行了拍摄记录、史料收集等工作,在昭苏县的郊外,调查了哈萨克族生活中毡房的利用情况。其通过对各个地区时代遗迹的勘察与文献分析,比较了新疆与九州在文化上面的相似性与异质性。后藤雅彦考察了公元前2000年在中国南方沿海地区(包括长江下游和中国东南部地区)与琉球列岛之间的各地区文化动向以及各区域间的交流样态,研究指出:"这一时代,在中国大陆形成了初期国家,其影响波及周边地区,中国南部沿岸也在这一时代形成了独自的文化。北琉球受绳文文化的影响,形成了独自的地域文化,在南琉球也形成不同的地域文化。夏朝初年中国长江下游区域的文化'不连续'与中国东南沿海地区的文化'连续'形成了鲜明对比。"[13]冈村秀典系统整理了日本东方文化学院京都研究所1938~1944年在山西大同云冈石窟遗迹的调查资料,并对云冈石窟八苏木遗址进行了测量,利用GPS技术测绘了应县东张寨遗址汉代城墙的规模。另外在研究报告中还专门指出:"位于大同市东南45千米处的西册田遗址,并未在中国方面的文物登记册中列出,但事实证明是5世纪上半叶平城宫使用的瓦窑遗址。"[14]松永笃知[15]从比较考古学的视角分析了中日两国先史时代编织物的变迁,在对出土编织资料进行调查研究的同时,也进行了民间资料的收集。

大贯静夫等[16]对东京大学文学部考古学研究室所藏的辽东半岛所在的牧羊城出土文物以及相关遗迹的遗物进行了研究,并先后对辽宁省、河北省、山东省的古城遗址进行了勘查,收集了相关资料。通过分析筑城以前的陶器——牧羊城1类陶器,其重新审视了从西周时代到战国时期的辽东半岛的历史。田尻义了[17]系统收集与整理了与东北亚铸造相关文物的史料,共计收集铸造相关文物500件以上,从而完成了整个东北亚的与铸造相关文物的收集。宫本一夫[18]从植物考古学的角度对东北亚地区的农耕传播过程进行了实证研究,研究指出:"通过陶器压痕调查证明了水稻从山东半岛到辽东半岛的传播假说。通过对山东半岛和辽东半岛的制陶技术的调查,判明了同一时期偏堡文对朝鲜半岛无文字陶器文化建立的影响。通过对杨家圈遗址的钻探调查证实了这一阶段山东半岛稻田的存在。"

平尾良光考察了青铜器在东亚地区的利用情况,测定了商代以前二里头遗迹、商代的殷墟、西周时代等遗迹中出土的250份资料的铅同位素比,以及50份的化学组域。研究依据测定结果,并结合至今为止的报告资料,指出"从青铜材料这一侧面明确中国王朝的变化。具体而言,二里头遗迹利用了山东半岛、辽宁省方面的青铜材料,商代利用了类似三星堆的青铜材料。据推测,西周时代利用了从山东半岛偏南一点的区域材料,战国时代各国似乎各自开发了本国的矿山。而且证实了汉帝国利用了黄河流域和长江流域的材料",研究中还强调了"从自然科学的角度来看,迄今为止考古学上所理解的历史也变得清晰明朗起来,可以得到更准确理解中国历史本质的线索"[19]。黄晓芬从比较考古学的角度对中国、日本和韩国最新发掘材料中涉及的墓葬制度进行了全面的分析,主要论述了灵魂说(古代中国人的生死观)、古代葬制的交流、东亚木椁墓的成立与地域传播、大型坟墓的出现与社会变动及巨型坟墓的形成与变迁、东亚壁画墓葬的发展、古代圣域的方位与发展等六项内容。其中,在"古代葬制的交流"中着眼于埋葬设施、陪葬品、墓葬头向、红色颜料的使用和废除等古代东亚葬礼礼仪的共同要素。在"东亚壁画墓葬"中明确了中国壁画墓的形成和展开过程,并考察了其影响如何波及高句丽壁画坟、朝鲜半岛南部和日本列岛。在"古代圣域的方位与发展"中以GPS显示的有关中国都城和陵墓位置关系的数据为基础,试图恢复中国文明的生死观和宇宙观[20]。石川京子对日本列岛史前时代的拔牙风俗与朝鲜半岛无文土器以后的拔牙风俗进行了比较研究。其结果表明"在东亚,中国大陆、朝鲜半岛等地区,在部族社会阶段,拔牙风俗作为成人礼仪的可能性都很高,各地区由于社会变迁的时期差,拔牙风俗的变化也有时期性的差异。在部落社会转型时期,拔牙的习俗从成人仪式变成了哀悼时的拔牙"[21]。丹羽崇史聚焦于东亚地区"失蜡法"的考古学研究,从而推进考古遗物、铸造技术、文献史料的调查研究。研究结果表明:"失蜡法"在中国及其周围地区出现于公元前1000年,通过"失蜡法"制造的产品和制造方法在每个地区均不相同[22]。松井章从动物考古学和文化人类学、分子生物学等相关领域的学术研究中,阐明了农耕及家畜的起源及其传播,同时从民族考古学的调查中,明确了东亚各地区人与家畜的文化史[23]。中村亚希子从渤海都城的建筑过程复原、唐代以及同一时期亚洲铅釉陶制品两个角度出发,对耀州都城出土瓦片进行了考古学研究[24]。

佐佐木达夫详细调查了从印度洋西域(阿拉伯海)沿岸遗迹中发现的中国陶瓷的种类、产量、产地、年代等,明确了4~15世纪的中国与西亚、非洲的海上贸易的实际情况和变迁,同时通过与诸多出土的伊斯兰陶器的比较研究,阐明了中国陶瓷对西方世界的技术影响程度。通过对相关遗迹的考察,明确了9世纪美索不达米亚和东南亚、中国之间的海上贸易开始兴盛,以及14~16世纪中国陶瓷大量运往西方世界的实际情况[25]。

新田荣治以湄公河流域的史前时代到初期国家成立的文明现象为研究焦点，在越南南部、泰国东北部、老挝南部、柬埔寨的湄公河流域及其附近地区进行了考古学的调查和研究。根据实地考察结果，确认了以泰国东北部为代表的内陆产品（如铁、盐和林产品）的集散中心成立于公元前3世纪前后[26]。2002年，新田荣治从考古学的视角考察了湄公河流域的金属资源情况。先后踏查东南亚的湄公河流域，特别是柬埔寨、泰国、越南、老挝等与金属使用相关的遗址，收集相关金属材料，并进行了金属学分析。根据在柬埔寨、暹粒遗址采集的公元前3世纪的铁斧金属成分的分析结果，发现含有砷的铁是原材料，而含砷的铁资源分布在柬埔寨和泰国巴坦班[27]。

三、日本学界中国考古学研究及相关成果：基于历史时间的解读

为了把握日本学界关于中国考古研究的历史维度，本文以研究课题中含有明确历史时期的项目为核心，系统整理同一历史时期的考古项目，并对其研究成果进行要点式述评。

（一）夏商周王朝时期

黄川田修通过对殷周时期山东半岛的考古学考察，分析了齐国、鲁国的国家建立过程[28]。菊地大树从动物考古学、同位素化学（碳、氧、锶）和历史学研究了马匹管理制度，结果表明："根据马匹年龄和性别的不同，实行了多种多样的饲养管理，同时也反映了西周到汉王朝形成过程的情况。"[29]另外，菊地大树以殷周时期的马饲养管理的利用形态为研究焦点，对周原遗迹姚家墓地出土的马骨进行了分析与考察，通过马齿同位素化学分析，确认了马匹的饮食变化，幼马从自然放牧特有的C3植物主体的食性向以杂粮为代表的C4植物主体的食性变化[30]。角道亮介以殷周时期祖先祭祀的青铜仪器为研究焦点，解读青铜彝器本身作为器皿所接受的范围和使用王朝系青铜彝器的祭祀所接受的范围，研究指出殷墟遗址的青铜器，无论造型如何，均没有铭文，以长铭文为代表的"宗教"制度化（即朝制的规范化）经历了从殷墟时期的萌芽到西周时期的确立阶段[31]。此外，角道亮介探讨了王畿以西的各遗迹，通过对比青铜器祭祀和甲骨祭祀、动物祭祀，明确了该王朝对西方区域的政治作用[32]。铃木舞以青铜器与玉器的生产及流通为视角，考察了中国殷代的社会构造[33]。

（二）春秋战国时期

藤田胜久利用中国出土文物考察了战国时期的历史，研究结果指出："睡虎地秦墓竹简的《编年记》与《史记》所记载的'秦墓竹'是同一系统的战国纪年，《史记》的记载基本上是正确的。但是《史记》秦墓竹本纪、六国年表、战国世家的战国纪年，整体上以'秦墓竹'为基础，推测《史记》仅在赵敬侯元年以后，就包含了'邯郸赵氏的记录'。"[34]同时，藤田胜久对马王堆帛书《战国纵横家书》进行翻译与注释。间濑收芳从文献和考古遗物两方面对战国楚国末期的寿春地区的政治状况、经济状况、社会状况进行了考察[35]。大西克也利用考古发掘的文献史料比较了汉语语法发展史、词汇史，相继对郭店楚简、包山楚简、望山1号墓楚简、上海博物馆藏楚简、战国楚系金文史料进行了刊文注释[36]。岸本泰绪子先后在中国陕西省宝鸡市扶风县周原遗迹、宝鸡市青铜器博物馆、长安城遗迹、陕西省考古研究院进行参观访问与文献收集，以战国秦汉时期为中心，考察了战国镜出现以前的铜镜的传播过程与路径，研究指出："汉中期以前在西安周边地区生产的铜镜与战国时期盛行的蟠虺纹镜源自不同的生产技术，这些铜镜做工较为粗糙，后来被逐渐兴起的汉代铜镜吞并。研究与梳理汉代铜镜纹样出现以前各地区的铜镜生产情况是必要的。"[37]小林青树以春秋战国时期的燕国铸铁器等历史文物为中心，通过对在壹岐岛与冲绳发现的燕国系文物的研究，明确了燕国在春秋战国时期对东亚诸地区的辐射力及影响力[38]。

（三）南北朝时期

小林仁先后踏查淄博市陶瓷博物馆、青州市博物馆、山东省文物考古研究院、杭州萧山博物馆、太原考古研究所等地，观察记录了北魏及北齐时期的陶俑、西晋时期的青瓷俑，考察了中国南北朝时期陶俑的样式变迁[39]。山本谦治等考察了魏晋南北朝时期环东海地区南朝文化传播的诸相及传播路径，先后对南朝26处陵墓进行了调查，共计收集陵墓石兽的电子数据4456份、素描画803幅、出土金具照片351，研究指出："天花板壁画的描写反映了祈祷灵魂升天的思想，这种现象存在于从前汉壁画墓到KITORA古坟和高松冢古坟的广域时空中。"[40]市元塁对近年来发掘的五胡十六国至北魏时期出土的陶俑进行了基础研究[41]。冈村秀典考察了中国南北朝时期的佛教文化及其流变[42]。向井佑介从遗迹和遗物的考古学分析、照片资料整理、文献史料、碑史料研究等方面考察了南北朝时期佛塔，广泛收集并比较了从中亚到东亚广泛分布的相关图像，包括云冈石窟禅定僧人图像、敦煌莫高窟的山岳纹样、僧人图像等，并明确了大代兴安二年石函画像的谱系关系及思想背景[43]。吕梦从样式与技术、生产管理、使用情况三方面内容，阐述了中国北朝至隋唐时期皇室寺院用的瓦片特征的历时演变[44]。

四、日本学界中国考古研究及相关成果：基于学科交叉的解读

为了把握日本学界关于中国考古研究内容的多维度，去除课题名称中具体涉及地理空间、历史时间的相关项目，以研究课题的学科归属为参考标准，从文化人类学、民族学、美学、美术史学、建筑学等学科角度解读日本学界中国考古研究的成果。

（一）文化人类学视野下的中国考古研究

1. 稻作农耕文化

和佐野喜久生于1990~1991年先后踏访云南、江南、华南地区，从农学和考古学不同的专业领域，对种植水稻的起源进行遗传、育种的调查和研究，以及对中国古代稻作农耕及其文化的发祥、变迁、传播进行了考古遗物的调查、考古文献资料的收集[45]。槙林启介从考古学与遗传学的角度分析了中国稻作栽培技术与农耕社会的形成过程，明确了水稻种植期野生植物利用的实际情况，对农耕工具、加工工具的体系化、种植水稻的传播路径有新的见解[46]。高椋浩史对从中国江苏省蒋庄遗址出土的新石器时代的人骨进行了调查，指出"蒋庄遗址位于长江流域偏北，是水稻农耕从长江向北扩散的重要遗迹"[47]。

2. 祭祀礼仪

稻畑耕一郎从考古出土文物与祭祀仪礼、艺能的关系考察了中国基层文化。如其在研究中指出："近年来在中国引起广泛关注的'傩'，不仅在中国戏剧史上，而且在考虑中国整个大陆的'基础文化'的产生、发展、变化及其特质均具有重要意义。"稻畑耕一郎先后到西南地区对贵州省德江傩戏、傩仪，贵州省福泉的阳戏演出进行了影像录制。其在研究报告书中强调了"除了作为'傩面'的仪式礼仪艺术的各个侧面之外，'傩面'本身的表象也必须被定位在中国文化和世界文化中"[48]。

3. 良渚文化

中村慎一致力于从考古学的视角考察良渚文化玉器及石器的生产与流通[49]。久保田慎二从墓地文化考察了良渚文化的社会构造。2018年其先后赴良渚遗迹群址考察，

并与南京博物院考古研究所的研究员交流，在整理中国国内关于良渚文化的文献信息基础上，抽出涉及良渚文化中的墓地文化的记载，包括头向、规模、葬者遗骨及性别、年龄、埋葬方法、殉葬品的组成和数量等要素，明确了良渚文化中埋葬习俗的地域性、阶层差引起的墓地规模和殉葬习俗的差异[50]。

4. 河姆渡文化

中村慎一以田螺山遗迹的各种自然遗物为对象进行了分析。结果表明，田螺山遗迹是公元前5000～前3500年的遗迹，最终由于海水上涨而被淹没。该地区居民通过狩猎、捕鱼、采集来获取淡水地区资源附近各类食物，同时也从事水稻种植，开始使用漆和茶。另外，由于海产资源的利用率较低，野猪也尚未完全家畜化[51]。

5. 古人骨

中桥孝博1998年在对长江下游春秋战国时期至汉代的人骨调查中，证实了人骨形态、遗传基因都与日本北部九州弥生人有着很强的相似之处。为了阐明北九州渡来系弥生人的源乡，1999～2000年其继续开展对中国各地新石器时代后半期到汉代的古人骨调查。研究表明："新疆哈密古代人类拥有明显立体的鼻骨形态，与丝绸之路沿岸的人文交流最迟也是在这一时期开始的。另外，位于丝绸之路东端的西安市的战国末到汉朝初期的人骨与哈密古人骨明显不同，与历来以华北为中心分布的扁平、高颜倾向为主要特征的人类形态较为相似。"[52]

（二）民族学视野下的中国考古研究

秋山进午以内蒙古凉城县"岱海"为研究区域，聚焦于游牧骑马民族文化的产生和发展过程的考古学研究，先后对王墓山上遗迹，石虎山Ⅰ、Ⅱ遗迹，饮牛沟遗迹进行发掘调查，研究结果证明了该地区从农耕开始，在其发展过程中逐渐向以牧畜为主要生业的鄂尔多斯青铜器文化的牧民转变[53]。宫本一夫以游牧民族与农耕民族的文化接触为切入口，探讨了中国文明的形成过程。宫本一夫认为："周和秦位于中国西北部，出现在牧畜农耕民和农耕民这两个不同社会的交错地带，即文化接触地带。有必要客观评价这种文化接触地带出现的地域政体。"[54]在研究过程中，宫本一夫先后对秦公墓进行了考古学调查，利用数值数据制作了礼县附近的地形图，从地理景观分析与遥感技术确认西垂宫的比例，收集了从甘肃到新溪、河南的新石器时代与秦文化有关的遗址和文献，通过GIS（地理信息系统）分析遗迹分布，明确了秦文化在文化接触地带的历时性变化。松本圭太以骑马游牧为焦点，对其在欧亚北方草原地带的文化特质进行了研究[55]。松村博文根据广西壮族自治区灰窑田遗迹的发掘调查，指出："7000～9000年前独特的采集狩猎民，有着坐葬这一独特丧葬习俗，其骨形态与澳大利亚巴布亚人口集团相似，反映出中国南部农耕文化扩散以前的人群与日本绳文人一起属于从非洲移民到东亚的早期智人（Homo Sapiens）群体。"[56]

（三）美学、美术史学、建筑学视野下的中国考古研究

山本谦治从空间划分、排列分布、花纹构成、图案结构、主题系统等角度分析考察了西安碑林博物馆所藏碑林雕刻纹样[57]。谷一尚[58]参与了中国西北地区宁夏回族自治区固原县小马庄村的"日中联合原州考古队"唐墓发掘工作，此次发掘工作获得了中国国务院、国家文物局正式许可。考察中明确了墓葬的构造为地下式土室墓，过道、墓道、墓室有壁画，但壁画脱落较为严重，颜色上还剩下金、银、红、绿、黄、白、黑，墓门的木质门也装饰着红、绿、黄、白颜色。根据对出土墓志以及《周书》《北史》等中国史书中的记载，判定此墓为北周柱国大将军、大司空田弘和他妻子的合葬墓，葬于575年。另外，站在国际比较的视野，通过考察唐史道洛墓出土的大量文物，发现其蕴含的文化要素与正仓院宝物、法隆寺献纳宝物、高松冢古坟壁画（四神图）等日本古代文化有着相似之处。末森薰从美术史的角度考察了中国石窟艺术技法与材料的构成，以中国甘肃省麦积山石窟和敦煌莫高窟壁画为对象，考察了壁画彩色材料光学信息可视化、壁画制作材料和技术的保存、千佛图描绘法等内容[59]。同时，研究中还提出了"从千佛图的变迁展开对北朝石窟造像艺术研究的构想"[60]。中村亚希子等使用SfM-MVS（运动和多视图立体结构）技术从数码相机拍摄的图像中恢复三维信息[61]，东京大学文学院考古实验室从拥有的渤海国上京城遗址的岩石中拍摄并分析了17个新的矩形岩石和26个新的岩石。同时利用目前获得的碎片材料的三维测量数据，进行了材料图案的复原工作。

五、结　　论

本研究基于文献计量学的角度，系统整理了日本学界中国考古研究的国家级立项课题的整体面貌。同时聚焦于翻译学视阈下，对近60年来日本学界中国考古研究的内容焦点与学术成果进行了译介述评。综合而言，日本学界中国考古研究呈现了持续关注、稳定的学术机构与核心研究人员，重视对基础研究、青年研究及国家学术合作研究的资助与支持等特征，在研究区域上主要涉及中国西部地区、长江流域、东北地区等区域，也注重国际视野下的中国考古研究，历时时间以夏商周王朝时期、春秋战国

时期、南北朝时期为主，基于考古学领域的研究成果与研究方法，结合以稻作农耕文化、祭祀仪礼、良渚文化、河姆渡文化、古人骨为主要内容的文化人类学、民族学、美学、美术史学、建筑学的交叉学科研究。概而言之，日本学界中国考古研究呈现研究群体团队化、研究工作持续化、研究视角多元化的特征。

结合上述分析与整理，日本学界中国考古研究取得的成果内容丰富，论述角度多维，在整体上呈现以下特点：第一，依托日本国内的丰富馆藏及对中国文献的翻译，运用文献学研究中国考古。通过对海外考古相关文献细致的收集、整理与研究，从而多维度地运用考古学领域的研究方法探知中国考古研究成果，是日本学界研究中国考古的重要方法之一。不仅如此，日本学者还收集中国古史典籍及出土文献等珍稀文献，通过勘校、注解、翻译、数据库建设对其进行保存与研究。第二，与国内研究机构、国内学者进行合作，开展对中国考古的研究。考古学的学科性质，使日本学界中国考古研究需要赴中国进行遗迹的勘测、调查与研究。一方面通过官方形式建立"考古队"，譬如"日中联合原州考古队"，另一方面通过研究机构合作的方式，对已经出土的文物进行观测、记录、拍摄、采集等。不管何种方式，与中国政府、学术机构等的合作，是日本学界研究中国考古的重要前提之一。第三，立足于"他者"与"自我"视域结合的研究格局与日本本位的自我观照。日本学界对中国考古的研究，是立足于"他者视域"下的研究，日本学者以中国考古或者东亚、东南亚地区为借镜，观照的则是日本考古学研究的成果，可以说是以解决日本文化起源、与周边国家的文化交流等问题为宗旨的。

注　释

[1]　横田祯昭：『寧夏回族自治区における古代の民族と青銅器文化の考古学的研究』，『鳥根県立国際短期大学』1999年。

[2]　岡内三眞：『交河故城やールホト古墳群の調査と研究』，『中國考古学』2002年第2期。

[3]　吉本道雅：『先秦時代の内蒙古東南部における考古学的諸文化—近年の環境考古学的研究に寄せて』，『史林』2008年第9期。

[4]　飯島武次：『夏王朝二里頭文化の刻画紋・刻紋・貼付紋土器 付記 渭河流域における遺跡調査』，『駒澤大学紀要』2006年第65期。

[5]　角道亮介：『陝西省榆林市神木県石ボウ遺跡の発見と若干の問題』，『駒澤大学文学部研究紀要』2015年第74期。

[6]　岡村秀典：『長江流域における城郭都市形成過程の考古学的調査』，『京都大学』1999年。

[7]　中村慎一：『良渚文化石器の分類』，『金沢大学考古学紀要』2004年第27期。

[8]　小澤正人：『楚墓からみた楚文化の地域性に関する一試論』，『長江流域文化研究所年

报』2006年第5期。
[9] 山本尭：『淅川楚墓再考—出土青銅礼器の伝世とその意義—』，『中国考古学』2016年第16期。
[10] 木山克彦：『大興安嶺北部両麓における古代—中世の境界域に関する考古学的研究』，『東海大学』2018年。
[11] 中田幹雄：『北海道と中国東北部における先史文化交流に関わる基礎研究』，『北海道開拓記念館』1990年。
[12] 西谷正：『シルクロードによって結ばれた中国新疆地区と我が国九州地区との比較考古学的研究』，『九州大学』1994年。
[13] 后藤雅彦：『紀元前2千年の長江下流域』，『琉球大学法文学部人間科学科紀要人間科学』2006年第17期。
[14] 岡村秀典：『日中戦争期の中国で発掘した考古資料の再検討』，『京都大学』2004年。
[15] 松永篤知：『考古学視点から見た石川県の変物の歴史』，『北陸史学』2018年第67期。
[16] 大貫静夫、郭仁盛、石川岳彦、古澤義久、中村亜希子：『牧羊城をめぐる諸問題』，『日本中国考古学会資料集』2006年。
[17] 田尻義了：『中国東北地方における青銅器生産体制論』，『日本中国考古学会発表資料集』2006年。
[18] 宮本一夫：『日本人研究者による遼東半島先史調査と現在—東亜考古学会調査と日本学術振興会調査』，『中国考古学』2017年第17期。
[19] 平尾良光：『古代東アジアにおける青銅器の変遷に関する考古学的・自然科学的研究』，『東京国立文化財研究所』1998年。
[20] 黄暁芬：『古代東アジアにおける墓制の比較研究』，『東亜大学』2002年。
[21] 田中良之、方輝、舟橋京子、邱鴻霖：『大辛庄商代墓地-透過歯冠測量値的親族関係分析』，『海岱地区早期農業和人類学研究』2008年。
[22] 丹羽崇史：『東アジアにおける失蝋法の出現と展開に関する考古学的研究』，『独立行政法人国立文化財機構・奈良文化財研究所』2012年。
[23] 松井章：『考古学からみた食文化研究の現状と課題』，『愛知大学総合郷土研究所紀要』2013年第58期。
[24] 中村亜希子：『渤海三彩の変遷—渤海遺跡出土鉛釉陶製品の検討—』，『中国考古学』2015年第15期。
[25] 佐々木達夫：『アラビア海における中国陶磁貿易の考古学調査』，『金沢大学』1989年。
[26] 新田栄治：『メコン流域の文明化に関する考古学的研究』，『鹿児島大学』1999年。
[27] 新田栄治：『東南アジアのヒンドゥー小政体と古代国家（カッテイエンとインド、イランを結ぶ道）』，『鹿児島大学考古学研究室25周年記念論集刊行会編「Archaeology from the South」』2005年。
[28] 黄川田修：『斉国始封地考』，『文物春秋』2005年第84期。
[29] 菊地大樹：『日本在来馬の源流をもとめて—中国古代を駆けた馬たち』，『BIOSTORY』

2014年第21期。
［30］菊地大樹：『覚張隆史，劉呆運．西周王朝の牧経営』，『中国考古学』2014年第14期。
［31］角道亮介：『西周青銅器銘文の広がり』，『中国考古学』2012年第12期。
［32］角道亮介：『西周王朝の封建と疆域：甲骨と青銅器による祭祀と政治支配』，『駒澤大学』2020年。
［33］鈴木舞：『レプリカ法を用いた青銅器銘文の製作法研究—泉屋博古館蔵殷代青銅器の図象銘を対象に—』，『FUSUS』2017年第10期。
［34］藤田勝久：『中国出土文物により戦国史の研究』，『愛媛大学』1989年。
［35］間瀬収芳：『「史記」「漢書」の再検討と古代社会の地域的研究』，『愛媛大学』1993年。
［36］大西克也：『戦国楚系文字資料による漢語史再構のための予備的研究』，『東京大学』2002年。
［37］岸本泰緒子：『銅鏡の流通と拡散—戦国秦漢期を中心に—』，『駒澤大学』2013年。
［38］小林青樹：『東アジア青銅器文化研究の現状と課題』，『季刊考古学』2016年第135期。
［39］小林仁：『中国南北朝時代における南北境界地域の陶桶について—「漢水流域様式」試論』，『中国考古学』2006年第6期。
［40］来村多加史、山本謙治：『環東海地域における墓室装飾の融合性』，『中国考古学』2005年第6期。
［41］市元塁：『五胡十六国から北魏時代の装飾馬』，『馬 アジアを駆けた二千年』2010年。
［42］岡村秀典：『六世紀のソグド系響銅—和泉市久保惣記念美術館所蔵品の調査から』，『史林』2012年第95期。
［43］向井佑介：『日本考古学の100年と中国考古学研究—20世紀前半の調査資料にもとづく新たな研究視角—』，『中国考古学』2017年第17期。
［44］呂夢：『文字瓦から見た北朝隋唐造瓦手工業における工人組織の変遷—ギョウ城の刻印瓦を中心に—』，『中国考古学』2018年第18期。
［45］和佐野喜久生：『中国の古代稲・稲作農耕文化に関する遺伝・育種学及び考古学的調査研究』，『佐賀大学』1993年。
［46］槙林啓介：『中国の多様な水田景観とその歴史性—景観アイデンティティを考えるために』，『東アジア内海文化圏の景観史と環境』2011年第3期。
［47］Okazaki Kenji, Takamuku Hirofumi, Yonemoto Shiori, et al. A paleopathological approach to early human adaptation for wet-rice agriculture: The first case of Neolithic spinal tuberculosis at the Yangtze River Delta of China. International Journal of Paleopathology, 2018(24).
［48］稲畑耕一郎：『神と人との交響楽 中国仮面の世界』，農山漁村文化協会，2003年。
［49］中村慎一：『良渚文化における石器の生産と流通に関する研究』，『金沢大学』2000年。
［50］久保田慎二：『中国新石器時代末期から初期王朝時代の土器利用に関する学際的研究』，『月刊考古学ジャーナル』2018年第716期。
［51］中村慎一：『河姆渡文化研究の新展開』，『浙江省余姚田螺山遺跡の学際的総合研究』

［52］ 中橋孝博：『中国江南地方出土の古人骨に関する人類学的研究-渡来系弥生人の起源を巡って』,『九州大学』2000年。

［53］ 秋山進午：『遊牧騎馬民族文化の生成と発展過程の考古学的研究』,『大手前女子大学』1997年。

［54］ 宮本一夫：『遊牧民と農耕民の文化接触による中国文明形成過程の研究』,『九州大学』1999年。

［55］ 松本圭太：『ユーラシア草原地帯における青銅器様式とその境界』,『中国考古学』2015年第15期。

［56］ 松村博文：『Out of Africa：ホモ・サピエンスのユーラシアへの拡散とアジア人の起源』,『生物の科学遺伝』2016年第70期。

［57］ 山本謙治：『西安碑林博物館所蔵碑誌彫飾文様6~10世紀基準作例の造形分析と系統化の基礎研究』,『阪南大学』2010年。

［58］ 谷一尚：『中国北部の美術・考古学調査』,『共立女子大学』1996年。

［59］ 末森薫：『敦煌莫高窟早期窟千仏図像の規則的描写法—第二五四窟の空間設計における千仏図像の機能—』,『仏教藝術』2016年第347期。

［60］ 園田直子、日高真吾、末森薫：『博物館におけるLED照明の現状—2015年夏国立民族学博物館展示場での実験データから』,『国立民族学博物館研究報告』2015年第4期。

［61］ 中村亜希子、林正憲：『「同笵瓦」と「異笵瓦」—東大寺式軒瓦の三次元計測と検討—』,『奈良文化財研究所紀要』2018年。

The Other's Vision of Chinese Archaeological Research in Japanese Academic Circles: An Investigation on the Database of Japan's Grants-in-Aid for Scientific Research

Liu Yan　Wang Xiaomei

(College of Foreign Languages, Guizhou University)

Abstract: The development and achievements of Chinese archaeology has been paid more and more attention by overseas academic circles. As a national scientific research project database in Japan, the scientific research grant database of Japan reflects the focus and research overview of Chinese archaeological research to a certain extent. Using the method of text measurement, this paper presents the overall appearance of Japanese and Chinese archaeological research in terms of the number and trend of research projects, research types, research institutions and academic groups, and research on high-frequency words. At the same time, based on the perspective of translation and review, this paper reviews the achievements of related research topics from three aspects: geographical space, historical time and interdisciplinary content. The collation and review of Japanese and Chinese archaeological research can provide the other's version and basic data for the regional history research and cultural excavation in the perspective of Chinese archaeology, which is of academic and practical significance.

Keywords: Japan; China; Archaeology; The Other's Version; Achievements Review

西汉武陵郡及属县考

谭远辉

（湖南省文物考古研究院　科技考古与文物保护利用湖南省重点实验室）

[摘　要]　《汉书·地理志》谓"武陵郡，高帝置"，辖十三县，曰索、孱陵、临沅、沅陵、镡成、无阳、迁陵、辰阳、酉阳、义陵、佷山、零阳、充。然而，由出土西汉简牍、玺印及漆器铭文的相关记载分析，《汉书》所载武陵郡只是西汉后期的政区设置。而西汉前期所辖十三县应为：索、临沅、沅陵、镡成、无阳、迁陵、辰阳、酉阳、义陵、零阳、充、门浅、沅阳。西汉后期，门浅和沅阳两县省并，孱陵由南郡改属武陵郡，并新置佷山县。

[关键词]　西汉；武陵郡；前十三县；后十三县

《汉书·地理志》："武陵郡，高帝置。莽曰建平。属荆州。"辖十三县，曰索、孱陵、临沅、沅陵、镡成、无阳、迁陵、辰阳、酉阳、义陵、佷山、零阳、充[1]。

西汉这一政区设置被历代治史方家视为信史，应该说，在20世纪80年代以前，这一认识无可厚非。20世纪80年代以后，出土简牍、玺印及漆器铭文中一些记载使人们对于《汉书》中这一政区设置的认识有所改变。其中涉及郡县的由来、辖县的多少、治所及名称的易替、县域的省并、领属关系的变更，等等。

其中与讨论西汉武陵郡及辖县有关的材料有里耶秦简、江陵张家山汉简、松柏汉简、沅陵虎溪山一号墓汉简、长沙谷山M5有铭漆器、长沙走马楼西汉简、张家界古人堤东汉简以及部分楚汉遗址出土玺印、封泥等。下文主要依据这些出土材料并参考传世文献对西汉武陵郡及属县的诸多问题讨论如下。

一、武　陵　郡

《后汉书·郡国四》："武陵郡，秦昭王置。名黔中郡，高帝五年更名。"[2]

《水经注·沅水》："汉高祖二年，割黔中故治为武陵郡。"[3]

"五年""二年"之异孰是？南宋王象之在《舆地纪胜》中有精当的分析："高

帝二年汉祖方定关中，与项王战争，岂暇改易黔中郡县之名？若曰五年更名，则是汉定天下之后，尚庶几耳。"[4]所谓"高祖二年"实为汉王二年，当时天下未定，刘邦尚未称帝。其时项羽气焰尚炽，杀义帝、夺齐地、彭城大败汉军、掳刘邦之妻父都在这一年。此时刘邦据守汉中，尚自顾不暇，哪里管得了千里之外的郡县。五年，刘邦定鼎天下，南面称孤，除旧布新，适当其时也。

"武陵郡，秦昭王置。名黔中郡"之说在里耶秦简问世以前鲜见质疑。里耶秦简中大量出现的"洞庭郡"一名颠覆了人们的固有认知。而洞庭郡的属县及辖域又与汉武陵郡惊人相同。由是得知，汉武陵郡的前身是秦洞庭郡，而非黔中郡。

或曰西汉名"义陵郡"，东汉始改"武陵郡"。《后汉书》刘昭注引《武陵先贤传》曰："晋代太守赵厥问主簿潘京曰：'贵郡何以名武陵？'京曰：'鄙郡本名义陵，在辰阳县界，与夷相接，为所攻破，光武时移东出，遂得见全，先识易号。《传》曰"止戈为武，高平曰陵"，于是改名焉。'臣昭案：《前书》本名'武陵'，不知此对何据而出。"[5]《水经注》从其说[6]。刘昭及后来许多学者均不认可此说。沅陵虎溪山西汉一号墓《计簿》简四明确记为"故沅陵在长沙武陵郡"，则坐实了"义陵郡"之妄[7]。

《汉书·地理志》谓武陵郡"属荆州"，而上揭虎溪山《计簿》简四谓"长沙武陵郡"，则说明武陵郡在汉初属长沙国所辖，而长沙王将沅陵侯吴阳封在武陵郡属县也从一个侧面反映了这一事实。长沙走马楼西汉简也多处涉及武陵郡及其属县，且武陵郡属县使报长沙国临湘的文书呈上行文书格式。长沙走马楼西汉简的时代属武帝前期[8]。如然，则至少武帝以前武陵郡应属长沙国所辖，辖于荆州可能到了西汉中晚期。

武陵郡所辖十三县中除佷山外，其余十二县都见于里耶秦简，而且也大都属于洞庭郡。则可认为，汉武陵郡基本沿袭了秦洞庭郡的建制。据考证，西汉前期武陵郡的辖县中还有门浅和沅阳两县。此外还有孱陵的改属及佷山的设置问题，一并考述如下。

二、索　县

秦旧县。在今常德鼎城区韩公渡镇城址村。城又名"汉寿"，是东汉所易名。20世纪70年代，村民还从城址中挖出"汉寿"铭文砖。城分东西两城，东大西小，中间共用城墙，坐北朝南。大城呈正方形，边宽约600米；小城南北长与大城等，东西向是大城的一半，总面积约54万平方米。夯土墙体残高3~4米。护城河遗迹尚存，宽约30米。

城内文化堆积主要为战国至汉代遗存，城周边分布有大量战国及两汉时期墓葬。索县城历战国、秦、汉至六朝多个朝代，隋代寖废。

三、临沅县

秦旧县。在今常德市区，俗称"张若城"。20世纪90年代后期，常德市文物处在市区大规模的基建工程中，在湘北供销公司大楼距地表4～5米深处发现四口古水井，从井中发掘出战国至汉代的陶罐、豆、钵等。在东部的华达公司大楼的地基中还发现夯土墙基和连接有5米多长的陶水管。以上遗迹和遗物都表明此地应是一处战国至汉代城址[9]。而且在常德沅水两岸分布着数以千计的楚、秦、汉墓葬[10]。

临沅县治的地望从里耶秦简地名里程简中也能得到印证，里程简曰："索到临沅六十里。"秦度一里约合今415.8米，那么，"索到临沅六十里"也就相当于今天25千米。我们从地图上量得城址村到常德市区的直线距离大致为19千米，在实际路程中，在这样一段距离内多出6千米是正常的。毫无疑问，张若城即临沅古城。

四、沅陵县

秦旧县。位于今沅陵县城以南约10千米的太常乡窑头村和木马岭村，今城址尚在。城坐南朝北，呈不规则长方形，面积约11万平方米。南城墙保存较好，残高0.5～1.5米。城壕宽5.5、深1～1.5米。

从窑头古城中发现的遗迹和遗物表明，其时代为战国中期至汉初，而周边所发掘的墓葬年代分两个阶段，第一阶段为战国中期至秦代，第二阶段为西汉中期至新莽时期。03T4出土一枚秦汉之际的"元陵"烙印使该城的属性明确，"元陵"即"沅陵"。由是，该城无疑属战国至汉代的沅陵县城[11]。但城址中汉代遗存较少，那么汉代的沅陵城在哪里呢？

《水经注·沅水》曰："沅水又东，迳沅陵县北。汉故顷侯吴阳之邑也，王莽改曰沅陆县，北枕沅水。沅水又东，迳县故治北。移县治，县之旧城，置都尉府。"[12]

前者"沅陵县"为郦道元所处时代的沅陵县治，在"县故治"的上游，而且两处县治都在沅水南面。其一肯定为窑头古城。窑头古城虽也在沅水左岸，但沅水在此处拐了一个大弯，从城南绕到城北，而城又在北面紧傍沅水，故沅水也是经流其北。新编《沅陵县志》认为，"县故治"应即窑头古城，而"沅陵县"则在窑头往上沅水南岸的蓝溪口[13]。这样新旧县治的直线距离不足两千米。在第二次文物普查中确实在蓝溪口发现一处较大型的战国至汉代的遗址。遗址面积约7万平方米，文化堆积厚0.8～2.2米，暴露有建筑遗迹及汉代砖瓦窑。采集有战国至汉代的陶鬲、罐、豆、麻布纹硬陶罐以及筒瓦、板瓦等[14]。这处遗址因五强溪水库蓄水，现已淹没于水下。但这是否就是汉代的沅陵县城尚不确定。

五、镡成县

秦旧县。《汉书》曰："镡成，康谷水南入海。玉山，潭水所出，东至阿林入郁，过郡二，行七百二十里。"[15]这些地名和水名在今天或不存，或位置偏移，或者根本就是子虚乌有。《汉书地理志汇释》引王先谦《汉书补注》曰："今靖州、黔阳、绥宁、通道、会同、天柱县地，故城在黔阳县西南。"编者按则曰："治所在今湖南靖州苗族侗族自治县南，确地无考。"[16]所谓"黔阳县西南"如指潕水入沅处的黔城，确实在黔阳县（今洪江市）的西南部，该处也确实可能存在被历代县治毁坏的古城，因周围存在大量的楚汉墓葬。但有证据表明，该地应为同时期的沅阳县治所在（详后文）。"黔阳县西南"还有一处重要地点——托口镇，其位置也很重要，是一座古镇，现已被水库淹没。而且在此处沅水北岸也发现很多楚汉墓葬[17]。是否为古镡成县治？还有待今后考古工作的深入。

六、无（潕）阳县

秦旧县。所谓"无阳"，即无水之阳，其位置应处于今怀化市西部的无水（今曰"潕水"）流域，但具体位置却异说歧出。《汉书地理志汇释》引王先谦《汉书补注》称："今芷江县地，故城在沅州府东南唐纪山。"又编者按："治所在今湖南芷江侗族自治县东北，确地无考。"[18]应该说，这两说都不足为据，主要是没有考古材料的支持。至少目前在那一带还没有发现楚汉城址和成规模的楚汉墓群。

《水经注·沅水》："无水出故且兰，南流至无阳故县。县对无水，因以氏县。无水又东南入沅，谓之无口。"[19]无水在芷江境内由西向东流，进入怀化后南折汇入沅水，无水"南流至无阳故县"后再汇入沅水，也就是说无阳县位于无水南折后至汇入沅水河段的某一处，而在中方县的无水之阳（今潕水西岸）就有这样一座楚汉古城——荆坪古城。郦氏之说不诬。

荆坪古城受到较严重破坏和扰乱，在城址北侧残存一段夯土城墙，高1～1.5米。西侧和南侧的淤土堆积下为两条壕沟，其中内侧壕沟应为城壕，外侧壕沟应为联通城址与溇水的水道。城址现存面积约10万平方米。

城内文化堆积厚1~2米，采集和出土大量楚汉时期陶器及筒瓦、板瓦等建筑材料，局部并可见很厚的陶片堆积。另省、市文物部门历年在荆坪古城所在的潕水两岸发掘了战国至西汉墓葬近400座。勘探表明，在附近的丘陵地带还有上千座墓葬分布。因而可以确定荆坪古城为战国至西汉的无阳县城所在[20]。

"无阳"在长沙谷山M5出土漆器铭文中凡三见（010、107、108），均为"十一年，潕阳长秦、丞状、库奠、工喜造"，这里作"潕阳"，应是"无（無）、潕"通用？一如"沅陵"与"元陵"，"沅阳"与"元阳""沅易"等。毕竟在里耶秦简和长沙走马楼西汉简中都作"无阳"[21]。

七、迁 陵 县

秦旧县。里耶秦简为秦代迁陵县的政府文书档案。因此表明，里耶古城即为秦迁陵县城。通过解剖南、北城墙，初步认定里耶古城经历了三个历史时期，即战国晚期、秦、西汉。而且据发掘报告，第二期城墙为西汉时期所筑，这似乎表明，西汉的迁陵县治也在此。但是有一个现象值得注意，城内地层中虽有汉代遗存，但基本上都属西汉早期。最为直接的依据就是：在第三期遗物中"出土了大量的半两钱"，却没有一枚五铢钱，说明里耶城延续使用的年代没有越过五铢钱兴起的汉武帝元狩五年[22]。

可以肯定，两汉都是有迁陵县的，那么，武帝以后的迁陵县治何在？《嘉庆重修一统志》谓："迁陵故城，在保靖县东，汉置县。"[23]《汉书地理志汇释》谓"治今湖南保靖县东北"[24]。保靖县东北的酉水北岸确实有一座古城——四方城，而且此地现地名还叫迁陵镇。承龙京沙先生见告，2016年进行过一次较大规模发掘。城址面积约8万平方米，时代从战国延续至宋代，其中以汉代遗存最为丰富。四方城周边分布着大量的楚汉墓群。因此，可以推定，汉武帝时原迁陵县城废弃，治所迁至保靖四方城。然而，四方城始筑年代为战国时期，通常认为，四方城为秦代的酉阳县治，而酉阳在汉代依然存在，迁陵移治于此，酉阳又移治何处？这将在"酉阳县"部分讨论。

八、辰 阳 县

秦旧县。汉属武陵郡。隋文帝开皇九年（589年），辰阳县迁于今治，始更县名为辰溪。《元和郡县图志·江南道六》曰："辰溪县，本汉辰陵县，属武陵郡，后改曰辰阳。"[25]"辰陵"之说无稽，西汉早期的谷山M5漆器铭文和长沙走马楼西汉简中都作"辰阳"。而且"辰阳"一名可上溯至战国晚期，屈原《楚辞·涉江》"朝发枉渚兮，夕宿辰阳"[26]。枉渚在常德，上溯至辰阳不可能朝发夕至，我们不能局限于常规的思维空间来理解诗的意境，其中"夕"应当理解为几天之后的"夕"，这在诗歌中是可以的。

古辰阳遗址因城镇建设今已不存。顾名思义，"辰阳"，乃辰水之阳。道光《辰溪县志》谓："辰阳旧县，城西十余里，上铜山乡其地。平原宽广，至今呼为'旧县'。有县场、教场、隍庙各废基名目。辰水迳其南，故名'辰阳'。"[27]新修《辰溪县志》谓："即今潭湾镇之杉林、溪边二村。"[28]从地形上看，杉林、溪边二村虽在辰水之阳，但距辰水较远，附近只有一条小溪。所谓"废基名目"也较晚近。在今县城范围及邻近的辰、沅二水两岸分布着众多的楚汉墓群，经抢救性清理发掘的有米家滩、黄土坡、江东、桥湾、鹅公颈等，数量有数百座之多。故战国、秦汉时期的辰阳县城应该就在辰水西侧的潭湾镇附近，不会距离太远。

九、酉 阳 县

秦旧县，两汉因之。秦代应治四方城。前文说道，西汉武帝以后迁陵县移治于此，酉阳又移治何地呢？《嘉庆重修一统志》谓："酉阳故城，在永顺县东南，汉置县。"[29]今永顺东南的芙蓉镇邻近地带分布着大量的楚汉墓葬，因而推测酉阳县治可能移治于此。但是这一带却没有找到与墓葬年代适配的城址，因芙蓉镇自古以来就是一个繁华的集镇，古城可能遭受破坏。芙蓉镇楚秦时期即有可能为一座军事边城。也有可能秦酉阳县本治于此，只是将迁陵县移治于保靖四方城，或者这一带在楚秦时期还有一座未知的县邑。这些假想都有待今后的考古发现加以证实。

十、义 陵 县

秦旧县。或曰"义陵"县名始于汉。刘禹锡《武陵书怀五十韵·序》云："常林《义陵记》云：初项籍杀义帝于郴，武陵人曰：天下怜楚而兴，今吾王何罪，乃见杀！郡民缟素，哭于招屈亭，高祖闻而异（义）之。故亦曰义陵。"[30]按此说，则"义陵"一名始于汉初。后代多沿袭此说。然而，在里耶秦简中即有"义陵"县名。如简9-670"九月癸亥朔□□义陵丞宜□"等[31]。常林之说实谬。义陵于东汉并入辰阳，唐代重置后更名"溆浦"，应是据屈原《楚辞·涉江》中"入溆浦余儃徊兮，迷不知吾所如"[32]。可见"溆浦"一名应始于战国，可能于秦代更名"义陵"。其更名是否有故事？则不得而知。

义陵城位于溆浦县原马田坪乡梁家坡村。由于城镇建设，城址已遭破坏，原貌基本不存。根据早年调查，城呈长方形，面积约175000平方米。城址西部可见一段长约100米的夯土城墙，残高3米，护城河尚存。怀化市博物馆曾对城址进行过试掘，出土和采集有东周至汉代遗物陶鬲、罐、豆、盆以及硕大而完整的筒瓦等[33]。

在今溆浦县南溆水两岸的丘陵地带分布着数千座战国至汉代墓葬。历年文物部门配合城镇建设发掘古墓上千座，墓地有马田坪、商顶坡、赵家庄、中林、丰收、高低村、茅坪坳、芙蓉学校等，均围绕在义陵城周围。

十一、零 阳 县

秦旧县。即所谓"白公城"，位于今慈利县零阳镇。城址呈长方形，面积约10万平方米。残存夯土城墙高约2米，护城河宽约10、深约2米。城内出土遗物有日用生活器皿陶罐、钵、盆、豆以及建筑材料绳纹筒瓦、板瓦等，时代为战国晚期至汉代。

在城址东约600米处有大型古墓群——骑龙岗战国至汉代墓群，估计有古墓上千座。湖南省文物考古研究院配合工程建设在此清理古墓近400座。此外还有官地墓群、石板、零溪村墓群及叶家包墓群等，均围绕在零阳古城周边[34]。

传言慈利县于秦时置慈姑县于此。此说最早见于《弘治湖广岳州府志》："秦为慈姑县。汉为零阳县、充县，地属武陵郡。"[35]万历《澧纪》又予以发挥："汉高祖五年，已灭罢黔中郡，升武陵县为武陵郡；罢慈姑县分置孱陵县、零阳县、充县。"[36]意即澧水全线在秦代就只有一个"慈姑县"，汉初才分为三县。该说迟至明代中后期才出现，是一些不求甚解的方志编撰者捕风捉影而杜撰出来的。里耶秦简表明，秦无慈姑县，而在澧水流域还有充、醴阳和孱陵县，并非汉初由所谓"慈姑"分置。"升武陵县为武陵郡"也是信口开河。

十二、充 县

秦旧县，两汉因之。充县的位置历来是明确的，王先谦《汉书补注》曰："故城今永定县西。"[37]清永定县即为后之大庸县，今之张家界市永定区。在永定区城西即有一座俗称"古人堤"的城址，与王氏之说吻合。城址坐落紧靠澧水左岸的台地上，因位于后代城区边缘（现已为闹市区），破坏严重。1987年，湖南省文物考古研究所对古人堤遗址进行了发掘。遗址地层中遗物较丰富，时代为战国至两汉时期。

遗址地层中最重要的发现便是东汉简牍，共清理出90片。其中简10记为："充长之印。兵曹掾猛使福以邮行。永元元年十二月廿日辛丑起廷。"[38]永元元年为89年，所谓"充长"即充县的县长。这就明白无误地表明：古人堤遗址即为战国至两汉时期的充县城址。而《汉书地理志汇释》"编者按"却说"治今湖南桑植县"，应是沿袭地方志之谬[39]。

秦洞庭郡属县中还有一些县不见于《汉书》中武陵郡辖县，其中有的可能省并，如上衍，有的应该易名，如新武陵易名临沅[40]，有的则是郡属变更，如益阳。但尚有两县在汉代前期依然属武陵郡所辖，而班氏失载，此两县为沅阳和门浅。考述如下。

十三、沅　阳　县

《汉书·地理志》无沅阳县名，在里耶秦简中"沅阳"为洞庭郡属县则是无疑义的。汉代"沅阳"究竟存续与否？出土文献屡屡证实至少西汉前期沅阳县是存在的，而且为武陵郡属县。

长沙西汉前期谷山M5有铭漆器中2件漆耳杯和1件漆盘上有"沅阳"二字。内容相同："七年，沅阳长平、丞状、库周人、工它人造。""沅阳长"即沅阳县的县长，平、状、周人、它人都是人名。谷山M5漆器铭文中还有多个县名，基本上都是《汉书》所列西汉武陵郡属县，"沅阳"也应属武陵郡辖县[41]。

稍后武帝时期，长沙走马楼西汉简中也有多枚有"沅阳"县名的简。如简107+95："五年八月，丁亥朔，丙午，沅陵长阳、令史青，肩行丞事，敢告临沅、迁陵、充、沅阳、富阳、临湘、连道、临汋、索、门浅、昭陵、秭归、江陵，主写劾。"简24还有"沅阳为属"之明确记载[42]。"沅阳"无疑为县名。由此证明，西汉武帝时期的武陵郡属县中也是有"沅阳"的。目前在黔城周边发现的墓葬时代从战国晚期到西汉早期，没有中期以后的墓葬。有可能武帝以后省并，导致《汉书》失载。

1998年在怀化市黔城镇一座楚墓（M107）中出土了一枚"沅昜"铜印章[43]。"沅昜"即沅阳。黔城正处潕水入沅处，西滨潕水，南临沅水，是为沅水之阳。但此处由于历代为县治所在，已无古城迹象。然而在此处的潕水两岸发现大量的楚汉墓群，历年配合城镇建设在方圆不到4平方千米的区域内发掘古墓近400座。因而推测，黔城应为秦汉沅阳县城所在。无独有偶，2012年，湖南省文物考古研究所在距黔城镇下游约20千米的老屋背遗址中又发掘出土一枚秦汉之际的"元陽"封泥（G4④：55）。老屋背遗址面积仅64000平方米，遗址四周有环壕，但不见城墙，周边同时期墓葬也较少，推测应该不是县城，而应是战国至汉代沅阳县所辖乡一级行政机构驻地[44]。

十四、门浅县

门浅为秦洞庭郡辖县，但也不见于《汉书》。门浅县在汉代其实也是存在的，而且也辖于武陵郡。前引长沙谷山M5有铭漆器中有"门浅"县名者12件，铭文有"门浅库"和"七年，门浅长平、丞都、库应、工勇造"，为西汉早期。1954年，长沙斩犯山7号墓中出土一枚滑石印章，印面以汉隶阴刻"门浅"二字。该墓也是一座西汉早期墓葬。前述长沙走马楼西汉简中也有"门浅"县名。毫无疑问，西汉前期武陵郡辖县中还有门浅县。西汉中期以后可能省并。

笔者根据里耶简8-159和简9-712＋9-758推断，门浅应是与临沅、索两县临近的秦县，那么在这一带归属不明的城址只有采菱城，故认为采菱城应该就是门浅县城所在[45]。

采菱城位于桃源县青林乡，东临沅水，北傍白洋河。城址面积近50万平方米，是湖南省目前发现的规模较大的城址之一。城垣大部分保存完好，有清晰的护城河。城内陶片堆积丰富，器类有陶鬲足、罐、盆、豆、板瓦、筒瓦和排水管等。时代以战国较为明晰，秦汉时期因为存续时间较短，堆积较薄，可能为后代扰乱破坏。在城址周围的丘陵岗地分布着上千座战国至汉代墓葬，历年发掘的有数百座[46]。

《汉书》武陵郡属县中还有"孱陵"和"佷山"二县，但两县的领属关系和设置尚存疑窦，需加以辨析。

十五、孱陵县（附醴阳县）

秦旧县。因其处在洞庭郡的最北端，而距南郡更近，在秦代孱陵县应该属于南郡所辖。今湖南境内同属于南郡所辖的秦县还有醴阳（后作"澧阳"）。到了汉代两县的领属关系如何，或者存续与否，还得据出土文献具体分析。在《汉书》中孱陵县列为武陵郡辖县，而醴阳不见于《汉书》。

1984年，江陵张家山二四七号汉墓所出《二年律令·秩律》简中即有"醴阳、孱陵"县名，与南郡诸县骈列。但是"醴阳"却作"醴陵"，由下松柏汉简可知，应是简牍抄手抄写致误。其中"醴陵"注曰"地望不详"，"孱陵"注曰"属武陵郡"，这是不对的，由下松柏汉简可知，两县当时都属南郡所辖。张家山汉墓的年代为吕后初年[47]。

2004年，江陵纪南镇松柏村一座汉墓（M1）中也出土了一批简牍，其中有属于南郡及江陵西乡等地的各类簿册，其中35号木牍免老簿部分就记载有"醴阳免老六十一人、孱陵免老九十七人"等[48]。

松柏汉简的时代为武帝早期。如此，由张家山和松柏汉简表明，西汉早中期孱陵、醴阳两县尚属南郡所辖。孱陵县有可能于西汉中后期改隶于武陵郡，而醴阳或于此时省并，可能并入孱陵。醴阳县重置则到了晋代，《宋书·州郡三》："澧阳令，晋武帝太康四年立。"[49]重置之后作"澧阳"。

长沙谷山M5有铭漆器中也有来自醴阳县的漆器，与其他武陵郡属县的有铭漆器同列[50]。谷山M5的年代介于张家山和松柏汉简之间。但这并不能表明此时醴阳为武陵郡属县，所造漆器或为长沙王府在邻郡购得。

关于两县治所，醴阳基本可判定为临澧县澧水北岸合口镇的申鸣城，那一带伴有高规格和数量众多的九里楚墓群。孱陵县治何在，众说纷纭，或曰在今湖北公安县南，或曰在县西[51]。据里耶秦简里程简"江陵到孱陵百一十里，孱陵到索二百九十五里"推算，秦孱陵县大致在今湖北公安与湖南安乡两县的交界地带，然而西汉的县治是否也在这里？再说城址存在与否？都不清楚。

十六、佷　山　县

在目前已公布的里耶秦简中无"佷山"县名，《汉书·地理志》列为武陵郡辖县，地属今湖北长阳县。则佷山便可能为西汉新置县。如果是汉初即置，则不当划入武陵郡辖区，因汉初孱陵、醴阳两县都属南郡所辖，而佷山距南郡远较武陵郡近，且被孱陵与醴阳半包围，这种格局极不合理。如果汉初属于南郡，则张家山与松柏汉简中佷山又都不见列。长沙走马楼西汉简中也无"佷山"县名。这样我们认为，西汉前期应未设佷山县。武帝以后，醴阳省入孱陵，划归武陵郡所辖，此时佷山也可能为武陵郡新置县。然而佷山终归因距武陵郡太远，故东汉时又划归南郡。佷山县治何在？《汉书地理志汇释》谓："治今湖北长阳土家族自治县西。"[52]然否？不可知。

综上所述，西汉时期武陵郡所领十三县并非贯穿始终，其前后不尽一致。长沙走马楼西汉简的时代为武帝元朔三年至元狩三年，其所见武陵郡属县有临沅、门浅、迁陵、零阳、义陵、辰阳、充、索、沅陵、酉阳、无阳、镡成、沅阳十三县[53]，没有佷山和孱陵。西汉后期沅阳和门浅可能省并，孱陵由南郡改隶于武陵郡，并且可能并入醴阳，佷山可能为武陵郡新置县。班固所了解的应是西汉后期的武陵郡建制。

各县故治明确和大致明确的有索、临沅、沅陵、无阳、辰阳、义陵、零阳、充、沅阳九县。由武陵郡属县前后有别的情况表明，这一区划变更大致发生在武帝时期，其中有省并，有新置，有移治，也有领属关系变更。当然，这只是就目前所掌握的史料和考古资料所得出的推论，尚有待今后的考古发现予以进一步完善和修正。

注　释

[1]　（汉）班固：《汉书》卷二十八上，中华书局，1964年，第1594、1595页。
[2]　（南朝·宋）范晔撰，（唐）李贤等注：《后汉书·志第二十二》，中华书局，1973年，第3484页。
[3]　（北魏）郦道元撰，杨守敬、熊会贞疏：《水经注疏》卷三十七，《杨守敬集》第四册，湖北人民出版社、湖北教育出版社，1993年，第2253页。
[4]　（南宋）王象之撰：《舆地纪胜》卷七十五，《续修四库全书》第五八四册，上海古籍出版社，2002年，第620页。
[5]　（南朝·宋）范晔撰，（唐）李贤等注：《后汉书》，中华书局，1973年，第3484页。
[6]　（北魏）郦道元撰，杨守敬、熊会贞疏：《水经注疏》卷三十七，《杨守敬集》第四册，湖北人民出版社、湖北教育出版社，1993年，第2246页。
[7]　湖南省文物考古研究所：《沅陵虎溪山一号汉墓》，文物出版社，2020年，第118页。
[8]　长沙简牍博物馆、长沙市文物考古研究所：《长沙市走马楼西汉古井及简牍发掘简报》，《考古》2021年第3期，第43~60页。
[9]　龙朝彬、郑祖梅：《常德地区楚文化调查与探索》，湖南省考古学会第七次年会提交论文，1997年（内部资料）。
[10]　湖南省常德市文物局、常德博物馆、鼎城区文物管理处等：《沅水下游楚墓》，文物出版社，2010年。
[11]　湖南省文物考古研究所：《湖南沅陵窑头古城遗址发掘简报》，《湖南考古辑刊（第11集）》，科学出版社，2015年，第159~183页。
[12]　（北魏）郦道元：《水经注》第六册，商务印书馆，1929年，第72页。
[13]　沅陵县地方志编纂委员会：《沅陵县志》，中国社会出版社，1993年，第66页。
[14]　国家文物局：《中国文物地图集·湖南分册》，湖南地图出版社，1997年，"文物单位简介"第438页。
[15]　（汉）班固：《汉书》卷二十八上，中华书局，1964年，第1595页。
[16]　周振鹤：《汉书地理志汇释》第3册，安徽教育出版社，2006年，第289页。
[17]　尹检顺：《托口水电站淹没区2012年度考古发掘》，《湖湘文化考古之旅·2012》（内部资料），2013年，第57页。
[18]　周振鹤：《汉书地理志汇释》第3册，安徽教育出版社，2006年，第289页。
[19]　（北魏）郦道元：《水经注》第六册，商务印书馆，1929年，第70页。
[20]　湖南省文物考古研究院、怀化市博物馆调查、发掘资料。

[21] 长沙市文物考古研究所：《长沙"12·29"古墓葬被盗案移交文物报告》，《湖南省博物馆馆刊（第六辑）》，岳麓书社，2009年，第363页；长沙市文物考古研究所：《西汉长沙王陵出土漆器辑录》，岳麓书社，2016年，第82、84、86页。

[22] 湖南省文物考古研究所：《里耶发掘报告》，岳麓书社，2007年，第11~229页。

[23] （清）穆彰阿、潘锡恩等：《嘉庆重修一统志》第22册卷三百七十二，商务印书馆、上海涵芬楼，1934年影印，页十上。

[24] 周振鹤：《汉书地理志汇释》第3册，安徽教育出版社，2006年，第289页。

[25] （唐）李吉甫撰，贺次居点校：《元和郡县图志》卷三十，中华书局，1983年，第748页。

[26] （宋）朱熹撰，蒋立甫校点：《楚辞集注》，上海古籍出版社、安徽教育出版社，2001年，第78页。

[27] （清）刘家传等：《辰溪县志》卷十一《古迹》，《中国地方志集成·湖南府县志辑·辰溪县志》第一册，凤凰出版社，2010年影印，第294页下。

[28] 辰溪县志编纂委员会：《辰溪县志》，生活·读书·新知三联书店，1994年，第63页。

[29] （清）穆彰阿、李佐贤、潘锡恩等：《嘉庆重修一统志》第22册卷三百七十二，商务印书馆、上海涵芬楼，1934年影印，页九上。

[30] 中华书局编辑部点校：《全唐诗》第六册卷三六二，中华书局，1999年，第4096页。

[31] 湖南省文物考古研究所：《里耶秦简（贰）》，文物出版社，2017年，第28、62、72页。

[32] （宋）朱熹撰，蒋立甫校点：《楚辞集注》，上海古籍出版社、安徽教育出版社，2001年，第78页。

[33] 怀化市博物馆发掘资料。

[34] 湖南省文物考古研究院发掘资料。

[35] （明）刘玓、刘袭等纂修，谭远辉校注：《弘治湖广岳州府志》卷十，岳麓书社，2018年，第370页。

[36] （明）高尚志等撰，高守泉校注：《〈澧纪〉校注》，名家出版社，2010年，第26、27页。

[37] 王先谦注：《汉书补注·地理志第八上三》，《万有文库》第二集，商务印书馆，1937年，第2795页。

[38] 湖南省文物考古研究所、中国文物研究所：《湖南张家界古人堤遗址与出土简牍概述》，《中国历史文物》2003年第2期。

[39] 周振鹤：《汉书地理志汇释》第3册，安徽教育出版社，2006年，第291页。

[40] 谭远辉：《秦县新武陵易名临沅考——兼说秦洞庭郡郡治地望》，《湖南省博物馆馆刊（第十六辑）》，岳麓书社，2020年，第249~255页。

[41] 何旭红：《对长沙谷山被盗汉墓漆器铭文的初步认识》，《湖南省博物馆馆刊（第六辑）》，岳麓书社，2009年，第380~391页。

[42] 陈松长：《长沙走马楼西汉古井出土简牍概述》，《考古》2021年第3期，第98、99页。

[43] 怀化市博物馆发掘资料。

[44] 湖南省文物考古研究所、怀化市博物馆、洪江市文物管理所：《湖南洪江老屋背遗址发掘报

[45] 谭远辉：《秦汉"门浅""上衍"二县地望蠡测》，《朗澧锥指录》，岳麓书社，2017年，第26~28页。
[46] 国家文物局：《中国文物地图集·湖南分册》，湖南地图出版社，1997年，"文物单位简介"第238页。
[47] 张家山二四七号汉墓竹简整理小组：《张家山汉墓竹简》（二四七号墓），文物出版社，2001年，第197、199页。
[48] 荆州博物馆：《湖北荆州纪南松柏汉墓发掘简报》，《文物》2008年第4期，30、31页。
[49] （梁）沈约：《宋书》第4册，中华书局，1974年，第1119页。
[50] 何旭红：《对长沙谷山被盗汉墓漆器铭文的初步认识》，《湖南省博物馆馆刊（第六辑）》，岳麓书社，2010年，第381页。
[51] 周振鹤：《汉书地理志汇释》第3册，安徽教育出版社，2006年，第288页。
[52] 周振鹤：《汉书地理志汇释》第3册，安徽教育出版社，2006年，第291页。
[53] 长沙简牍博物馆、长沙市文物考古研究所：《长沙市走马楼西汉古井及简牍发掘简报》，《考古》2021年第3期，第53页。简报于县名处漏列"沅阳"，但后文的职官名中有"沅阳丞、佐、仓佐"，且陈松长《长沙走马楼西汉古井出土简牍概述》一文着重提及"沅阳"县，《考古》2021年第3期，第98页。

A Study of Wuling Prefecture and Its Affiliated Counties in the Western Han Dynasty

Tan Yuanhui

(Hunan Provincial Institute of Cultural Relics and Archaeology; Hunan Key Laboratory of Archaeometry and Conservation Science)

Abstract: The Book of Han History · Geography says that "Wuling Prefecture was built by Emperor Gao". It governs 13 counties: Suo, Chanling, Linyuan, Yuanling, Tancheng, Wuyang, Qianling, Chenyang, Youyang, Yiling, Hengshan, Lingyang and Chong. However, according to the relevant records and analysis of the unearthed bamboo slips, seals and lacquer inscriptions of the Western Han Dynasty, the Wuling Prefecture in the Book of Han History is only the administrative district in the late Western Han Dynasty. The thirteen counties under the jurisdiction of the early Western Han Dynasty should be: Suo, Linyuan, Yuanling, Tancheng, Wuyang, Qianling, Chenyang, Youyang, Yiling, Lingyang, Chong, Menqian, Yuanyang. In the late Western Han Dynasty, Menqian County and Yuanyang County merged, and Chanling County was changed from Nanjun County to Wuling County, and a new Hengshan County was established.

Keywords: The Western Han Dynasty; Wuling Prefecture; Pre Thirteen Counties; Later Thirteen Counties

科技考古

高庙遗址出土水稻遗存的研究

顾海滨　贺　刚

（湖南省文物考古研究院　科技考古与文物保护利用湖南省重点实验室）

[摘　要]　高庙遗址是一处新石器时期贝丘遗址，文化层中堆积了大量的动物骨骸，说明狩猎和渔猎活动在古人的生活中占有极其重要的地位。该遗址最早的文化层年代距今7000年左右，在这个时间前后，湖南的其他考古遗址均发现了大量水稻遗存，那么这个贝丘遗址中是否也有古代水稻的存在呢？在考古发掘的同时，我们在该遗址开展了古代水稻遗存的调查工作，最终在多个文化层中发现了三种类型的水稻遗存：炭化稻谷、水稻硅质体及水稻稻谷印痕，经分析其属性与现代栽培稻性质相似。

[关键词]　稻谷；炭化稻谷；水稻硅质体；水稻稻谷印痕

　　贝丘遗址文化层中以包含大量人们食余弃置的贝壳为显著特征，这种遗址往往反映出捕捞活动在古人的经济生活中占有重要的地位，高庙遗址就属于这样的遗址。高庙遗址位于湖南省怀化市洪江市岔头乡岩里村，紧靠沅水，是沅水流域保存较完好的一处新石器时代贝丘遗址，遗址面积约1.5万平方米，文化堆积最厚处超过5米，自下而上分别为高庙文化、大溪文化和明清时期扰土层。高庙遗址文化层最早年代距今7000年左右，在这个时间前后，湖南的其他考古遗址均发现了大量水稻遗存，那么像高庙遗址这样以捕捞为主的生计方式中，是否也有古代水稻的存在呢？为了解该方面的相关信息，我们在该遗址开展了三个方面的工作：一是对文化层的土壤进行浮选，寻找与原始稻作农业有关的植物大遗存资料；二是对文化层的土壤进行微小水稻遗存——

水稻硅质体的提取，检测文化层中是否存在水稻硅质体细胞；三是对遗址中出土的陶片进行显微观察，以求获取陶片掺和料中的水稻遗存信息。最终，在这三项工作中均发现了水稻遗存，其类型分别是炭化稻谷、水稻硅质体、水稻稻谷印痕。

一、野外取样及浮选

湖南省文物考古研究所先后于1991年、2004年、2005年三次对高庙遗址进行了考古发掘。考古发掘时，为了获取更多水稻遗存信息资料，对T1202进行了系统的采样，对T1502、T0813、T0814、T0915等4个探方的部分文化层进行了针对性取样。

系统取样的位置选取在T1202的北壁（图一）。样品采用柱状取样法获取，取样柱长、宽、高分别为0.5、0.5、3.4米，自上而下分为23个地层堆积单位，第1~2层为近现代地层，第3~12层为大溪文化时期地层，第14~23层为高庙文化时期地层。浮选样品取样间距为5厘米，重12~15千克，体积为50厘米×50厘米×5厘米，计12.5升，总计取样67个。

考古发掘过程中，发现T1502、T0813、T0814、T0915等4个探方的部分大溪文化层土壤中有机质含量高于其他地层，因此对这些层位进行了针对性的取样，其中T1502第3层取植物大遗存浮选样品3个，每样重量约10千克，T0813、T0814、T0915等3个探方取植物硅质体样品15个，每样重量为5克（取样详细层位见后文水稻硅质体部分）。

浮选：为了提高工作效率，本次浮选工作利用植物浮选仪，所有土样均过5、1、0.2毫米孔径的筛子，最大限度地保证土壤中植物大遗存不被遗漏。

图一　T1202北壁部分取样柱

水稻大遗存的整理工作是在Keyence和体式显微镜下进行，工作程序包括挑样、分类、鉴定、统计分析。

微小水稻遗存主要是在实验室内用重液的方法将残存在文化层土壤中的水稻硅质细胞富集后再提取，之后在生物显微镜下进行观察。

二、炭化稻谷

通过对浮选物的挑选，在大溪文化层的T1202第12层以及高庙文化层的T1202第16、20层发现了水稻稻壳，共3个个体。我们对这3个水稻稻谷进行了野生和栽培稻属性的研究。

考古遗址出土的炭化水稻稻谷其野生和栽培的属性一般是根据谷粒的芒、小穗轴基盘形态特征进行判别。就现生水稻的芒而言，野生稻稃尖部位具长芒（图二），栽培稻有的有芒，有的没有芒（图三），没有芒的我们认为其芒在水稻进化的过程中退化了，因而在考古遗址中出土的水稻若无芒，我们认为其性质与现代的栽培稻接近；小

图二 现代野生稻稃尖具长芒

图三 现代栽培稻芒的特征（左、中：无芒，右：具芒）

穗轴位于稻谷的基部，其表面称为基盘，基盘中有一个小孔，是水稻小枝梗附着的地方。野生稻的孔基本为完整的圆形（图四），栽培稻的孔为撕裂状或者其上粘黏着水稻的小枝梗（图五、图六），是稻谷脱粒后留下的痕迹[1]。

（一）稻谷1

出土于大溪文化层T1202第12层。出土时，个体完整，未完全炭化，炭化部分为表面的稃毛。谷长8.51、宽2.77、厚1.58毫米，无芒（图七、图八），小穗轴基盘中央小孔为撕裂状（图九）。根据芒和基盘的特征判断其性质与现代的栽培稻相似。

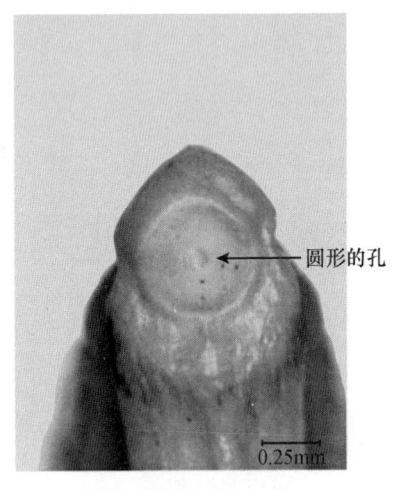

图四　现代野生稻基盘

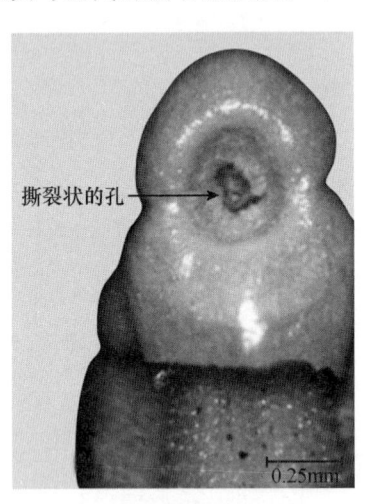

图五　现代栽培稻基盘

图六　带小枝梗的现代栽培稻

图七　稻谷1（T1202第12层）

图八　稻谷1（T1202第12层）表面炭化的稃毛 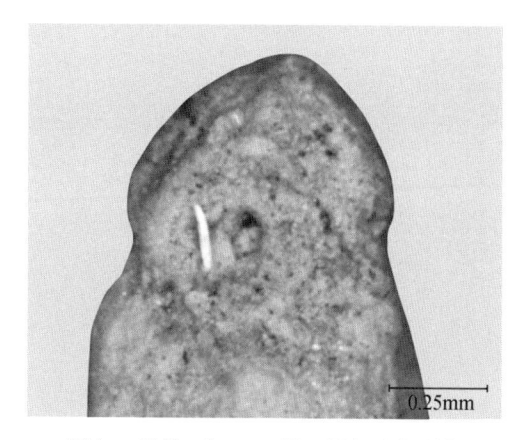　　图九　稻谷1（T1202第12层）基盘形态

（二）稻谷2

出土于高庙文化层T1202第16层。出土时，仅保留了水稻的半边外颖，未完全炭化，炭化部分为表面的稃毛。水稻长8.1、宽2.34毫米。稻壳无芒，底部保留部分小枝梗残部（图一〇）。根据此特征，判断其特征与现代栽培稻相似。

（三）稻谷3

出土于高庙文化层T1202第20层。出土时，粒形完整，未炭化，无芒（图一一），小穗轴基盘中央小孔为撕裂状（图一二）。根据芒和基盘的特征判断其与现代栽培稻相似。

图一〇　稻谷2（T1202第16层）

三、水稻稻谷印痕

在基恩士（KEYENCE）超景深显微镜下，我们观察了该遗址大量的陶片。通过观察，在T1084第7、T1084第8A、T1084第9B、T1015第8A、T1002第6层等层位的5个陶片中发现了较多的水稻属的印痕或者残片，这些陶片出土的层位均为大溪文化（图一三~图一七）。虽然这些印痕或者残片非常破碎，但其表面仍保留了水稻属的一些显著特征，比如形态、双峰乳突。根据这些特征比较容易判断其为稻属，但无法鉴定"种"，也不能判断野生或栽培属性。

图一一 稻谷3（T1202第20层）

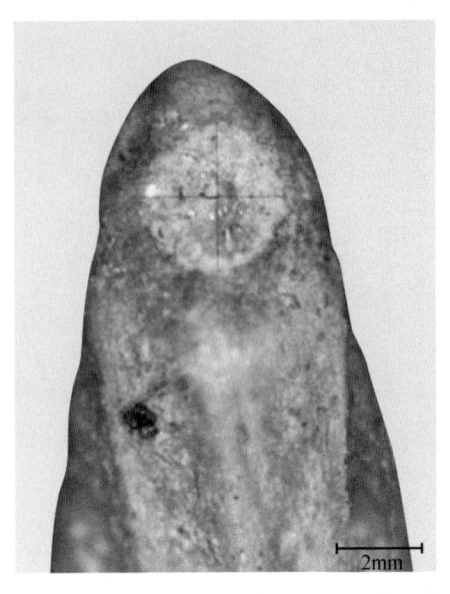

图一二 稻谷3（T1202第20层）基盘形态

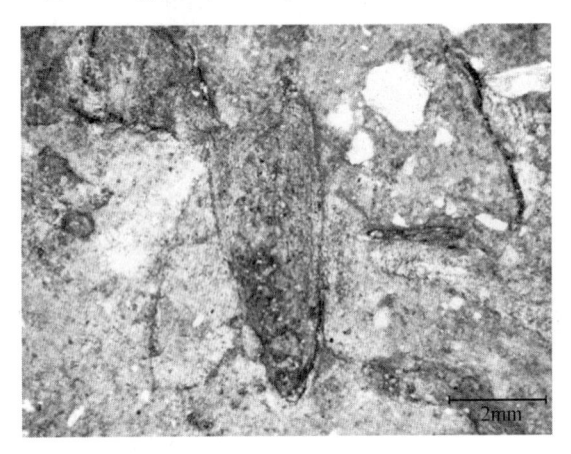

图一三 T1084第7层炭化稻残片

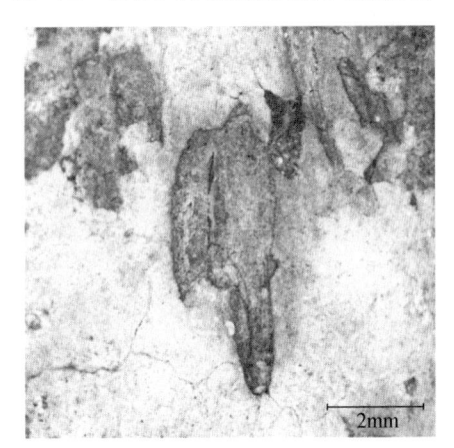

图一四 T1084第8A层炭化稻残片

图一五 T1084第9B层炭化稻残片

图一六　T1015第8A层炭化稻残片

图一七　T1002第6层炭化稻残片

四、水稻硅质体

水稻的叶片及稻谷壳上富含大量水稻硅质体，其形态有扇形、哑铃形、双峰乳突等形态，但能够作为鉴定水稻属的硅质体一般为稻叶上的硅质机动细胞以及稻谷壳表面的硅质细胞。由于稻叶上的机动细胞形状为扇形，稻谷表面的硅质细胞为双峰形态，因而它们又分别称为扇形水稻硅质体和双峰水稻硅质体。扇形水稻硅质体和双峰水稻硅质体仅用于判断水稻的籼粳性质，判断依据是根据各自形态判别公式来判别[2]。

高庙遗址文化层富含螺类，因此在取水稻硅质体土壤样品的时候，尽量避开大量螺类堆积层，选择有机质相对富集的层位进行取样，共在T0813、T0814、T0915三个探方取样15个。

由于该遗址是贝丘遗址，土壤中富含大量软体动物腐烂后的钙质，所以样品先用化学的方法去钙质，然后用重液浮选的方法进行硅质体富集提取，方法简述如下：①取5克土壤放入250毫升烧杯中，加入过量的氯化氢（HCL），静放12小时；②水洗至中性（离心机2500转/分），烘干；③加入比重2.3的重液（KI+Zn），充分搅拌；④离心机2500转/分沉淀，保留上部的液体；⑤将上述液体加水，离心、水洗至中性；⑥加入3厘米高的水，沉淀1分钟，倒掉上部的水；⑦重复步骤6，反复3次；⑧镜检。

上述样品在生物显微镜下观察，在T0813、T0814、T0915大溪文化地层中，共发现水稻扇形硅质体19个（图一八），水稻双峰硅质体26个（图一九），形态参数详见表一、表二，其中表一为不同层位发现的双峰硅质体平均值。

表一 水稻双峰硅质体形态参数均值

文化性质	地层层位	角1 (α1)	角1 (α2)	间距/μm (L)	垾深/μm (H)
大溪文化	T0813第3层	101.20	95.55	30.04	2.06
	T0915第5层	88.30	79.43	14.54	3.07
	T0915第7层	81.45	80.55	25.30	2.83
	T0814第8层	108.50	125.60	28.71	0.58
	T0813第11E层	79.42	76.38	21.56	3.34

表二 水稻扇形硅质体形态参数

文化性质	地层层位	扇柄长/μm a	扇叶长/μm b	扇叶宽/μm c	扇柄宽/μm d	扇厚/μm e	扇叶长/扇柄长
大溪文化	T0813第3层	16.84	17.45	33.07	9.50	18.85	1.04
		19.79	23.79	33.69	10.91	34.91	1.20
		24.82	18.21	35.89	7.48	21.55	0.73
		28.91	17.88	36.14	12.96	27.85	0.62
		21.81	24.02	35.26	10.45	21.14	1.10
		24.81	27.55	43.42	7.83	23.56	1.11
	T0813第10层	23.49	17.66	31.14	7.43	17.68	0.75
		18.50	21.23	32.76	8.21	18.38	1.15
	T0813第11E层	18.25	17.50	29.62	7.33	16.50	0.96
		20.94	13.58	38.49	11.60	16.60	0.65
		13.74	14.50	31.04	8.72	15.58	1.06
		15.20	16.08	29.16	5.70	22.43	1.06
		25.10	19.50	39.48	8.49	25.41	0.78
		13.59	13.92	27.95	6.38	15.71	1.02
		21.70	21.00	36.72	9.60	31.03	0.97
		16.85	20.89	36.09	8.53	18.61	1.24
		18.47	18.43	29.83	7.83	20.32	1.00
		21.63	17.01	30.53	8.62	25.21	0.79
		17.71	16.37	28.44	17.66	17.05	0.92

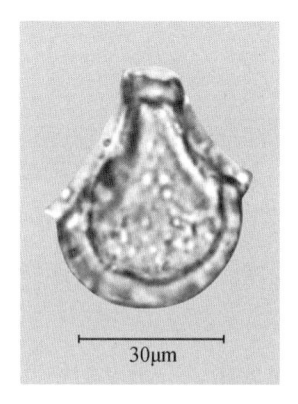

图一八　T0813第11E层中扇形硅质体 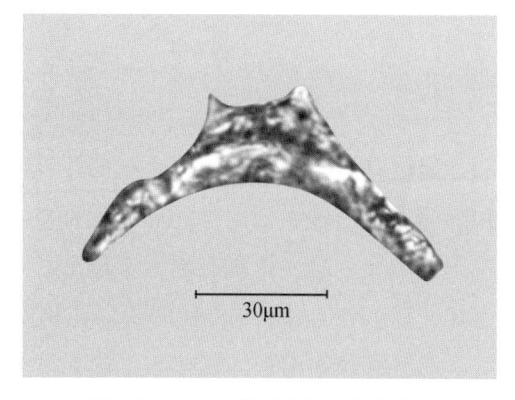　　　　　图一九　T0915第7层中双峰硅质体

（一）双峰硅质体籼粳性质的判别

将表一中不同层位双峰硅质体形态参数的均值，分别带入下列双峰硅质体的籼粳稻的判别公式中，分别计算Y（粳稻）及Y（籼稻）得分，得分高的即为遗址水稻的性质。

水稻双峰硅质体籼粳类型判别公式：

Y（粳稻）=-78.861+0.606（L）+5.937（H）+0.643（α1+α2）

Y（籼稻）=-61.746+0.490（L）+6.511（H）+0.553（α1+α2）[3]

判断结果，高庙遗址T0813第3、T0814第8层出土的水稻硅质体Y（粳稻）高于Y（籼稻）的数值，故判断其性质与现代粳稻相似，T0915第5、7层，T0813第11E层出土的水稻硅质体Y（籼稻）得分值高于Y（粳稻），故判断其性质与现代籼稻相似。

（二）扇形硅质体籼粳稻的判别

将表二中不同层位扇形硅质体形态参数的均值，带入下列籼粳稻判别公式中，即可得出遗址水稻籼、粳的性质。

水稻籼粳类型判别公式：

$Z= 0.4947VL-0.2994HL+ 0.1357LL-3.8154b/a-8.9567$[4]

上述公式中，VL为扇长（扇柄长+扇叶长），HL为扇叶宽，LL为扇叶厚，b/a为扇叶长与扇柄长的比值。当遗址出土扇形水稻的判别值$Z<0$时，其性质与现代水稻籼稻的性质相似；$Z>0$时，与现代水稻粳稻的性质相似。

根据上述判断，高庙遗址T0813第3、10、11E层出土的扇形水稻硅质体的Z值分别为1.76、0.31、-1.91，故此判断T0813第3、10层出土的水稻为粳稻，T0813第11E层出土的水稻为籼稻。

五、结 论

通过对高庙遗址文化层土壤的浮选、陶片的显微观察、土壤的硅质体分析等，得到高庙遗址三种水稻遗存，即炭化稻谷（浮选）、水稻印痕（陶片上）、水稻硅质体（土壤中），硅质体既有稻叶上扇形，也有稻壳上双峰。根据对这些遗存的形态分析得知，其水稻的属性与现代的栽培稻相似，有籼稻也有粳稻。

那么这些水稻是外面传入的还是本地生长的呢？从遗址文化层中出土的稻叶扇形硅质体来看，我们认为水稻是本地生长的可能性大。因为水稻的食用部分主要是其种子也就是稻谷，若从外面传入，考虑到实用性和携带的方便，一般是不会携带稻叶的，而高庙遗址在T0813③、T0813⑩、T0813⑪E等3个层位中发现了19个水稻稻叶中保留下来的扇形硅质体，说明遗址的周围是有水稻生长的，这些生长的水稻稻叶落在地里或被古人带到遗址中，其腐烂后就在土壤中留下了这些扇形硅质体。

遗址中发现的水稻遗存数量虽然不多，尤其是与其出土的动物遗存的数量相比，几乎可以忽略不计，但是在一个以狩猎和渔猎为主要生计方式的贝丘遗址中同时发现三种水稻的遗存，说明至迟自高庙文化开始，这里的生计方式已经开始受到来自原始稻作农业地区的影响。

注 释

[1] 赵志军、顾海滨：《考古遗址出土稻谷遗存的鉴定方法及应用》，《湖南考古辑刊（第8集）》，岳麓书社，2009年，第257～267页；郑云飞、孙国平、陈旭高：《7000年前考古遗址出土稻谷的小穗轴特征》，《科学通报》2007年第9期，第1037～1047页。

[2] 顾海滨：《遗址水稻硅质体籼粳性质判别方法综述》，《湖南考古辑刊（第8集）》，岳麓书社，2009年，第268～276页；王才岭、宇田津彻朗、藤原宏志等：《栽培稻机动细胞硅酸体形态性状的主成分分析》，《江苏农业学报》1998年第1期，第1～8页。

[3] 顾海滨：《遗址水稻硅质体籼粳性质判别方法综述》，《湖南考古辑刊（第8集）》，岳麓书社，2009年，第268～276页。

[4] 王才林、宇田津彻朗、藤原宏志等：《栽培稻机动细胞硅酸体形态性状的主成分分析》，《江苏农业学报》1998年第1期，第1～8页。

Study on Rice Remains Unearthed from the Gaomiao Site

Gu Haibing　He Gang

(Hunan Provincial Institute of Cultural Relics and Archaeology; Hunan Key Laboratory of Archaeometry and Conservation Science)

Abstract: The Gaomiao Site is a Neolithic shell mound site. A large number of animal bones have been accumulated in the cultural layers, which shows that hunting and fishing activities played an extremely important role in the lives of ancient people. The earliest cultural layer of the site is about 7000 years ago. Around this time, a large number of rice remains have been found in other archaeological sites in Hunan. Is there ancient rice in this shell mound site? At the same time of archaeological excavation, we carried out an investigation on the ancient rice remains at the site, and finally found three types of rice remains in multiple cultural layers: carbonized rice, rice siliceous bodies and rice grain imprint. Through analysis, their properties are similar to those of modern cultivated rice.

Keywords: Unhusked Rice; Carbonized Rice; Rice Siliceous Bodies; Rice Grain Imprint

锡涂陶初探

赵志强

(湖南省文物考古研究院 科技考古与文物保护利用湖南省重点实验室)

[摘 要] 锡涂陶是以金属锡层装饰陶器外壁的一类器具,在我国最早出现于商代晚期,至东汉逐渐消失,器形以仿铜陶礼器为主。锡涂陶是我国古陶瓷发展历程中的特殊品种,然而目前学界对锡涂陶的锡涂工艺、发展历程和分布范围等研究还很薄弱。鉴于此,本文以湖南桃源出土战国晚期锡涂陶的分析检测为基础,综合近年来各地出土锡涂陶的研究现状,总结锡涂陶的相关研究成果,并提出对锡涂陶研究的重要性。

[关键词] 彩绘陶;锡涂陶;研究现状

2018年10月,湖南省文物考古研究所在常德市桃源县抢救性发掘了一座战国晚期下士墓,墓葬出土陶鼎、陶壶、陶敦、陶豆等彩绘陶制品,在清理修复过程中发现部分彩绘陶器表面有疑似金属涂层覆盖,为了解这批彩绘陶器的涂层属性和制作工艺,对采集的样品进行分析检测,在此基础上,结合近年来国内类似陶器的发现和研究成果,为陶器装饰金属涂层等相关问题的深入认识提供资料与信息。

一、彩绘陶的保存情况

这批彩绘陶均为泥质灰陶,烧制温度较低,胎体颜色多是灰色或红灰相杂,器表均有泥土、硬结物附着,彩绘颜色有红、黑两种,大多脱落严重,保存状况较差。在清理其中一件彩绘陶壶时,发现其腹部有一圈比较明显的"黑色涂层",局部还泛有金属光泽(图一)。这种陶器外壁饰有"涂层"的现象在陶鼎、陶敦上也有发现。为便于分析涂层属性,采集若干从陶器表面掉落的细小残片样品,使用扫描电镜-能谱仪(SEM-EDS)进行元素分析,图二的能谱数据结果显示黑色涂层锡(Sn)含量达到37.18%,这几件彩绘陶器外壁的黑色涂层应为锡层。

彩绘

棕黑色物质

金属层

腹部黑色涂层

放大观察

清理前　　　　　清理后

图一　彩绘陶壶保存状况

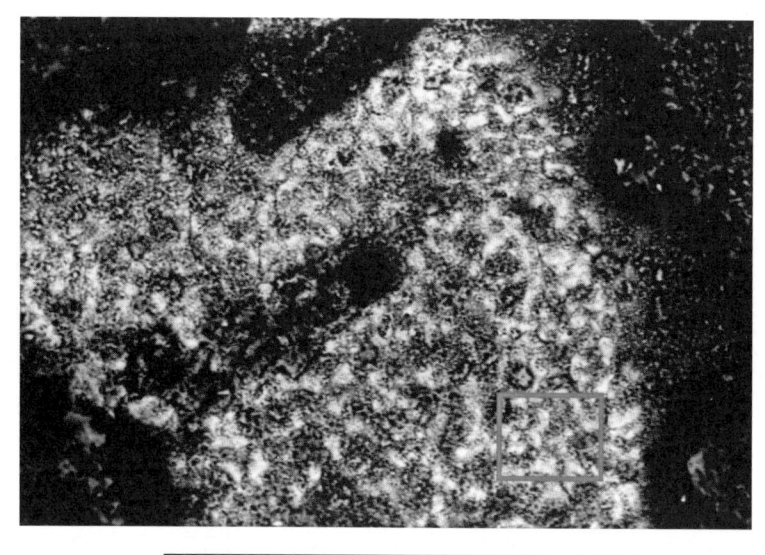

元素	C	O	Al	Si	Fe	Sn
含量/%	11.29	31.65	9.18	4.49	6.21	37.18

图二　样品能谱测试结果

二、桃源出土陶器的锡涂工艺

　　锡是一种有银白色光泽的低熔点（231.89℃）金属元素，也是人类最早发现和使用的金属之一。锡在常温下富有展性，可以展成较薄的锡箔，我们在陶器表面看到的锡层即利用此特性（图三）。值得一提的是，陶器表面存有锡层的现象，在马王堆汉墓中也有发现，这批陶器的表面整体覆盖一层锡箔，其外表黝黑，局部有金属光泽（图四），根据墓中遣策记载："瓦器三贵锡垛其六鼎盛羹、钫六盛米酒、温酒。"

因此认定这类陶器为"锡涂陶"[1]。金属锡是如何装饰到陶器这类硅酸盐材料之上？湖南省博物馆王宜飞等在对马王堆汉墓出土锡涂陶检测分析的基础上，通过热镀锡、锡汞齐镀锡和锡箔黏接的方法来模拟陶器锡涂工艺，认为这批锡涂陶采用的是贴锡工艺，即在陶胎表面使用胶结材料黏接锡箔[2]。关于桃源出土陶器的锡涂工艺，利用X射线衍射仪（XRD）、扫描电镜-能谱仪（SEM-EDS）、傅里叶红外光谱仪（FTIR）和超景深显微镜对金属涂层进行检测分析，结果表明涂层主要成分为单质锡，同时存在黑色的氧化亚锡（SnO）。此外，还发现锡层内面上的棕黑色物质含有相对较高的碳（C），疑为有机物残留，借助红外光谱分析认为棕黑色物质主要为生漆[3]。我们都知道，若采用热镀锡的方法进行"锡涂"，熔融状态下的金属液体会破坏胶结材料，从而导致贴附效果不理想。另外，微观形貌观察下，锡箔表面可见明显褶皱（图五），此类现象应是黏接锡箔时产生。以上特征说明这几件锡涂陶极有可能采用的是常温贴锡工艺（层次结构见图六），即在陶器表面局部涂刷胶结材料，再在其上粘贴锡箔，至于生漆中是否添加其他胶结材料，还需要进一步分析验证。

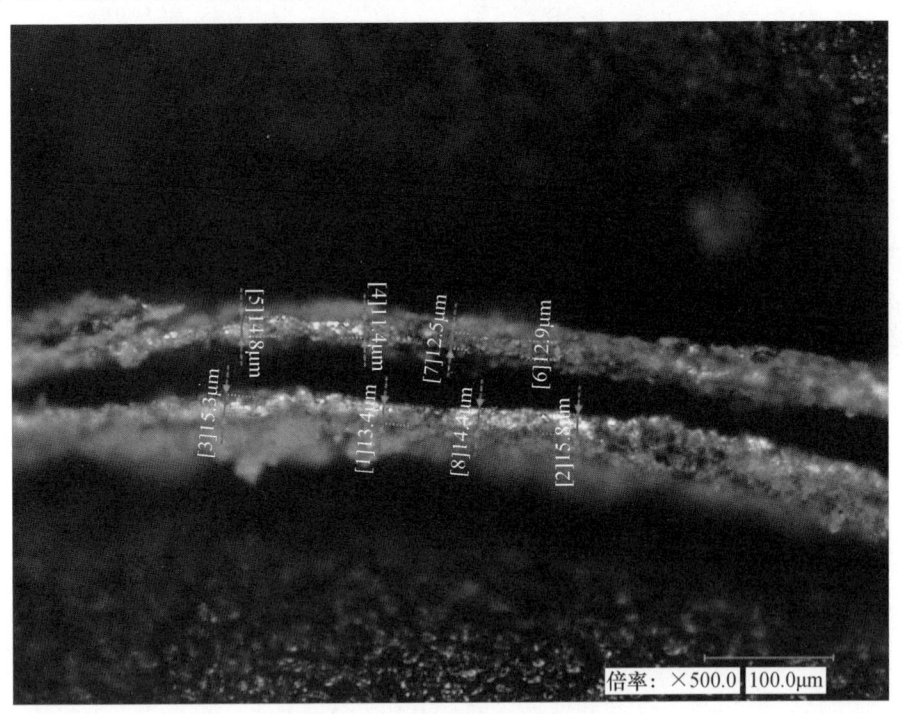

图三　桃源出土彩绘陶器表面锡层厚度（500X）

图四　马王堆汉墓出土锡涂陶

图五　锡层表面3D合成照片（200X）

图六　桃源出土彩绘陶金属涂层的层次结构图

三、锡涂陶的外观特征

崭新的锡涂陶器表面会泛有银白色金属光泽，但由于地下埋藏过程中随着锡层附着力的减弱或胶结材料的老化，会导致涂层变色甚至脱落。因此绝大部分出土的锡涂陶已与初始熠熠生光的状态大相径庭，这就降低了锡涂陶被发现的概率。鉴于此，有必要总结考古出土的锡涂陶器的可辨识外观特征。

第一，涂层颜色。保存下来的锡涂陶表面涂层主要由单质锡（Sn）、氧化锡（SnO_2）和氧化亚锡（SnO）组成。单质锡，即我们通常所说的白锡，是一种银白色金属光泽的低熔点金属。氧化锡呈白色、淡黄色或淡灰色。锡的另一氧化物氧化亚锡外观颜色为蓝黑色。另外，对于使用贴锡工艺制作的锡涂陶器，即使锡层全部脱落，也能在陶器表面观察到残存的黑色或棕黑色胶结材料（图七）。综上所述，锡涂陶器涂层多呈白色、灰白色、淡黄色、黑褐色或多色交杂，并且锡层（或锡层脱落后的结构）与陶胎及彩绘纹饰颜色有明显区别（图八）。

图七　锡层脱落后的胶结材料颜色

第二，涂层保存状态。保存状况较好的锡涂陶，表面可见明显的金属光泽和清晰的涂层界线。保存不佳的锡涂陶器，由于锡层与陶胎之间附着力的减弱，涂层局部会呈片状剥落（图四和图九），但脱落后的表面结构也较陶器其他部位致密（图一〇），可肉眼辨识。此类特征与普通陶衣或表面沉积物存在鲜明对比。

第三，涂层分布区域。根据目前的考古发掘资料，锡涂陶涂层分布区域均在器物的外壁，但在具体部位的分布上有所差别，如桃源打锣岗出土锡涂陶敦的耳部和腹底部弦纹之间（图一一）、马王堆汉墓锡涂陶壶的整个外壁（图四）。此外，器物的某些特征部位也能观察到较为明显的涂层痕迹，如鼎耳、陶敦的足等（图一二、图一三）。

图八　锡涂陶涂层颜色

图九　锡层片状剥落

图一〇　锡层脱落后的表面保存情况

图一一　桃源打锣岗出土陶敦锡层分布区域

图一二　陶鼎耳部涂层痕迹 　　　　　　　　图一三　陶敦足部涂层痕迹

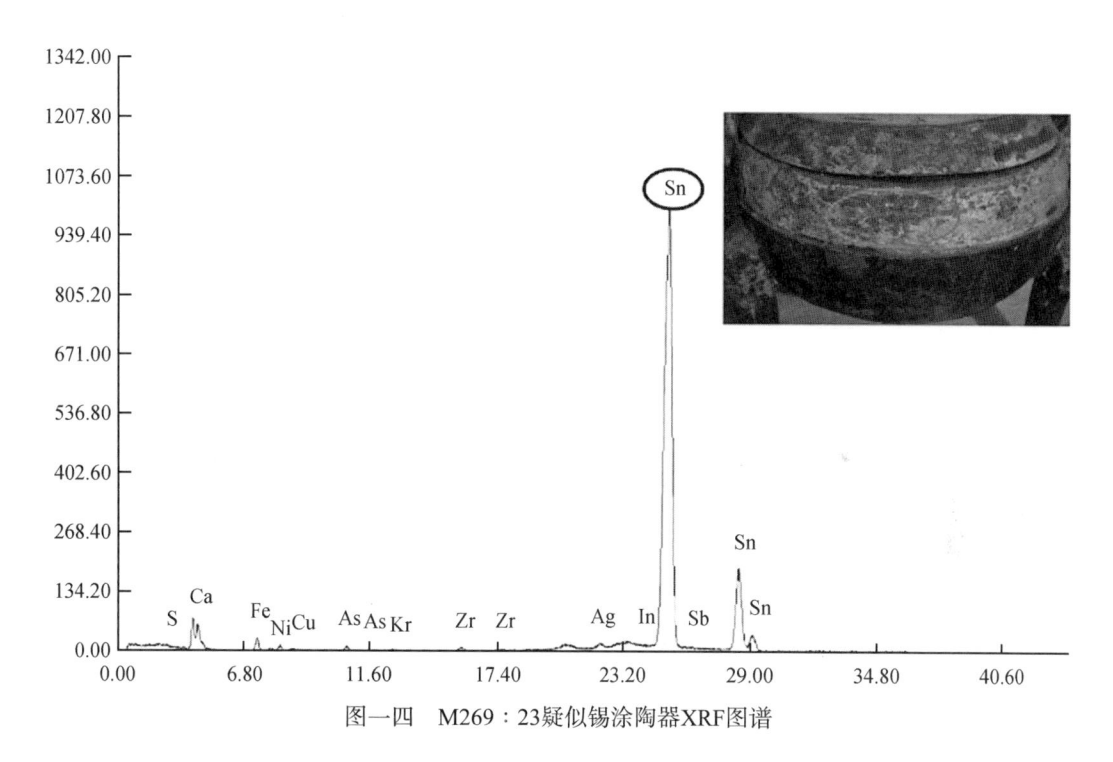

图一四　M269:23疑似锡涂陶器XRF图谱

结合以上锡涂陶的外观特征，我们利用便携式X射线荧光仪（XRF）对常德市博物馆收藏的几件疑似锡涂陶器进行了无损分析。结果表明，虽然这批陶器表面涂层脱落殆尽，但仍能在器物表面检测到锡（Sn）的存在（图一四～图一六），证实为锡涂陶器。由此，在对考古发掘出土锡涂陶器进行清理修复时，应尽量避免洗刷处理，会导致附着力不强的锡层脱落，造成人为破坏，在后续的保存过程中也应通过控制环境的温湿度和光照等条件，避免病害进一步加剧。

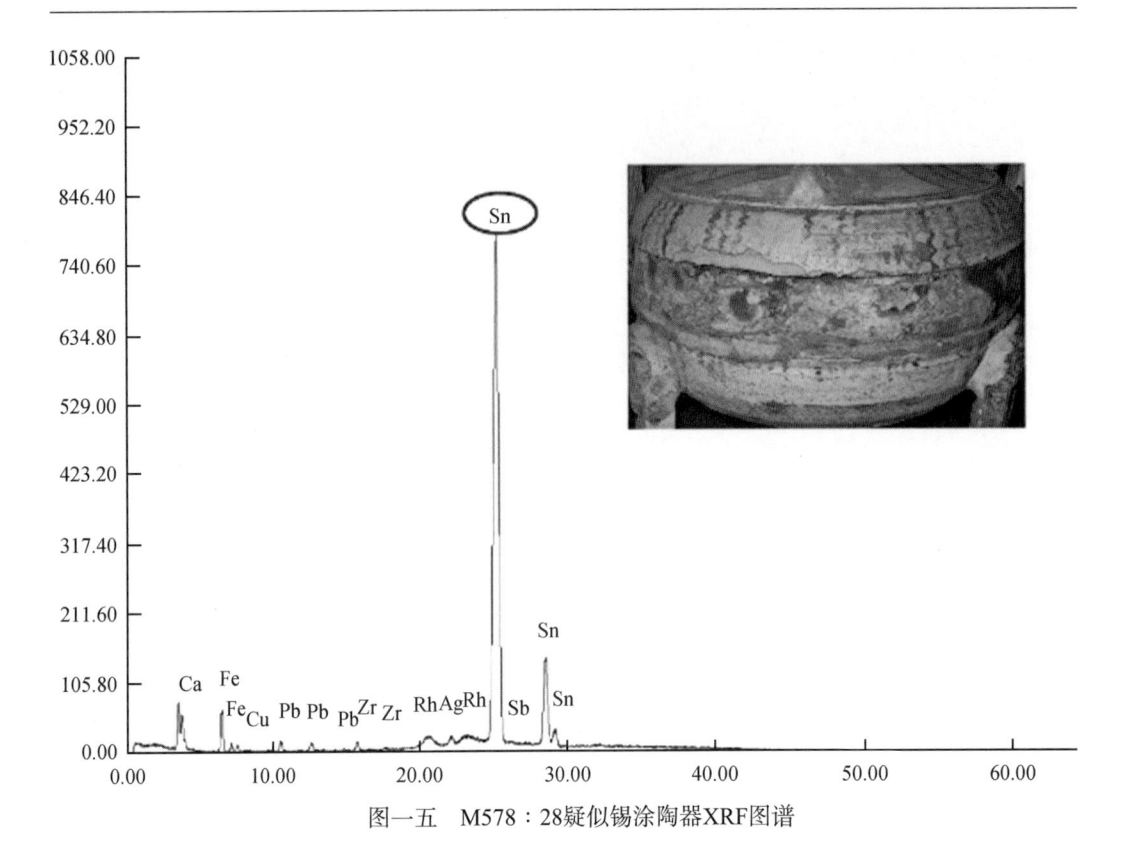

图一五　M578∶28疑似锡涂陶器XRF图谱

图一六　M1532∶9疑似锡涂陶器XRF图谱

四、考古出土锡涂陶的发现及特点

结合文献调研和检测分析工作,对中国出土锡涂陶器情况进行了初步统计,具体见附表。从出土地点及时代来看,锡涂陶最早出现在商代晚期的殷墟[4],西周中晚期周原遗址和曲阜鲁国故城遗址也有发现,多出自带有腰坑、殉牲等商文化因素的墓葬中[5]。战国时期主要出土于楚墓,如湖北江陵太晖观50号楚墓[6]、湖北荆门黄付庙楚墓[7]、沅水下游楚墓[8]、湖南长沙楚墓[9]和河南信阳城阳城遗址战国楚墓[10]等。两汉两期,锡涂陶分布区域有所增加,诸如安徽霍山西汉墓[11]、长沙马王堆汉墓[12]、长沙伍家岭西汉墓[13]和陕西咸阳渭城区东汉墓[14]等。两汉以后,少有发现,可能随着墓葬中仿铜陶礼器的消失而踪灭[15]。

锡涂陶器形和纹饰方面。战国以前,均为仿铜陶礼器,如商代晚期的鼎、卣、爵、斝等器形[16],春秋战国时期流行的鼎、敦、壶等,而两汉时期似乎有所脱离仿铜陶礼器的范畴,如马王堆三号汉墓出土陶灯、陶熏炉[17]。同时,锡涂陶的纹饰也有变化,以湖南地区出土锡涂陶为例,战国时期以弦纹为主,西汉前期出现瓦纹、带纹和辅首等,西汉晚期出现放射状的齿状纹[18](图一七)。

陶器锡涂工艺方面。由于经科技检测的样品数量较少,仅能管窥一二,郭梦等利用便携式X射线荧光光谱仪、X射线衍射仪、超景深显微镜和扫描电镜-能谱仪对殷墟刘家庄北地出土陶器进行形貌、元素成分、物相结构等分析,认为殷墟仿铜陶礼器表面锡层是以贴锡箔方式施加于器表[19]。同样,湖南桃源出土的锡涂陶和马王堆汉墓陶器的锡涂方式也为贴锡工艺,锡层上方均不施彩绘,但也存在差异,桃源出土的这

图一七 长沙出土西汉晚期"银衣压纹灰陶"
(中国科学院考古研究所:《长沙发掘报告》,科学出版社,1957年,图版五五)

批陶器锡层均只分布在局部区域,而马王堆汉墓锡涂方式为整体覆盖[20]。信阳城阳城遗址战国楚墓出土的锡涂陶是使用锡做底层,其上再施彩绘[21],而山东沂源战国墓锡涂陶和陕西咸阳渭城区东汉墓锡涂陶器使用的是镀锡工艺[22],以上结果说明陶器锡涂工艺的多样性。

锡涂陶出土时代上至商代晚期,下迄东汉,延续千余年。作为一类特殊的陶制品,锡涂陶制作工序较之一般陶器复杂,其在创造之初应是为仿铜礼器制作而成,目的是将陶器装饰成铜器的金属质感,作为明器使用。因此,锡涂陶的出现,不仅闪耀着先民智慧的火花,而且是研究古代社会生产生活的重要见证物,从锡涂陶这一视角来梳理和分析器形工艺的发展历程、时空分布、使用人群等情况,对于探究其蕴含的文化内涵等具有重要意义。

五、结　　语

陶瓷这类硅酸盐材料的化学性质比较稳定,能长期在地下埋藏环境中保存,因此大量的陶器得以存留至今,成为我们窥见古代社会生产生活等方面的重要见证物,是考古年代分期、文化特征判断的主要依据。而锡涂陶作为我国古陶瓷发展历程中的特殊品种,目前对它的研究尚处于初步阶段,对锡涂陶器的制作工艺、发展历程和分布范围等进行系统研究,一方面可揭示锡涂陶这类器物的文化内涵;另一方面对深入了解不同时空背景下人群的物质文化交流等具有重要的研究意义,应引起必要的关注。

注　释

[1] 李建毛:《长沙楚汉墓出土锡涂陶的考察》,《考古》1998年第3期,第71、72页。

[2] 王宜飞、师学森、李园:《马王堆汉墓锡涂陶分析测试报告》,《湖南省博物馆馆刊(第七辑)》,岳麓书社,2011年,第589~598页。

[3] 赵志强、周珺、景博文等:《湖南桃源出土战国彩绘陶器的科学分析》,《文物保护与考古科学》2020年第5期,第51~58页。

[4] 郭梦、何毓灵、李建西等:《殷墟锡衣仿铜陶礼器的发现与研究》,《考古学报》2020年第2期,第291~308页。

[5] 郭梦:《山东地区东周时期锡衣陶》,《中国文物报》2019年12月13第6版;陕西省考古研究院:《周原锡衣仿铜陶礼器制作工艺初步研究》,《陕西文物年鉴(2018)》,陕西人民出版社,2019年,第153页。

[6] 湖北省博物馆、华中师范学院历史系:《湖北江陵太晖观50号楚墓》,《考古》1977年第1期,第56~61页。

[7] 荆门市博物馆:《湖北荆门黄付庙楚墓发掘报告》,《江汉考古》2005年第1期,第24~44

页；郑豪：《湖北荆门黄付庙楚墓出土战国陶器科学研究》，西北大学硕士学位论文，2018年，第43～53页。

[8] 湖南省常德市文物局、常德博物馆、鼎城区文物管理处等：《沅水下游楚墓》，文物出版社，2010年，第99、146、228页。

[9] 湖南省博物馆：《长沙子弹库战国木椁墓》，《文物》1974年第2期，第36～43页；周世荣、文道义：《57长·子·17号墓清理简报》，《文物》1960年第1期，第63、64页。

[10] 容波、赵倩、武志江等：《河南信阳城阳城遗址战国楚墓出土彩绘陶器的科学研究》，《文物保护与考古科学》2018年第5期，第9～14页；赵倩：《信阳城阳城址战国楚墓出土彩绘陶器保护修复研究》，西北大学硕士学位论文，2017年，第36～38页。

[11] 安徽省文物考古研究所、霍山县文物管理所：《安徽霍山县西汉木椁墓》，《文物》1991年第9期，第40～60页。

[12] 湖南省博物馆、中国科学院考古研究所：《长沙马王堆一号汉墓》，文物出版社，1973年，第122～125页；湖南省博物馆、湖南省文物考古研究所：《长沙马王堆二、三号汉墓》，文物出版社，2004年，第17、231页。

[13] 中国科学院考古研究所：《长沙发掘报告》，科学出版社，1957年，第102～104页。

[14] 梁嘉放、丁岩：《陕西咸阳出土东汉陶器表面彩绘成分研究》，《文物保护与考古科学》2019年第2期，第86～93页。

[15] 李建毛：《长沙楚汉墓出土锡涂陶的考察》，《考古》1998年第3期，认为锡涂陶的消失可能与低温釉陶的出现有关。

[16] 郭梦、何毓灵、李建西等：《殷墟锡衣仿铜陶礼器的发现与研究》，《考古学报》2020年第2期，第292～293页。

[17] 湖南省博物馆、湖南省文物考古研究所：《长沙马王堆二、三号汉墓》，文物出版社，2004年，第72页。

[18] 中国科学院考古研究所：《长沙发掘报告》，科学出版社，1957年，第102～104页。

[19] 郭梦、何毓灵、李建西等：《殷墟锡衣仿铜陶礼器的发现与研究》，《考古学报》2020年第2期，第303页。

[20] 王宜飞：《马王堆汉墓锡涂陶制作工艺研究》，《中国文物保护技术协会第七次学术年会论文集》，科学出版社，2013年，第405～415页。

[21] 容波、赵倩、武志江等：《河南信阳城阳城遗址战国楚墓出土彩绘陶器的科学研究》，《文物保护与考古科学》2018年第5期，第9～14页；赵倩：《信阳城阳城址战国楚墓出土彩绘陶器保护修复研究》，西北大学硕士学位论文，2017年，第36～38页。

[22] 鲁晓珂、李伟东、李强等：《山东青州和沂源地区出土彩绘陶器的测试分析》，《文物保护与考古科学》2014年第2期，第1～8页；梁嘉放、丁岩：《陕西咸阳出土东汉陶器表面彩绘成分研究》，《文物保护与考古科学》2019年第2期，第86～93页。

附表　中国考古出土锡涂层陶器初步统计

出土地点	出土时代	器形	数量	文物描述	资料来源
殷墟刘家庄北地	商代晚期	仿铜陶礼器	—	陶鼎、陶觚、陶簋、陶卣、陶爵、陶尊等，涂层经便携式X射线荧光光谱仪和扫描电镜-能谱仪检测为锡层	《考古学报》2020年第2期
宝鸡周原遗址齐家、礼村	西周中晚期	仿铜陶礼器	—	对16件仿铜陶礼器外表白色或青灰色进行XRF和矿相显微镜分析，显示锡元素的存在	《中国文物报》2019年12月13日第6版
山东曲阜鲁国故城等	春秋战国时期	仿铜陶礼器	—	锡衣一般施加于器物正常放置状态下视线可及的部位，如盖豆、匜、罍的盖与器身（底除外）的整个外壁；鼎则比较特殊，鼎盖外壁全覆锡衣，鼎身的锡衣只及下腹部之上；有时还用银衣做出腹部的三角形垂鳞纹，锡衣兼具纹饰的效用，可见三角形垂鳞纹、陶索纹等，经XRF测试判断为锡衣的氧化物	《陕西文物年鉴（2018）》
	战国中期	陶敦	2	上下口沿各附二环耳，顶、底部各附三鸟首座兽钮，口边至腹部绘一周凹弦纹，肩、腹部并有锡箔状贴片两周，盖顶绘涡卷纹及一周回弦纹，几何形、墨彩绘菱形图案	《考古》1977年第1期
	战国中期	陶壶	4	Ⅰ式2件，椭圆腹，腹以上用未施、黄、蓝色绘弦纹、涡卷纹、菱形和几何形等纹饰，颈部用银灰色绘一周弦纹。Ⅱ式2件，颈较Ⅰ式长，肩部绘有对称的一对铺首衔环，腹近圆腹，圈足圆足，盖面未绘涡纹，肩、腹饰回弦纹四周，腹以上及圈足用未、蓝、墨色绘菱形、几何形纹，弦纹四组和银灰色弦纹一周	
湖北江陵太晖观50号楚墓	战国中期	陶鼎、陶壶、陶敦、陶缶	—	M17~M19、M21，因简报未提及，仅根据另文的检测结果列出	《江汉考古》2005年第1期
湖北荆门黄付庙楚墓	战国中期前段	陶敦	—	M1532：9，直口，圈底，盖上饰三周弦纹，器身饰两周弦纹，红、黑两色彩绘云纹，XRF测试显示存在Sn	《沅水下游楚墓》
常德汉寿县株木山M1532		陶鼎	3	器形及大小基本相同，深腹，圆底，蹄形足，方耳，口径15、腹径19、足高11.8厘米	
长沙子弹库M1	战国中晚期	陶敦	2	三钮，轮制，成球形，上、下三钮成"S"形，器表有锡箔状贴片，通高19、腹径19、腹18.5厘米	《文物》1974年第2期
		陶壶	2	轮制，口外敞，长颈，颈腹部有凹弦纹三道，圆底附圈足，盖上有三个"S"形纽，器表有锡箔状贴片，通高26.5、腹径17厘米	

续表

出土地点	出土时代	器形	数量	文物描述	资料来源
长沙子弹库M17	战国中晚期	陶罐	2	侈唇，直颈，圆腹，平底，灰色薄胎，表皮涂黑衣，腹部和肩部有菱形划纹，表面饰以银灰色薄釉，制作精美。口径8.3，腹径11.5，通高12.5厘米	《文物》1960年第1期
常德武陵区棉纺厂M269	战国晚期早段	陶鼎	—	M269:23，高子母口内敛，厚坊唇，器身凸棱纹以上及盖面涂白彩。XRF测试显示Sn的存在	《沅水下游楚墓》
常德武陵区德山寨子岭M578	战国晚期中段	陶鼎	—	M578:28，子母口，方唇，凹肩承盖，鼎腹及盖边以红、黑二色彩绘波折纹，盖面以红、黑、银灰和土黄四色彩绘双凤鸟纹，手持式XRF测试显示Sn的存在	《沅水下游楚墓》
常德桃源县打锣岗	战国时期	陶壶	2	外壁红、黑彩绘，彩绘脱落严重，弦纹之间可见黑色涂层，局部有金属光泽，经EDS和XRD测试为Sn	《文物保护与考古科学》2020年第5期
		陶鼎	2	外壁红、黑彩绘，彩绘脱落严重，弦纹之间可见黑色涂层，局部有金属光泽，经EDS和XRD测试为Sn	
		陶敦	2	残片，外壁红、黑彩绘，彩绘脱落严重，弦纹之间可见黑色涂层，局部有金属光泽，经EDS和XRD测试为Sn	
河南信阳城阳城址M8	战国晚期	陶壶	—	无考古发掘报告，发现金属光泽涂层，经X射线荧光检测为锡涂层	《文物保护与考古科学》2018年第5期
山东沂源战国墓葬	战国	—	—	未见考古发掘报告，经SEM-EDS测试陶器表面银白色物质锡含量接近70%	《文物保护与考古科学》2014年第2期
安徽霍山县M2	西汉前期	陶鼎	2	M2:2，M2:3，黑衣泥质灰陶，黑衣上涂锡状涂料，表面刷锡状涂料，有盖，盖面略弧	《文物》1991年第9期
		陶壶	2	M2:1，一圈凸棱，小壶1件；M2:2，黑衣灰陶，表面刷锡状涂料，有盖，盖面微隆，上饰以凸弦纹四周，口沿有凹弦纹，子母口，上有三兽形纽	

续表

出土地点	出土时代	器形	数量	文物描述	资料来源
长沙马王堆一号汉墓	西汉前期	陶鼎	6	素面陶鼎4件，泥质灰陶，附加耳，足，盖做球面形，子母口，腹较浅，有凸棱一周，器表有锡箔；彩绘陶鼎2件，器身表面涂黑色粉状物，口部绘银灰色宽纹和波状纹各一道，足部和耳部绘简单的银灰色纹饰	《长沙马王堆一号汉墓》
		陶盒	6	素面陶盒4件，泥质灰陶，器身与器盖的形制相似，子母口，腹壁直，矮圈足，部均各有弦纹两道，器表有锡箔；彩绘陶盒2件，泥质灰陶，形制与素面陶盒基本相同，唯器身平底无圈足，器身的表面涂黑色粉状物，再粉绘银灰色弦纹两道和波状纹一道	
		陶壶	4	素面，泥质灰陶，器身较高，带圈足，腹部上下有凹道凹入的双弦纹，并有简单的铺首	
		陶钟	2	素面，泥质灰陶，口部有领圈，短颈，鼓腹，高圈足，颈部和腹部各有一道凸起的带纹，肩部两侧有铺首。通体磨光，器表有锡箔	
		陶瓿	1	泥质灰陶，敞口，敛腹，平底，腹部饰16道瓦纹，器表有锡箔	
		陶釜	1	泥质灰陶，直颈，鼓腹，平底，肩部有两道弦纹和两个附耳，有锡箔	
长沙马王堆二、三号汉墓	西汉前期	陶鼎	7	二号墓出土，泥质灰陶，有盖，子母口，深腹，上腹饰凸弦纹一周，足表饰直菱五条，器表涂黑衣，经EDXRF半定量测试为Sn	《长沙马王堆二、三号汉墓》
		陶熏炉	1	三号墓出土，泥质灰陶，浅盘平底，短粗柄，喇叭形座，通体涂黄色，外涂银灰色陶衣	
		陶灯	1	三号墓出土，泥质灰陶，浅平盘，形似高柄豆	
长沙M203、M217	西汉后期	陶釜、陶甑、陶壶、陶钫和陶盂	7	M203：86陶釜、M203：74陶甑、M203：87、M203：89陶壶、M203：78、M217：39陶钫，M203：95陶盂，均为银衣压纹灰陶，器物表面涂有一层银灰色外衣，饰以锯齿状、菱花状、长条状压纹	《长沙发掘报告》

续表

出土地点	出土时代	器形	数量	文物描述	资料来源
株洲攸县网岭古墓群M14	西汉	陶鼎、陶壶、陶罐等	—	经EDS测试为Sn	《湖南考古辑刊（第12集）》
陕西咸阳渭城区东汉墓	东汉	陶鼎	1	内壁红色彩绘，口沿少量白色，外壁靠上部分有一圈红色彩绘线条，足部有红彩，经EDS测试为Sn	《文物保护与考古科学》2019年第2期
		陶钵	2	内壁红色彩绘，口沿白色，外壁红色线条状彩绘，经EDS测试为Sn	

注："—"表示不详。

The Research of Tin-plated Pottery

Zhao Zhiqiang

(Hunan Provincial Institute of Cultural Relics and Archaeology; Hunan Key Laboratory of Archaeometry and Conservation Science)

Abstract: Tin-plated pottery is a type of pottery decorated with tin layer, which is seen from the late Shang Dynasty to Han Dynasty. The shape of the bronze ritual vessels are imitated by tin-plated pottery. The tin-plated pottery is a special kind of ancient ceramics in China. Several important issues which include the manufacture process, development sequence, distribution range of tin-plated pottery are still weak. In view of this, basing on the analysis of tin-plated pottery excavated from the Chu tomb of the Warring States period in Taoyuan County, Hunan, this paper focused on the research status of tin-plated pottery excavated from various regions in the last few years. The research results of tin-plated pottery were summarized, meanwhile, this paper puts forward the importance of the study in tin-plated pottery.

Keywords: Polychrome Pottery; Tin-plated Pottery; Research Status

"破镜重圆"
——战国四山纹铜镜保护修复

丁 洁

（湖南省文物考古研究院　科技考古与文物保护利用湖南省重点实验室）

[摘　要]　镜子，从古至今都是人们不可或缺的生活用品。古人用镜，不仅以之映照妆容、装饰居所，还用它来寄托相思、辟邪祈福，更用它来比拟人物、譬喻德行。可见，镜子在古代人们生活中的意义非凡。本文以一件战国四山纹铜镜的修复保护为例，针对该文物存在的矿化、残缺等病害，制定相应的保护修复方案，使其病害得以控制，形貌得以复原，从而延长文物寿命。

[关键词]　铜镜；保护修复；科技分析

一、保存状况及检测分析

春秋战国时期是我国历史上的大变革时期，随着周王室的衰微、礼乐制度的崩坏，从青铜礼器铸造逐步扩展到铸造青铜日常用品。作为典型代表的铜镜在春秋战国时期得以迅速发展。铜镜种类繁多，根据其主题纹饰可划分为素镜、纯地纹镜、花叶镜、山字镜、菱纹镜、禽兽纹镜、蟠螭纹镜、羽鳞纹镜、连弧纹镜、彩绘镜等十三个类型[1]。本文修复的对象为战国时期四山纹铜镜，该铜镜共碎成若干块，且有部分缺失。镜身有前人修复痕迹，但黏接处现已断裂，严重影响其观赏性及艺术价值。为恢复铜镜的原有面貌，需对其进行保护修复。

知己知彼，百战不殆。对文物病害的分析评估是文物科学研究的重要一环，也是文物保护的重点研究内容。发现病害、分析病害和防治病害是文物保护工作者处理病害问题的常规步骤。用现代科学技术的理论、手段、方法对文物进行科学的分析研究，揭示文物内在价值和表象下的变化规律，是文物保护研究的重要前提，也是文物保护修复方案设计的重要依据[2]。

（一）保存状况

该战国四山纹铜镜由湖南省文物考古研究院所藏，铜镜直径13.95厘米，修复前重量93.15克。镜形为圆形，方纽座，纽外有一周凹面方格，纹饰由地纹与主纹组成，主纹叠压在羽状地纹之上，山字向左倾斜，素缘卷边，该镜破损严重，伴有多处裂隙，镜面被硬纸板覆盖，有现代修复痕迹，表面有少量泥土附着（图一）。由于该铜镜长期埋藏于地下，受酸、碱、盐及泥土侵蚀，其质地极为脆弱。战国四山纹铜镜修复前及病害如图二所示。

图一　战国四山纹铜镜修复前

图二　战国四山纹铜镜病害图

（二）检测分析

对铜镜进行保护修复之前先通过科技手段分析其断面，从而获得铜镜合金成分、显微结构和锈蚀产物等考古发掘和器物室内整理时无法提取的信息。铜镜的修复过程，将是材质分析和样本观察的最佳时机。

铜镜检测所用的仪器为扫描电镜-能谱仪（仪器型号为日本日立 TM 3000-德国布鲁克Quantax70），将样品断面贴于导电胶上进行喷金处理，喷金时间60秒，扫描电镜电压15 千伏。样品的显微结构如图三所示，能谱分析结果统计列于表一。

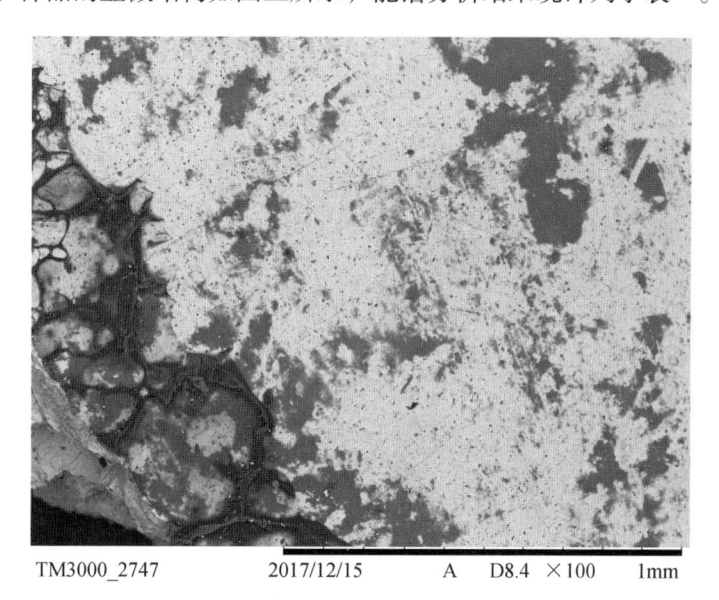

图三　战国四山纹铜镜扫描电镜图

表一　EDS分析结果统计表　　　　　（质量分数，wt%）

样品名称	O	Cu	C	Si	Sn	Al	Pb	Fe	Cl
战国四山纹铜镜	24.70	1.60	6.01	4.70	49.20	5.20	1.60	5.50	—

注：—表示样品中未检测到该元素。

图三样品显微结构中存在大量连续致密的高亮区域，该区域能谱结果显示铜镜的主要元素组成为O、Cu、C、Si、Sn、Al、Pb、Fe，其中C、Si、Al元素主要来自样品中的泥土污染物（表一）。铜镜中Cu元素含量1.6wt%，Sn元素含量49.2wt%，Pb元素含量1.6wt%，腐蚀导致铜镜表面的铜元素流失而锡元素残留下来，因此检测结果中锡元素含量较高。铜镜锈蚀产物中未检测到氯元素，可以判断铜镜锈层中不含"有害锈"，不会对青铜器产生进一步的危害，后期可不对其进行处理。

二、修复保护的实施过程

针对该铜镜的病害状况、检测分析结果，严格遵循《中华人民共和国文物保护行业标准》中《馆藏金属文物保护修复方案编写规范》（WW/T 0009—2007）[3]，编制修复保护方案，设计修复保护流程，说明拟采取的修复保护方法、技术和手段。

（一）信息采集

建立铜镜修复档案的宗旨是挖掘和保存与之相关的尽可能多的信息。修复前，做好原始信息采集工作，包括铜镜的编号、名称、来源、时代、质地、形状、纹饰、尺寸、重量、保存现状、病害等记录（表二）。修复中，除对修复方法、材料、效果进行综合比较评估外，还收集和记录修复过程的详细影像资料和文字描述。修复后，形成一套完整的修复档案。其最终目的是便于后人查究，也为再次复修及重新研究提供相关参考[4]。

表二 铜镜修复前原始信息采集表

名称	四山纹镜	文物登录号	总0001257
年代	战国	来源	湖南省文物考古研究所所藏
材质	青铜	完残程度	残缺
修复前尺寸/厘米	直径13.95、外缘厚度0.4	修复前重量/克	93.15
样品采集记录	基体	采集部位及编号	镜面碎片 编号01
	其他	采集部位及编号	

（二）清洗

该铜镜附着物较少，表面疏松的泥土先用羊毛刷进行清理，再用蒸馏水、无水乙醇配制出的溶液（2A）软化其他硬结物，软化后用棉签进行细节清理（图四）。镜面覆盖的厚纸板需用棉签蘸取2A溶液进行逐层揭剥，对于残片黏接处的老化胶黏剂，需用丙酮进行湿敷，待软化后用加热的手术刀清理碴口残留的胶黏物（图五）。胶黏物清理后，需用蒸馏水对其清洗，这样做是为了避免清洗剂和溶解的锈蚀物残留在文物上。清洗结束后，将铜镜放入恒温鼓风干燥箱中干燥，避免水分残留在器物基体的孔洞内，造成铜镜进一步腐蚀劣化。

图四 清理表面附着物

图五 清理、拆分后

（三）黏接

在文物修复中黏接工艺直接关系到修复效果与文物的安全，是整个修复工艺中极为关键的一环。由于残片较多所以先对其试拼接再编号，将已编号的残片置于平整、洁净且表面细腻的瓷板子上（板上涂抹脱模剂），纹饰面朝上，按从内至外、从小到大的顺序（顺序可根据不同器物而定）进行拼对，并逐一编号（图六）。表面纹饰、颜色、厚度、碴口大小会帮助我们找到连接点，从而确定出正确的拼接顺序和黏接位置。拼对完成后，将搅拌均匀的Araldite2020型环氧树脂、矿物颜料、填料涂抹在断面对铜镜进行黏接（图七），再用热熔胶棒暂时固定黏接口，待黏接剂凝固后拆除热熔胶棒的胶点。

图六 拼对

图七 黏接

（四）翻模、补配

通过观察该铜镜残片的纹饰特征，并结合同时代、同形制四山纹铜镜的图像和文献资料，可以确定此战国四山纹铜镜纹饰以镜纽为中心呈180°对称，故镜面残缺处的补配可用残件为模制作。

翻模选用加聚型硅橡胶印模材料，基质、催化剂比例为1∶1，固化时间为3分钟（室温23℃）。揉捏均匀后将印模材料压在需翻模区域，固化后利用硅胶弹性自然剥离（图八），再将Araldite2020型环氧树脂、矿物颜料粉、填料搅拌均匀倒入硅胶模中，待环氧树脂完全固化后取出补配块。

翻模出的补配块和铜镜残件进行反复比对，用笔标记补配块上需要截取的部分，将多余的部分打磨除去。切割打磨完毕的补配块和铜镜残件用环氧树脂黏接，黏接前仔细比对补配模块形状、纹饰，用刻刀对纹饰不清晰部分进行雕刻，使补配模块与残件契合，纹饰走势流畅（图九）。

图八　硅橡胶翻模

图九　补配后

（五）封护

封护是为了让金属文物穿上"防护服"，使其具有一定的抵御环境腐蚀的能力，从而增强铜镜对有害气体、水分和灰尘等污染物的抵抗能力。对于该件器物，采用2%ParaloidB72乙酸乙酯溶液作为封护剂进行封护处理，用软羊毛刷进行2遍涂刷待其自然风干，使其达到有效保护（图一〇）。

图一〇　封护

(六)全色

为更好地构建其完整性,不影响文物的艺术价值,经过黏接、补缺的部位需要进行全色处理。全色前仔细检查铜镜整体,确认修复完毕,无一处遗漏,再选择合适的矿物颜料、天然虫胶乙醇溶液,对补缺部位进行全色处理。根据器物表面的颜色,蘸取石绿、石黄、钛白粉、炭黑等多种矿物颜料色粉,接着将调好的颜料反复以涂、点、拨等方式对补配部分进行上色(图一一、图一二),使其基本与原器物颜色一致,过渡自然,无突兀。全色完成后,将其置于通风处晾干。

图一一 牙刷弹拨上色

图一二 笔刷上色

(七)预防性保护

文物进入库房前要进行保护处理。必须按类存放不能混存,更不能堆积存放。因为不同材质的文物对温湿度的要求不同,可根据各类文物对温湿度的不同要求,分小库房保管,为其创造适宜的小环境[5]。此件文物修复后放置于库房内,库房温度控制在20℃±5℃,相对湿度控制在45%±5%,在这样的环境中才能使其寿命更长久,所以选择合适的保存环境,比保护修复更重要、更经济、更节约。战国四山纹铜镜修复前后对比图如图一三、图一四所示。

图一三 战国四山纹铜镜修复前

图一四 战国四山纹铜镜修复后

三、总　　结

1）本文运用传统修复技术与新材料相结合的方法，重建了战国四山纹铜镜的完整性，而在修复之前和修复过程中对器物材质、保存状况及表面现象的观察研究，也使得器物上潜在的历史价值得以发掘。

2）战国四山纹铜镜锈蚀产物不含有害锈，所以只清理铜镜表面的硬结物，对无害锈予以保留。在修复保护过程中，遵循最小干预原则，将修复保护处理的风险降到最低，同时也更多地保留了历史痕迹。

3）对战国四山纹铜镜的残缺部分，结合同时代、同形制四山纹铜镜的图像和文献资料，并结合铜镜残件自身的纹饰规律进行了补缺，尊重了客观事实也最大限度地还原了其历史信息。

4）青铜器的修复理念会随着时代的进步不断更新，我们还将不断地研究探索，找出更新、更好、更适合青铜文物的保护修复方法，使承载着大量历史信息的文物传承下去。

注　释

[1] 孔祥星、刘一曼：《中国古代铜镜》，文物出版社，1984年，第24、25页。
[2] 李玲、卫扬波：《湖北随州叶家山青铜文物的保护修复》，《中国文物报》2016年9月2日第5版。
[3] 中华人民共和国国家文物局：《中华人民共和国文物保护行业标准：馆藏金属文物保护修复方案编写规范》，文物出版社，2008年。
[4] 杜晓俊、刘彦琪、朱丽彬等：《广西桂平市博物馆藏宋代双凤纹铜镜的修复研究》，《东方博物（第五十九辑）》，中国书店，2016年，第101~107页。
[5] 李艳萍、成小林：《青铜文物保存环境现状及预防保护措施》，《中国文物科学研究》2006年第2期，第73~76页。

"Broken Mirror Reunion" —Conservation and Restoration of Bronze Mirrors with Four Mountain Patterns in the Warring States Period

Ding Jie

(Hunan Provincial Institute of Cultural Relics and Archaeology; Hunan Key Laboratory of Archaeometry and Conservation Science)

Abstract: Mirrors have been an indispensable daily necessity for people's lives since ancient times. The ancients used mirrors not only to mirror their makeup and decorate their homes, but also to entrust acacia, to ward off evil and pray for blessings, even to compare characters and virtues. It indicated that the mirror played a significant role in ancient people's lives. This paper took the restoration of a bronze mirror with four mountain patterns of the Warring States period as an example. Based on the mineralization, and incompleteness of the cultural relic, a corresponding protection and restoration plan is formulated so that the damage can be controlled and its appearance can be restored. Thereby extending the life of cultural relics.

Keywords: Bronze Mirror; Conservation and Restoration; Scientific Analysis

湖南汨罗两座唐宋时期墓葬棺椁的树种鉴定研究

张晓英[1]　李　智[2]　曹婧婧[3]

（1.湖南省文物考古研究院　科技考古与文物保护利用湖南省重点实验室
2.岳阳市文物考古研究所　3.西安博物院）

[摘　要]　高泉山是汨罗市重要的文物埋藏地，2019年岳阳市文物考古研究所在此发掘了一座棺椁保存完好的宋墓M42，该墓为近年来岳阳地区最大的宋代墓葬。同年还发掘了岳阳林纸厂M1，两座墓葬时代接近。为研究两座墓葬木材使用特点，本次实验采用徒手切片法，通过光学显微镜，对高泉山M42的11件棺椁样品和2件木炭样品，以及岳阳林纸厂M1的1件棺板样本进行了鉴定，结果表明，M42的棺木为侧柏，椁木为苦槠，木炭为青冈，岳阳林纸厂M1棺板鉴定结果为硬木松。从墓葬形制和使用材料上看，M42是一座规格较高的宋代墓葬，通过M42与相关墓葬使用材料的比较，对研究湘江下游地区宋代埋葬习俗具有重要的考古价值。

[关键词]　高泉山墓葬遗址；棺椁；树种鉴定

一、研究背景

汨罗市位于湖南省东北方向，东南位置高，西北部低，头枕幕阜山，脚踏洞庭湖，汨罗江就属于洞庭湖水系。汨罗市历史悠久，据考证，9000年前就有先民在此活动，东周时期，罗子国遗民迁徙至此，命名罗城。市区位于汨罗江西南岸，高泉山位于市区东北，距汨水仅1.5千米，距古罗城4千米，是汨罗市重要的文物埋藏地[1]。目前已经对该地实施了六次考古发掘，出土了大量文物。2019年3～4月，为配合汨罗市人民武装部新营院建设，抢救性考古发掘了一座保存相对完好的宋代竖穴土坑砖室墓，编号汨罗高泉山M42。该墓于20世纪90年代，在原汨罗水泥厂人工孔桩作业时被发现，但当时未进行考古发掘。该墓长4.1、宽2.1、深4.4米，是汨罗市近年来发现的最大的宋代墓葬（图一）。

图一 M42俯视图

2019年4月底，岳阳林纸厂在厂区内人工挖孔桩时发现了木板，接报后岳阳市文物考古研究所到现场勘查，发现出土木板的位置西距长江15米，距现地表8米，木板上紧贴着一层厚3厘米的青石盖板，石板已被挖穿，但棺板尚好，填土为黄褐色黏土，根据形制判断为一座唐宋时期墓葬。因发掘作业范围小、难度大，且紧邻长江大堤护坡，与建设方商议后决定对该墓葬进行原址保护，岳阳市文物考古研究所采集样品后，对该人工挖孔桩进行了回填处理。

棺椁是古代最为重要和普遍的葬具，是墓葬的重要组成部分，古代对于棺椁的材质也有严格的等级制度，为了解墓葬用材情况，本实验对M42出土的13件样品和岳阳林纸厂M1采集的1件样品进行了树种鉴定。

二、实验部分

样品共有14件，其中2件木炭样品通过超景深显微镜（基恩士VHX 5000）观察，12件木材样品采用偏光显微镜（ZISS Scope A）观察。

木炭样品前处理是通过刀片制作横、径、弦三个切面，再置于超景深显微镜下观察。

木质样品前处理步骤较木炭复杂，主要处理过程如下：①首先将样品处理成1厘米×

1厘米×1厘米大小的立方体，由于木质较硬，因此使用去离子水浸泡样品，使其软化；②通过吉利刀片徒手制作木材横、径、弦三个切面的样品，然后使用1%番红水溶液染色10分钟，再通过浓度梯度的酒精溶液（50%、75%、90%、100%）逐步脱去切片内部的水分；③切片脱水后，滴加加拿大树胶并盖上载玻片封片，干燥后置于偏光显微镜下观察。

三、结果与分析

（一）岳阳林纸厂M1棺顶板样品

该墓葬仅采集1件样品，早晚材突变，同时存在轴向树脂道与径向树脂道，轴向树脂道基本分布在晚材管胞中。早晚材突变，早材管胞呈多边形近圆形，管胞壁薄，管胞腔大，晚材管胞呈椭圆形，管胞腔小，管胞壁厚。管胞上有单列具缘纹孔和少量双列具缘纹孔，双列具缘纹孔常有眉条。具单列木射线和纺锤形木射线，单列木射线高1~11个细胞，多数2~7个。交叉场纹孔式为窗格形，1~3个。存在射线管胞，射线管胞上有具缘纹孔，管胞内锯齿状加厚，应为硬木松。通过相关参考资料[2]，并根据其显微特征判断该样品为黄山松。样品显微特征图片见图二。

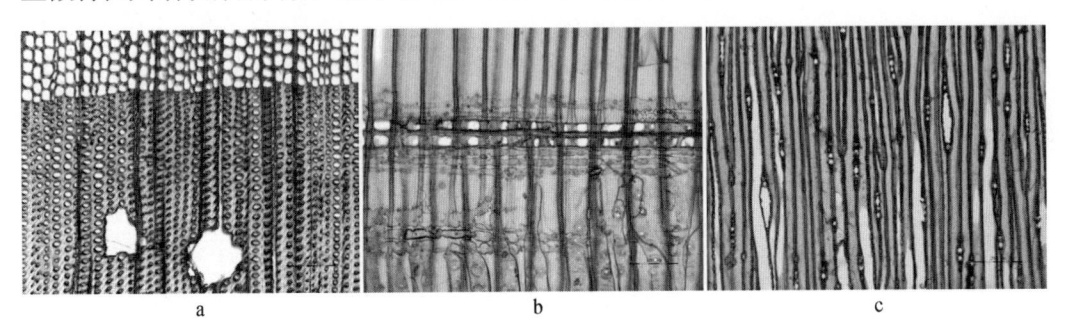

图二 岳阳林纸厂M1棺木显微特征图
a.横切面 b.径切面 c.弦切面

（二）高泉山M42样品鉴定结果

1. 木质棺显微特征

本次实验共分析了8件来自M42的木棺样品，总体特征一致，说明木棺使用的是同一种材料制作，其显微特征如下：无孔材，早晚材突变。早材管胞呈四边形及多边形，管胞壁薄，管胞腔大。晚材管胞壁厚，管胞腔小。轴向薄壁细胞呈弦向带状，部分呈星散状分布。管胞上以单列具缘纹孔为主，偶见双列具缘纹孔，未见眉条。早材交叉场纹孔式为柏木型。晚材交叉场纹孔式为山杉木型，薄壁细胞端壁光滑。单列木射线高2~25个细胞，主要为3~16个细胞，木射线细胞中常见树脂，未见射线管胞。由木材的微观形貌，并结合相关的标本及参考资料[3]，判断鉴定的8件木材样品为柏科（Cupressaceae）侧柏属（*Platycladus* Spach）侧柏（*Platycladus orientalis* (L.) Franco），样品显微特征图片见图三。

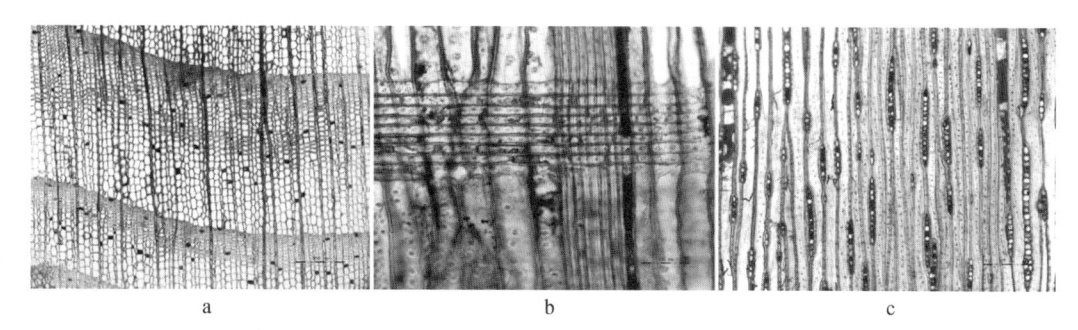

图三　高泉山M42棺木显微特征图
a. 横切面　b. 径切面　c. 弦切面

2. 木质椁显微特征

取自椁木的3件样品，通过光学显微镜观察发现椁木为半散孔材，早晚材缓变，导管簇集及径列火焰状分布，单管孔，穿孔板倾斜，导管纹孔式互列，侵填体常见，偶见树胶；轴向薄壁细胞常见，主要呈弦列状分布，部分为星散状；单列同型木射线，高2~25个细胞（主要为7~17个），射线细胞几乎全为横卧细胞，射线端壁细胞加厚，部分木射线中含树胶，根据木材显微特征，通过相关参考资料，鉴定该木材为壳斗科（Fagaceae）锥属（Castanopsis）的苦槠（*Castanopsis sclerophylla* (L.) Schott），木材显微图片见图四。

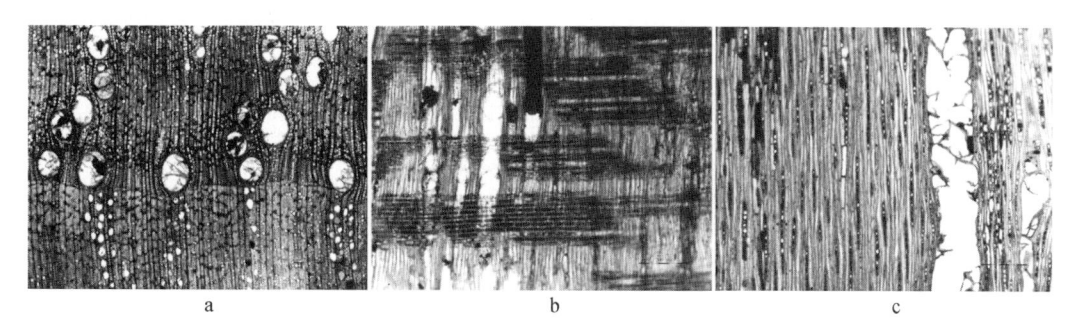

图四　高泉山M42椁木显微特征图
a. 横切面　b. 径切面　c. 弦切面

3. 木炭样品

M42出土的2件木炭样品显微特征相似，它们的显微结构为散孔材，横切面导管为圆形及卵圆形，单管孔，呈溪流状径列，导管纹孔式互列，导管为单穿孔。木射线呈同型单列及同型多列，单列木射线高1~19个细胞，主要为5~12个细胞。多列木射线呈聚合状，被一些窄木射线分隔，宽列木射线中可见菱形晶体，木射线高超出观察范围。根据样品显微特征并结合相关工具书判断鉴定的两个木炭样品种属为壳斗科（Fagaceae）青冈属（*Cyclobalanopsis* Oerst.）青冈（*Quercus glauca* Thunb.）。显微图片见图五，样品信息及鉴定结果见表一。

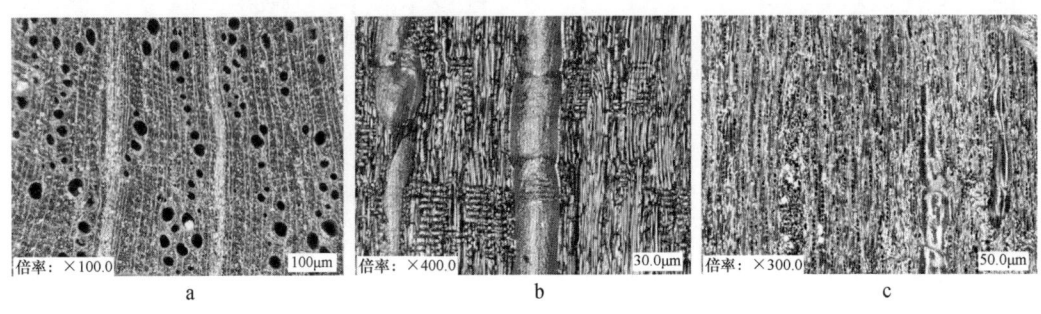

图五　高泉山M42暗格木炭显微特征图
a. 横切面　b. 径切面　c. 弦切面

表一　鉴定样品信息及结果

序号	墓葬	时代	取样位置	样品数量	鉴定种属
1	岳阳林纸厂M1	唐宋	棺顶板	1	黄山松
2	高泉山M42	北宋晚期	前樟板	1	苦楮
3			左樟板	1	苦楮
4			右樟板	1	苦楮
5			后隔板	1	侧柏
6			前隔板	1	侧柏
7			棺前板	1	侧柏
8			棺后板	1	侧柏
9			左棺板	1	侧柏
10			右棺板	1	侧柏
11			棺顶板	1	侧柏
12			棺底板	1	侧柏
13			暗格木炭	2	青冈

（三）结果分析

墓葬制度在中国古代文化中具有浓墨重彩的一笔，王羲之的《兰亭集序》中就提到"古人云：死生亦大矣"，可见古人将生与死看作同等重要的事情。古代的墓葬在用材及形制上都有严格的制度，据《礼记》中的《丧大记》及《檀弓上》的记载，"天子之棺四重"。郑玄注云："诸公三重，诸侯再重，大夫一重，士不重。"同时对于墓葬材质也有记录，据《礼记·丧服大记》载："君松椁，大夫柏椁，士杂木椁。"棺椁是葬具中最基本的部分，因此棺椁的材质也是考古研究中重要的组成部分。

1. M1棺木材质分析

本次鉴定的岳阳林纸厂M1棺木为黄山松，该树种在土层深、排水良好的酸性土及向阳山坡生长良好，是长江中下游酸性土荒山的重要造林树种。木质坚实，含树脂，有一定的耐久性，能用作建筑材料或制作器具。

松木是古代棺木的常用木材，在很多墓葬中都有出现，如山西大同二电厂[4]、湖东[5]北魏墓群都出土了松木棺，辽宁建昌东大杖子战国墓群出土的棺木[6]、甘肃永昌县水泉子汉墓群[7]也鉴定出了松木。松木用作棺木，一方面因为松木有特殊的香味，另一方面是它具有一定的耐久性。

2. M42棺椁及木炭材质分析

M42出土椁木被鉴定为苦槠，苦槠为壳斗科锥属木材，该木材纹理直至斜，结构致密，富有弹性，耐湿抗腐，是一种适合制作建筑、家具、桥梁的上等木材。河南信阳7号及8号楚墓棺椁就使用了壳斗科木材[8]。良渚遗址的木桩及木板的鉴定中[9]发现了较高比例的锥木，大云山汉墓出土的鎏金银铜镦[10]、大理剑川海门口遗址出土的古木中[11]也发现了锥属木材，可见，该木材性能较好，在古代用途广泛。

M42墓葬棺木为侧柏，侧柏树干高大，高可达20米，胸径可达1米。该树种在我国分布广泛，喜光，适应能力强。侧柏纹理斜，结构细而匀，重量及硬度适中，干缩小。干燥速度较慢，干燥后尺寸稳定。且侧柏有很强的耐腐蚀性，并且容易加工，是一种用途广泛的优良木材。古代常用柏木制作棺，在《太平广记》就有记载："涵谓曰：'柏棺勿以桑木为櫬。'人问其故。涵曰：'吾在地下，见发鬼兵。'有一鬼称之柏棺，应免兵。吏曰：'尔虽柏棺，桑木为櫬。'遂不免兵。"汉代的黄肠题凑也用的柏木，可见柏木做棺在古代棺木中等级比较高。考古发掘显示许多墓葬中的棺木也是柏木制作的，如长沙咸家湖西汉曹𡠉墓[12]、山东莱西县岱野西汉墓M2的棺木[13]、乌伤县出土的春秋墓棺木[14]、内蒙古吐尔基山出土辽墓棺木[15]都用到了柏木。

两件木炭采自M42后部暗格，鉴定结果都是青冈，青冈高可达20米，胸径长1米。分布在浙江、安徽、湖南、广东、广西等，是我国长江流域以南地区常绿阔叶树林或常绿与阔叶混交林常见树种。青冈类木材纹理直，结构粗而匀，木材重，花纹美丽，硬或甚硬，干缩大，强度高，冲击韧性高。干燥困难，速度缓慢，干燥时容易在宽列木射线内开裂或形成许多裂纹。重而硬，有一定的耐腐蚀。

曾在迄今我国发掘的先秦时期最大的古墓——秦公一号大墓[16]中发现过木炭，鉴定结果显示这些木炭为壳斗科木材，二里头遗址出土木炭中大部分也属于壳斗科[17]木材。从发掘的位置及木材性质可初步判断后部暗格中的木炭可能为墓葬内的燃料。青冈木材燃烧热很高，是薪炭材的好材料[18]。该墓葬使用青冈作为燃料，说明当时对于木材特性的认识已经达到了较高的水平。

3. M1与M42材质比较

先秦时期不同的阶级使用不同木材，根据《礼记·丧服大记》及《礼记要义》孔疏云："柏椁者，谓为椁用柏也。天子柏，诸侯松。"有学者通过统计，发现在春秋至秦汉时期，墓主人等级为士以上的人士棺木使用的基本为梓木[19]。辽宁建昌东大杖子战国墓群[20]的M40及M47内棺用柏木，外椁用松木，可知在早期柏木等级高于松木。

到了晚期，葬具等级的划分更多体现在葬具装饰上，木材的重要性在逐渐降低，如孝感永安铺唐墓使用了杉木[21]，而江西南昌晚唐熊氏十七娘墓棺木采用了楠木[22]，这两座墓葬规格相近，无明显等级区别。

M1和M42为时代相近的墓葬，但等级不同，一方面，M42墓葬形制为一棺一椁，而M1仅具有棺木。另一方面，M1棺木是用硬木松制作，而M42为柏木，由此说明M42等级高于M1，柏木做棺仍是一种能彰显身份、地位的葬式，丧葬用柏习俗与早期丧葬习俗有一脉相承的特征。同时也反映出唐宋时期棺椁的多样性和多元化。

四、结　　语

北宋晚期的M42棺木为柏木，椁木为锥属的苦槠，同时在暗格中还利用青冈属青冈作为燃料。从墓葬形制上看，如此规模的宋代竖穴土坑墓在湘江流域较为罕见，且木制品保存基本完好，是难能可贵的考古资料。汉代以来大多数等级较低的墓葬埋藏较浅，导致木材这类无机物难以保存，加之保护、检测手段的制约，目前唐宋时期的木材鉴定资料较少。汨罗高泉山M42和岳阳林纸厂M1的木样鉴定，为我们研究历史时期长江中游地区和湘江流域古代丧葬习俗提供了科学依据。

注　　释

[1] 汨罗市文物管理所：《湖南省汨罗市高泉山人民路东周墓发掘简报》，《江汉考古》2008年第2期，第43~45页。

[2] 成俊卿、杨家驹、刘鹏：《中国木材志》，中国林业出版社，1992年；方文彬、吴义强：《中国湖南主要经济木材解剖性质及彩色图鉴》，科学出版社，2011年；姜笑梅、程业明、殷亚方等：《中国裸子植物木材志》，科学出版社，2010年。

[3] 成俊卿、杨家驹、刘鹏：《中国木材志》，中国林业出版社，1992年；方文彬、吴义强：《中国湖南主要经济木材解剖性质及彩色图鉴》，科学出版社，2011年；姜笑梅、程业明、殷亚方等：《中国裸子植物木材志》，科学出版社，2010年。

[4] 大同市考古研究所：《山西大同二电厂北魏墓群发掘简报》，《文物》2019年第8期。

[5] 山西省考古研究所、山西省大同市考古研究所：《山西大同湖东北魏墓群发掘简报》，《中国国家博物馆馆刊》2018年第2期。

[6] 王树芝、焦延静、华玉冰等：《辽宁建昌东大杖子战国墓群出土木材鉴定与分析》，《北方文物》2019年第4期。

[7] 甘肃省文物考古研究所：《甘肃永昌县水泉子汉墓群2012年发掘简报》，《考古》2017年第12期。

[8] 冯德君、武志江、赵泾峰等：《河南信阳城阳城址8号墓出土木材研究》，《西北林学院学报》2017年第3期；赵红英、王鑫晓、高江华等：《出土梓木形态结构及物理力学性质研究》，《北京林业大学学报》2008年第5期。

[9] 董梦妤：《古建筑和出土饱水木材鉴别与细胞壁结构变化》，中国林业科学研究院博士学位论文，2017年。

[10] 何林：《江苏地区考古木材鉴定分析》，南京林业大学硕士学位论文，2015年。

[11] 崔新婕：《海门口遗址木质遗存树种判定及腐朽标准的划分》，西南林业大学硕士学位论文，2015年。

[12] 长沙市文化局文物组：《长沙咸家湖西汉曹𣟵墓》，《文物》1979年第3期。

[13] 赵丹：《山东地区汉代合葬墓分析》，《中国国家博物馆馆刊》2020年第3期。

[14] 张枫林：《义乌新发现汉墓研究》，《东方博物（第七十辑）》，中国书店，2019年。

[15] 李威、徐峥：《吐尔基山辽墓出土彩绘木棺及棺床的保护修复》，《草原文物》2019年第1期。

[16] 安培钧、赵志才、韩伟：《秦公一号大墓出土木材材性及树种的研究》，《西北林学院学报》1990年第2期。

[17] 王树芝、王增林、许宏：《二里头遗址出土木炭碎块的研究》，《中原文物》2007年第

[18] 周伟、夏念和：《我国壳斗科植物资源——尚待开发的宝库》，《林业资源管理》2011年第2期；林明晖：《尤溪九阜山自然保护区野生壳斗科植物资源调查》，《中国林副特产》2020年第3期。

[19] 王树芝、崔圣宽、王世宾：《山东定陶灵圣湖西汉墓M2出土木材分析与研究》，《东方考古（第11集）》，科学出版社，2014年。

[20] 王树芝、焦延静、华玉冰等：《辽宁建昌东大杖子战国墓群出土木材鉴定与分析》，《北方文物》2019年第4期。

[21] 孝感市博物馆：《孝感永安铺南朝及唐代墓葬清理简报》，《江汉考古》2005年第2期。

[22] 江西省博物馆：《江西南昌唐墓》，《考古》1977年第6期。

Identification of the Tree Species of Two Tomb Coffins in the Tang and Song Dynasties in Miluo, Hunan

Zhang Xiaoying[1]　Li Zhi[2]　Caojingjing[3]

(1. Hunan Provincial Institute of Cultural Relics and Archaeology; Hunan Key Laboratory of Archaeometry and Conservation Science　2. Yueyang Municipal Institute of Cultural Relics and Archaeology　3. Xi'an Museum)

Abstract: Gaoquanshan is the important cultural relic burial site of Miluo. In 2019, Yueyang Municipal Institute of Cultural Relics and Archaeology excavated a well preserved tomb named M42 of the Song Dynasty, which is the largest tomb of the Song Dynasty in Yueyang area in recent years. The tomb in Yueyang Paper Mill named M1 was also found in the same year, and the two tombs have the similar time. In order to study the using characteristics of wood, 11 coffins and 2 charcoal samples of M42 in Gaoquanshan and 1 coffin sample of M1 in Yueyang Paper Mill were identified by optical microscope. The results showed that the inner coffin of M42 was Platycladus orientalis, the outer coffin wood was Castanopsis carlesii, the charcoal was Quercus, and the coffin sample of Yueyang Paper Mill was Pinus taiwanensis. From the perspective of tomb conformation and materials used, M42 is a tomb of Song Dynasty with higher specifications. The comparison of wood used in M42 and materials used in related tombs has important archaeological value for the study of burial customs of Song Dynasty in the downstream of Xiangjiang River.

Keywords: Gaoquanshan Tombs Site; Inner and Outer Coffins; Species Identification

# 离子色谱法在不可移动石质文物的可溶盐病害调查研究中的应用
——以余家牌坊为例

李梅英

（湖南省文物考古研究院　科技考古与文物保护利用湖南省重点实验室）

[摘　要]　湖南省澧县车溪乡余家牌坊是全国重点文物保护单位，建于清道光年间，具有极高的艺术价值。然而经过200多年岁月侵蚀，现在余家牌坊表面出现了大量的粉状剥落、表面污染物、水锈等病害，尤其是粉状剥落严重威胁文物安全。经前期调查发现余家牌坊的主要病害为可溶盐，因此本工作采用离子色谱法对余家牌坊的可溶盐病害进行调查研究。研究结果表明，余家牌坊中的主要可溶盐病害产物为硫酸钙（$CaSO_4$）和硫酸镁（$MgSO_4$），其中硫酸镁的检出体现了离子色谱法在可溶盐病害调查中的优越性；来源应为二氧化硫（SO_2）气体污染物，主要分布于粉化部位；粉化的原因可归结于二氧化硫酸性气体的腐蚀、可溶盐病害产物硫酸钙和硫酸镁结晶盐的膨胀及反复溶解-析出、硫酸根离子的盐效应和离子对作用造成的余家牌坊主体白云石的溶解度增大等三方面因素的综合作用。

[关键词]　可溶盐；病害；硫酸盐；文物

一、概　　述

余家牌坊又名余家节孝坊，位于湖南省澧县车溪乡，建于清道光年间，是全国重点文物保护单位。牌坊坐北朝南，为六柱三间九楼式石牌坊，通体用祁阳白石雕刻而成，通高21.7、面阔8、进深5米，整个牌坊刻有人物143个、龙40条、凤32只，采用了镂空雕、浮雕、圆雕、线刻等雕刻艺术，工艺精美[1]。然而经过200多年的风吹雨打，余家牌坊上发生了不可逆转的变化。经过现场调查，我们发现牌坊表面出现大量的粉状剥落，严重的地方横梁有断裂的危险，严重威胁余家牌坊整体结构的稳定性。除此之外，牌坊表面被大片的黑色、黄色污染物覆盖，间或有黄色的水锈，降低了牌坊的美学价值（图一）。

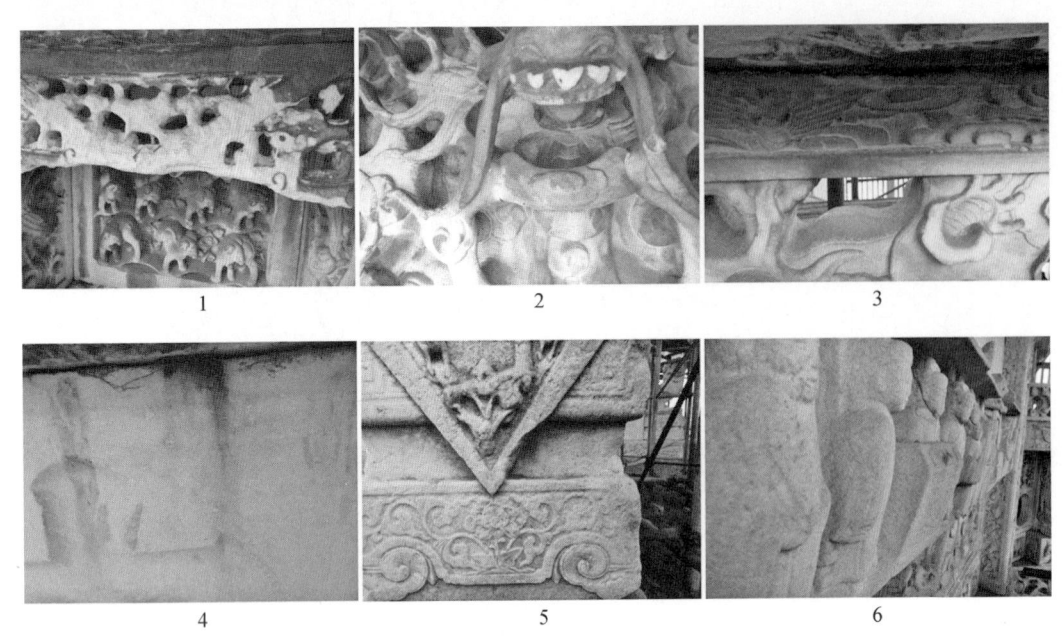

图一　余家牌坊的典型病害
1. 粉状剥落　2. 黄色污染　3. 黑色污染　4. 水锈　5. 青苔　6. 自然风化

为了对余家牌坊进行保护，湖南省文物考古研究院的肖亚对余家牌坊石材及牌坊表面的粉化剥落物、黄色污染物和黑色污染物进行了元素分析和物相分析（结果未发表），发现余家牌坊石材、粉化剥落物和黑色污染物主要成分均为白云石（$CaMg(CO_3)_2$），其中黑色污染物含少量二水硫酸钙（$CaSO_4 \cdot 2H_2O$，俗称石膏），黄色污染物以石膏为主，表明余家牌坊的可溶盐病害较为突出。

如上所述，关于余家牌坊的可溶盐病害研究对探索余家牌坊病害的病因十分重要。离子色谱法可以同时对阴离子和阳离子含量进行定性定量分析，且灵敏度高，在可溶盐病害检测方面具有天然的优势。本工作采用离子色谱方法对余家牌坊的可溶盐病害进行了调查研究，为后续的保护和防护提供科学依据。

二、实验方法

（一）样品采集

采用色谱纸进行可溶盐取样。将色谱纸裁剪成2厘米×1厘米的色谱纸样条在去离子水中浸泡5秒，取出后紧贴于取样部位，贴敷1分钟后将试样条放于聚乙烯离心管中密封保存。现场取样部位涵盖了风化、粉化、黄色污染物、黑色污染物、青苔、水锈等已发现的所有病害类型，并选取了一些保存状况较好的部位作为参照点。图二展示了其中一个参照点取样部位。

图二 参照点可溶盐取样示例

（二）样品处理

将采集的色谱纸试样条于5毫升去离子水中震荡1分钟后，离心分离，所得的清液用于离子色谱检测。使用空白色谱纸作为参照。

（三）离子色谱检测

采用离子色谱仪（美国 Dionex ICS-900）对步骤（二）清液中的阴离子及阳离子的含量分别进行测定。阴离子测试条件：色谱柱为IonPac AG22 RFIC分离柱、IonPac AG22 RFIC保护柱，淋洗液4.5毫摩尔/升Na_2CO_3-1.4毫摩尔/升$NaHCO_3$，流速1毫升/分钟，进样量50微升。阳离子测试条件：色谱柱为IonPac CS12A RFIC分离柱、IonPac CS12A RFIC保护柱，淋洗液0.4 毫摩尔/升 MSA，流速1毫升/分钟，进样量50微升。

三、结果与讨论

（一）离子色谱结果分析

1. 可溶盐分析

离子色谱检测结果如表一所示。整体来看，余家牌坊中氯离子（Cl^-）、硝酸根离子（NO_3^-）、钾离子（K^+）、镁离子（Mg^{2+}）含量波动不大，除粉化样品POD-4-1中硝酸根离子（NO_3^-）和镁离子（Mg^{2+}）含量分别为1.3890毫克/升、1.6796毫克/升外，含量均低于1毫克/升；而硫酸根离子（SO_4^{2-}）和钙离子（Ca^{2+}）的含量变化较大，含量分别在0.1518～25.7385毫克/升和0.0978～9.6953毫克/升，提示硫酸根离子（SO_4^{2-}）和钙离子（Ca^{2+}）是最主要的可溶盐病害产物。

表一　离子色谱检测结果　　　　　　（单位：毫克/升）

编号	病害	Cl^-	NO_3^-	SO_4^{2-}	K^+	Mg^{2+}	Ca^{2+}
REF-1-1	参照	0.1037	0.4464	0.6074	0.0594	—	—
REF-1-2	参照	0.0263	0.0767	0.4751	0.0522	0.0202	0.0978
REF-1-3	参照	0.0292	0.4356	1.6355	0.0263	0.0763	0.5714
REF-1-4	参照	0.0565	0.3195	3.4984	0.2292	0.1040	1.8362
REF-2-1	参照	—	—	—	0.0274	0.0096	—
REF-2-2	参照	0.1004	0.6083	1.6017	0.0445	0.0528	0.1364
REF-3-1	参照	0.0404	0.3675	1.6793	0.0573	0.0595	0.3729
REF-4-1	参照	0.1229	—	1.8288	0.0452	0.1043	0.4187
WEA-2-1	风化	0.0229	0.3435	0.5715	0.0152	—	—
WEA-2-2	风化	0.0969	0.8438	1.1220	0.0399	0.0375	0.1102
WEA-2-3	风化	0.0088	0.1014	0.1518	0.0500	0.0699	0.2212
WEA-4-1	风化	0.1295	0.4319	1.8432	0.0811	0.1058	0.5266
WEA-5-1	风化	0.0395	0.2062	1.1646	0.0222	0.0821	0.4265
WEA-5-2	风化	0.0064	0.0575	0.4481	0.0259	0.0433	0.1536
WEA-5-3	风化	0.0998	—	1.5894	0.0323	0.0707	0.1216
POD-2-1	粉化	0.2716	0.9587	3.6509	0.0594	0.4613	1.2389
POD-2-2	粉化	0.0276	0.0762	3.9135	0.0759	0.3229	1.8952
POD-4-1	粉化	0.1203	1.3890	25.7385	0.1474	1.6797	9.6953
POD-4-2	粉化	0.0343	—	2.3159	0.0245	0.2100	0.9801
YEL-1-1	黄垢	—	0.0725	1.5214	0.0227	0.0680	0.5274
YEL-3-1	黄垢	0.0071	0.1711	1.6635	0.0438	0.1083	0.6469
BLA-1-1	黑垢	—	0.0299	0.2931	0.0647	0.0200	0.0980
BLA-2-1	黑垢	0.0250	0.3945	2.7941	0.0278	0.0590	0.8468
BLA-3-1	黑垢	0.0155	0.2330	0.5763	0.0430	0.0180	0.1591
BLA-3-2	黑垢	0.0451	0.2777	2.4204	0.0825	0.1733	1.0303
BLA-4-1	黑垢	0.3467	0.2944	2.1391	0.0358	0.0469	0.9634
MOS-5-1	青苔	—	0.1401	0.2027	—	0.0064	—
INC-3-1	水锈	0.0915	0.7244	2.1076	0.1147	0.0665	1.7342

注：编号第一个数字对应病害检测高度，从高至低依次为1、2、3、4、5，数字越大，位置越低；编号第二个数字对应同一高度位置同一病害类型的编号；"—"为未检出。

为了弄清楚各离子之间的关系，采用Spss软件进行了相关性计算，结果列于表二。可以看到，硫酸根离子（SO_4^{2-}）与钙离子（Ca^{2+}）、镁离子（Mg^{2+}）之间的相关系数分别为0.987和0.979，且钙离子（Ca^{2+}）和镁离子（Mg^{2+}）之间的相关系数为0.965，显示出非常高的相关性。考虑到余家牌坊石材的主要成分为白云石（$CaMg(CO_3)_2$），可以判断除硫酸钙（$CaSO_4$）外，硫酸镁（$MgSO_4$）也是较为重要的病害产物。此前的分析工作只检测到二水硫酸钙，而没有检测到硫酸镁（$MgSO_4$），这是由于硫酸镁（$MgSO_4$）的溶解度远高于硫酸钙（$CaSO_4$），主要以离子形态存在于石材中，因此固体采样无法采集到，这也体现了离子色谱在可溶盐病害检测上的优势。

表二　离子含量相似性矩阵

相关系数	Cl^-	NO_3^-	SO_4^{2-}	K^+	Mg^{2+}	Ca^{2+}
Cl^-	1	0.459	0.218	0.146	0.233	0.205
NO_3^-	0.459	1	0.671	0.403	0.660	0.654
SO_4^{2-}	0.218	0.671	1	0.486	0.979	0.987
K^+	0.146	0.403	0.486	1	0.430	0.557
Mg^{2+}	0.233	0.660	0.979	0.430	1	0.965
Ca^{2+}	0.205	0.654	0.987	0.557	0.965	1

为了弄清硫酸钙（$CaSO_4$）与硫酸镁（$MgSO_4$）之间的含量关系，对钙离子（Ca^{2+}）和镁离子（Mg^{2+}）的摩尔比进行计算，如图三所示。检测的28个样品中，除3个未检测到钙镁离子的样品外，其他样品钙镁摩尔比范围为1.03～15.65，其中，21个样品的钙镁摩尔比大于2，占到73.1%。而我们知道，白云石$CaMg(CO_3)_2$中的钙镁摩尔比为1：1，也就是余家牌坊石材中钙的流失远高于镁，可溶盐病害对钙影响更大。

2. 可溶盐病害的分布

由前述分析可知，最主要的可溶盐病害产物为硫酸钙（$CaSO_4$），因此可以认为硫酸根离子（SO_4^{2-}）和钙离子（Ca^{2+}）的分布情况可以反映可溶盐病害的分布情况。将硫酸根离子（SO_4^{2-}）和钙离子（Ca^{2+}）的含量做成条形图，如图四所示。粉化部位的硫酸根离子（SO_4^{2-}）和钙离子（Ca^{2+}）含量显著高于其他病害，最高含量25.7385毫克/升（SO_4^{2-}）和9.6953毫克/升（Ca^{2+}）也来自粉化部位；其他病害部位的可溶盐含量有高有低，未显示出较大的关联性。值得注意的是，即使是表面看起来完好的参照样品（REF-1-4），也有相当含量的可溶盐。

同时，将同一病害类型不同高度的样品进行比较，可以发现参照点、风化部位、粉化部位、黄色污染部位和黑色污染部位中，硫酸根离子（SO_4^{2-}）和钙离子（Ca^{2+}）含

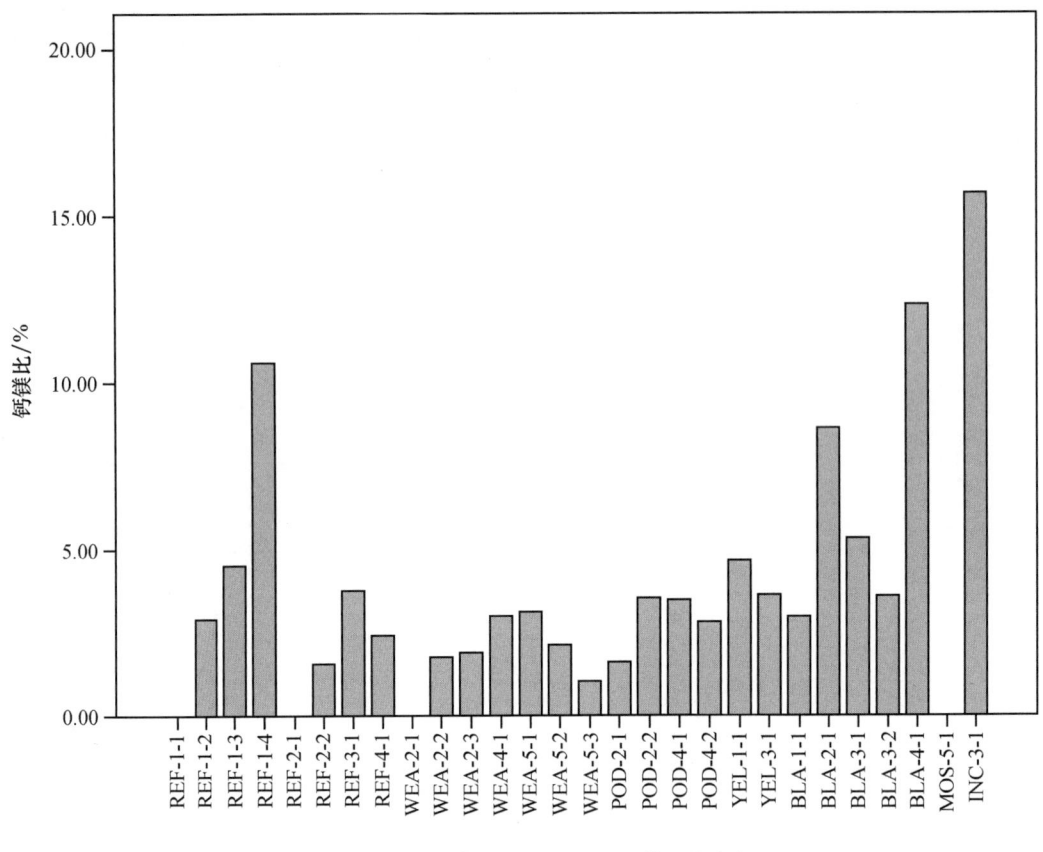

图三　钙离子（Ca^{2+}）和镁离子（Mg^{2+}）的摩尔比

量最高的样品分别是REF-1-4、WEA-4-1、POD-4-1、YEL-3-1和BLA-2-1，分散在不同的高度层，并未显现出与取样高度之间明显的关联性。

（二）可溶盐病害成因推测及机理分析

关于可溶盐病害产物硫酸盐，文物保护学者已进行了较多的研究。国内外的相关研究均指出，文物表面的石膏主要来源为空气中的二氧化硫（SO_2）在岩石表面发生氧化反应形成[2]。含有二氧化硫污染物的潮湿空气能够在余家牌坊的岩体中形成强酸性物质硫酸（H_2SO_4），硫酸进一步溶解石质文物中的胶结物碳酸钙（$CaCO_3$）生成硫酸钙（$CaSO_4$）。从来源来看，余家牌坊附近有一家化工厂，环境污染很有可能是余家牌坊中形成大量硫酸钙的原因。

分析余家牌坊粉化的原因，可归纳为三个方面：第一，二氧化硫污染气体的腐蚀。余家牌坊主体成分为白云石（$CaMg(CO_3)_2$），能够很容易地与酸性二氧化硫（SO_2）污染气体反应，造成本体和胶结物大量溶解，如下列方程式所示：

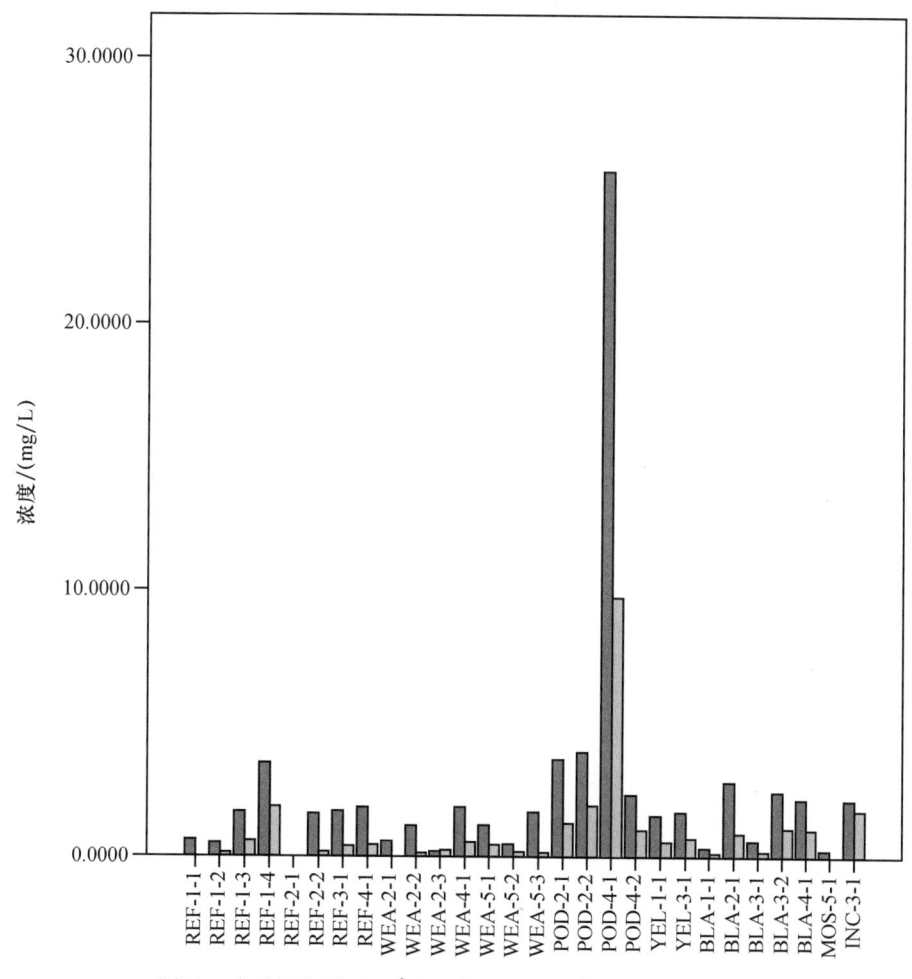

图四 硫酸根离子（SO_4^{2-}）和钙离子（Ca^{2+}）含量的条形图
（深色为SO_4^{2-}，浅色为Ca^{2+}）

$$SO_2+O_2+H_2O \rightarrow H_2SO_4 \quad (1)$$
$$H_2SO_4+CaMg(CO_3)_2 \rightarrow CaSO_4+CO_2\uparrow+MgSO_4+H_2O \quad (2)$$

第二，结晶盐的膨胀压力。当环境中有水时，硫酸钙（$CaSO_4$）和硫酸镁（$MgSO_4$）与水反应分别生成石膏（$CaSO_4 \cdot 2H_2O$）和泻利盐（$MgSO_4 \cdot 7H_2O$）。以石膏为例，硫酸钙（$CaSO_4$）水化成石膏时，体积增大31%，产生0.15兆帕的膨胀压力，从内部对岩体造成破坏[3]。而当气候干燥时，石膏和泻利盐又脱水形成硫酸钙（$CaSO_4$）和硫酸镁（$MgSO_4$）。如此随着气候变化，硫酸钙（$CaSO_4$）和硫酸镁（$MgSO_4$）可在牌坊中反复结晶、溶解，使牌坊内部膨胀，孔隙增大[4]，最终导致粉化脱落。

第三，研究指出硫酸根离子（SO_4^{2-}）的盐效应和离子对作用能增强水对白云石的溶解性[5]，而钙、镁溶解的增多将产生更多的石膏和泻利盐，更多的硫酸盐进一步加速白云石的溶解，形成恶性循环，加速余家牌坊的可溶盐病害发展。

四、结　论

本工作采用离子色谱法对余家牌坊中的可溶盐病害进行了检测和分析，结论如下。

1）余家牌坊的主要可溶盐病害产物为硫酸钙（$CaSO_4$）和硫酸镁（$MgSO_4$），其中，硫酸钙（$CaSO_4$）含量更高，表明钙元素的流失更为严重，硫酸镁（$MgSO_4$）的检出体现了离子色谱法在可溶盐病害检测中的优势。

2）从可溶盐的分布来看，粉化部位的硫酸根离子（SO_4^{2-}）和钙离子（Ca^{2+}）含量最高，但表面看起来保存完好的参照部位也检出了一定含量的硫酸根离子（SO_4^{2-}）和钙离子（Ca^{2+}），表明余家牌坊中可溶盐病害较为严重，应考虑整体脱盐措施；SO_4^{2-}和Ca^{2+}的分布未表现出与取样位置高度的明显关联。

3）余家牌坊中硫酸钙（$CaSO_4$）和硫酸镁（$MgSO_4$）的来源应为空气中的二氧化硫（SO_2）污染物，余家牌坊粉化的原因可归结为二氧化硫酸性气体、硫酸钙和硫酸镁结晶水合物的膨胀和反复溶解析出、硫酸根离子（SO_4^{2-}）的盐效应和离子对作用造成的余家牌坊主体白云石的溶解度增大等三个方面。

注　释

[1] 唐湘岳、徐虹雨、王鸿波：《余家牌坊的前世今生》，《光明日报》2015年5月14日第5版；吴卫：《节孝牌坊的艺术价值和社风修为——湖南澧县余家牌坊的思考》，《求索》2016年第6期，第75~79页。

[2] 严绍军、方云、刘俊红等：《可溶盐对云冈石窟砂岩劣化试验及模型建立》，《岩土力学》2013年第12期，第3410~3416页；Riontino C, Sabbioni C, Ghedini N, et al. Evaluation of atmospheric deposition on historic buildings by combined thermal analysis and combustion techniques. Thermochimica Acta, 1998, 321(1): 215-222.

[3] 黄继忠：《云冈石窟主要病害及治理》，《雁北师范学院学报》2003年第5期，第57~59页。

[4] 鱼汶：《盐结晶对石质文物的破坏及控制研究》，云南大学硕士学位论文，2016年，第3页。

[5] 黄思静、杨俊杰、张文正等：《石膏对白云岩溶解影响的实验模拟研究》，《沉积学报》1996年第1期，第103~109页；闫志为：《硫酸根离子对方解石和白云石溶解度的影响》，《中国岩溶》2008年第1期，第24~31页。

Application of Ion Chromatography in the Investigation of the Soluble Salt Disease of Immovable Stone Artifacts—A Case Study of the Yu Family Memorial Archway

Li Meiying

(Hunan Provincial Institute of Cultural Relics and Archaeology; Hunan Key Laboratory of Archaeometry and Conservation Science)

Abstract: The Yu Family Memorial Archway (YFMA) in Chexi Township, Li County, Hunan Province is a national key cultural relics protection unit. It was built in Daoguang period of the Qing Dynasty and has a very high artistic value. However, after more than 200 years of erosion, a large number of powder flaking, surface pollutants, rust and other diseases appeared at the YFMA, especially the flaking off seriously threatened its security. The preliminary investigation proved that the main disease of the YFMA was soluble salt, therefore this study focused on the investigation of the soluble salt disease in the YFMA by ion chromatography. It was found that the main soluble salts in the YFMA were $CaSO_4$ and $MgSO_4$ which mainly distributed in the flaking part and the source should be SO_2 gas pollutants. The causes of the flaking off can be attributed to three aspects including SO_2 gas corrosion, crystalline salt swelling and their repeated dissolution-precipitation, and the increased solubility of dolomite caused by the salt effect and the ion pair interaction of SO_4^{2-}.

Keywords: Soluble Salt; Diseases; Sulfate; Cultural Relics

湖南新田史氏宗祠壁画颜料分析研究

邱 玥 廖 昊

（湖南省文物考古研究院 科技考古与文物保护利用湖南省重点实验室）

［摘　要］本文通过扫描电子显微镜-能谱和拉曼光谱分析方法，对湖南省新田县史氏宗祠壁画的颜料进行科学分析。结果表明史氏宗祠壁画颜料主要使用天然无机颜料，其中红色颜料为铁红、朱砂和铅丹，绿色颜料为氯铜矿，黄色颜料为黄丹，灰黑色颜料为变色的铅丹。传统壁画是极具特色、稀有宝贵的文化遗产之一，具有重要的历史、文化、艺术价值。研究结果对了解湖南地区民间壁画的制作工艺具有一定意义，也能为史氏宗祠壁画的保护修复提供科学依据。

［关键词］民间宗祠；壁画；颜料分析

　　湖南省文物建筑上残留的彩绘壁画在全省各地均有发现，分布零散，多数壁画创作于明清时期。由于很多彩绘壁画位于偏僻乡村，缺乏规范管理，出现多种病害，如不采取适当的保护措施，这些壁画将会逐渐消失。史氏宗祠位于湖南省永州市新田县石羊镇史家村，为明代两进式四合院砖结构建筑，正厅墙面上绘有壁画，2019年湖南省文物考古研究所首次对史氏宗祠壁画进行调查。

　　宗祠是古民居中一种具有代表性的建筑形式，是村落起源、演变和发展的历史见证。我国在汉代开始出现"宗祠"这一名称[1]，明清时期，宗祠建筑得到极大发展[2]。宗祠承载着我国传统宗族文化思想，是宗族供奉祭祀先祖、宗族议事、团结族人的重要场所。壁画是宗祠建筑中的重要组成部分，明清宗祠壁画多由民间画匠绘制，与民间百姓的生活以及当地的风俗习惯息息相关。湖南地区对宗祠壁画彩绘颜料的调查研究较少，缺乏系统的科学分析。为详细了解史氏宗祠壁画颜料的成分，笔者对壁画破损处颜料进行微量取样至实验室内进行分析检测。

一、实验样品及分析方法

（一）实验样品

史氏宗祠壁画主要以砖墙为支撑体，白灰层为地仗，彩绘颜料直接涂绘于白灰层上。壁画中使用的色彩主要有红色、绿色、黄色、灰黑色。为了解史氏宗祠壁画颜料的种类，在不同位置各采集红色颜料4份、绿色颜料1份、黄色颜料1份、灰黑色颜料1份，编号为1~7号。将所取样品送至实验室进行扫描电镜-能谱、拉曼光谱分析。采样位置如图一~图三所示，样品详细信息列于表一。

图一　1、2号红色，5号绿色颜料

图二　6号黄色颜料

图三　3、4号红色，7号灰黑色颜料

表一　史氏宗祠壁画样品信息

实验室编号	颜色	壁画位置	采样位置
1号	红	正厅南壁	人物衣饰
2号	红	正厅南壁	人物衣饰
3号	红	正厅西壁	人物衣饰
4号	红	正厅西壁	人物衣饰
5号	绿	正厅西壁	人物衣饰
6号	黄	正厅南壁	旗
7号	灰黑	正厅西壁	人物衣饰

（二）分析仪器及方法

1. 扫描电子显微镜-能谱仪（SEM-EDS）

蔡司EVO MA10扫描电镜-布鲁克能谱仪，样品贴在导电胶带上喷金处理后直接分析。显微结构观察使用背散射电子模式，成分分析条件为加速电压20千伏，点分析采集时间150秒。

2. 激光拉曼光谱分析（Raman）

所用仪器为英国雷尼绍公司生产的Renishaw in Via型显微激光拉曼光谱仪。激发光波长为514纳米和785纳米。波数在100～3000cm^{-1}范围内，波数精度为±1cm^{-1}，物镜为100X镜头，光斑尺寸为1微米，信息采集时间为10秒，累加次数1～3次。分析时直接将颜料颗粒放于载玻片上，用无水乙醇浸润、搅拌，然后置于样品台上待检，在显微镜下选择需要分析的样品区域。

二、检测结果与讨论

采用上述仪器分析方法，对颜料样品进行扫描电子显微镜-能谱及拉曼光谱检测。样品的能谱结果列于表二，背散射电子图像如图四～图七所示，拉曼光谱结果如图八、图九所示，每种颜料的具体检测结果如下。

由能谱结果可知史氏宗祠壁画颜料的主要元素组成为C、O、Mg、Al、Si、S、Ca、Fe、Cu、Pb、Hg，其中C、O、Ca元素主要来自白灰层中的石灰（CaCO$_3$），少量Mg、Si、Al元素来源于壁画表面的污染物，S、Fe、Cu、Pb、Hg为不同颜色颜料的显色元素。由图四～图七可知，颜料样品的背散射电子像呈大小较为均匀的颗粒状分布，1号红色样品、5号绿色样品、7号灰黑色样品中分布有高亮小颗粒。

表二 史氏宗祠壁画颜料能谱分析测试结果

Area	C	O	Mg	Al	Si	S	Ca	Fe	Cu	Pb	Hg
1号	10.47	58.39	0.57	1.48	2.67	1.44	16.43	8.55	—	—	—
2号	9.11	58.14	0.18	2.36	3.85	1.84	19.08	5.37	—	—	—
3号	5.41	36.67	—	6.88	8.82	5.06	29.45	—	—	—	7.36
4号	13.67	45.96	—	0.30	0.12	0.64	9.07	0.18	—	30.07	—
5号	10.77	51.52	0.12	1.99	4.16	1.26	15.27	0.66	4.43	9.41	—
6号	10.16	52.92	1.66	1.80	4.09	1.40	19.46	0.86	—	7.41	—
7号	4.15	36.23	—	3.68	3.75	—	7.29	—	—	44.90	—

注：—表示样品中未检测到该元素。

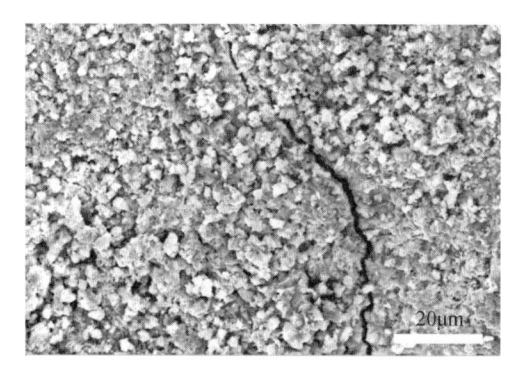

图四 1号红色样品背散射电子图像

图五 5号绿色样品背散射电子图像

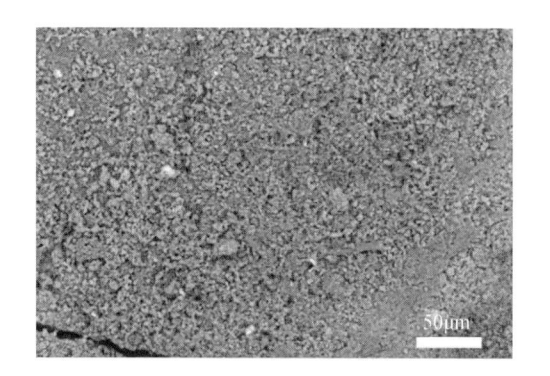

图六 6号黄色样品背散射电子图像

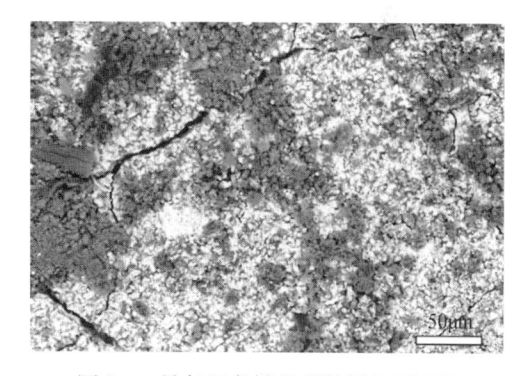

图七 7号灰黑色样品背散射电子图像

（一）红色颜料

史氏宗祠壁画中使用了四种不同色调的红色颜料，由表二能谱结果可知，1号红色颜料Fe元素含量较高（8.55wt%），O元素含量58.39wt%，此外未检测到其他红色显色元素，故1号红色颜料的显色物质为铁红（Fe_2O_3）。2号红色颜料Fe元素含量

5.37wt%，O元素含量58.14wt%，2号显色物质也为铁红。铁红含量的差异导致1号、2号红色颜料深浅不一。3号红色颜料中检测到较高含量的S元素（5.06wt%）及Hg元素（7.36wt%），未检测到Fe元素，因此3号红色颜料的显色物质为朱砂（HgS）。4号红色颜料中Pb元素含量30.07wt%，O元素含量45.96wt%，Fe元素含量0.18wt%，由此可知4号红色颜料的显色物质为铅丹（Pb_3O_4）。

（二）绿色颜料

5号绿色颜料Cu元素含量4.43wt%，除此之外还有较高含量的Pb元素（9.41wt%）。Cu元素为绿色颜料的显色元素，Pb元素可能来自周围颜料的污染。壁画中常用的含Cu绿色颜料有氯铜矿（$Cu_2Cl(OH)_3$）和巴黎绿（$Cu(C_2H_3O_2)_2 \cdot 3Cu(AsO_2)_2$），为确定绿色颜料的种类，对5号绿色颜料进行激光拉曼光谱分析，所得结果如图八所示。样品的拉曼特征峰150cm^{-1}、508cm^{-1}、902cm^{-1}与标准氯铜矿的特征峰120cm^{-1}、512cm^{-1}、910cm^{-1}相符合，故5号绿色颜料的显色物质为氯铜矿[3]。

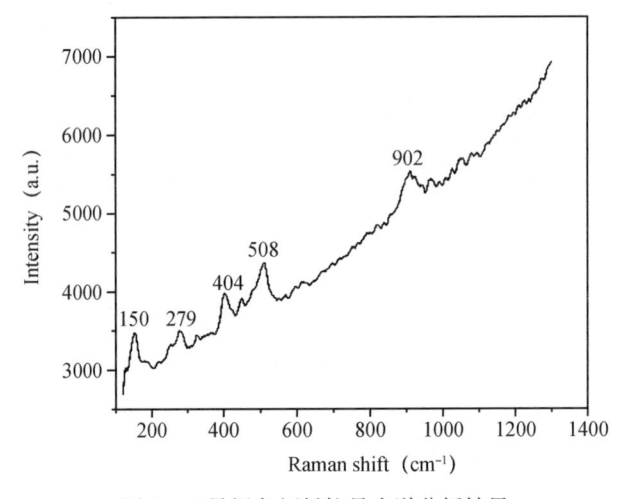

图八　5号绿色颜料拉曼光谱分析结果

（三）黄色颜料

中国古代艺术品中常见的黄色颜料主要有雄黄（As_4S_4）、雌黄（As_2S_3）、黄铁矿（FeS_2）、针铁矿（$FeO \cdot OH$）、黄丹（PbO）、硫黄（S）[4]。由能谱结果可知，6号黄色颜料的Pb元素含量为7.41wt%，O元素含量52.92wt%，此外未检测到其他黄色颜料显色元素，由此可推测黄色颜料的显色物质为黄丹（PbO）。

（四）灰黑色颜料

7号灰黑色颜料中Pb元素含量较高（44.90wt%），其拉曼光谱结果如图九所示。灰黑色颜料的拉曼特征峰121cm^{-1}、163cm^{-1}、229cm^{-1}、309cm^{-1}、388cm^{-1}、478cm^{-1}、546cm^{-1}与铅丹的特征峰120cm^{-1}、151cm^{-1}、222cm^{-1}、313cm^{-1}、390cm^{-1}、479cm^{-1}、548cm^{-1}相符合[4]。铅丹是一种不稳定的红色颜料，容易产生变色。在潮湿、碱性介质及微生物存在的环境中铅丹会由红色逐渐变黑[5]。有模拟实验表明，在高温、光照环境中铅丹会变成灰白色碳酸铅[6]。结合能谱及拉曼光谱结果可知，7号灰黑色颜料为变色的铅丹。

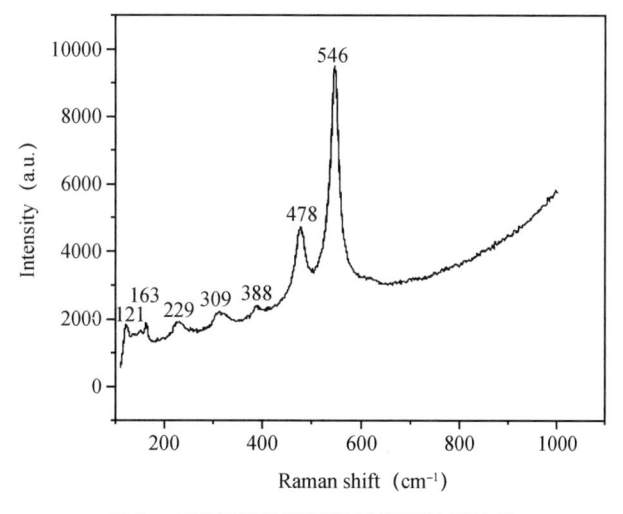

图九　7号灰黑色颜料拉曼光谱分析结果

三、结　论

随着城市化进程的发展，很多宗祠遭受了不同程度的破坏。宗祠作为村落文化的重要组成，应该得到合理的保护传承与发展。湖南新田县史氏宗祠壁画保存状况相对较好，内容丰富、色彩鲜明，形象生动传神，有其独特的风格形式。史氏宗祠壁画不仅具有装饰作用，同时也是湖南壁画遗产中重要的组成部分，为研究湖南民间传统艺术文化提供了珍贵的历史实物资料，具有较高的历史和艺术价值。

本文结合扫描电子显微镜-能谱、拉曼光谱等仪器对史氏宗祠建筑的壁画颜料样品进行了颜料成分的检测研究。检测结果表明，史氏宗祠彩绘文物颜料主要为无机矿物。红色颜料有铁红、朱砂、铅丹，绿色颜料为氯铜矿，黄色颜料为黄丹，灰黑色颜料为变色的铅丹。本工作系统地研究了史氏宗祠建筑壁画彩绘颜料层的成分构成，不仅为史氏宗祠彩绘文物传统工艺研究提供了信息，同时也为这些壁画彩绘的保护修复提供了基础数据。

注　释

[１] 明跃强、龙良初、曹世臻：《传统村落民间宗祠的活化与利用探析——以贺州市河西村为例》，《住宅科技》2020年第12期。

[２] 赵珂珂：《河南民间宗祠建筑文化中教化功能的传承与研究》，西安建筑科技大学硕士学位论文，2018年。

[３] 刘照军、王继英、韩礼刚等：《中国古代艺术品常用矿物颜料的拉曼光谱（二）》，《光散射学报》2013年第2期。

[４] 王继英、魏凌、刘照军：《中国古代艺术品常用矿物颜料的拉曼光谱》，《光散射学报》2012年第1期。

[５] 王丽琴、樊晓蕾、王展：《铅丹颜料变色因素及机理之探讨》，《西部考古（第三辑）》，三秦出版社，2008年。

[６] 李最雄：《莫高窟壁画中的红色颜料及其变色机理探讨》，《敦煌研究》1992年第3期。

Analysis of the Pigments on Murals of the Shi's Ancestral Hall in Xintian County of Hunan

Qiu Yue　Liao Hao

(Hunan Provincial Institute of Cultural Relics and Archaeology; Hunan Key Laboratory of Archaeometry and Conservation Science)

Abstract: Scanning electron microscope and energy dispersive spectrometer and Raman spectroscopy were applied to analyze the pigments on murals of the Shi's ancestral hall in Xintian County of Hunan. It was found that, the pigments of Shi's ancestral hall used natural inorganic materials. Red pigments are hematite, cinnabar and minium. Green pigment is atacamite. Yellow pigment is yellow Lead. Gray pigment is minium. Traditional frescoes are one of the most characteristic and rare cultural heritage，contain important historical, cultural and artistic value. The study of the pigments used at the Shi's ancestral hall is important for understanding the mural painting technique used in folk ancestral hall in Hunan area, and provided scientific bases for the conservation and restoration of the murals.

Keywords: Folk Ancestral Hall; Mural; Pigments Analysis

紫外荧光照相在考古发掘现场遗存信息提取中的应用

杨 盯　赵志强　廖 昊　袁 伟　邱 玥　肖 亚

（湖南省文物考古研究院　科技考古与文物保护利用湖南省重点实验室）

[摘　要]　紫外荧光照相是通过相机记录物质在激发光源下呈现出荧光亮度反差分布的一种照相方法，属于非破坏性的信息提取方式，具有设备简单、操作方便、结果直观的特点。本文在介绍紫外荧光照相原理的基础上，以保靖洞庭墓群M83遗存为研究对象，总结紫外荧光照相的操作流程和技术方法。此技术在考古发掘现场遗存信息提取中具有重要的应用价值。

[关键词]　紫外荧光照相；考古发掘现场；信息提取

考古学是根据古代人类通过各种活动遗留下的实物以研究人类古代社会历史的一门科学[1]。实物资料是考古学科体系的重要组成部分，也是古代历史、艺术和科技等各类信息的载体。只有对实物资料进行全面细致的收集，从中提取古代人类活动信息，才能更好地探讨人类行为、生产技能等。然而在考古发掘现场出土的文物遗存中，除保存强度尚可的各类文物外，还有受埋藏环境影响较大的脆弱质遗存，后者难以实物形式保存下来（或仅剩微弱痕迹），实物资料的完整性受到挑战。因此，若不及时全面地辨别遗迹、提取遗存信息，势必造成原始考古实物资料的缺失。近年来，越来越多的现代文物信息提取手段在考古发掘现场应用推广，如三维扫描技术、红外成像技术、离子色谱法等[2]，较好地提高了遗存信息提取的效率。紫外荧光照相是利用许多荧光物质在紫外光照射下激发可见区荧光的特点，通过相机记录遗存呈现的荧光亮度反差分布的一种照相方法。紫外荧光照相具有设备简单、操作方便的优点[3]，同时在遗迹现象辨别尤其是微弱痕迹方面能获取其他光学调查方法难以达到的图像效果。基于此，本文以湖南保靖县洞庭墓群M83遗存为例，介绍紫外荧光照相技术在考古发掘现场遗存信息提取上的应用，以供借鉴和参考。

一、方法原理

（一）荧光的产生原理

本文所述荧光物质的发光是一种光致发光现象，其原理为高能量光线（紫外、可见光等）照射物质时，其分子或原子中的电子吸收能量跃迁至高能级，处于激发态。激发态有两种电子态：一种为激发单重态，另一种为系间窜越过程形成的激发三重态。电子处于激发态时不稳定，会通过辐射衰变发射出荧光（磷光）返回基态，它大致经过光的吸收、能量传递和光的反射三个主要阶段[4]。荧光物质发光需满足以下几个基本条件：①入射光源有足够能量，分子吸收光子后能跃迁至较高能级；②分子吸收的能量要小于其最弱化学键断裂的能量，这些能量主要以荧光形式释放；③分子的能量转移过程中系间窜越速率小于荧光发射速率。通常情况下，只有含有荧光基的物质才有可能发出荧光，而且荧光物质的分子一般应具有刚性结构和共轭结构，激发光源照射时会产生荧光，而一旦停止照射，荧光也随之消失[5]（图一）。

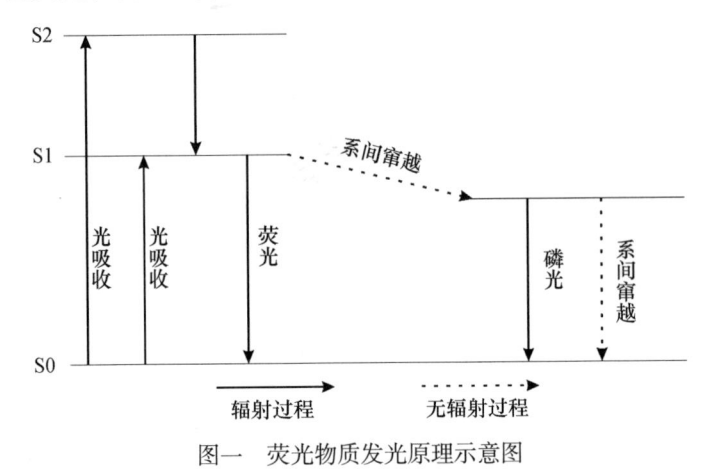

图一　荧光物质发光原理示意图

（二）紫外荧光照相

紫外荧光照相是使用紫外灯作为激发光源来激发荧光物质在可见区发出的荧光，再用照相的方式将此类变化记录。由于物质在紫外线的激发下辐射荧光的能力和强度不同，如有些在可见光下看不清或看不见的遗存（痕迹），使用紫外光照射可显示较强的荧光，而其余区域有微弱甚至不显荧光，此类情况下，它们在紫外荧光照相中就有可能显现较大的荧光亮度反差，突出局部细节，补全遗存基本信息。紫外荧光照相主要由照明光源、激发光源、滤光镜和相机等装置组成。

二、紫外荧光照相在考古发掘现场中的应用实践

(一)遗存保存情况

洞庭墓群位于保靖县迁陵镇酉水南岸四方城遗址的建设控制地带。为配合保靖酉水明珠工程路网项目建设,湖南省文物考古研究院对项目区域内涉及的墓葬进行考古发掘,共发掘西汉、东汉墓葬30余座。

M83墓室口部长3.8、宽3.1、底部长3.52、宽2.9、深2.6米,方向286°。墓内有一椁双棺,椁室内双棺并列,墓内人骨两具,墓主骨骼形态基本可见,局部有缺失。棺内墓主头部外各有滑石璧1面,椁室内南面棺外有随葬陶方壶1件、圆壶2件、盒1件、钵1件、灶1套,墓内西北角发现少量随葬动物骨骼(图二)。

图二 M83保存情况照片

（二）遗存信息提取基本流程

紫外荧光照相在考古发掘现场遗存信息提取中的具体工作流程总结如下。

1. 前期准备

在对遗存进行紫外荧光拍照前，应详细记录工作对象的原始信息，包括绘图、普通照相、摄像、信息描述、档案记录等。

2. 样品采集与分析检测

根据后续文物保护和考古研究需要，采集原始样品，样品采集要全面，包括遗存本体及其附着物等；同时，为保证遗存信息提取量的最大化，可适当选择便携式显微镜、手持式X射线荧光仪等设备对遗存性质进行快速分析判断。本次工作中，因骨骼部分区域缺失，为验证缺失部位是否存在痕迹信息，利用便携式X射线荧光仪对地表土壤、墓葬内壁土壤、缺失部位和骨骼表面进行成分分析，特征元素钙（Ca）、磷（P）散点图见图三（成分数据见附表），由图三可知骨骼缺失部位Ca、P含量较之土壤高，表明仍有信息残留，检测结果为紫外荧光照相提供了参考。

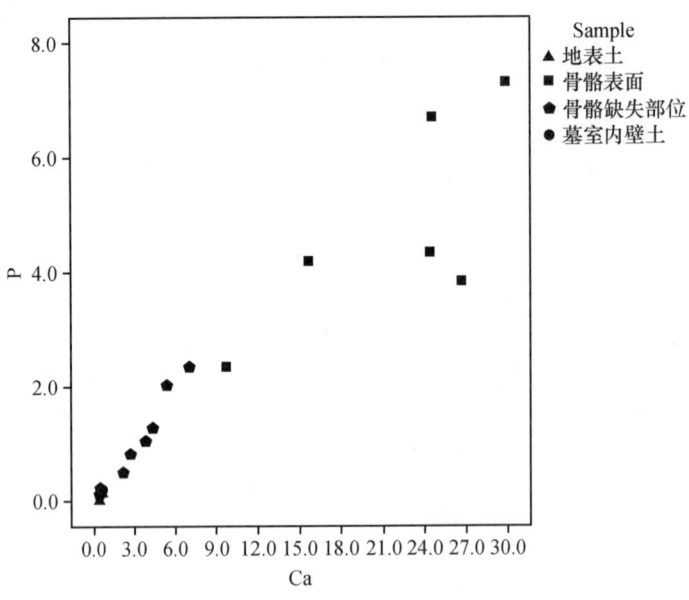

图三　特征元素钙（Ca）、磷（P）成分散点图

3. 遗迹（遗存）表面清理

使用软毛刷、竹片等工具对遗存表面进行初步清理，在清理过程中应把握清理程度，使遗存轮廓基本露出即可。

4. 搭建遮光棚

根据考古现场的工作性质、环境和经费条件，选择合适材料搭建遮光棚（图四、图五）。在用紫外光源激发物体发光时，应避免其他可见光照射到物体上，因此篷布内面应涂有遮光材料。

5. 紫外荧光照相

固定拍照角度和位置，使用广角Led灯（可见光源）拍摄遗存普通图像，便于后期对比；关闭可见光源，工作人员做好防护措施（防护服、防护眼镜），手持紫外灯扫描遗存表面，通过调整相机参数，对遗存可见区的荧光现象进行拍照。经系列曝光试验，本次选择的曝光时间为1分钟。

6. 图像处理

紫外荧光拍照后，利用Photoshop图像处理软件，对拍照图像进行画面拼合、灰度、对比度、亮度等调整。图六、图七为M83实验对象的整体照片和紫外荧光照片，图八、图九为墓葬西北角随葬动物骨骼照片。通过紫外荧光照相技术，可观察到较为清晰的骨骼痕迹照片，特别是局部细节（头部、手部、脚部）、肉眼观察不明显区域和缺失部位的呈现状态。紫外荧光照片为葬式和葬俗等研究提供直观的图像资料。

图四　搭建简易遮光棚　　　　图五　遮光棚内部

图六　M83整体照片

图七　M83紫外荧光照片

图八　M83西北角动物骨骼照片

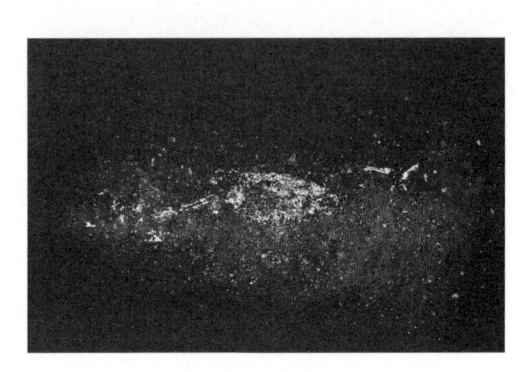

图九　M83西北角动物骨骼紫外荧光照片

三、讨　论

（一）紫外荧光照相技术方法

1. 激发光源

紫外线是频率介于可见光和X射线之间的电磁波，其波长范围为10～400纳米，根据波段不同，可分为低频长波（UVA）、中频中波（UVB）和高频短波（UVC）。在紫外荧光拍照中，应根据拍照对象辐射荧光的特点和信息提取要求，选择合适的紫外激发光源，如在短波紫外线激发下物体的荧光亮度呈现效果较好，则选择短波紫外灯作为激发光源。需要指出的是，因紫外线对材料有一定的破坏，考虑到文物遗存的安全，在使用紫外灯特别是高频短波紫外发射光源时，应在工作对象局部区域进行小范围试验，确定紫外灯扫描次数和曝光时间。同时，在实际操作中，为较好激发物体的荧光现象，在满足均匀配光的前提下，紫外光源尽可能靠近物体扫描。

2. 照相参数

在紫外荧光照相中，物质发出的可见荧光亮度偏低，为达到良好的图像呈现效果，拍照应在全暗环境中进行。此外，因数码相机自动挡一般不能满足曝光的需要，因此在拍照过程中使用手动模式，通过系列曝光试验选择合适的曝光时间。同时，为便于长时间曝光获得清晰图像，应将相机固定在三脚架上，紫外荧光调节的焦点与普通照相焦点一致，这也能确保紫外荧光照相前后图像效果的比较。值得一提的是，数码相机拍照可即时观察拍照结果，适时调整曝光时间、感光度等参数，从而提高拍摄的成功率和工作效率。

（二）考古发掘现场技术手段介入的时效性

传统的考古发掘现场工作主要包括考古清理和文物遗存的稳定性处理，而将遗存信息提取技术手段介入考古发掘过程中的工作实例不多。然而，在实际工作中，考古现场的文物遗存特别是南方酸性土壤埋藏环境下的遗存（骨骼、纺织品、竹席、棺木等），出土后主要以遗迹现象或微弱痕迹为主，肉眼观察很难发现。这就会导致诸多遗存的信息可能会随着考古清理、文物现场保护等工作的开展而被忽略、破坏甚至消失殆尽。因此，技术手段介入的时效性就显得尤为重要，以保靖洞庭墓群M83为例，在考古发掘过程中，通过与考古工作者进行充分的沟通交流，选择在对墓内遗迹进行考古清理之前，利用紫外荧光照相、显微观察等技术手段，对墓葬内残留痕迹、遗存表面现象进行观察和记录，从而最大化地保留文物的原真性信息，同时也为后续的文物现场保护和考古研究提供可靠的指导和原始资料。

四、结　　语

考古发掘现场是进行考古和文物保护相关工作的场所，最大限度地获取出土遗存信息是考古发掘现场工作者的主要目标和任务。紫外荧光照相技术具有设备简单、非接触、操作方便等优点，能直观显示肉眼难以发现的微弱痕迹，突出遗存的细节特征。此技术可在考古发掘现场信息提取中发挥重要作用。

注　　释

［１］　中国大百科全书总编辑委员会《考古学》编辑委员会：《考古学》，《中国大百科全书·考古学卷》，中国大百科全书出版社，1986年。
［２］　李燕飞、苏伯民、范宇权：《离子色谱法在文物发掘现场及保护中的应用》，《敦煌研究》2008年第6期；程小龙、程效军、贾东峰等：《三维激光扫描技术在考古发掘中的应用》，《工程勘察》2015年第8期；黄晓娟、赵西晨、严静：《陕北米脂出土汉代玉覆面和玉鞋的实验室清理及复原研究》，《文物保护与考古科学》2018年第1期。

[3] 张群喜：《紫外荧光成像技术在馆藏壁画保护研究中的应用》，《文博》2009年第6期。

[4] 吴世康：《具有荧光发射能力有机化合物的光物理和光化学问题研究》，《化学进展》2005年第1期。

[5] 张宝明、徐晶晶、董爱娟：《荧光共轭聚合物的荧光机理研究》，《科技视界》2012年第28期。

附表　便携式X射线荧光仪元素分析结果（wt%，未归一）

样本	Al	Si	P	S	K	Ca	Ti	Mn	Fe
地表土1	8.2594	27.118	0.1681	0.122	1.9562	0.478	1.2822	0.2527	12.444
地表土2	9.8516	26.571	0.1429	0.1102	1.8434	0.5536	1.2301	0.3232	10.995
地表土3	9.6968	27.209	0	0.077	1.837	0.4229	1.2229	0.2674	10.523
地表土4	14.416	23.022	0	0	2.2396	0.2934	0.6819	0.1708	11.036
地表土5	11.284	22.416	0.208	0	2.9965	0.4075	1.0664	0.2824	15.166
墓室内壁土1	10.849	20.720	0.2016	0.1492	2.1024	0.5317	1.2133	0.2711	19.178
墓室内壁土2	11.814	20.444	0.1603	0	2.186	0.527	1.0174	0.3343	18.357
墓室内壁土3	11.217	22.843	0.1386	0.0901	1.9709	0.3872	1.0958	0.2452	15.596
墓室内壁土4	11.300	22.452	0.211	0	2.7965	0.4073	1.0859	0.3176	15.267
墓室内壁土5	10.826	23.194	0.1322	0	2.7216	0.4552	1.0605	0.4851	14.578
骨骼缺失部位1	9.0805	18.472	2.3382	0.3509	2.7389	6.9899	1.186	0.4165	15.619
骨骼缺失部位2	10.011	17.323	1.0415	0.1534	2.3682	3.7779	0.9973	0.6237	21.222
骨骼缺失部位3	11.544	17.696	0.4992	0.2724	3.0141	2.1425	1.1035	0.4218	20.137
骨骼缺失部位4	9.7269	21.114	0.8223	0.1482	2.6194	2.6913	1.084	0.6645	16.214
骨骼缺失部位5	10.479	17.626	2.0263	0.4509	2.6854	5.3621	1.0489	0.4048	17.44
骨骼缺失部位6	10.184	16.692	1.2853	0.0854	2.6173	4.3264	1.0141	0.5953	20.992
骨骼表面1	7.1566	13.571	3.836	0.0711	1.4549	26.593	0.6659	0.1748	5.9234
骨骼表面2	7.3374	14.676	4.347	0	1.6304	24.374	0.7977	0.1318	4.7398
骨骼表面3	8.9891	17.585	2.3517	0	2.2855	9.727	0.8765	0.3882	15.580
骨骼表面4	5.514	7.4885	7.3153	0.334	0.9228	29.842	0.4266	1.3703	11.603
骨骼表面5	7.1581	12.757	4.1935	0.1717	1.7281	15.624	0.9129	0.6890	17.934
骨骼表面6	5.952	9.4967	6.7104	0.4085	1.4821	24.527	0.8147	0.7823	13.756

The Application of UVF Photography in Information Extraction of Archaeology Site

Yang Ding Zhao Zhiqiang Liao Hao Yuan Wei Qiu Yue Xiao Ya

(Hunan Provincial Institute of Cultural Relics and Archaeology; Hunan Key Laboratory of Archaeometry and Conservation Science)

Abstract: Ultraviolet fluorescence photography is a kind of photographic method which shows the contrast distribution of fluorescence brightness under the excitation light source by digital camera. It belongs to the non-destructive information extraction method and has the advantage of less equipment requirements, convenient operation, intuitive and efficient. Based on the principle of UVF photography, this paper summarizes the operation procedure and technology method of UVF photography according to the tomb of M83 in the Dongting Tombs, Baojing County. This technology has important application value in the information extraction of archaeological site.

Keywords: Ultraviolet Fluorescence Photography; Archaeological Excavate Site; Information Extraction

金石锥指

里耶秦简所见"瘠"及"瘠舍"初探

杨先云

(武汉大学简帛研究中心 "古文字与中华文明传承发展工程"协同攻关创新平台
湖南省文物考古研究院 科技考古与文物保护利用湖南省重点实验室)

[摘 要] 里耶秦简多次出现"瘠""瘠舍"记录,从相关简文分析,"瘠"当是《汉书·扬雄传》颜师古注"厮,破折也",表示破伤的意思。"瘠者"当是伤员。"瘠舍"不同于传世文献所载汉代"厮舍",在秦代当是隶属县廷的官署,由"瘠舍啬夫"负责瘠舍管理。"瘠舍"安置受伤的士卒,负责他们的生活起居,不仅提供住所,并按照秦律向他们提供分量较少的粮食。"瘠舍"记载时间仅限于秦始皇二十六年,当是特定官署,随后被废除。

[关键词] 瘠;瘠舍;里耶秦简

里耶秦简的发现与公布,极大地丰富了秦代历史社会文化研究材料,引起了学术界对秦代研究讨论的热潮。随着《里耶秦简(壹)》《里耶秦简(贰)》的出版,公布了大量新的秦代材料,填补了秦代史料的空白。其中《里耶秦简(壹)》《里耶秦简(贰)》多次出现 "瘠""瘠舍"等词,这在出土文献中首次出现,引起了我们的注意。我们对简文"瘠""瘠舍"及其相关问题进行了初步的探讨,仅作一说,不当之处,敬请专家指正。

《里耶秦简(壹)》所见两例"瘠"简文[1]:

1)卅一年七月辛亥朔甲子,司空守□敢言之:今以初为县卒
瘠死及传椯书案致,毋應(应)此人名者。上真书。书癸亥

到，甲子起，留一日。案致问治而留。敢言之。　8-648正

章手。　8-648背

2）☐赀责

☐大男子五人。

一人与吏上事泰守府。

一人癃（厮）。

二人☐库。

……　8-1586

《里耶秦简（贰）》又出现不少相关"癃"简文，现罗列如下：

3）三人与佐它人[2]偕载粟☐☐

十人与佐畸偕载粟☐

二人癃（厮）☐　9-53

4）☐食乡部卒及徒隶有病及论病者即癃（厮）县及庾[3]其部固皆上志治粟府·卅四年五月乙丑朔丁亥趣劝通食[4]洞庭守叚衔可哉移镡成╰沅　9-436+9-464正[5]

武手　9-463+9-464背

5）卅六年十一月甲申朔戊子鄢将奔命尉沮敢告贰春乡主移计

二牒署公叚于牒食皆尽戊子可受癃续食病有瘳遣从等

敢告主／十一月己丑贰春乡后敢言之写上谒令仓以从吏（事）敢言

之／尚手　9-1114正

十一月壬辰迁陵守丞戎告仓以律令从吏（事）／丞手

即走箅行　9-1114背

6）廿六年七月庚戌癃（厮）舍守宣佐秦出稻粟＝一石一斗半斗以贷居赀士五胸忍隆（阴）里冉☐积卅日其廿一日＝少半斗其九日＝少斗

令史庆监　9-1526+9-502

7）廿六年七月庚戌癃（厮）舍守宣佐秦出稻粟＝二斗以贷居赀士五巫需

留利积六日＝［日］少半斗

令史庆监　9-1903+9-2068

8）廿六年七月庚戌癃（厮）舍守宣佐秦出稻粟＝四斗少半斗以贷居赀士

五胸忍修仁齐积十三日＝少半斗

令史庆监　9-1937+9-1301+9-1935

9）☐☐沅＝陵＝庚╰上＝衍＝安阳庚☐☐

□䉋（厮）及论 ╚病有瘳及论□　9-2086+9-2115

10）廿[6]六年五月庚戌䉋（厮）舍守欧佐秦出粲粟═四斗一升泰半升以食䉋

（厮）者居貲士五朐忍宜新符积十三日═少半斗积四斗少半

升　令史肆监　9-2303+9-2292

　　《里耶秦简牍校释（第一卷）》关于里耶秦简8-1586"䉋"的注释："䉋"，读作"厮"，役使。《汉书·司马相如传下》："厮征伯侨而役羡门兮，诏岐伯使尚方。"颜注引应劭曰："厮，役也。"[7]

　　《说文》疒部："䉋，散声也。"《方言》："䉋，散也。东齐声散曰䉋，秦晋声变曰䉋，器破而不殊其音亦谓之䉋。"《集韵》："䉋，噎也。"《方言》又曰："䉋，噎也。楚曰䉋。"而"散""噎"意思皆与简文文义不符。"䉋"，同"廝""厮"，朱骏声《说文通训定声》："䉋，字亦误作厮，作廝。"《广雅·释诂》："厮，使也。"《公羊传》宣公十二年："厮役扈养死者数百人。"何休注："艾草为防者曰厮。"陈立疏："其实厮为贱役之通称。"《玉篇》："厮，贱也。"《史记·张耳传》："厮养卒。"韦昭曰："析薪为厮，炊烹为养。"《汉书·严助传》有"厮舆之卒"，颜师古注："张晏曰：'厮，微；舆，众也。'师古曰：'厮，析薪者。舆，主驾车者。此皆言贱役之人。'"里耶秦简作徒簿中的"䉋"，我们怀疑并非《校释》所指"役使"的意思，作徒簿所列皆具体的劳动分工项目，如"徒养""守园""上计""捕羽"等具体工作，"役使"范围广泛，"析薪"虽符合作徒簿记录具体工作，但与其他涉及"䉋"简文不合。作徒簿除了具体工作项目以外，还载有徒隶不劳作的情况，如"病"或"死亡"[8]，我们大胆猜测这里的"䉋"更有可能是某种病名或者某种伤痛。

　　《岳麓书院藏秦简（伍）》也有一则有关简文，简290/1691："令曰：诸以传食稟貲者，人马牛羊有死亡厮╚及别者，将吏辄自言县官，县官以实署当稟者数于传，其。"这里的"厮"作 ，严格隶定应作"廝"。整理者注释："厮，见《尔雅·释言》：'厮，离也'。"[9]岳麓秦简整理者的注释给我们很大启发。《史记·河渠书》："乃厮二渠，以引其河。"《集解》："厮，分也。"《汉书·扬雄下》："夷坑谷，拔卤莽，刊山石，蹂尸舆厮，系累老弱。"颜师古注："言已死则蹂践其尸，破伤者则舆之而行也。厮，破折也。"我们怀疑简文的"䉋"即如颜师古注的"破折也"。例1）的"䉋死"，可以理解为"破折而死"。例2）、例3）"䉋"即表示有人受伤破折，这也属正常工作人员统计内容之一，有人生病、有人受伤，至今未在其他作徒簿简文中发现受伤的记录，故而这里"䉋"即表示破折，即比较严重的受伤情况，已经暂时无法工作。例9）"䉋及论，病有瘳及论"，"䉋"虽简文残断，但与"病"并列，应也是指受伤。例4）"卒及徒隶有病及论病者即廝"也表示受伤情况（或表示分开）。岳麓秦简中"人马牛羊死廝"也是说明人员畜产受伤。例5）的"受廝续食"和例6）7）8）10）"廝舍"及例10）的"廝者"皆为名词，意思相关，但与"廝，破折"不同。

简文"廝舍"首见，但传世文献有载"厮舍"，《后汉书·桓帝纪》汉桓帝建和三年十一月甲申诏："今京师厮舍，死者相枕，郡县阡陌，处处有之，甚违周文掩骼之义。其有家属而贫无以葬者，给直，人三千，丧主布三匹；若无亲属，可于官墙地葬之，表识姓名，为设祠祭。"李贤注："厮舍，贱役人之舍。""厮舍"，在文献记载中即指贱役者居住的房舍。从里耶秦简关于"廝舍"的例子来看，"廝舍"与传世文献所载"厮舍"有所不同，简文记载"廝舍"可以向"居貸士五"或"廝者"提供粮食，例5）"受廝续食"的"廝"应是"廝舍"的省称。我们猜测秦代"廝舍"应为官署，《周礼·天官·宫正》："以时比宫中之官府次舍之众寡。"孙诒让正义："凡吏士有职事常居宫内者为官府，官府之小者为舍。""舍"同"官府"连称，可见"舍"和"官府"是一个性质的机构。并且"廝舍"还向士五提供粮食，只有政府官署才有这样的职责，据目前所公布的里耶秦简可知，禀食机构就有"仓""司空""田官""乡""发弩""廝舍"而已，故而"廝舍"应与仓、司空、田官等都是隶属县廷的一个官署，负责廝者管理。"廝舍"长官应是廝舍啬夫，与传舍啬夫、厩啬夫相似，"廝舍守"即廝舍守啬夫省称，即代理廝舍啬夫，廝舍还有佐吏。秦代玺印中有"中官徒府"，或指宦官所掌刑徒之府[10]，里耶秦简也有"徒园"（8-1636），《岳麓书院藏秦简（伍）》简035/0962有"徒隶园"，整理者认为里耶秦简"徒园"即"徒隶园"所省，为徒隶劳作之园[11]。陈伟先生指出"徒隶园"应是县官园的一种，以"徒隶命名"，是将公地拨划给徒隶使用，让徒隶维持自我的生计[12]。或许"廝舍"也是如"徒园"一般，是县廷专门为伤者设立的官署，负责"廝者"生活劳作。"廝舍"不仅提供粮食，甚至可能如传世文献所载"厮舍"还提供住宿。"舍"，《说文》："市居曰舍。"《玉篇》："舍，处也。"如"传舍"，"舍"作官署名时，应有居所之义，"廝舍"应也有安置人员的功能，但应是特定人员。根据上文对"廝"的分析，这里的"廝舍"很有可能是安置伤员，即破折人员的居所。

里耶秦简这四例"廝舍"禀食文书经过整理者拼合，完整复原出秦代"廝舍"禀食情况，这类文书皆包含禀食时间、禀食机构及负责官员、禀食种类数量、禀食方式、受禀者具体情况、禀食日数和每日标准，是详细又完整的秦代禀食记录，列表如下（表一）。

表一 里耶秦简所见"痹舍"禀食记录

简号	禀食时间	禀食机构及官员	粮食种类数量	禀食方式	受禀者名事里	禀食日数及日禀标准	监察者
9-1526+9-502	廿六年七月庚戌	痹舍守宣佐秦	稻粟=一石一斗半斗	以贷	居赀士五朐忍隆（阴）里冉□	卅日其廿一日=少半斗其九日=少斗	令史庆
9-1903+9-2068	廿六年七月庚戌	痹舍守宣佐秦	稻粟=二斗	以贷	居赀士五巫儒留利	积六日=少半斗	令史庆
9-1937+9-1301+9-1935	廿六年七月庚戌	痹舍守宣佐秦	稻粟=四斗少半斗	以贷	居赀士五朐忍修仁齐	十三日=少半斗	令史庆
9-2303+9-2292	廿六年五月庚戌	痹舍守欧佐秦	粢粟=四斗一升泰半升	以食	痹者居赀士五朐忍宜新符	十三日=少半斗积四斗少半升	令史肆

由简文可知，首先禀食时间都是在"廿六年"，"痹舍"暂时也未发现其他相关时间记载内容。禀食负责官员前三例皆是"痹舍守宣"和"佐秦"，后一例是"痹舍守欧"和"佐秦"，在秦始皇二十六年存在"痹舍"官署，且有专门的官员负责管理，五月由"欧"担任"痹舍守"，而在七月则有"宣"担任"痹舍守"，而"秦"在五至七月这段时间内一直担任"痹舍佐"的工作，协助"痹舍守"管理。"佐秦"，"秦"，人名，而《里耶秦简（壹）》有一枚文书规定"诸官为秦尽更"（8-461），而岳麓秦简律令文书中有一则记录了有关秦人更名的法律规定："·令曰：黔首、徒隶名为秦者，更名之。敢有弗更，赀二甲。"[13]这两则简文规定人名为秦者皆得避讳更名，游逸飞先生根据战国秦昭襄王卅七年上郡守庆戈和卅八年上郡守庆戈中的郡丞均以"秦"为名，证实战国晚期秦国确有人取名为"秦"，故秦始皇须下诏改名；更可推测改名的规定甚晚推行，很可能是秦始皇统一天下的新规定[14]。《岳麓书院藏秦简（叁）·学为伪书案》记录了一个名为"秦"的人，朱锦程先生根据这份奏谳文书的时间是"廿二年八月"，指出最迟在秦始皇二十二年（前225年），秦国境内确有人以"秦"为名，无须避讳[15]。而根据里耶秦简记载，在秦始皇二十六年还有一位叫"秦"的人充当"痹舍佐"，而秦始皇二十六年正是秦始皇统一天下的那年，此后秦朝皆无以"秦"命名的人的文献记载。如此可证，在秦统一之前，并不避讳以"国名"命名，有材料证明的最晚即到秦始皇二十六年七月，秦始皇统一以后，从秦朝的官吏到下层的普通百姓都不能以"秦"命名，否则就会受到相应的惩罚。"宣"

作人名，又见于8-170秦始皇二十八年任都乡佐，也无其他内容，恐难证实是否为同一人。"欧"作人名，又见于8-210"迁陵丞欧"、8-677"启陵丞欧"，简文残断，不知是否为一人也。前三例由"癩舍"守宣、佐秦以"贷"的方式发放给居贷人员，由令史庆监察。"令史庆"又见于里耶秦简8-138+8-174+8-522+8-523"廿六年……十一月己未令史庆行庙"，也是秦始皇二十六年出现。

禀食种类，前三例皆是"稻粟="。"粟="合文，一般写作"粟米"，简文也见"米粟"（里耶秦简8-1245+8-1374）记载，即米与粟，有学者指出"粟="合文似当写作米粟[16]。文献记载未见"稻粟米"或"稻米粟"连读，"稻米"（9-19）、"稻="（9-682），岳麓秦简见"稻粟"即指稻。"粢"同"粱"，即稷，谷子。例10）粮食种类是"粢粟="，即"粢粟米"，常见"粢粟"（8-1452、9-1258）、"粢米"（9-1114）。"稻粟="应即指"稻米"，"粢粟="即"粢米"，这里的"粟"应是谷物总称。

简文所载"癩舍"提供禀食方式有"贷"和"食"两种，孙闻博先生据秦简分析官府廪给隶臣妾称"廪"，供应城旦舂、鬼薪白粲多称"食"，前者多以月计，后者多以日计[17]。而从例6）7）8）简文可知，"癩舍"廪给"居貲"方式称"貲"，而例10）中"癩舍"廪给"癩者居貲"方式却称"食"，"癩者"首见，根据前面对"癩"的分析，可以得知"癩者"应是身体破折者，即有肢体残疾或者受伤的人，也是居貲士五身份，以日计算廪食。黄浩波先生认为不可单据廪食记录是"出廪"或"出贷（貲）"而判断戍卒是自备粮食还是国家供给[18]，这里也是如此，仅据这四例记录也难以断定"癩舍"廪食是有偿还是无偿的。

"癩舍"的廪食记录都是按日廪食，根据上述廪食记录推算，大多"癩舍"廪食的标准是人均日少半斗，即每天三分之一斗，仅例6）"一石一斗半斗以贷居貲士五朐忍隆（阴）里冉□积卅日其廿一日=少半斗其九日=少斗"比较特殊。"少"常读作"小"，"小斗"文献所载，2小斗即1.2大斗，1小斗即3/5大斗，9日即食27/5斗，远高于例6）九日所积9/2斗。例6）的"少斗"经过换算，可得：

积三十天得一石一斗半斗即23/2斗，而"廿一日日少半斗"共1/3×21即7斗，故余下九日积23/2-7=9/2斗，9/2÷9=1/2斗。

即"少斗"实属误写，应是半斗。例6）廪食是：二十一日是每天三分之一斗标准，九日是1/2斗的标准。例10）"出粢粟=四斗一升泰半升……积十三日=少半斗积四斗少半升"简文，出廪数量是四斗一升泰半升，而根据每日食少半斗，十三日理应是四斗少半斗，实际是四斗少半升，有所误差[19]，或许与实际发放数量为"四斗一升泰半升"，本身发放数量即达不到正常标准的"四斗少半斗"相关。造成廪食分量微小差异，或许与实际情况有关，具体暂时不明，但不影响总体分析。

就里耶秦简可知，"癃舍"禀食绝大多数是按照每天三分之一斗的标准来发放。据现有材料可知，一般戍卒、隶臣之类的禀食大多为每日三分之二斗。据黄浩波先生统计，《里耶秦简（壹）》所见刑徒禀食标准为：隶臣粟米每日三分之二斗，隶妾、舂、白粲、小城旦粟米每日十二之五斗。戍卒、居作男子的日禀食标准为粟米三分之二斗[20]。吴方浪先生等根据里耶秦简戍卒的禀食文书分析，不管何种身份的士伍，其禀食标准一致，每日口粮都是三分之二斗[21]。而"癃舍"禀食对象皆是"居赀士五"，且皆来自外郡县，三个是来自朐忍县，一个是来自巫县。"居赀士五"每日标准却只有三分之一斗，比里耶秦简中的隶妾、舂、小城旦每日十二之五斗的标准还要低。即便稻米在先秦至秦汉时期一直被视为珍贵的粮食[22]，一般都是提供给官吏，但也有不少将稻、粲一类禀食给刑徒士卒的例子，如8-217"稻四斗八升少半半升……出禀隶臣婴自〈儿〉槐库……六月食"、8-1452"粲粟二石以禀乘城卒夷陵士五（伍）阳"、9-2337"稻[23]三石六斗二升半……大隶妾规 ⌐得⌐☐女凡三☐═一石二斗半═升"，根据9-2337禀食记录，即便是将稻禀食给大隶妾的标准也稍高于"癃舍"禀食标准。这不仅让人产生疑惑，是什么原因导致"癃舍"禀食标准远远低于其他机构正常标准？每日三分之一斗的禀食标准仅见睡虎地秦简《秦律十八种·仓律》简60"食毚囚，日少半斗"[24]，这里的"毚囚"是指受饥饿惩罚的囚犯，日食三分之一斗。这说明"癃者"或受"癃舍"贷食的戍卒与"毚囚"禀食标准相同，也可得知在秦代官府眼中，"癃者"或受"癃舍"贷食的戍卒与受饥饿惩罚的囚犯相似，这不由让我们思考，明明是"士五"身份的平民，为何政府提供如此少的粮食，再基于上述例文，"癃"多与"病""瘛""死"相连，"癃舍"所提供的禀食标准远远低于同时期劳作的刑徒士卒，比较合理的原因即是"癃舍"禀食的对象劳动力远低于普通人，故而大大减少每日的禀食标准，这也支持了我们前面关于"癃"是破折、伤残的意思。伤残的士卒劳动力下降，但仍需要居作服役，且皆是外地之人，饮食起居也无法保证，这也能解释秦代专门设置"癃舍"来安置这些人。秦代法律有规定政府需要提供粮食给生病的居作者，即睡虎地秦简《秦律十八种·仓律》简55-56"城旦之垣及它事而劳与垣等者，旦半夕参；其守署及为它事者，参食之。其病者，称议食之，令吏主。城旦舂、舂司寇、白粲操土攻（功），参食之；不操土攻（攻），以律食之"[25]。但由负责官吏"称议食之"，适当减少禀食标准。岳麓秦简中"人马牛羊死斯"也是如此，若人员畜产死亡或受伤，必须及时禀告，禀食情况也发生相应变化，也可说通。所以"癃舍"也是根据秦律减少禀食分量。

试想一下，在秦代如此繁重的劳役之下，且士卒刑徒长途奔袭，异地劳作，必然有很多士卒受伤病倒甚至死亡，如里耶秦简即有记录刑徒士卒死亡情况，如：

廿八年迁陵隶臣妾及黔首居赀赎责作官府课·秦凡百八十九人死亡·衔之六人六十三分人五而死亡一人

已计廿七年余隶臣妾百一十六人

廿八年新·入卅五人

·凡百五十一人其廿八死亡·黔道<首>[26]居赀赎责作官卅八人其一人死（7-304正）

令拔丞昌守丞膻之仓武令史上：逐乚除仓佐尚司空长史部当坐（7-304背）[27]

秦代刑徒士卒死亡率很高，同时也可知刑徒士卒受伤生病的情况也非常多，如里耶秦简作徒簿中即有很多刑徒病的记录，这里就不一一赘述。这种情况官府不可能置之不理，在东汉时期，就曾专门设立军队传染病院——庵卢，《后汉书·皇甫规传》："军中大疫，死者十三四。规亲入庵卢，巡视将士，三军感悦。"秦代设立的"癣舍"，我们认为很有可能是安置受伤得病士卒的特定官署。

据《里耶秦简（壹）》出禀记录统计，四例"癣舍"出禀记录，有三例皆是同一天，但为什么在已公布的简牍中，只见这四例，且集中在秦始皇二十六年，我们怀疑"癣舍"这一官署在秦始皇二十六年之后就被取消，不再为一个单独的官署，而那些"癣者"或者伤病的士卒由各自负责管理或者居作的官署来照顾，这也导致"癣舍"作为官署的意思慢慢在汉代就转变为"厮徒居住的地方"。由于目前所见相关"癣""癣舍"文献尚少，本文仅略作推论，能否成立，还有待更多材料来检验。

附记：本文是湖南省哲学社会科学基金青年项目"里耶秦简所见基层社会管理研究"（19YBQ066）的阶段性成果。本文的写作得到2019年国家社会科学基金"冷门'绝学'和国别史等研究专项"项目"里耶秦简所见秦代县制研究"（19VJX007）和国家社会科学基金一般项目"秦汉文书传递制度研究"（批准号：21BZS048）的资助。

注　释

[1]　本文所引里耶第八层简牍释文皆从《里耶秦简牍校释（第一卷）》（下文皆简称《校释》），图版参看《里耶秦简（壹）》，不再一一罗列。参看湖南省文物考古研究所：《里耶秦简（壹）》，文物出版社，2012年；陈伟：《里耶秦简牍校释（第一卷）》，武汉大学出版社，2012年。

[2]　"它人"，人名，又见于里耶秦简8-1531"四人级：不耆、宜、劾、它人"。

[3] "㢴",原整理者释作"廝",简文作 ![字形], 同简另一释作"廝"简文作 ![字形], 两者字形差异较大,我们疑此字并非"廝",从简文上看,该字从广,更似"庚","庚"作（9-2115),故而改释作"庚"。

[4] "通食",简文常见,如8-2014"除道通食",《校释》:"通食,似指送饭。"9-1520"黔首为除道通食"。简文有类似表达,即"运食",如9-932"运食酉阳"、9-1731作徒簿"十三人运食"。9-2472简文作"□□□□在者尽为除道运□",末尾未释字作 ![字形],残留字迹似"食"的右侧,这里应为"食"。文献并未见"运食"表述,我们怀疑"运食"应指运送粮食。

[5] 里耶秦简9-436与9-464经整理者拼合后为一枚完简,而简文正面末书"沅"后跟某字组成地名,与"鐔成"皆指县名,文书未结束,故而还有其他竹简连写,方为完整文书,暂未发现相关简文可以连读。例4)6)7)8)9)10)皆由整理者缀合,释文直接拼合整理而成。余下不一一注释,详参《里耶秦简（贰）》简牍缀合表。

[6] "廿",整理者释作"卅",简文作 ![字形],字迹较模糊,依稀可见轮廓,与"卅"字形差异较大,我们疑作"廿"更为合适,且其他"廝舍"相似内容皆在"廿六年",故改释作"廿"。

[7] 陈伟:《里耶秦简牍校释（第一卷）》,武汉大学出版社,第365页。按:《校释》引用《汉书·司马相如传下》"廝",原文作"廝",现更正。参（汉）班固撰,（唐）颜师古注:《汉书》,中华书局,2013年,第2595页。

[8] 如里耶秦简8-454即有"作务徒死亡"、8-495"徒隶死亡课"、8-145作徒簿即有载"二人病"等例。

[9] 陈松长:《岳麓书院藏秦简（伍）》,上海辞书出版社,2017年,第194、214页。

[10] 曹锦炎先生指出"徒"指徒从,当是中官属下管理宦者的府署机构,或指刑徒,是宦者所掌刑徒之府。我们从第二种意见,详参曹锦炎:《古玺通论》,上海书画出版社,1995年,第181页。

[11] 陈松长:《岳麓书院藏秦简（伍）》,上海辞书出版社,2017年,第75页。

[12] 陈伟:《〈岳麓书院藏秦简（伍）〉校读》,简帛网2018年3月9日（http://www.bsm.org.cn/show_article.php?id=3000）。

[13] 陈松长:《秦代避讳的新材料——岳麓书院藏秦简中的一枚有关避讳令文略说》,《中国社会科学报》2009年9月10日。

[14] 游逸飞:《里耶8-461号"秦更名方"选释》,《古代长江中游社会研究》,上海古籍出版社,2013年,第79页。

[15] 朱锦程:《秦代避讳补论》,简帛网2016年5月24日（http://www.bsm.org.cn/show_article.php?id=2561）。

[16] 何有祖:《里耶秦简牍缀合札记（四则）》,简帛网2015年2月18日（http://www.bsm.org.cn/show_article.php?id=2159）。

[17] 孙闻博：《秦汉军制演变史稿》，中国社会科学出版社，2016年，第247~250页。
[18] 黄浩波：《〈里耶秦简（壹）〉所见禀食记录》，《简帛（第十一辑）》，上海古籍出版社，2015年，第139页。
[19] 简文"升"作 ▨，整理者所释正确，与"斗"字相差较大，这里的"升"是否当时书手笔误不得而知。
[20] 黄浩波：《〈里耶秦简（壹）〉所见禀食记录》，《简帛（第十一辑）》，上海古籍出版社，2015年，第118~127页。
[21] 吴方浪、吴方基：《简牍所见秦代地方禀食标准考论》，《农业考古》2015年第1期，第184、185页。
[22] 俞为洁：《中国食料史》，上海古籍出版社，2011年，第45、98页。
[23] "稻"，《校释》认为是稻谷，据黄浩波先生论述"稻"当为稻米，这里从黄说，详参黄浩波：《〈里耶秦简（壹）〉所见禀食记录》，《简帛（第十一辑）》，上海古籍出版社，2015年，第126页。
[24] 睡虎地秦墓竹简整理小组：《睡虎地秦墓竹简》，文物出版社，1978年，第35页。
[25] 睡虎地秦墓竹简整理小组：《睡虎地秦墓竹简》，文物出版社，1978年，第33页。
[26] 简文"道"疑书手误笔，应是"首"。
[27] 里耶秦简博物馆、出土文献与中国古代文明研究协同创新中心中国人民大学中心：《里耶秦简博物馆藏秦简》，中西书局，2016年，第78页。

A Preliminary Study on "Si" (斯) and "Sishe" (斯舍) in Liye Qin Slips

Yang Xianyun

(Bamboo and Silk Research Center of Wuhan University; "Paleography and Chinese Civilization Inheritance and Development Program" Collaborative Problem-Solving Innovation Platform; Hunan Provincial Institute of Cultural Relics and Archaeology; Hunan Key Laboratory of Archaeometry and Conservation Science)

Abstract: Liye Qin Slips have many records of "Si" (斯) and "Sishe" (斯舍). In History of the Han Dynasty·Biography of Yang Xiong, Yan Shigu noted "Si (斯), be broken", Si (斯) used to mean to be broken. The "Sizhe" (斯者) should be the wounded. "Sishe" (斯舍) used to be different from the "Sishe" (厮舍) of the Han Dynasty as recorded in the literature. In the Qin Dynasty, it was the official department of the county government, and was managed by "Sishesefu" (斯舍啬夫). "Sishe" resettled the wounded soldiers and was responsible for their daily life. It not only provided shelter, but also provided them with a handful of according to the law of Qin Dynasty. The record of "Sishe" was limited to the 26th year of the First Emperor of Qin. It was a special official office and was later abolished.

Keywords: "Si" (厮); "Sishe" (厮舍); Liye Qin Slips

《湖南考古辑刊》（第17集）征稿启事

　　为了弘扬湖湘文化精神，推介湖南考古新发现，展示湖南省文物考古事业方面的研究成果与水平，湖南省文物考古研究院秉承甘为人梯的一贯宗旨，决定2023年继续主办《湖南考古辑刊》（第17集）。现面向省内外的业内专家、学者、同人及文物爱好者征集稿件，细则如下：

　　（1）本刊现已设立考古新发现、探索与研究、科技考古、文物杂谈、家园凝眸、金石锥指、史海钩沉、公众考古等栏目，主要以考古发掘简报、专业论文为主，兼顾文物发现资讯。

　　（2）稿件采用A4纸，宋体，5号字，字数一般应控制在5000字以内，简报、报告等不超过10000字。要求内容规范、准确，语言流畅、精练，表述清楚，逻辑关系明确。避免啰唆、口语化、带个人感情色彩语句出现。发掘简报、报告要求地层关系明确、遗迹描述准确，器物的分型、分式要有依据，文、图、表等务必对应。稿件要能首尾呼应。来稿请提供200字左右中英文摘要及3~5个关键词。摘要以第三人称写法独立成文，应精当完整地体现包括目的、方法、结果、结论四要素在内的文章主要信息，关键词要求是与论文主题内容密切相关的词汇。报告、论文撰写格式请参阅《考古》《文物》杂志所发精品文章以及本辑刊第10~16集报告、论文格式。

　　（3）文章中的器物图、照片、图表等务必清晰，器物图和照片请一律附纸版原件（硫酸纸或者照片原件），也可以是数码照片或扫描图片，要求扫描仪分辨率设置在600DPI以上。

　　（4）请规范使用当前通用的计量单位、特定字符或代码，比如类型学研究的型（大写英文字母）、式（大写罗马数字）表达便各有成规，切不可交错混用。图、表均应具备不看正文就可读懂的"自明性"，确保序号、题名、注解等基本要素的完备及标注位置的正确，插图的图例、比例尺缺一不可。

　　（5）注释请一律采取尾注方式，参考引文应避免引用过期素材或过时的观点，并请注意"征引"与"转引"的区别，文末注释应确保著录序次与正文标注序次的一致，以及著录诸要素（作者、文题篇名、出处、版次或期号、出版或刊发的时间等）的完整性。待刊的论文，未公开发表的论文、资料、网络资料等一律不可作为注释引用。参考文献的开列格式可参照GB/T 7714—2015《信息与文献　参考文献著录规则》

执行。

（6）随稿请附作者简历，包括性别、出生年月、学历学位、职务及职称、当前研究课题及主攻方向等关键信息；论文并请说明创新或发明的要点所在。

（7）来稿请注明第一作者或联系人的姓名、详细通信地址、邮政编码、电话、传真、QQ及E-mail地址。切勿一稿两投。编辑部将在收到来稿后的30个工作日内完成决定性应答，包括对拟用稿件提出补充或修改意见；确定稿件合格并汇集专家审稿意见之后的90天内向作者做出进一步的处理说明。请务必在收到编辑部函件后的1个月内返回修改稿，否则将视为自动放弃。编辑部有权对采用的稿件做必要的删改。稿件一经发表，当致稿酬并赠送当期刊物。对不采用的稿件一般不退，请作者自留底稿。

（8）欢迎通过E-mail或QQ投稿。E-mail：hnkgjk@163.com。QQ：364038309。通信地址：410008，长沙市东风路东风二村巷18号，《湖南考古辑刊》编辑部。邮寄请附包括稿件全部内容的电子文件光盘。

《湖南考古辑刊》编辑部

图版一

1. 团墩子遗址远景

2. 杨家咀遗址远景

大荆湖周边团墩子、杨家咀遗址

图版二

1. 大咀遗址陶窑

2. 中咀遗址2011年调查发现陶窑

大荆湖周边大咀遗址陶窑和中咀遗址陶窑

图版三

大荆湖周边遗址当地农户采集石器

图版四

1. 陶罐（M1:3）
2. 陶盂（M1:1） 
3. 陶盂（M1:2） 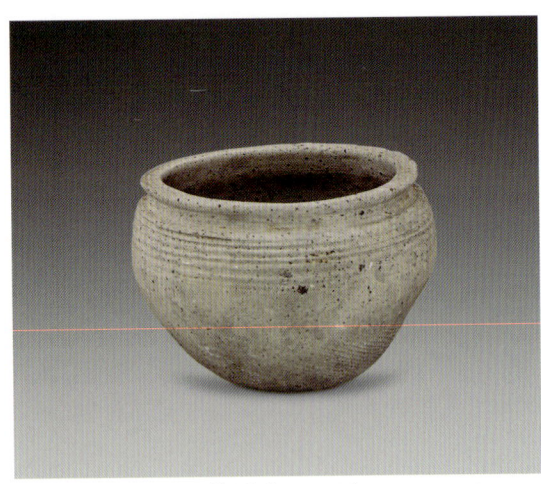
4. 陶鼎（M19:3） 
5. 陶鼎（M19:4） 
6. 玉璜（M19:填01） 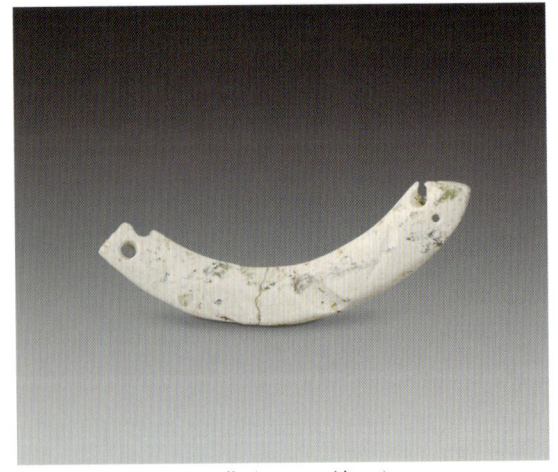

屈家岭遗址东周墓葬M1、M19出土器物

图版五

1. 鼎（M21:7）
2. 鼎（M21:8） 
3. 敦（M21:3） 
4. 敦（M21:5） 
5. 壶（M21:6） 
6. 壶（M21:9） 
7. 匜（M21:2） 
8. 匜（M21:4） 

屈家岭遗址东周墓葬M21出土陶器

图版六

1. 豆（M23:1）

2. 壶（M23:3）

3. 豆（M24:3）

4. 罐（M24:1）

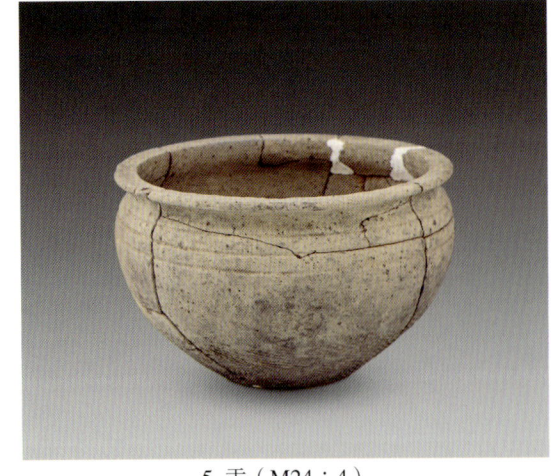

5. 盂（M24:4）

6. 罐（M25:1）

屈家岭遗址东周墓葬M23、M24、M25出土陶器

图版七

1. 铜带钩（M31∶9）

2. 陶豆（M31∶7）

3. 陶鼎（M32∶1）

4. 陶壶（M32∶4）

5. 铜剑（M31∶10）

屈家岭遗址东周墓葬M31、M32出土器物

图版八

1. 硬陶罐（M1∶12）

2. 陶盆（M2∶14）

3. 泥金饼（M6∶13）

4. 滑石器（M6∶23）

5. 铜镜（M2∶13）

6. 铜镜（M6∶9）

洪家坟山西汉墓地M1、M2、M6出土器物

图版九

1. 灶（M6∶24）

2. Ⅰ式鐎壶（M7∶4）

3. B型Ⅰ式鼎（M7∶12）

4. A型Ⅲ式软陶罐（M10∶1）

5. Ⅰ式盒（M10∶12）

6. 鼎（M11∶2）

洪家坟山西汉墓地M6、M7、M10、M11出土陶器

图版一〇

1. C型陶壶（M21:3）

2. Ⅰ式陶熏炉（M21:20）

3. Ⅰ式陶瓿（M21:21）

4. B型Ⅰ式软陶罐（M21:27）

5. 滑石器（M23:1）

6. 滑石器（M26:2）

洪家坟山西汉墓地M21、M23、M26出土器物

图版一一

1. Ⅱ式钫（M32：3）

2. B型Ⅱ式壶（M32：8）

3. Ⅱ式硬陶罐（M32：10）

4. B型Ⅱ式鼎（M32：14）

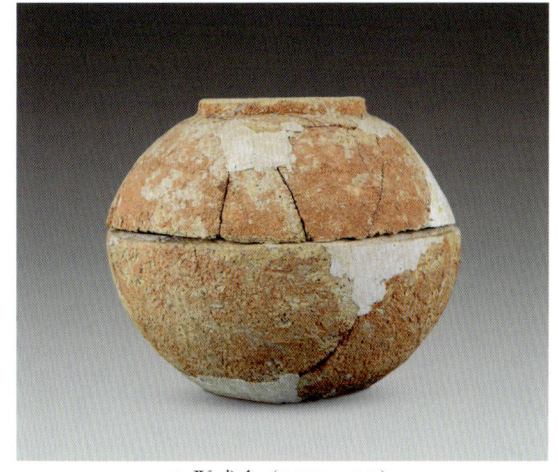

5. Ⅳ式盒（M32：16）

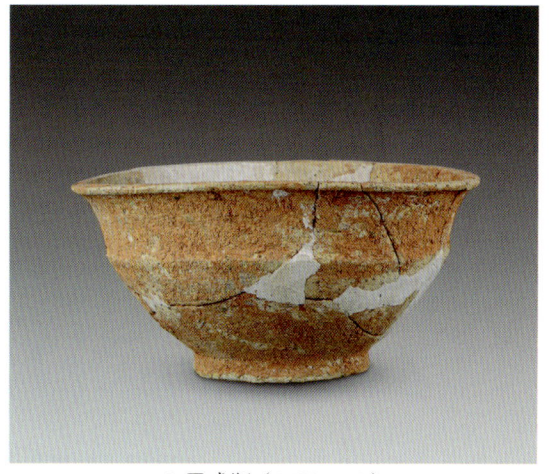

6. Ⅲ式甑（M32：18）

洪家坟山西汉墓地M32出土陶器

图版一二

1. Ⅱ式方炉（M32∶21）

2. Ⅱ式泥金饼（M32∶24）

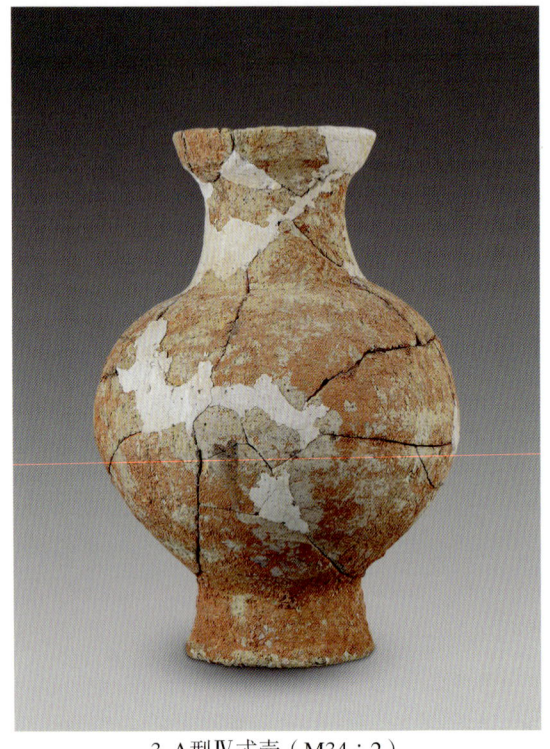

3. A型Ⅳ式壶（M34∶2）

4. A型Ⅰ式软陶罐（M44∶1）

5. B型Ⅰ式鼎（M49∶11）

6. Ⅱ式鍑（M49∶12）

7. 敦（M54∶2）

洪家坟山西汉墓地M32、M34、M44、M49、M54出土陶器

图版一三

1. 南城墙剖面局部

2. 调查采集遗物地点分布位置

春陵侯城遗址

图版一四

1. 陶片（采1:2）

2. 叶脉纹陶片（采6:3）

3. 陶罐底（采5:1）

4. 陶罐口沿（采3:1）

5. 青铜剑（征集）

6. 青铜矛（征集）

春陵侯城遗址采集陶器、青铜器

图版一五

1. 采2∶1

2. 采2∶2

3. 采1∶5

春陵侯城遗址采集筒瓦残片

图版一六

1. M1

2. M1出土器物组合

3. 青瓷四系罐（M1∶1）　　4. 青瓷四系罐（M1∶2）　　5. 陶熏盖（M1∶3）

大海塘三国墓葬M1及出土器物

图版一七

1. M3发掘后

2. M3墓道

大海塘三国墓葬M3

图版一八

1. M3墓室出土场景

2. M3出土器物

大海塘三国墓葬M3

图版一九

1. 陶罐（M3∶1）

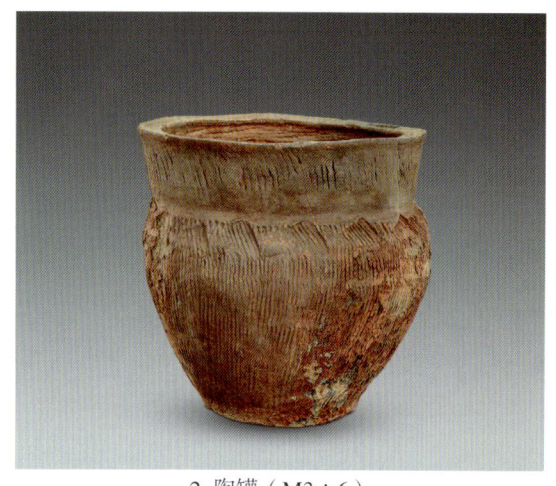

2. 陶罐（M3∶6）

3. 陶罐（M3∶9）

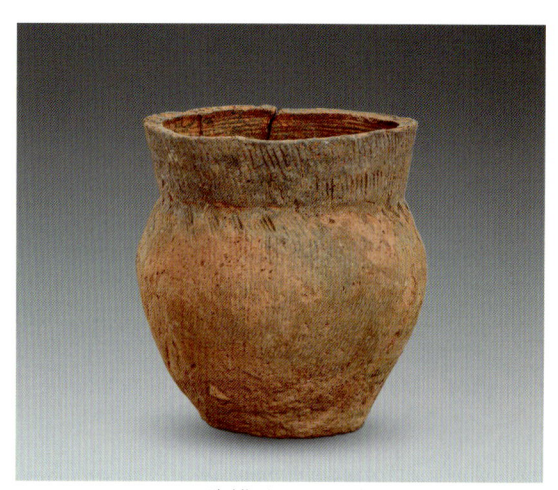

4. 陶罐（M3∶12）

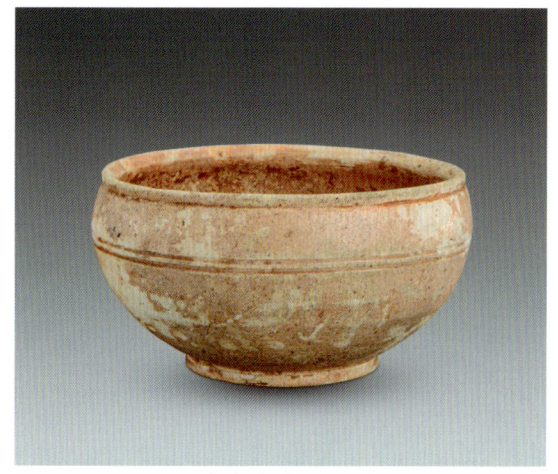

5. 青瓷碗（M3∶2）

6. 硬陶四系罐（M3∶7）

大海塘三国墓葬M3出土器物

图版二〇

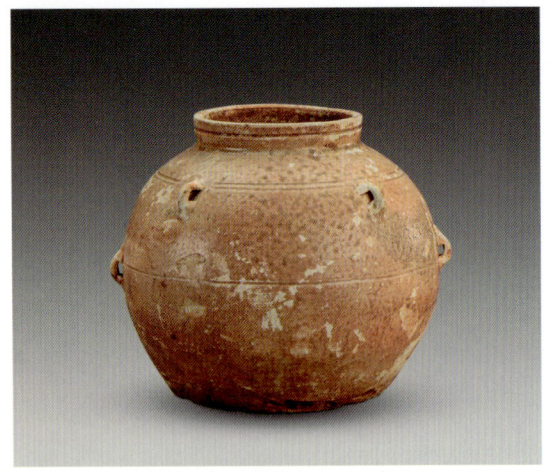

1. A型四系罐（M3：3）

2. B型四系罐（M3：4）

3. C型四系罐（M3：5）

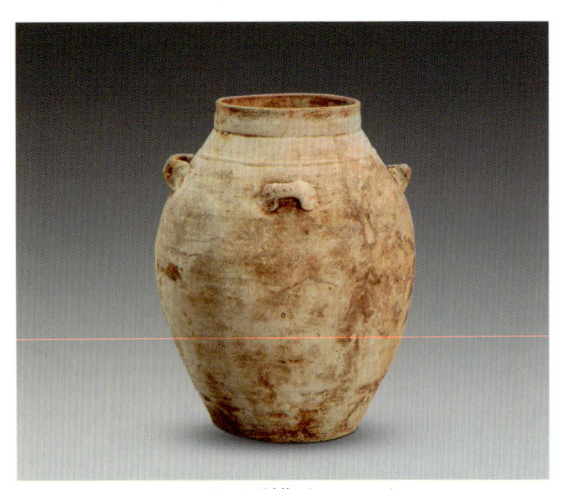

4. C型四系罐（M3：8）

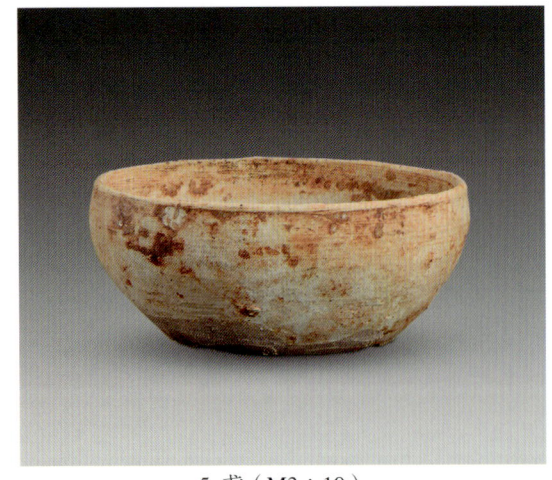

5. 盏（M3：10）

6. 盏（M3：18）

大海塘三国墓葬M3出土青瓷器

图版二一

1. 铜镜（M3∶13）背

2. 铜镜（M3∶13）背细节

3. 铜镜（M3∶13）面

4. 泥金饼（M3∶17）

5. 漆方盒（M3∶14）

6. 铜钱（M3∶16）

大海塘三国墓葬M3出土器物

图版二二

洋塘山墓群航拍

图版二三

1. M34发掘后

2. M34墓底出土器物

3. M34纪年铭文砖

4. M34壁龛内的青瓷盏

洋塘山六朝墓 M34

图版二四

1. 盏（M34：1）

2. 盏（M34：2）

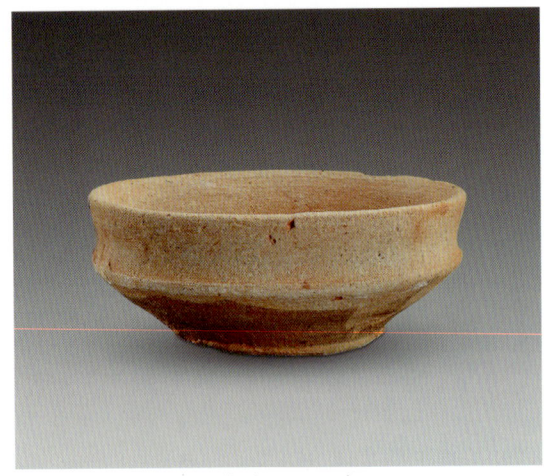

3. 盏（M34：3）

4. 盏（M34：4）

5. 碗（M34：6）

6. 碗（M34：7）

洋塘山六朝墓M34出土青瓷器

图版二五

1. 碗（M34∶7）内底支钉痕
2. 碗（M34∶7）外底 
3. 碗（M49∶11） 
4. 碗（M50∶2） 
5. 碗（M50填土∶1） 
6. 盏（M50∶3） 
7. 盏（M50填土∶2） 

洋塘山六朝墓M34、M49、M50出土青瓷器

图版二六

1. M49发掘后

2. M49排水沟

洋塘山六朝墓M49

图版二七

1. M50发掘后

2. M50墓底出土器物

洋塘山六朝墓M50

图版二八

1. A型青瓷盘口壶（81CSM1∶1） 　　2. A型青瓷盘口壶（83CGM5∶1） 　　3. A型青瓷盘口壶（85CLM4∶1）

4. B型青瓷盘口壶（88CWM1∶6） 　　5. 陶双唇罐（94CMM24∶3） 　　6. 陶双唇罐（94CJM2∶2）

7. 滑石盒（93CZM4∶5-2） 　　8. 滑石盒（93CZM4∶5-3）

郴州隋唐墓葬出土器物

图版二九

1. A型青瓷碗（94CMM24∶1）

2. A型青瓷碗（94CMM24∶2）

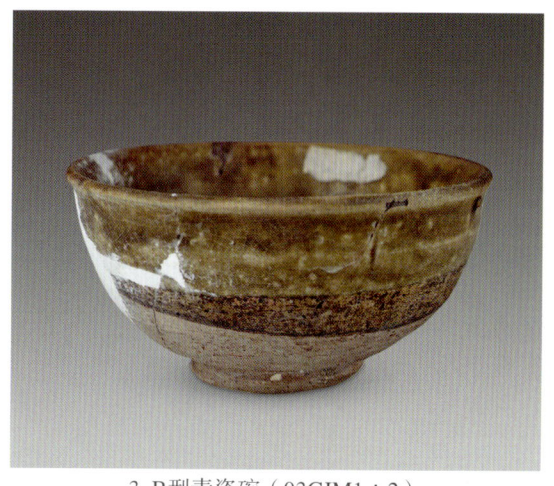

3. B型青瓷碗（03CJM1∶2）

4. 青瓷盂（91CSM2∶3）

5. 陶跪拜俑（93CZM4∶2）

6. 陶男侍俑（93CZM4∶12）

7. 陶女侍俑（93CZM4∶8）

郴州隋唐墓葬出土器物

图版三〇

1. 铜镜（98CSM2∶1）

2. 银钗（93CZM4∶6）

3. 铜勺（93CZM4∶5-4）

4. 蚌壳盒（93CZM4∶5-1）

郴州隋唐墓葬出土器物

1. 横窑山窑址全景

2. 横窑山窑址发掘场景

横窑山北宋窑址

图版三二

1. A型盘（T1④：31）

2. A型盘（T1④：31）内底

3. B型盘（T1④：38）

4. C型盘（T1④：37）

5. 碟（T1④：39）

6. A型盏（T1④：55）

7. B型盏（T1④：42）

8. C型盏（T1④：56）

9. 笔洗（T1④：53）

横窑山北宋窑址出土瓷器

图版三三

1. A型敞口碗（T1④：27）　　2. B型敞口碗（T2④：8）

3. 侈口碗（T2④：2）　　4. A型饼足碗（T2④：3）

5. A型饼足碗（T2④：3）内底　　6. B型饼足碗（T2④：6）

7. A型罐（T2④：22）　　8. A型罐（T2④：26）　　9. B型罐（T1④：69）

横窑山北宋窑址出土瓷器

图版三四

1. 双口坛（T2④：28）

2. 谷仓罐（T1④：87）

3. 洗（T1④：84）

4. 盘口壶（T1④：86）

5. 钵（T1④：59）

6. 高足杯（T1④：94）

7. D型罐（T1④：63）

8. Ad型盂（T1④：76）

9. Bc型盂（T2④：24）

横窑山北宋窑址出土瓷器

图版三五

1. 瓷高足杯（T2④∶25）

2. A型瓷器盖（T1④∶91）

3. B型瓷器盖（T1④∶92）

4. C型瓷器盖（T1④∶93）

5. A型瓷灯（T1④∶98）

6. B型瓷灯（T1④∶96）

7. 陶排水管（T1④∶110）

横窑山北宋窑址出土器物

图版三六

1. A型陶印模
（T1④：100）

2. A型陶印模（T1④：102）铜钱纹

3. B型陶印模
（T1④：101）

4. B型陶印模（T1④：101）菊花纹

5. A型陶擂头
（T1④：103）

6. B型陶擂头
（T1④：105）

7. 陶匣钵
（T2④：30）

8. 陶匣钵盖（T1④：113）

9. 陶匣钵盖（T2④：31）

横窑山北宋窑址出土制瓷工具和窑具

图版三七

1. 唐家坳窑址发掘分区航拍

2. 李家坳发掘区全景

唐家坳窑址

图版三八

1. T11北壁剖面

2. T13北壁剖面

唐家坳窑址李家坳区地层堆积

图版三九

1. T12西壁所见H3层位关系
2. T5内H4
3. H5
4. T13内H6
5. T9内H7
6. T10内G1
7. G2
8. T8内F1露头

唐家坳窑址李家坳区遗迹

图版四〇

1. Bb型碗（T7H3：28）

2. Bb型碗（T7H3：25）

3. Bb型碗（T7H3：25）俯视

4. C型碗（T11H3：109）

5. C型碗（T7H3：97）

6. Aa型盏（T11H3：62）

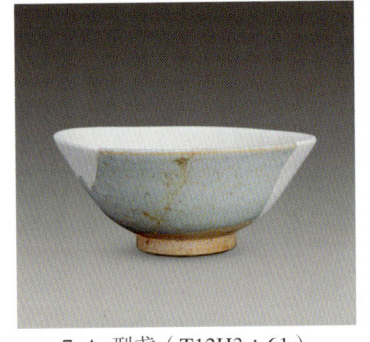

7. Aa型盏（T12H3：61）

8. Aa型盏（T12H3：95）

9. Ab型盏（T10G1：10）

唐家坳窑址李家坳区出土青白瓷器

图版四一

1. B型盏（T12H3：47）
2. B型盏（T11H3：44） 
3. B型盏（T12H3：46） 
4. Ca型盏（T7H3：85） 
5. Cb型盏（T10G1：11） 
6. 杯（T10G1：9） 
7. 杯（T7H3：53）底视 
8. 杯（T7H3：53） 

唐家坳窑址李家坳区出土青白瓷器

图版四二

1. A型盘（T10G1：6）
2. B型盘（T11H3：72） 
3. B型盘（T11H3：72）底视 
4. B型盘（T11H3：72）俯视 
5. C型盘（T11H3②：69） 
6. C型盘（T11H3②：69）俯视 
7. C型盘（T11H3②：69）底视 
8. D型盘（T11H3：73） 
9. D型盘（T11H3：73）俯视 

唐家坳窑址李家坳区出土青白瓷器

图版四三

1. A型灯盏（T11H3∶31）  　　　2. B型灯盏（T11H3∶22）

3. 器盖（T11H3∶21）  　　　4. 器盖（T11H3∶19）

5. 碟（T11H3∶41）  　　　6. 碟（T11H3∶41）俯视

7. 碟（T7H3∶76）  　　　8. 碟（T12H3∶40）  　　　9. 碟（T12H3∶40）底视

唐家坳窑址李家坳区出土青白瓷器

图版四四

1. A型青白瓷炉（T13H6∶3）
2. A型青白瓷炉（T7H3∶98） 
3. B型青白瓷炉（T11H3∶5） 
4. B型青白瓷炉（T7H3∶6） 
5. 酱釉砚滴（T1②∶96） 
6. 酱釉砚台（T13H6∶2） 
7. 双釉盏（T8H3∶13） 
8. 双釉盏（T8H3∶13）俯视 

唐家坳窑址李家坳区出土瓷器